本课题为北京语言大学校级科研项目(编号13HQ03)
（中央高校基本科研业务费专项资金资助）

The Good Citizen
A History of American Civic Life

好公民
美国公共生活史

〔美〕迈克尔·舒德森（Michael Schudson）著
郑一卉 译

著作权合同登记号　图字：01-2012-1151 号
图书在版编目(CIP)数据

好公民：美国公共生活史/(美)舒德森(Schudson,M.)著；郑一卉译. —北京：北京大学出版社,2014.1
ISBN 978-7-301-23186-9

Ⅰ.①好… Ⅱ.①舒… ②郑… Ⅲ.①政治制度史-研究-美国 Ⅳ.①D771.29

中国版本图书馆 CIP 数据核字（2013）第 215172 号

THE GOOD CITIZEN
Original English Language edition copyright © 1998 by Michael Schudson
All Rights Reserved.
Published by arrangement with the original publisher, FREE PRESS, a Divison of Simon & Schuster, Inc.
Simplified Chinese Translation copyright © 2013 by Peking University Press

书　　　名：	好公民——美国公共生活史
著作责任者：	〔美〕迈克尔·舒德森　著　郑一卉　译
责 任 编 辑：	徐少燕(shaoyan_xu@163.com)
标 准 书 号：	ISBN 978-7-301-23186-9/G·3701
出 版 发 行：	北京大学出版社
地　　　址：	北京市海淀区成府路 205 号　100871
新 浪 微 博：	@北京大学出版社
网　　　址：	http://www.pup.cn
电 子 信 箱：	ss@pup.pku.edu.cn
电　　　话：	邮购部 62752015　发行部 62750672　出版部 62754962　编辑部 62765016
印 　刷 　者：	三河市博文印刷有限公司
经 　销 　者：	新华书店
	965 毫米×1300 毫米　16 开本　23.25 印张　390 千字
	2014 年 1 月第 1 版　2015 年 6 月第 3 次印刷
定　　　价：	60.00 元

未经许可，不得以任何方式复制或抄袭本书之部分或全部内容。
版权所有，侵权必究
举报电话：010-62752024　电子信箱：fd@pup.pku.edu.cn

目 录

序　选举日　/ 1

第一章　北美殖民地时代的政治活动：1690—1787　/ 10
　　引子　/ 10
　　一致意见与社群：乡镇集会的传说　/ 14
　　恭顺：绅士领头　/ 16
　　共和主义者怎么会爱国王　/ 20
　　共和主义美德和投票理论　/ 23
　　政治与社会：模糊的界限　/ 24
　　公共生活的媒介　/ 26
　　1765年以降：一个农夫和一个女士胸衣裁缝　/ 33

第二章　立宪时刻：1787—1801　/ 40
　　引子　/ 40
　　议事规则　/ 43
　　私立团体："夜幕下的自建体"　/ 46
　　愤怒的党派和胡作非为的派系　/ 53
　　新闻界、邮政和党派　/ 54
　　知情的公民　/ 57
　　"你们喜欢选举吗？"　/ 63
　　一个扩张了的共和国中的代议制度　/ 67
　　完美的共和国　/ 71

第三章　美国政治生活的民主化转变：1801—1865　/74

引子　/74
选举改革和宪法改革　/78
托克维尔没说的那些事　/81
废奴主义和公共领域　/86
迎接政党时代　/91
南北战争之前的新闻界："枯骨可以复活"　/96
新闻界：演讲的推广者　/104
政治作为一种职业　/106

间奏曲（一）　林肯与道格拉斯辩论中的公众世界　/111

第四章　美国公民权的第二次转型：1865—1920　/120

引子　/120
政党庇护制度和公务员制度改革　/123
竞选活动："查普·克拉克怎么了？他很好！！！"　/130
选举日与选票　/142
社会变革和政治变革　/147
公民权的净化　/154
结论：政党制度陷入四面楚歌之境　/157

第五章　民主的救星？公民宗教、领导权、专长和更多的民主　/160

引子　/160
宣传与对自治公民的批评　/163
笃信宪法　/172
领袖民主　/174
专家民主　/179
小范围民主　/186
技术民主　/189
众法归一——新政与政党的去中心化　/194

间奏曲（二）　第二次大辩论　/198

第六章　在私公民时代拓展公民权　/204
　　引子　/204
　　人民大众的私生活　/206
　　权利革命Ⅰ——走向布朗案　/208
　　权利革命Ⅱ——从蒙哥马利开始　/215
　　公民权利革命掀起的波澜　/218
　　无声的新政和日益增长的公民权:1964—1975　/226
　　谁掌控政治?Ⅰ.关于政党和利益团体　/236
　　谁掌控政治?Ⅱ.关于媒体　/242
　　关于权利的讨论太多了吗?　/247
　　写在世纪之末　/251

结束语　一次公民集会　/253

注释　/270

索引　/334

序

选举日

1996年，我在我的投票地圣迭戈选区担任选举监督员。在15个志愿者中，我是唯一一个还没有当爷爷的。虽然我在选举前几天刚进入了知天命之年，但仍是队伍里最年轻的一员。最年长的一个已是73岁高龄，与共和党候选人鲍勃·多尔①同龄。

我们在一个车库里工作了15个小时。这个车库是由一位执法人员及其家属免费提供的。他每年都这么做，认为这样能给他的孩子以政治教育。他的付出获得了25美元的回报，文书得到了35美元，作为监督者的我获得了50美元。

在563个选民中，有几十人代表这个民主社会对我们的付出表示感谢。当有选民发现他们认识某一位文书的时候，就会跟文书友善地揶揄几句，而且，都会通过一些方式表示，他们为邻居能来做志愿者而感到骄傲。举办一次选举的工作量是巨大的：加州一地就有25 000多个选区，每一选区需要3—5个选举工作者。志愿者缺乏组织经验，也没有经过专业训练，要付出大量的劳动。

人们带着孩子去投票。他们经常把孩子带入投票亭内。父母投票的时候，婴儿会被交给文书看管。文书会给小朋友印着"我投票了"的贴纸。这时，除了那些最倔强的，大多数孩子都会高兴起来。一些小孩子会去玩

---

① 在本书中，对于国人熟悉的美国名人，如在新闻里多次出现的与比尔·克林顿竞选总统的鲍勃·多尔、著名作家沃尔特·惠特曼等，译者未在中文译名后标注其英文名称。对于国人可能不太熟悉的，则标出了其英文姓名。必要时，还会加脚注说明其身份。本书译者注采用脚注的方式，原文的注释见书末。

"模拟投票"游戏。文书在投票装置内放置了电脑穿孔卡样本,孩子们可以投票选乔治·华盛顿、艾伯特·施韦策或海伦·凯勒当总统,也可以支持或否决"所有的体育活动都应该供应热狗"这样的提案。

不是所有人都来了,不是所有人都登记了,但是超过70%的登记选民都来投票了。投票是不容易的。一些视力受损的人投票时带来了伙伴当自己的眼睛。我的一位邻居也来投票了。他双眉紧锁,说他的妻子因患上了老年痴呆症,第一次错过了总统大选投票。

文书对他们的工作做了明确分工。第一位文书记下选民的名字,并让选民在以字母顺序排列的花名册上签到。第二位文书在有每个选民家庭住址的地址本上圈出前来投票的选民的姓名。第三位文书拿出投票装置让选民投票。如果选民对装置不熟悉,他就会演示如何使用穿孔卡。第四位文书在选民投过票之后收回投票装置,取出并折叠选票,当着选民的面把选票投入选票箱。

下午晚些时候,那位管理选民地址本的文书开始质疑自己的作用。每一到两个小时我们就会去投票站的入口处,那里张贴着地址本的副本。我们会根据地址本原件上已登记的人名在副本上划掉相应的人名。这么做是为了方便党派或某些组织的选举观察员。如果政治工作者们想知道在他们的忠实拥护者中有哪些人还没有投票,看看这个地址本就可以获得想要的信息。

但是一个选举观察员也没有来。这一天慢慢过去,那位文书意识到她所做的工作失去了意义,于是变得有点沮丧。在4点钟过后,我决定,除非有观察员现身,我们就不再去入口处更新地址本了。可是,观察员最终还是没有出现。这个国家雇用了成百上千的文书去帮助政治党派和志愿性政治组织。在我们的选区,与其他数量不断增加的选区一样,政党选择资助电视台而置公民权(citizenship)①于不顾,这时雇用选举文书就成了一种对金钱和劳动的浪费。

我所在地区的选民大都是共和党,而我本人是民主党。我也许有过这样的希望:来投票的共和党选民越少越好。但我不能以损害民主进程

---

① "Citizenship"指由公民的义务、权利和特权、身份和地位构成的集合物。词语本身的多义性使中文译法多种多样,常见的译法有"公民身份""国籍""公民地位""公民权"等。一般情况下,本书将这个词译为"公民权"。一是因为原书中出现的"citizenship"多有政治权利方面的含义,二是为了形式上的统一。需要注意的是,很多情况下,本书中所出现的"公民权"一词并不是指某种权利或权力,而是指那个集合物,请读者注意甄别。

为代价来取得我想要的选举结果。文书和投票者都感到,在这个简朴的车库里,民主正在发挥影响。人们问我们最多的问题是:"投票率怎么样?"当我们宣布投票率不错(除了我们一直在忙碌工作,没有别的证据可以证明这一点)的时候,人们都很高兴,我也很高兴。

一些人,也许是多尔的支持者,怀疑自己投出的选票没有多大用处。一些选民则表示,他们在投票之前做过认真的研究——或者说还没有认真到真的可以掌握加州选举的复杂状况。一个选民说:"我会回来的,我把我的小纸片落车里了。"他说的小纸片是指国家选民登记办公室在选举日数周前邮寄出的"选票样本"。很多选民把已做过标记的选票样本带到了投票亭。一位选民无奈地摇了摇头,因为他的选票样本上留有空白。他无法做出选择也许是因为一些政府职位的职责他没有弄清,又或者是因为一些提案让他费解。他说:"我应该多做点功课的。"在加州,投票不仅是一种公民参与政治的行为,也是一种对公民认知能力的挑战。

这一天将要结束时,我们开始清点选票,之后选票会被送到位于指定检查点的治安官办公室。清点完之后,我和文书们已精疲力竭。我们已在投票点工作了13个小时(每个文书原本可以休息45分钟,但是没有一个人真的休满了45分钟)。在日落之后,我们坐在车库里感觉很冷。于是,那个73岁工作人员的女儿给我们送来了几条毯子,那个执法人员的老婆给我们摆好了咖啡机,但是文书们选择继续坚持工作。在这一天结束的时候,特别是在我们得知选票箱里的选票数和花名册上的选民签名数完全一致的时候,我们都感觉到这一天的工作是值得的。

选举这个当今民主公民权的主要仪式活动就是这个样子,社区很热闹,个人却有些失落。人们在参加这种活动时希望感受到弗兰克·卡普拉(Frank Capra)①的电影里的那种精神,但是结果很少令人满意。在投票这个竞选运动的最后一个环节,个人只能去履行公民责任,而没有扮演英雄的机会。若发挥想象力,我们就能把选举看做一场表演或一种壮观景象:来自这个庞大国家各地的人们在同一天同时做同一件事,而且有十分相似的感受。在这个国家,除了节日庆祝仪式,没有什么东西比选举更能调动群众。圣诞节后的商场大打折也没有这样的吸引力。选举日里的

---

① 弗兰克·卡普拉(1897—1991),出生于意大利,靠自己的努力成为好莱坞著名导演。他的很多电影都在向观众讲述普通人遭遇的奇迹,如身份低微的人成为国会议员、倒霉蛋一夜之间梦想成真等。从一定意义上来说,他的电影宣扬的是普通人也能获得成功的"美国梦"。

投票活动,虽然经常让人失望,但还是有强大的吸引力。

现今美国的选举日不同于以往。在过去的三个世纪里,美国人用各种方法构建着公共生活。随着时间的推移,美国人的政治体验也不断改变。在不同的时间段,"好公民"的形象也有所不同。下面,让我们想象一个完全不同的投票场景:

假设你是一个几百年前的选民,住在弗吉尼亚殖民地,也就是华盛顿、杰斐逊和麦迪逊接受政治教育的地方。你首先必须是一个白人,其次必须是男性并拥有一些财产。你去投票的路程或许得花费数小时才能走完,因为整个郡可能只有一个投票点。当你接近郡政府的时候,看见治安官在监督户外的选举。虽然这种选举大都不具竞争性,你还是可以看见两个出身名门望族的议员候选人站在你面前。你看着那些最杰出的社群成员,比如大地主或者牧师,投出他们手中的选票。你知道他们把选票投给了谁,因为他们会用洪亮、清晰的声音宣布自己的选择。你会跟着他们做同样的事。你走到你所选的候选人跟前,他会请你喝一杯朗姆潘趣酒(rum punch)。虽然你确实对候选人做出了选择,但你的投票行为实际上是对那个社群的等级制度的"重申和肯定"。在殖民地,只有显赫的人物才会考虑去参加竞选。

如果我们把眼光从殖民地时期的弗吉尼亚转向新英格兰,就会发现不同的投票模式。在新英格兰,你会在乡镇集会时选举乡镇管理委员会委员。作为选民,你仍然必须是白人、男性并拥有资产或至少是个纳税人,但是集会的形式显现出成员之间的平等,而不是对权威的敬畏。与弗吉尼亚一样,新英格兰的模式仍然反映出这样一种基本认知:政体只有一个共同的善,本地杰出的、富有的、根深叶茂的家族的领导者可以代表这种善。在新英格兰,如同在弗吉尼亚一样,异议和冲突是不能被接受的。

这就是我们的立国先贤思考公民权问题时的环境。受这种环境的影响,对于政治党派和任何有政治倾向的团体,国父们大都持反对意见。对于自由出版、立法机构里的公开辩论、候选人向选民拉票和公共教育,他们在很大程度上持保留意见。

从弗吉尼亚殖民地或新英格兰一直到加州车库的不记名投票这段漫长的时间里,美国的公民权发生了显著的转变。从殖民者抵达北美的那天算起,我们经历三个大不相同的时期,每一个时期都有自己的价值,也有缺点。最近40年,我们进入了第四个时期。开国前后的那段日子,可被称为"同意政治"(politics of assent)时期。19世纪早期,"同意政治"让位于新的"大众民主"(mass democracy)。在这个时期,投票点热闹非凡,到处可见竞争党派的条幅和火炬。选举日不是孤立的特殊日子,而是持续数月的竞选运动的顶点。若要投票,你仍然必须是白人男性,但不一定要拥有财产。你参加了为竞选而举办的火炬游行,也许还穿着军队的制服,与跟自己同属一个政党的志同道合之士一起迈步行进。如果你对选举不积极,在选举日那天,可能会有一个为党派工作的人去找你,陪着你一起步行或坐马车前往投票点。路上你可能会见到竞争党派的团伙。为了阻止你去投票,他们大有可能对你拳脚相加甚至开枪。

如果你成功地来到了投票箱跟前,为了让你加快脚步,你所属的政党可能会给你一两美元以示鼓励。这一两美元不是贿赂,而是一种感谢,感谢那些来投票的人为自己的党派提供了服务。接着,一个政党工作人员会递给你一张已经印上该党候选人名字的"选票"。这些选票在形状和大小上都是独特的。这样一来,当你把选票投入票箱时,那些政党派过来盯梢的人很容易就能看出你把票投给哪个党了。你根本不会因为这种公开性而恼怒。其实,你希望你对党派的忠诚被人知晓。你与政党关系紧密,并不是因为这个政党提供了更好的公共政策,而是因为你的政党就是你的政党,就像现在的人们认为,自己的母校永远是自己的母校。在任何活动中,政党都热衷于分配职位,而不是宣传自己的政策。你被这个政治所吸引,很有可能是因为你认同这个政党的种族文化取向。你的投票行为是一种带党派关系的、维护团结的行为。这是一种"从属政治"(politics of affiliation),而不是"同意政治"。

在19世纪晚期的改革家眼里,上述投票方式绝不是多姿多彩、令人欢快的,相反,它是令人厌恶的。于是他们做了一个"大扫除":他们使竞选活动变得有教育意义,变得不那么情绪化;他们颁布了选民个人登记法;他们施行了不记名投票方案;他们创造出的氛围让那些原本忠诚的党派报纸开始与党派支持的候选人撇清关系;他们通过公务员制度改革(civil service reform)①限制党派给支持者回报的金额;他们禁止在投票点附近开展拉票活动。总而言之,他们在给普通的、理性的"知情的公民"(informed citizen)唱赞歌。根据美国人的选举经验,"知情的公民"至今仍是最珍贵的理想。

他们创造出了更好的制度吗?至少,他们创造出了不一样的制度。

---

① "Civil service reform",字面意思为公共服务改革,但所谓的公共服务一般是指国家的整个行政部门及其工作人员,改革的内容是取消政党分派职位的权力,对任职人员实行岗前考核和业绩评估,任人唯贤。为了方便理解,本书将其译为"公务员制度改革"。

这个制度告诉我们什么是公民权以及它应该有所改变。对于大部分人而言，政治教育不仅来自于学校里的历史教科书或对美国的效忠宣誓，还来自于政治制度自身以及制度中的种种行为。选举可以教育我们，投票可以教育我们，党派也可以教育我们。联邦、州和地方管辖权的区分教育我们。《宪法第一修正案》教育我们。这些教育的成果就是我们的公民权，即人们继承下来并内化的政治期望和志向。

当孩子们去儿童棒球队玩耍时，他们的教练会通过语言给予指导和鼓励。教练会告诉孩子们，成立儿童棒球队就是为了让每个人都学会如何打棒球并玩得开心；每个人都有机会玩儿；队里的每个成员都与其他成员一样重要；团队合作很重要，队员应该互相鼓励……可是，一旦比赛开始，孩子们就会了解比赛的潜规则：投球手和接球手是最关键的位置，只有最好的球员才有机会获得这两个位置。一垒手和游击手是第二重要的位置，只有技巧熟练的球员才能胜任。打到外场的球相对较少，所以弱一点的运动员都排着队等着当外场手。棒球最不需要的就是有绝对平等主义思想、用自己民主思维影响比赛的教练。如果投球手投出的球都没飞过本垒板，接球手连正对他扔过来的球都接不到，这比赛就不能让人获得任何乐趣。

那么，孩子们在接受什么样的价值观？谁是他们的老师？一方面，教练是他们的老师；另一方面，孩子们常常会用不那么装腔作势的语言互相教育。最冷酷无情的老师是棒球运动本身。对于这个冷酷的运动而言，教练所说的"让我们开始比赛和享受快乐吧"听上去十分虚伪。

我之所以谈到棒球运动中的规则，是为了让人们理解美国的政治。这些运动规则就好像是政治活动的基本规则，如《宪法》条文、成文法和公共选举活动的传统模式。政治基本规则不是政治的全部，但是，没有任何其他东西比它们更能影响人们对公共生活和公民权的理解。

很明显，政治的游戏规则随着历史的推进发生了转变。18世纪，美国的政治权力由绅士掌控；19世纪，有关联的人结成党派，多数派获得统治权；20世纪，政治由所有人控制，又可以说不由任何个人控制。这个转变在政府行政中有所体现，如公务员考试、官僚体系中的审查程序和档案保存、刊登公告的要求，都显现出非人性化规则（impersonal rules）的重要性。这个转变在私公民①的生活中有所体现，保障个人权利成为他们对

---

① "Private citizen"一般指没有公职、官位，或并非公众人物的公民。本书中作者使用的这一术语，主要是指关注私人生活多于关注公共生活的公民。

政府的合法要求。

　　实际上,自民权运动以来,权利变得越来越重要,成为第四个公民权模式的核心要素。在投票箱跟前,"拥有权利的公民"(rights-bearing citizen)还没有取代"知情的公民"。但是,随着权利意识的增长,投票的重要性逐渐下降,不再是最重要的政治参与活动。政治被插上了一双叫"权利"的翅膀,飞进了人们的日常生活之中。

　　过去三百年的政治变化可用另一种方式概括:统治社会的权力类型(type of authority)从个人权力(绅士)转变成了人际权力(政党、联盟、多数派),然后又转换成了非人性化权力(科学、专长、法定权利和信息)。权力核心最初是共有的、常常是宗教性的社群价值。然后,权力由既定政体和选举赋予。最后,到了个人权利受到行政公平原则和法院保护的年代,要获取统治权力必须以维护个人权利为前提。政治的地理中心从农村迁移到了城市,又从城市迁移到了郊区。到了今天,它也许迁移到了"科技郊区"(technoburbs)、"后郊"(postsuburbs)、"边缘城"(edge cities)或随便以什么命名的新居住地。[1]相应地,一个好公民应该知道的东西也改变了:在绅士统治的时代,公民很少参与对公共事务的讨论。即便参与,他的观点也由他对社会地位的认知决定;在多数派统治的时代,公民投票是被激昂的情绪、党派的修辞和最积极的党徒带动的;在专家和官僚的时代,公民依赖于新闻媒体、利益团体、党派和其他信息源,很少通过与人的直接接触获得信息;在刚刚到来的权利时代,公民学会了细数自己可能获得的权益,学会了记录他们在知情或不知情的情况下所受到的种种迫害。

　　我们也可以说,政治领域的"所有权"发生了转变。18世纪,政治活动由绅士发起和控制;在19世纪,政治活动由党派组织;在20世纪,民主化削弱了社会阶级的权力,改革极大地削减了党派力量。此后,各种权利主张者通过相互竞争设立政治生活的标准。不断发展的媒体,逐渐与党派分道扬镳的政治候选人,资金越来越充足、专业人员越来越多的利益团体,在很多方面都拒绝接受公开审查的政府官僚体系,通过"权利"的扩张而获得力量的公民个体,这一切都在向我们讲述什么是政治以及它会给我们带来什么样的体验。

　　不同时代的政治有不同的优点和缺点。我不会像很多人那样,因为今天没有达到明天的标准而否定今天。如果一个当今的民主党人穿越时空突然降落在殖民地时期的弗吉尼亚,他会觉得蓄奴是野蛮行为,会觉得不让女人和无产者参加选举是不能宽恕的错误。一个来自弗吉尼亚殖民地的绅士若来到我们的世界,看到候选人迅速地改变原则以安抚民意,或看到他如何快速地抛弃公善以赢得特殊利益团体的资金支持,同样会大吃一惊。这位绅士可能会有这样的疑问:公民美德变成了什么东西?

这种类型的比较缺乏历史意识,也缺乏社会学意识,即对特定时间段内社会复杂性的理解。我们不一定要按照当时的标准去接纳一个社会,特别是我们自己的这个社会,但我们必须知道当时的标准是什么样的。我们可以从过去获得启发,但是我们不能重蹈历史覆辙。每一个过去的权力模式和公民权模式都有其不足,我们需要找到一个适合我们这个时代的公民权。[2]

我们研究历史,不是为了用所谓的过去的辉煌来证明当今社会的不堪,而是为了知道我们在时间线上的位置。现今广获认同的公民权理念即"知情的公民"是个历史发展的产物,它是在进步主义时代(the Progressive Era)才出现的,是对政党权力大肆攻击中的一颗子弹。如果让时间回到建国时期,对于制定美国宪法的那些先贤而言,这种公民权肯定是不能接受的。经过了进步主义时代的洗礼,"知情的公民"模式被确立了下来。后来,一个复杂的、全国性的工业化社会出现了。这时,原先的法定制度已经难以保障这种公民权。在最近这几十年里,出现了一个比"知情的公民"更能促进公民的自由和平等的公民权模式——"拥有权利的公民"。有意思的是,虽然"知情的公民"模式统治公民教育和公共话语的时间已经长达一个世纪,但"有权利的公民"仍未取而代之,未获广泛认同。

当下的政治体验会是怎样的?它应该是怎样的?社会中的那些试图定义它的权力结构又是怎样的?共和主义美德、对党派的忠诚、"知情的公民"、"知晓权利的公民",这些理念都不足以成为我们这个年代的道德标杆。尽管如此,我仍希望,通过重新构思和注入活力,能把上述的东西集合在一起,使之为我们所用。我们应该为什么样的公民权(尤其是那些可能实现的公民权)而奋斗?我们应该视何种标准(尤其是那些能与现代人的生活经验产生共鸣的标准)为理想?这些问题我且不回答,以便引发具有批判性的、成果丰硕的讨论。

看到加州的这个车库以及全国各地类似的场景,我们很有可能会有这样的疑问:那个因杰斐逊的启发而发生的,由麦迪逊孕育的、被华盛顿保护的,让林肯为之奋斗的,又被金[①]重新注入活力的伟大的试验[②],怎么

---

① 当是指马丁·路德·金,美国黑人民权运动领袖。
② 伟大的试验(the Grand Experiment),一般指美国或建立美国的过程。美国人认为美国是世界上第一个由民众和为民众建立的国家,因而称称为"伟大的试验"。

会变成了现在这个样子？沃尔特·惠特曼笔下那比优胜美地、黄石和尼亚加拉瀑布更壮丽的西方世界"最壮观的景象和表演"——"选择日"①，怎么会变成了这样一幅单调的景象？

无论如何，现在已经是这样了。但是，这意味着什么？20世纪末的美国投票点的活动怎会如此乏味？我们是如何走到这里的？答案隐藏在表象背后，如同奔腾的尼亚加拉河水强大的力量，超越了我们的想象。

---

① 美国著名诗人沃尔特·惠特曼在《选举日，1884年11月》一诗中称赞了美国的选举，把选举日誉称为"选择日"和"最壮观的景象和表演"。

第一章
北美殖民地时代的政治活动:1690—1787

引子

按18世纪英美社会的视野即所谓经典视野来看,一个恭顺的社会通常是由精英和非精英构成的。在这个社会中,非精英并不憎恨精英,他们把精英看做在社会地位和文化上均高于自己的人,并认为精英领导政治活动是正常和自然的。[1]

本杰明·哈里斯(Benjamin Harris)以前在伦敦时是一个政治上激进的出版商和书商,后来他来到波士顿,成为一家咖啡店的老板。1690年9月25日,这个咖啡店老板出版了一份报纸——《国内外公共事件报》(*Publick Occurences Both Foreign and Domestick*)。他的目标是每月出一期,"如果有任何重大事件发生"就出增刊。他打算记录"那些被我们知晓的重大事件",包括"难以忘却的神的旨意"和那些能让各地的人们"了解国内外公共事件的发生环境"的东西。

哈里斯雄心勃勃,想要闯出一片天地,但他犯了一个严重错误:他疏忽了,没去申请政府出版许可。第一期报纸的军事新闻有对易洛魁族印第安人的批评,而易洛魁族人在威廉王之战(King William's War)中是英国人的盟友,和英国人一道与法国人作战。哈里斯把易洛魁族人称为"可怜的野蛮人",希望不要易洛魁族人帮忙,使用全是基督徒的军队攻占法国控制的加拿大。这样,"全部的荣耀将属于上帝"[2]。这很有可能就是政府当局封杀这份报纸的原因,人们再也没能见到它的第二期。这就是美国新闻业不幸的开端,在此之后很长时间里,北美殖民地一直没有报纸出现。直到1704年,波士顿邮政局长约翰·坎贝尔(John Campbell)出版了第一份连续发行的报纸——《波士顿新闻报》(Boston News-Letter)。

1690年作为美国新闻业的开端是具有偶然性的。如果说报纸的出现象征着美国公共领域的开启,这个偶然性就更加明显。当代学者常使用的"公共领域"这一术语,既指独立于政府之外的公共论坛,又指人们聚集到一起谈论公共事件、超越家庭范围的私人联合体。在小酒馆内的言语交流中、在公共广场上、在法院的楼梯上或者报纸、小册子的页面上,公共领域都可能出现。[3] 公共领域是公民权的练习场。通过投票或立法这样的正式行为,民主公民权也许能结出一些果实,但孕育它的土壤是自由的公共生活。

在17世纪的北美英国殖民地,有关政治的公开文字交流是很少见的。选举不是既定的制度,而只是在特殊情况下才会举行。而且,在那些举行选举的地方,人们普遍认为,选举的结果应该是一致的。[4] 弗吉尼亚和普利茅斯殖民地早期的选举是没有竞争性的。纽约到1683年都还没有举办过全殖民地范围的选举。一位历史学家总结说,北美洲第一个70年的选举"几乎没有真正的对抗,也没有让民众对其产生长久的兴趣"[5]。政府是个规模不大的机构,依照社会等级制度而不是大众的利益诉求和情感运行,是社会等级制度的延伸。对政府事务的公开讨论基本上不存在。

那么,17世纪的最后十年能被看做美国公共生活史的开端吗?当时政府的职能不多、资源有限,政治参与受到严格限制,大众对于政治的兴趣淡薄。尽管如此,17世纪90年代的人们见证了美国报纸的起源(虽然那份报纸很快就夭折了),也看到了第一家业务范围覆盖多个殖民地的邮局带来的骚动。1691年,托马斯·尼尔(Thomas Neale)获得了在殖民地间开展邮政业务的皇家许可证。他于1693年开始在纽约、马萨诸塞和新罕布什尔之间开展邮递业务。[6] 在这几年间,好几个殖民地的选举活动明显增多,代表集会逐渐成为殖民地政府举办的"固定节目"。[7]

此外,英国1688年的光荣革命(the Glorious Revolution)废黜了信奉天主教的国王詹姆斯二世,信奉新教的贵族奥兰治的威廉(William of Orange)登上了王位。威廉登基后,发表了《权利宣言》,这让北美的新教徒殖民者欢欣鼓舞,也大大增强了英国本土及其海外领地的人们对议会政府的信任。革命使代议制度获得了殖民者的广泛认同。在一些戏剧性的事件中，如新英格兰皇家总督在波士顿遭驱逐①和纽约的血腥起义②，大众对政府的干预增多了。在威廉王之战（1689—1697）和安妮女王之战③（1702—1713）时期，殖民者经常被卷入英国的政治事务之中。[8]英国对于殖民地事务的控制增强了，这既压缩又拓展了殖民地的公共生活。1691年的马萨诸塞新宪章削减了殖民地的政治自治权，使国王获得了指派总督的权利、否决立法的权利和从议会提供的名单中选取总督阁僚的权利。新宪章同时也强化了世俗主义（secularism），让所有的新教徒，不只是虔诚的加尔文教徒，都获得了投票权和信仰自由（liberty of conscience）。[9]投票权与财产所有权相关，但是与教会归属无关。马萨诸塞的公民对参与政治的热情越来越高涨，对政府的怀疑越来越多。[10]

在建立初期，13个殖民地在宗教、经济和社会方面有巨大差别。这时，全殖民地变得更像18世纪的北美，也更英国化了。城市化、印刷的推广、职业的发展、职业协会、大学以及其他机构创造出了一种更加英国化的共同文化。例如，马里兰最先为罗马天主教徒建立避难所。在光荣革命后，这个殖民地剥夺了天主教徒的权利，建立了英国国教教会。殖民者把英国宪法看做那个时代伟大的政治进步并大力称赞，使整个殖民地的政治愿望和理想都被英国化了。他们把1688年的光荣革命看做英国的政治遗产和人类现代政治经验的大集合。[11]1767年，约翰·迪金森（John Dickinson）开始动笔写他那著名的《宾夕法尼亚农夫信札》（*Letters from a Farmer in Pennsylvania*）。他选定11月5日作为第一封信的日期，因为79年前的这一天，威廉国王在英国海岸登陆。

到了18世纪早期，虽然新英格兰殖民地、中部殖民地、南部殖民地之间的分歧依然存在，但全殖民地的政治文化开始变得与英国或其他国家的政治文化不一样了，而且与1776年以降的美国的政治文化也不一样。[12]众所周知的一些核心特征如下：

---

① 埃德蒙·安德罗斯爵士（Sir Edmund Andros）1686年开始担任由多个殖民地组成的"新英格兰"的总督。由于多种原因，他的统治得不到殖民者认可。英国光荣革命的消息在1689年传到美洲，殖民者即废黜了安德罗斯并撤销了新英格兰领地。

② 英国光荣革命的消息传到美洲后，纽约爆发了由德裔移民雅各布·莱斯勒（Jacob Leisler）领导的农民起义。1691年，英王委派的新任纽约殖民地总督重新建立了殖民地政府，将莱斯勒等起义领导人逮捕、处死。

③ 由英国的安妮女王（Queen Anne）发起，是英法两国争夺北美控制权的第二次军事对抗。

1. 一致意见：在殖民地领袖的政治和社会理想中，一致意见和社群占有重要位置。

2. 恭顺：殖民地政治和社会运转依赖于清晰的恭顺道德观和假定的社会等级制度。

3. 君主统治：殖民地社会认为君主统治是理所当然的，殖民者认为他们既应该对国王效忠，也应该拥有和英国公民一样的、理应受到国王保护的权利。

4. 财产、美德和独立：与英国相比，殖民地相对要平等一些，投票权的普及程度较高，但是殖民者的政治哲学强调，只有经济独立的人才有资格获得投票权。这个政治哲学同时也忽略了一些不平等（女人和奴隶的从属地位）。

5. 有限政府：殖民地政府享有管理一切行为甚至是信仰的权利，但是政府对人们日常生活的干涉并不多。政府其实没有做什么事。政治争端很少升级，政治生活的目标仅仅是促进发展。而且，大众对政治的兴趣很低。

6. 口语文化、戏剧文化和印刷文化：殖民地的政治由口语、戏剧以及印刷方式传播，印刷物改变政治观念的作用尤其明显。

从1690年到1760年，上述政治文化特征是相对稳定的，但是我们还是可以看到社会的变化，尤其是那些有助于扩张公共领域的变化。在这四分之三个世纪里，代议机构的数量和权力都有所增加，印刷媒介的触角越伸越远，对于政治事务的公开报道增多，市民社会即表达政治意见的非政府组织（包括反对英国殖民政策的新闻界）不断发展，家庭、教会和社会关系逐渐民主化。

不是所有的社会变革都是向前和向上的，代议制度的确立就存在反复。1720年至1750年间，弗吉尼亚选举中的竞争性比18世纪60和70年代要强。[13]在18世纪，马萨诸塞殖民地进行了重组，成为一个皇家省份，此后其代议政府在某些方面的自治性就降低了，不如17世纪。经济灾难和军事行动曾经提升了民众的政治热情和政治参与，但到了平静无事的年代，热情就消退了，参与就减少了。[14]1765年之后美国爆发了反殖民斗争和独立革命，使共和思想得以强化，把人们一下子带入了崇尚共和主义美德的新世界。假设没有这些事件，我们就会认为，18世纪早期那缓慢的社会变革并没有结出什么果实。当然，我们已没有必要作这样的假设，因为这些事件已经发生了。

一致意见与社群：乡镇集会的传说

新英格兰的乡镇是被用来建构美国人历史意识的传说之一，另外还有自由钟、乔治·华盛顿和边疆（the Frontier）。[15]

就好比谈到人类就会想到伊甸园，若谈到殖民地政治，人们首先想到的就是传说中的新英格兰的乡镇集会。殖民地的历史显然不仅仅是新英格兰的历史，我们也不一定是清教徒的嫡系子孙，但是我们继承了同一种意识形态。新英格兰的城镇是现代民主的源头，它所代表的理念，依然影响着现代民主政治系统的运作。在19世纪晚期，对党派控制的政治系统展开攻击的批评家把眼光投向了乡镇集会，把直接民主看做可以治疗政治疾病的良药。[16]一直到1992年，乡镇集会依然在发挥影响。在这一年，美国总统候选人通过电视脱口秀节目倾听公众意见。为给这个试验性的活动正名，有人就借用乡镇集会的理念创造了"电子乡镇集会"和"电子市政厅"的概念。

真实的新英格兰殖民地乡镇集会与以它为原型的传说是大不一样的。乡镇集会只对社群中有财产的成年男性开放。更早的时候，参与者还必须是教会会员。在17世纪马萨诸塞的戴德姆（Dedham），持有财产必须达到一定时间的规定让一半左右的男性纳税人丧失了投票权。除了对参与者的限制，乡镇集会自身的权力也常受到市镇管理委员会的限制。委员会成员通常享有特权，他们无一例外的是年长的、富裕的教会成员，长期把持着职位。他们负责召集乡镇集会，但次数不多，而且还按他们自己设立的议程引导讨论。[17]

乡镇集会不仅没有让所有人都参与进来，也未能管理一切事务。罗德岛早期的城镇实际上是自治的小共和国，但马萨诸塞的城镇处于州政府的严密监管之中。康涅狄格的州议会对其城镇的控制权更大，对乡镇集会应选出的官员的类型及其职责都做了法律规定。康涅狄格殖民地政府（the General Court）会直接干预城镇间的争端，不管这些城镇是否需要政府的帮助。

在康涅狄格的城镇里，民兵队不由乡镇集会控制，而仅听命于殖民地议会。乡镇集会对于教会也没有管理权力。殖民地给予教会征税、建造礼拜堂和管理小学的权利。乡镇集会甚至不能选举殖民地级别的议员。

一个城镇的"自由人"两年开一次会,目的是为州议会①选出自己城镇的"代表"[18]。

另外,不是所有有资格的人都会去参加乡镇集会。根据政治科学家简·曼斯布瑞吉(Jane Mansbridge)的研究,在18世纪马萨诸塞的城镇选举中,只有20%—60%的合格选民投过票。(这意味着只有10%到30%的成年男性在全殖民地范围内的选举中投票。)[19]在马萨诸塞的戴德姆市,"虽然只有58个人够资格参与戴德姆的乡镇集会,为这个城镇作决定,虽然他们讨论的问题与他们的生存密切相关,虽然每个居民都被要求居住在距离开会地点1英里以内的范围里,虽然每次开会缺席都会被罚款,虽然传令员在会议开始半小时后就会到每个迟到者的家里拜访,在1636—1644年间,只有74%的合格选民参与了这种典型的乡镇集会"[20]。几乎整个18世纪,波士顿只有15%—25%的成年男性参加了投票。在整个新英格兰,投票率也只有15%—25%。中部殖民地的投票率要高一些,纽约和宾夕法尼亚为20%—40%。[21]在18世纪末,越来越多的城镇开始做选举记录,根据选举记录,选民的出席率很少超过50%。在康涅狄格,乡镇集会和自由人集会(freemen's meeting)的出席率基本都在50%以下。[22]很多年以后,在康科德市,也就是拉尔夫·沃尔多·爱默生鼓吹"城镇里的所有民众都对公共事务有发言权"的地方②,乡镇集会的平均出席率是42%。[23]

最能打破新英格兰乡镇集会的民主神话的不是有限的参与,而是一个规范性的前提,即不惜一切代价避免对不同意见展开公开讨论。会议注重的是秩序,而不是个人表达。乡镇集会不会给个体以特殊的尊重,也不欢迎不同意见。新英格兰的城镇之父赞扬"和谐、遵从和一致意见。真正的自由(他们不一定是这样表述的)只有在由意见相投的人组成的社群中才可能存在"[24]。

乡镇集会确实随着时间的改变而改变了。在一些地方,它的参与性变强了,包容性增大了。马萨诸塞的议会于1691年降低了对选民财产的要求,从80磅可课税的不动产降低至20磅。标准降低后,戴德姆市的成

---

① 康涅狄格殖民地的议会(the General Assembly)由普选产生的地方行政官(magistrate)和乡镇集会选出的"代表"(deputy)组成。虽然地方行政官和代表都是议会成员,但是他们分开投票,地方行政官的权力比代表大。

② 拉尔夫·沃尔多·爱默生(Ralph Waldo Emerson),美国著名作家、思想家。1834年移居康科德,书中引用的句子出自他1835年在康科德建立200周年纪念会上的讲话。

年男性中的选民比例从 40% 增长到了 70% 多。1680 年以后,在戴德姆和沃特敦(Watertown),乡镇集会对市镇管理委员会委员的影响增大了。会议次数增加(从一年一次变成了一年三至四次),会议中的争议增多,市镇管理委员会委员连任的次数逐渐减少。[26] 在其他地方,如 18 世纪的康涅狄格,乡镇集会的次数逐渐减少(直到独立革命前,因为独立革命前活跃的政治活动使集会的次数增多了),市镇管理委员会委员获得了越来越多的自由决定权。[27] 尽管如此,达成一致仍然得到强调,哪怕是在投票时。投票不是个人意见的表达,而是"对上帝的永恒法的解释和保护,是集体团结的象征"[28]。

在整个殖民地时期,新英格兰一直很强调一致意见。自由(liberty)这个词,一般是指城镇抵御外来影响的自由,而不是指个人反抗城镇的自由。[29] 新英格兰有一个强大的精英群体。与之相比,纽约、新泽西和宾夕法尼亚的精英也许还没有形成群体。中部殖民地的种族和社会精神是最多元化的,这些殖民地比其他殖民地更早地体验到了激烈的政治竞争。我们甚至可以看到为党派对抗而做的辩护。《纽约公报》(*New York Gazette*)1734 年的一篇文章宣称:"一些对抗虽然并非是完全为了公益而展开的,却是自由政府所必需的,对公众也相当有用。"[30] 但是,在进入 19 世纪很多年之后,这仍然是美国政治生活中的一种少数派观点。在新英格兰城镇的"社群"衰落和瓦解(既是好事又是坏事)多年以后,在美国人的生活之中,由政治上平等的个体倡导的圣约①,依旧是政治社群的一个显著象征。

恭顺:绅士领头

在北美殖民地,对于社会地位较低的人,绅士们称其名而不称其姓,并希望对方用"先生"或"阁下"称呼自己。绅士阶层对下等人可能非常熟悉,与之插科打诨。但是,无论他们的学识和品行是否真的达到了绅士的标准,他们的言语、穿着、举止和绅士做派都与下等人有明显的不同。与

---

① 根据刘军宁的解释,圣约(covenant)原指 17 世纪的清教徒所说的上帝与北美的定居者签订的条约。到 17 世纪后期和 18 世纪初期,这个词已经可以指邦与邦之间的协议。当这种圣约以宪法和宪章的形式存在之后,就变成了宪约。在美国,根据协议,各殖民地可以按各自的意愿结成联合体,于是就形成了联邦。宪政思想与联邦主义的核心内容之一是人类的政治秩序是经由彼此同意结成的,人们通过缔约来处理他们的事务。参见刘军宁:《联邦主义——自由主义的大国方案》,载汪丁丁主编:《自由与秩序:中国学者的观点》,中国社会科学出版社 2002 年版。

英国相比，殖民地的社会等级制度没有那么严格，各等级之间的差别也不是非常明显，但殖民者仍自觉地遵守着人分三六九等的社会等级制度。例如在马萨诸塞，周日去教堂做礼拜的清教徒会发现，教会已经按照他们在社群中的社会等级安排好了座位。庇护制度①让社会等级制度的标志更加明显。历史学家戈登·伍德(Gordon Wood)认为，恭顺"不只是一种思维惯性，它的背后有实在的经济、社会压力"[31]。财主不是艺术家的顾客而是庇护人，不是他的雇主而是主人。社会很小，按照人际关系运转，这些人际关系不可避免地加强了社会等级差异的正当性。

社会等级制度肯定会影响政治关系。就算是在政局不稳的波士顿，社会地位最高的一小撮人，也就是其他人一见到就会本能地变得谦卑恭顺的那些人，还是把持着市政府最重要的职位。[32]先辈清教徒移民对美国的政治民主功不可没，他们与我们的建国之父有历史关联，但也有差异。新英格兰从欧洲文明那里继承的主要是等级观念，而不是政治平等或社会平等的主张。

恭顺的观念可以让人们回答"谁适合当领袖"这样的问题，还让人们不去追问执政领袖的作为。在殖民地，民众必须信任领袖，相信领袖可以做出明智的决定。从1715年开始，马萨诸塞议会把立法会议记录编辑成册出版。通过查看这些记录，细心的读者可以发现总督与议会之间的基本分歧，但却无法得知代表他所在的城镇的议员在争议中所持的观点。采用唱名表决(roll call voting)其实就能让议员的观点公开，但是议会几乎从来不这么做。[33]对会议内容保密的做法显示了殖民地立法机构对于英国君主干预的惧怕，也显现出这样一种观念——选民没必要知道他们的领袖在干什么。

恭顺的观念影响着整个政治过程。在提名政府职位候选人时，它为不具竞争性的选举正名。从1728年到1775年，弗吉尼亚议会(the House of Burgesses)议员的选举只有三分之一具有竞争性，而且这个比例可能比其他大多数殖民地高。[34]弗吉尼亚的选举与其他一些殖民地相比，无论是哪种类型的，有竞争性的还是没竞争性的，数量都不多。在1776年以前，弗吉尼亚联邦唯一的选举就是议会议员选举，而且次数还相对较少。弗吉尼亚的有产者(freeholder)在选举日聚集到一起之后，一

---

① 庇护制度(system of patronage)，也被译为依附制度，是指本地有权势的人物给他人以恩惠和提供保护，受保护者作为交换提供一定服务并表示尊敬的一种制度。源自英国，在英属殖民地十分流行。参见 Robert Leach, *British Political Ideologies*, Prentice Hall, 1996, p. 74。

般只被要求做一件事,就是去那些没有竞争对手的候选人处确认一下。[35] 殖民地时期的弗吉尼亚人认为代议制政府和贵族统治不是水火不容,而是相互贯通的。有产者大都拥有投票权,但是所有的候选人都出自一个很小的绅士圈子。[36]在新英格兰,地方和州一级的政府官员都是通过选举选出的,举行选举的频率也比较高,但是恭顺的规范依然存在。

弗吉尼亚的选举是一种加强绅士阶层统治的仪式。绅士与普通人的不同之处在于他们的家族姓名、服饰,在于他们拥有马车、大房子、广阔的土地和大量奴隶。他们无一例外的是圣公会教徒,还常常担任公职。[37]虽然选举的结果一般不会让人感到惊奇,但选举日还是令人激动的。因为每个郡只有一个投票点,所以很多选民要长途跋涉。选举一般都在法庭开庭办公日举行,这样人们就可以去城镇的行政中心买卖土地和奴隶,或者去法庭处理其他事务。(请不要把"法庭"想象成雄壮的佐治亚风格的建筑,殖民地的市政建筑很少,"法庭"的办公场地常常是小酒馆。)[38]文书会唱名,被点到的选民可以口头告知文书,他把票投给谁。在文书给选民的选择作记录时,候选人会起身向给他投票的人鞠躬以示感谢。

选举采用的是非常人性化的方式,它被看做向社群里的显赫人物展示个人忠诚的渠道。在弗吉尼亚,郡是最大的选区,大多数郡的选民少于1 000人。1758年,弗雷德里克政府(Frederick Court House)举行了一次选举。当地方治安官、文书和参与竞争两个议席的四位候选人都到齐了之后,第一个上前投票的选民是该郡的领袖人物托马斯·费尔法克斯勋爵(Thomas Lord Fairfax)。第二个投票的人是大牧师威廉·梅尔德伦(William Meldrum)。与费尔法克斯一样,他把票投给了乔治·华盛顿和费尔法克斯的侄子托马斯·布赖恩·马丁(Thomas Bryan Martin)上校。接下来的几个选民也都是本地的领袖人物。剩下的选民不难分辨风向哪边吹。[39]

绅士阶层的影响还不止于此。首先,绅士可以在任何郡投票,只要他在这个郡拥有的土地足够多,达到了对选民产业的要求。于是,只要他们有意愿,他们就会去几个郡投票。其次,绅士可以在哪个郡投票,就可以在哪个郡担任公职。因此他们会选择自己当选机会最大的那个郡参与竞选。最后,绅士可以影响他人的投票。他们比一般选民先投票,而且他们投票时会有人大声念他们的名字,宣告他们的到来。绅士还会"招待"其他选民喝酒。他们会提供朗姆潘趣酒,有时还有曲奇和蛋糕,甚至是烧烤。乔治·华盛顿在一次议员选举时自掏腰包举办了晚宴和舞会。在另一次选举时,他的代理人为391个选民和很多其他人提供了160加仑的朗姆酒、朗姆潘趣酒、葡萄酒和啤酒。[40]这不是贿赂,而是一种关于恭顺的仪式——有产者给这位绅士投了票,绅士就通过"招待"表达谢意。绅士经常会招待所有的投票人,不管他们把票投给了谁,以便显示自己崇尚自由和宽宏大量。

选举实际上巩固了绅士的统治。这个象征性举动之所以可以帮绅士赢得社会地位,并不是因为它们表意明确,而是因为它们可以把明显不同的甚至是相互矛盾的政治文化观念令人信服地结合到一起。换句话说,选举这个仪式既肯定了社会等级制度,也提醒公民一个政府必须获得民众认可才有合法性。[41]如果民众已经自愿服从了统治阶层,那么他们就会坚决抵制那些让他们改变观念的压力,或者是他们所说的"影响"。人们会自愿地把票投给那些天生的社群领袖,但是社群领袖也必须接受社会共识,知道哪些权力是政府官员不能行使的。[42]

在新英格兰的乡镇集会上,选民有时投纸质的选票,也可以用嘴投票,说出自己的选择,或者举手表决,也可以通过挪动身体占据会议厅的某一位置去表达自己的投票意向。在选举民兵队长时,招待选民的活动和拉票活动比较常见,但在其他选举中,常常是没有招待活动的。[43]可是,不同的投票方式并不能产生不同类别的候选人,选民可以选择的依然是富有的、社会地位显著的和有家族根基的人。[44]

虽然选举日热闹得如同节日,但选举制度本身并未真正提升殖民地民众的政治兴趣和政治注意力。选民投票率并不高,对政治的冷漠是各殖民地的常见现象。如伯纳德·贝林①所言,人们对政治冷漠"部分是因为,在一个笃信天生的社会领袖就应该成为政治领袖的社会,人们缺少真正的选择……"[45]

在18世纪上半叶,北卡罗来纳和南卡罗来纳进行过不记名投票,宾夕法尼亚和康涅狄格的法律允许不记名投票,但在大多数殖民地,投票过程是开放和公开的。[46]对于20世纪的公民而言,采用不记名投票的道理是很清楚的:它可以保护选民的自主权和选票的真实性。但在殖民地,这种理念尚未获得认可。显赫的当权人物认为,保密选举会使政府变得不牢固。在北美殖民地广受欢迎的政治哲学家孟德斯鸠指出,公众投票是一个"民主的基本法则",但下等人"应该被上等人指引,被显赫人物的庄严所约束"。[47]

---

① 伯纳德·贝林(Bernard Bailyn,1922—),哈佛大学著名历史学教授,曾两次获得普利策奖。

虽然殖民地是一个恭顺的社会,但它施行的并不是贵族统治。如果说,与欧洲大陆相比,英国的共和主义是个稀罕的东西,那么对于英国而言,殖民地的平等主义倾向也是超乎寻常的。殖民地没有保障贵族世袭爵位和特权的法律条文,也没有专门代表贵族利益的立法机构。殖民地的绅士阶层没有明确的社会作用,甚至也没有明确的身份条件。在美国,身份低微的人,比如本杰明·富兰克林,总有机会上升成为名流。[48]

与英国相比,殖民地是反叛性的、个人主义的、不信任权威的。[49]美国人是个特殊的种群。在独立革命之前,美国人就以个人主义、乐观和有事业心著称。即使是严格的、以克己和自制为信条的清教徒,也只要求自己的孩子把社会规范内化吸收,而没有要求他们服从外在的权威。科顿·马瑟①的《波尼法爵教宗,或有关行善的文章》(*Bonifacius, or Essays To Do Good*)直接引用了约翰·洛克关于教育的论述,强调管束孩子不能依靠体罚,而是要靠停止宠爱这种方式让孩子知错。他希望通过教育让孩子"不敢冒犯我,但又从心底里喜欢见到我"[50]。

后来召开的制宪会议商讨过建立贵族议院的问题。建立两个不同立法机构的想法获得了不少支持,但是让人困惑的是在已有一个议院的情况下设立第二个议院的依据是什么。关于制衡政府的经典观点,也就是孟德斯鸠的观点是,一个好的政府应该由分别代表君主、贵族和大众的不同机构组成。英国的模式显然反映了这种观点——行政机构(君主)、上议院(贵族)、下议院(民众)。但在一个没有贵族制度,或并不希冀建立贵族制度的地方,建立上议院的依据何在?我们似乎找不到一个获得建国之父们首肯的答案。当时人们的回答也许是,单个的代议机构可能成为暴政的来源,所以最好建立两个议院以便互相制约。[51]虽然上议院制度植根于精英主义,但是上述的解释使建立上议院的主张不再与基本政治伦理和平等的思想(即后来的民主公民权所蕴含的思想之一)对立。

共和主义者怎么会爱国王

令殖民地的美国人非常自豪的是,他们拥有英国皇家政府框架下的自由和权利。他们认为,一定程度的自治是他们继承的合法的英国传统。这个自治传统确实是殖民地议会对立法过程保密的依据。殖民地议会对

---

① 科顿·马瑟(Cotton Mather,1663—1728),牧师,作家,清教徒的精神领袖。本杰明·富兰克林认为,马瑟写的这本书对他的影响很大。

立法过程保密，其实是在效仿英国。在那个时候的英国，下议院非常注意保护议员开展秘密讨论的权利，不让国王或贵族监视。[52]受到这个英国传统的影响，我们的建国之父们眼中的讨论自由，也主要是立法机构的自由，而不是公民表达自己观点的自由。[53]

支持人民主权或是共和主义并不意味着一定要支持大众代表（popular representation）和维护大众权利。在17、18世纪君主制的英国，大众代表议政和大众提出抗议是符合惯例的。殖民者还没开始仔细思考是否应该彻底推翻君主制的时候，君主制早已"共和化"了。[54]在英国君主制的政治文化中，"国王"和"人民"都是合法的存在，两者在政府之内应该拥有平等的话语权——陪审团替人民说话，法官替国王说话；当选的议员代表人民，总督代表国王。按照殖民者对这个制度的理解，国王必须关心人们的福祉，因为上帝让他执政是为了保护人民和为人民服务。[55]弗吉尼亚议会的教士威廉·史蒂斯（William Stith）在1775年的一次布道中表达了类似的观点。他认为，"国王不会做错事"是因为英国君主制的特点使他不可能做错事，"这就是说，他的特权永远不可能增长到能伤害和欺压人民的地步"。[56]

这样一来，信任君主就并不意味着不能反抗君主，推崇人民统治也不意味着不能向皇帝效忠。到了1768年，南卡罗来纳的查尔斯顿（Charleston）还在大张旗鼓地庆祝英国国王的生日，两年之后人们才取消了点灯庆祝仪式。在殖民者和英国的冲突大规模爆发之前，也就是在1775年之前，殖民者的反抗都还不是为了独立，而是为了让自己拥有和英国人一样的受到君主保护的基本权利。殖民地的领袖经常表示，欺压他们的是英国议会，而不是国王。[57]

殖民者都相当英国化。1774年大陆会议的大部分代表去伦敦的次数比他们去费城的次数要多。[58]用"万事俱备"去形容即将爆发的革命显然是不恰当的。塞缪尔·亚当斯（Samuel Adams）被人看做美国独立的吹鼓手，可是在1774年以前，他所希望的仍然是让殖民地在英国体系之内进行改革。[59]殖民地领袖很少会想，有朝一日不做英国的子民。一位历史学家认为，在18世纪60年代和70年代早期，殖民地领袖对未来的设想是一种"消极的主旋律"[60]。在他们描绘的政治蓝图中，找不到一个没有国王的政府。

在18世纪，殖民地中的代议制度，尤其是下议院的代议制度，逐渐被确立了。在早期的新英格兰，代表集会很重要，但在早期的马萨诸塞，当选官员被看做为上帝服务的上等人，而不是全体选民的代表人。一年一度的选举并没有让有产选民认识到选出的代表应该表达民众意愿。在其他殖民地,直到 1689 年之后,下议院才成为重要的立法机构。1689 年至 1763 年,下议院逐步获得了征税权,并开始立法,开始与总督和总督顾问委员会分庭抗礼,开始代表全殖民地的民众用一种强有力的声音说话。宾夕法尼亚和马萨诸塞的下议院在 18 世纪 30 或 40 年代取得了统治权。在新泽西和南卡罗来纳,下议院在 1750 年后变得十分强势。在新泽西和弗吉尼亚,七年战争(1756—1763)①带来了很多立法需求,下议院通过立法活动获得了很多权力。在战争期间,一些议员显现出"高涨的自信心",他们利用战争提供的契机获得了重要的政治经验。1763 年,英国议会颁布了管束殖民地的严厉法案。这时,被下议院制度熏陶过的殖民地政治家已不再愿意附属于英国。[61]

所有的成绩都与殖民地当地的经济发展和社会精英控制权的增长有关。[62] 他们的权力并非来自"民主",而是来自于代议制度和一套政治原则。1765 年以后,这些政治原则开始广为传播,为建立共和政府打下了基础。

在各殖民地,"代表"(representation)这个词的含义是不一样的。在新英格兰,议员代表的是城镇而不是教区,也不是郡(shire)。选区是由多个自治城镇组成的,议员是在乡镇集会上选出的,乡镇集会可以通过下达命令和指示控制议员。在中部和南部殖民地,选举不是在礼拜堂而是在户外或者法庭外举行的。选民一个接一个地宣布自己的选择,并没有一个组织下达指示。[63]

除选举以外,议员是政府与民众交流的主要媒介。没有人认为公民或是选民应积极获取信息,应该读新闻,应该通过政党或利益团体监督政府,或应该通过其他渠道与政府保持交流。他们应该做的是:选出代表自己的议员,然后做自己的事,下次选举时再对议员作判断。在英国,"代表"这个词"并不意味着议员要与选民交流,而是意味着候选人只用在七年才举行一次的选举中对选民负责"[64]。在独立革命之后,殖民地的民众才知道"代表"的第二个含义:立法者应让人民了解他的作为,公民应该不断地对公务人员做评估。[65]

综上所述,在殖民地,"代表"一词开始有这样的含义:代表民众的议员不仅应该自己作判断,而且应该为他的选区说话。但在英国,"代表"一

---

① 七年战争(Seven Years' War),1756—1763 年间,由包括英法在内的欧洲主要国家组成的两大交战集团在欧洲、北美洲、印度等广大地域和海域进行的争夺殖民地和领土的战争。

词没有这个意思。殖民地居民对权利的要求变得越来越明显。人们希望议员住在他所代表的选区里。对于英国而言,这些东西是很难想象的。即使是在理论上,英国议会的成员也没有"代表"本地选民意见的必要。在殖民地,"代表本地"则是非常重要的。[66]拥有财富和与其社会地位相符的技能和判断能力是对殖民地议员的一般要求,议员同时也应该通晓本地情况、代表选区的利益。这是历史上从未有过的事。既要求议员用自己的头脑去判断什么对公众有益,又要求他们按公众意愿办事。这样就形成了一对矛盾,为以后的冲突埋下了种子。

共和主义美德和投票理论

从早期一直到18世纪60年代,殖民地的政治是"同意政治"(politics by assent),选举主要是一种认可绅士统治的社群仪式。在17世纪,我们见不到候选人为了争夺职位而开展的竞选公关活动。在18世纪,这种活动也不多见。只是在城市化改变人们的生活,人口数量增多,人口的异质性增强,政治印刷物越来越容易获取,对英国的抵抗开始进入白热化阶段之后,事情才发生了根本性的变化。公开的政治争端和竞争性的选举首先在城市出现。早在1739年,就有一本小册子攻击总督乔纳森·贝尔彻(Jonathan Belcher),并呼吁选民去了解候选人的"意见和目的",去调查"他们过去的作为"。这是个有些胆大的提议。《波士顿公报》(Boston Gazette)刊登的一封来信批评了这本宣传册,斥责那些"攻击最高层人士,通过最卑鄙的行为和最可笑的丑闻影响人民"的候选人。[67]这说明在那个时候,对在职官员展开公开批评仍是完全不能被接受的。

那个年代的政治理想是,建立一个既能让民众参与又能被贵族约束的政府。殖民地的领袖有一个共识,那就是给选举权加上财产限制必然有利于建立好的政府。18世纪的政治思想家认为,拥有土地的人在社会中有利益牵绊,会长期依附于社会。根据弗吉尼亚宪法的权利宣言第六条,赋予民众以投票权的前提是,"有充足的证据证明,他们依赖社群,其永久的、普遍的利益与社群相关"。[68]与其说这个条款反映出对财富作用的谨慎认可,不如说它反映了一种浪漫的农耕主义思想,一种对自耕农身份的渴望。要求自己和他人独立、自给自足,永远忠于社群——这是自耕农的美德,同时也是殖民地公民的美德。托马斯·杰斐逊在阐述其立场的经典论述中写道:"如果上帝选中了一些人并特地把重要的和真正的美德注入他们的胸中,这些人就是那些在田地里劳作的人。"[69]18世纪的殖民地思想家相信,农民拥有支撑一个共和国所需要的美德,但是,当他们看见商业和制造业兴起之时,又害怕这些产业会使支撑美国共和政府的美德腐败变质,而且他们相信这种情况已经在英国出现。[70]

有六个或七个殖民地(新泽西的情况很复杂)要求选民拥有终身保有的不动产,这意味着要投票就必须拥有一定价值(价值由土地产出或土地出租收入确定)的土地。其他殖民地用纳税额而非土地所有权来限定投票权。[71]对投票权的限制还不止这些。有三个殖民地明确规定,选民必须为男性。其他殖民地虽没有明确的规定,但是他们对选民性别的要求是不言自明的。共和主义从一开始就有"性别特征"。跟奴隶和仆人一样,女人处于依附地位,而公民权只属于那些可以掌控自己生活的人。[72]进一步说,即便获取了自主地位,可以掌控自己的生活,也不一定就有投票权。北卡罗来纳、南卡罗来纳、弗吉尼亚和佐治亚的法案规定,自由的黑人不能参加投票。纽约在1701年颁布了一条法案禁止天主教徒参加投票。在其他殖民地,也有对天主教徒投票权的种种限制。在罗德岛、马里兰、纽约和南卡罗来纳,犹太人不能投票。[73]

以上这些规定只适用于殖民地范围的投票;在地方上,对投票权的规定要宽松一些。与英国相比,殖民地的土地所有权比较分散,因此,殖民地男性中拥有投票权的人的比例也要高一些。虽然殖民地吸收了英国的政治哲学,给投票权加上了种种限制,但实际拥有投票权的人相当多。例如在罗德岛,75%的自由成年男性所拥有的财产达到了获取投票权所需的标准,在其他殖民地,这个比例可能更高。[74]另外,选举权的限制规定实际上并未被严格执行。那么,我们既可以说,殖民地看重财产作用的政治哲学的内核是一种达不到现代标准的、反民主的世界观,也可以说殖民地相对普及的投票权有助于培育一个更加平等的政治社会。[75]

同样,我们可以自由选择,是去强调社会等级制度以及社会中的恭顺现象带来的影响,还是不断讲述没有家庭背景的普通民众获得社会认可和显赫地位的故事。[76]那么,我们到底是应该为殖民地广泛实行了代议制度而唱赞歌,还是应该为代议制度并没有为广大殖民者所用,也没有提升投票率而哀叹呢?合适的回答也许是:一方面,殖民地政治是当今政治的序幕;另一方面,它与在19世纪早期被民主化了的政治形成了对立。

政治与社会:模糊的界限

我们很难把殖民地时期的"政治"看做一个独立于社会之外的、制度性的东西。我们知道,殖民地有指派的和选举产生的委员会和议会,有国王或人民委任的当权官员制定公共政策(虽然在殖民地的很多地方,我们很难分清谁或者哪个机构拥有什么样的统治权力)。[77] 但是,我们也应该知道,只有处于社会等级中上层位置的人,才能得到公职,才能成为政治机构的成员。殖民地就好比现代的大学,人的地位与责任是联系在一起的。在大学的教师群体中,哪些人掌控政治?按规范,学校应由选举产生的教师代表管理。但约定俗成的观点认为,老教师比青年教师更有资格承担管理的责任。谁会被提名,谁会当选,基本没有悬念。与弱小院系里的教师相比,声望很高的院系里的年长之辈有更大的责任。在大学里,"学而优则仕",管理学校是大学教师教学、科研功能的延伸;在殖民地,"地位高则仕",立法机构是当时的经济和社会等级制度的延伸。在殖民者眼里,政治这个东西,毫无疑问属于绅士。

在英国,政府不"多管闲事"。除了修改已有法律、弥补法律缺陷,国会很少开展其他的立法活动。在18世纪前期,英国政府征税不多,行政开销微不足道,雇员很少,处理的事务也不多。在北美,殖民地政府更加积极地管理经济和提供社会服务,但是殖民者也没有指望能从政府那里获得很多东西(他们所获得的也确实不多)。皇家总督一般不会制定立法规划,殖民地议会对立法也不是劲头十足。在18世纪的弗吉尼亚和宾夕法尼亚,大部分的立法活动缘于民众请愿而非议员提案。[78]

与在英国一样,在殖民地立法其实是议会的次要任务,其主要任务是替民众诉苦和监督行政。议会经常裁定个人的和地方的争端,政府管理的有时仍是个人事务。甚至到了建国之初,美国人仍没有指望政府处理公共事务。若要发展公共事业,人们常常会自愿捐献财物,很少会要求政府通过向大众征税来募集资金。这些捐助不仅推动了公共事业的发展,例如建立了学院或图书馆,而且再一次肯定了社会等级制度。这是因为,有实力去捐助的大都是上等人,捐助行为使他们的名字和贡献被公众铭记。[79]

鉴于此,有人也许会总结说,殖民地议会的主要任务仅是让自己长久存在。不管事实是否如此,维持运转、让自己存在所花费的经费确实是议会的主要支出。在17世纪的弗吉尼亚,税收中最大的一块被用于支付议员、文书的工资和开销,哪怕他们一年中开会议事的时间只有短短数周。[80] 殖民地政府的主要任务不是改变社会基本结构,而是为巩固既定社会结构提供协调和帮助。

如果政府规模很小又不怎么管事,那么管理政府的政治家也就不值得关注了。实际上,用"政治家"这个词形容殖民地官员有些不对头。殖民地官员从未为政治而活,也从未依靠政治职务生活。在 18 世纪以及随后的 19 世纪,政治只是绅士们的"业余爱好"。本杰明·富兰克林先是靠做印刷生意发迹,成功地使自己成为一个有钱又有闲的绅士。在此之后,已到不惑之年的他才"感觉到"自己是担任民兵上校这一公职的不二人选。[81] 殖民地的精英担任公职是对自己有利的,它能影响土地分配、提升威望、为自己赢得酒吧里的好名声。即便如此,殖民地一级的立法者实际花在政治上的时间是有限的。希望从政的人会花时间思考议会政治,但他们也不会放过在议会社交季节(social season)①玩乐的机会。大陆会议和早先的全国性会议(national congress)经常换代表,这是因为,很少有人视参加这种会议为人生事业,何况与会还必须长时间离开家乡。

连政治家都只是时不时地参与行政,我们不难理解,那时的公民为什么难以获取有关公共事务的信息,为什么会没有参与公共生活的兴趣。

公共生活的媒介

过去和现在,政治都主要是一种口语艺术。政治家混迹于小酒馆、客栈、议会会议室和私人会客厅,并不是因为他想保护隐私,而是因为他需要这些地方所提供的舒适的社交氛围。[82]

到了独立革命的前夜,只有 160 年历史的北美社会有大约 40 家报纸。这个数字看上去不小,但与当时北美的 3 200 个教堂一比,报纸的数量就显得很可笑了。[83] 到了 1790 年,在很多农村地区,想看到报纸依然不容易。可是,几乎每一个村庄都有一个新教牧师。[84]

在 18 世纪早期,印刷物的传播范围十分有限。印刷物一般都是为政治服务的,其出版发行的前提是符合法律和习俗。殖民者的生活以本地为中心,他们的文化世界靠口语支撑。随着时间的推移,印刷物在殖民地政治中的作用逐渐增大。到了独立革命之前的那十年,印刷物也许成为公共领域的支柱。[85]

印刷商人本杰明·富兰克林的自传清晰地描绘了印刷物在殖民地生

---

① 社交季节指一年中用于组织社交活动的一个时间段。在 17、18 世纪的英国以及北美殖民地,社会精英会在一年中的某一段时间组织舞会、餐会和慈善活动,参与者可以借此拓展社交范围。这个时间段因而被称为社交季节。

活中所扮演的角色。在读过这本《自传》之后，所有的读者都会相信，至少是在费城，公共领域已经出现。富兰克林自己就是个"活的公共领域"，因为他创造、构建和反映了公共性（publicness）。从19世纪到现在，我们都找不到一个与富兰克林相当的人物。拉尔夫·纳德①也许跟他有几分相似，因为他也曾积极地建设和推广各种公共机构。不同的是，纳德激进和高调地给他的项目贴上了"公共利益"的标签，而富兰克林则比较低调，在为公善而奋斗之前，他先悄悄地寻求支持、消除障碍，而且他从未宣布放弃自己的利益。

富兰克林的《自传》是我们查看殖民者文化世界的窗口。他们的文化世界很小。富兰克林是工匠的儿子，自己也只是一个工匠，年轻时既无成就又无社会背景，却两次受到了殖民地总督的垂青。第一位总督是威廉·基思爵士（Sir William Keith），他鼓励富兰克林投身印刷业。第二位是纽约总督威廉·伯内特（William Burnet）。他从一个船长那里听说，船上的一位年轻乘客带了很多书，这个乘客就是富兰克林。于是，他召见了富兰克林。富兰克林多次把他年轻时的伙伴称为"读者"和"爱读书的人"，还说因为都爱读书，所以他们成了一辈子的朋友。富兰克林的家庭对他读书有帮助。他父亲藏有神学论证法书籍和《圣经》。还是孩童的时候，富兰克林就会用身上所有的钱去买书。他先买了约翰·班扬（John Bunyan）的小说，看过之后卖掉，又去买了一套大概是40或50册的"通俗读物"——R.伯顿（R. Burton）的《历史集录》（*Historical Collections*）。当本杰明成长为一个年轻人时，他开始读英国文学刊物《旁观者》（*The Spectator*），读约翰·洛克和色诺芬，读丹尼尔·迪福的《计划论》（*Essay on Projects*）和马瑟的《波尼法爵教宗，或有关行善的文章》。他甚至还读了倡导素食的小册子，然后便开始吃素。[86]

在富兰克林年轻的时候，书籍是相对较少的，报纸则更难寻觅。富兰克林的哥哥在波士顿做印刷生意，年少的富兰克林前往投靠，在哥哥的印刷厂当学徒。1721年，他哥哥提出了办一份报纸的想法，却受到了朋友的嘲笑。他的朋友认为，北美地区有约翰·坎贝尔的《波士顿新闻报》就足够了。[87]当时的北美没有新闻职业，只有印刷行当。在移居费城的时候，本杰明已是一个技术熟练的印刷工。他希望在印刷这个行当干一番

---

① 拉尔夫·纳德（Ralph Nader, 1934— ），被称为美国现代消费者运动之父。他一直坚持不懈地提高美国消费者的自我保护意识，呼吁政府规范工业生产，提高产品安全。纳德没有任何固定资产，没有汽车，他将自己的大部分收入都花在了创建各种消费者权益团体上。

事业,但他并没有视印刷为职业或使命。印刷只是他赖以谋生的行当。1729 年,他接管了塞缪尔·凯姆尔(Samuel Keimer)的《宾夕法尼亚公报》,但他没有把这份报纸视为社会公器,而只是把它当做一种属于私人的生意。

这并不是说富兰克林不顾公益。他在《自传》中指出,印刷是"传播指示的另一种方式",所以他才从《旁观者》和"其他一些有道德的作家"的著作中挑选了一些文章重印,以飨读者。[88] 但是,他视《宾夕法尼亚公报》的成功为一种经营上的成功。他认为,《公报》之所以获得欢迎是因为它所用的活字的质量以及印刷质量比费城其他的报纸要好。1729 年,马萨诸塞的议会和总督就总督的薪水问题展开了争论。富兰克林在《公报》上发表了一篇文章报道了相关争议。他认为,他对争议的"热情评论"使他的报纸被人"不断议论",还吸引了城市中"重要人物"的注意力。很明显,他关心的不是他的观点能否被人接受,而是报纸的生动性。看到了他的成功,那些"领袖人物"就鼓励他继续努力,好让生意蒸蒸日上。[89]

富兰克林并没有提出什么崇高的办报主张。他确实提出过让报纸致力于开启民智的主张,但这不过是应景的套话。他曾经为印刷业辩护,但他的辩护十分保守。1731 年,富兰克林因为刊登了一个令人不快的广告而招致批评,于是发表了一篇名为《为印刷商一辩》("Apology for Printers")的文章,称印刷业不过是个中立的容器。他认为,人们的观点是多种多样的。因为印刷这个行当"主要就是处理人的观点",所以读者就会发现,"大多数的印刷物不是在支持某些人就是在反对某些人"。即便是只做分内的事,印刷商也必然会冒犯他人,但是做鞋子的人就不会遇到这样的问题。这个观点在当时的印刷业界十分流行,并不是富兰克林的个人见解。"印刷商的共识是,当人们有不同观点的时候,正反双方应该有平等的机会让自己的观点被公众知晓。如果真理和谬误有公平竞争的机会,真理总是会胜出。因此,只要付的钱不少,印刷商乐于为所有参与竞争的作者服务,不管他们在争议中持何种立场。"

根据上述观点,富兰克林进一步指出,印刷商不能为他所刊登的观点负责。但是,他又转过头强调印刷商确实"不赞成印制很多坏的东西,应该把这些东西扼杀于摇篮之中"。他说自己"拒绝印刷任何可能帮助邪恶、败坏道德的东西,即便屈服以迎合大众的低俗趣味可能使我赚到不少钱"。[90] 在《自传》中,富兰克林回忆说,他曾拒绝刊登一些他认为是诽谤或人身攻击的东西。如果作者"用出版自由为自己辩护(他们经常这么做),说报纸就像是个公共马车,任何付了钱的人都有权占一个座位,那么我的回答是,如果他愿意,我会为他印制单张……但我不会(用见报的方式)主动散布他的诽谤"[91]。富兰克林宁愿把自己看做报人,而不是印宣传册的。报人是他的自我定位。他建议,为了"不污染自己的报纸,不给自己的职业抹黑",年轻的印刷商应该拒绝刊登个人之间的争议、虚假的道德指控或对邻州政府的恶言诽谤。[92]

富兰克林的建议在多大程度上被印刷商采纳了?在18世纪前期,似乎只要有一个印刷商,就有一个办报模式。很显然,印刷商眼中的报纸既不是政治工具,也不是新闻采集机构。早期的报纸从来不主动采集新闻,他们刊登收集到的任何东西。约翰·坎贝尔创办《波士顿新闻报》的目的类似于作记录。他记录刚刚过去的事,记录"事件发生的脉络"。他把报道按时间排列,但是由于版面有限,报纸又时常停刊,所以他没有办法刊登来自伦敦的所有新闻。由于这些原因,他的报纸的时效性越来越差。到了1718年,他所报道的新闻实际上是一年多以前的旧闻。[93]

本杰明·富兰克林于1729年接管的那份报纸,也就是塞缪尔·凯姆尔的《宾夕法尼亚公报》,志在提供"对最重大的欧洲事务的最好的和最真实的报道"。凯姆尔宣称,在收到了公道的订报费的前提下,他会努力"让每个人都满意,又不惹恼任何一个人"[94]。《宾夕法尼亚公报》的全名是《百科通用指南与宾夕法尼亚公报》(*The Universal Instructor in All Arts and Science and Pennsylvania Gazette*),因为凯姆尔打算刊登伊雷姆·钱伯斯(Ephraim Chambers)的《百科全书》从A到Z的全部词条。凯姆尔的报纸创办于1728年,在富兰克林接管这份报纸的时候,也就是一年后,凯姆尔还在印以字母A开头的词条。从5月17日到7月25日这两个多月的时间里,这份报纸绝大部分版面被用于刊登百科全书中对"Air"这个词的解释。

与在伦敦的同行不同的是,殖民地的印刷商大都是公众人物。他们开邮局、在政府当文书,而且还负责印刷法律文书。[95]但他们也只是做小生意的人,在他们的年代没有迹象表明报纸将会成为政治话语的中心论坛。在富兰克林下笔写《为印刷商一辩》的时候,党派报纸还没有在殖民地出现。第一份党派报纸诞生于1733年,诞生地是约翰·彼得·曾格(John Peter Zenger)在纽约的印刷作坊。曾格不是一个搞政治的人,他是个努力赚钱的生意人。在刘易斯·莫里斯(Lewis Morris)领导的政治派系为了攻击总督威廉·科斯比(William Cosby)而向他寻求帮助以前,曾格印刷的主要是布道辞和荷兰的神学著作。在莫里斯派的指导下,他开始出版批评总督科斯比政策的《纽约周报》(*New-York Weekly Jour-*

nal)。在殖民者眼里,1732 年走马上任的科斯比是一个反面典型,因为殖民者从这位总督的身上发现的正是他们最担心的那种腐败——以权谋私。[96]

1735 年,曾格因刊登攻击性文章而遭起诉,罪名是煽动性诽谤。在这个著名的案件中,陪审团裁定曾格无罪。曾格的律师安德鲁·汉密尔顿(Andrew Hamilton)申辩说,如果曾格刊登的全是事实,那么他就没有犯诽谤罪。这个辩护理由被曾格案的陪审团接纳,也受到 1798 年颁布的《归化和惩治叛乱法案》(Alien and Sedition Acts)的支持,成为美国的一项法律传统。但在 1735 年,汉密尔顿的辩护并没有法律依据。根据当时的法律原则,任何损害政府声誉的言辞都可被认定为诽谤。汉密尔顿是相当幸运的,他之所以可以在法庭上大谈公道大义,是因为他面对的是一个急于扩大权力范围,意图掌握解释法律和定义事实的权力的陪审团。虽然曾格案中支持新闻自由的判决顺应了民心,但它并没有成为判例。后来,莫里斯一派停止了反抗。曾格仍然从事印刷,继续出版《纽约周报》直至 1746 年去世,但他再也没有敢去试探政府的容忍限度。

这并不奇怪。殖民地的印刷商尽量避免争议。如果需要,他们会用富兰克林的口吻辩称中立。他们主要刊登外国新闻,这样本地读者和本地政府就没法挑刺。殖民地报纸主要的内容就是外国新闻。本地政治新闻到 1765 年还只是报纸上的一小块。在 1728—1765 年间《宾夕法尼亚公报》刊登的 1 907 篇文章之中,只有 34 篇涉及费城或宾夕法尼亚政治。在所有类别的新闻报道中,与费城或宾夕法尼亚有关的只有 6%。[97]

在 18 世纪早期,政治印刷物是很少见的。在 1707 年的宾夕法尼亚,领主①的反对者把总督的言论与议会的回应制成宣传册,在费城的咖啡馆中散发。1710 年,宾夕法尼亚议会开始以一周两次的频率刊印他们制定的法案和法律,好让公民能在立法程序结束之前提出意见。在 18 世纪 30 年代,弗吉尼亚第一家出版机构建立。此后不久,该殖民地的议会就开始出版议事录和公布已通过的法律。[98] 上文已经提到过,因为与总督不合,马萨诸塞的议会在 1715 年出版发行了他们的第一份议事录,希望靠刊物赢得公民的支持。虽然报纸比议事录更适合展现立法过程,但新闻界所做的只是解释已经刊登在议事录上的东西。在危机和激烈的争议爆

---

① 领主(proprietor),指在美国独立前,由英王特许的独占某块殖民地的人。领主拥有大片土地,还拥有一定的行政管理权力。在 1707 年,宾夕法尼亚的领主是威廉·佩恩(William Penn)。

发时,议会中唱名表决的次数就会增多,有人也会冒险印制一些小册子,刊登议事录上没有的信息。除此以外,其他印刷物都不会刊登殖民地立法活动的相关信息。[99]

在经济混乱或(和)战争爆发的时候,政治争端就会扩大。当精英与精英在选举中竞争的时候,他们就会印制竞选宣传册直接投递给自由人。在 1695—1714 年间,波士顿、纽约和费城三地共印制了 30 种政治宣传册。此后的 20 年里,三地共印制了 145 种;再往后 20 年,印制了 149 种。民众原本生活在政治领域之外并自觉维护精英利益,现在,领导者开始通过印刷物赢得民众支持。有讽刺意味的是,虽然在精英集团的领袖们身上找不到一丝有民主意味的东西,但他们还是不由自主地向普通有产者讨选票。他们也许会反对这种新的竞选方式,担心宣传册会"哺育和培养不满情绪",严重误导"无知者和对公共事务不熟悉的人",但是他们不会拒绝利用印刷物为自己宣传。[100]

那么,不关心政治的印刷商后来为什么允许政治言论在他们的领地中生长呢? 也许,殖民地报纸的中立性和报纸印刷商谨慎小心的思维模式是一种解放力量。印刷商自私的、防御性的态度让报纸成为一个允许呈现不同意见的新型公共论坛。[101] 这个以商业利益和商业主义思维为基础而形成的公共领域,与被政治原则或党派性政治参与笼罩的公共领域还是有差别的,但它也不一定是一种退步。对于报纸自身而言,倡导中立是具有革命意义的。不爱政治爱利益,印刷商的这种态度,有助于让报纸接受相互冲突的观点。

与报纸相比,宣传册的言辞更加激烈,党派性更强,争议性更大,但是让新闻报道变得有连续性、协同性和周期性的,不是宣传册而是报纸。报纸创造出了一个需要用新闻填充的空间,满足了对新近发生事件好奇的作者和读者。是报纸,而不是宣传册,创造出了一个不同政见的市场。

报纸能够拓展公共话语空间的另一个原因是,报纸之间存在相互联系。它们联合起来能够帮助殖民地建立一种共同意识。殖民地报纸组成了一个强大的传播网络。报纸与报纸之间有相互联系是因为一家报纸需要借用其他报纸的内容以填充版面,更重要的是因为印刷商之间大都有亲戚或朋友关系,无论身处何处,他们都像是一个大家庭。富兰克林是庇护制度的忠实拥护者。他于 1753 年当上了北美邮政总局副局长,随即,他任命他的儿子为费城邮局局长,任命他的一个兄弟为波士顿邮局局长(随后接任的是这个兄弟的继子),任命他的侄子为纽黑文邮局局长,任命一个朋友的儿子为查尔斯顿邮局局长,任命一个朋友为纽约邮局审计官。[102] 富兰克林的很多亲戚、以前的学徒或商业伙伴在纽约、南卡罗来纳和罗德岛经营报纸。富兰克林家族与布拉德福家族（该家族成员在宾夕法尼亚、纽约和新泽西出版报纸，曾格曾是他们的学徒）、波士顿的格林家族（该家族成员在安纳波利斯、新伦敦、纽黑文和费城做印刷生意）一起控制了殖民地的印刷业。因为印刷行业的学徒经常换地方，所以这三个家族之间也经常有联系。[103]

报纸对公共论坛建设还有一种帮助：在小酒馆可以看到报纸，人们会在那儿大声朗读报纸上的内容。在酒馆或咖啡馆看报纸的人可能比在家里看报的要多，很多在场的人可以听见别人朗读或讨论报纸的内容。[104] 报纸以定期的形式出版、在社交场所中传播，这些都有助于维护和拓展公共话语空间。

当然，这不是说公共话语已经获得了充足的空间。相反，报纸并没有成为精英的噩梦，或者说它变成了另一个噩梦：报纸从攻击反对派政策转为攻击反对派领袖。报纸上都是枪弹齐放的景象，有一次政治冲突，冲突双方就有一次"语言粗暴性的增强"[105]。

让我们再来看看本杰明·富兰克林。这个厉害的人物在费城做了一些事，让别的印刷商没法跟他相比。虽然他视印刷为生意，视报纸为非党派性的、用于赚钱和启蒙的工具，但是他也用报纸推进公益事业。富兰克林是个维护公共利益的孤胆英雄，满脑子都是促进社群发展的点子。如果想到了一个点子，他首先就会与"协会"（即由他和其他生意人、艺术家组成的阅读和讨论团体）①分享。他与"协会"和其他类似的团体商讨过值夜人制度。关于防火的问题，他也是先与"协会"商议，然后才把他的想法刊出。② 此外，或者说然后，他会动笔创作并印制宣传册，呼吁人们接受他的主张。他就纸币和民兵队的问题制作了宣传册，同时他也会在报纸上写文章。例如，他曾在报纸上撰文呼吁费城建立公立医院。他在《自传》中称，在报纸上宣传他自己的主张是"思想动员"的"一贯性做法"。富兰克林并没有满足于靠印刷取得的成就，此后，他开始利用他在议会的政治关系和政治力量推进他的事业。

---

① "协会"(Junto)，又称皮围裙俱乐部(Leather Apron Club)。富兰克林在费城做印刷生意时组织了一个俱乐部，大多数成员都是穿皮围裙工作的手艺人，俱乐部因此得名。聚会时，成员会分享读书乐趣、畅谈理想和个人发展。此外，俱乐部也为城市发展出谋划策。

② 富兰克林曾提出过组建消防队和设立付酬的守夜巡逻员的建议，这些建议后来都被费城政府采纳。

报纸以及其他传播媒介为富兰克林推进社会改革提供了持续不断的帮助。对于报纸,富兰克林既没有忽略它的力量,也没有对它期望过高。报纸的作用不是劝服而是公开,是"思想动员",是为劝服效果和社会压力的产生而作的前奏。作为费城公共领域的"管理人",富兰克林清晰地认识到自己"可能眼界有限",所以他总是邀请他人加入,组成一个团体去执行他的计划,而不是一个人去战斗。[106]

富兰克林把印刷当做一种政治宣传武器,但这种武器还有富兰克林没有预计到的力量。报纸的非个人化特性有助于建立对理性话语的信仰。[107]因为印刷物具有可复制性和非个人的传播指向,所以它的受众在数量上具有潜在的或理论上的无限性。新的受众群体,即共和主义公众,不再是在教堂集会或城市集会中碰面的那些人。这些人十分具体,同时又被局限于某一地理范围之内,而新的受众是想象中的受众。想象中的受众是十分抽象的,这不利于维持传统的社会关系,不利于维持在无形中迫使普通民众约束自己的社会等级制度。印刷物的传播范围很难控制。人们会私下阅读印刷物,阅读是为了满足世俗需要而不是宗教需要。在这种情况下,印刷品带来的受众反应也是难以"控制"或预料的。印刷业总是会追逐丑闻。弗吉尼亚总督威廉·伯克利(William Berkeley)对这一点深有体会,他在 1671 年写道:"感谢上帝,这里没有免费学校,没有印刷业,而且我希望几百年后也不要有。因为,学习给这个世界带来了反抗、异教邪说、异端教派。印刷业则把这些东西公之于众,恶语中伤最好的政府。上帝保佑我们远离这两者。"[108]但是,上帝的保佑并没有持续多久。

1765 年以降:一个农夫和一个女士胸衣裁缝

1767 年 12 月 2 日,约翰·迪金森的《宾夕法尼亚农夫信札》在费城发布。《信札》里第一封信的开头是一个令人感动的、讨人喜欢的自我描述:"我是一个农夫。经历了各种机缘巧合之后,我在特拉华河河畔定居了……我接受了通识教育(liberal education),我为生活奔波忙碌。但我现在相信,人忙碌的时候会跟闲适的时候一样高兴。我的农场很小。我的仆人没有几个,但他们很好。我只有一点钱可以收利息,但我也不想要更多……"[109]

迪金森原本可以用宣传册的形式发布他的《信札》(后来他确实采用了宣传册的形式出版了七个版本的《信札》),但他决定先用周报发布,因为与宣传册相比,周报的受众更多,其受众的思想也更加单纯。迪金森是一位新派的大众领袖,利用报纸宣传成为"公众人物"。新派领袖不但通过请愿、演讲和信件向议会发出呼吁,还通过公开传播的印刷品向大众发出呼吁。迪金森的《信札》在殖民地之间迅速传播。到 1768 年 1 月,殖民地的 23 家英语报纸中已有 19 家刊登了他的《信札》。[110]

虽然报纸在殖民地的人口覆盖率也许还不到 5%,但正是依靠报纸,《信札》才在殖民地广为传播,其传播范围大于任何先前的政治著述。[111] 当时,有很多人认为殖民地可能爆发危机,所以报人们觉得有必要刊登《信札》。波士顿、费城和其他地方的几份报纸没有转载《信札》,是因为当地的报人们迫于压力而放弃了。[112] 很明显,迪金森是个技巧娴熟的宣传者,他在《信札》中就税务问题提出的意见产生了重要影响,成为一个长久的政治话题。辉格党人的观点在当时十分流行,于是他就用这些观点为自己辩护。他最成功的地方是选择了自耕农作为作者的身份。在殖民地,农夫的美德被人们传诵,而迪金森是第一个以农夫的身份写作的美国政治作家。[113]

迪金森在报纸上发表政治宣传文章的事件表明,印刷商已经开始政治化。1765 年,英国国会颁布了针对殖民地的《印花税法案》(Stamp Act)。① 面对这个严重影响印刷生意的法案,印刷商还是屈服了。富兰克林的生意伙伴、接替他管理《宾夕法尼亚公报》的戴维·霍尔(David Hall)在法案颁布后对富兰克林说,他后悔没有奋起反抗。真实的情况是,在民怨鼎沸之时他躲到了一旁。印刷商对政治的参与往往是滞后的。[114] 当政治冲突变得越来越激烈,印刷商无法置身事外而参与进去的时候,印刷厂的数量也开始增加。1764 年,殖民地有 23 份报纸,在 16 个地点印刷出版;1775 年,殖民地共有 43 份报纸,在 24 个地点印刷;到了 1783 年,26 个印刷厂印制 58 份报纸。[115]

到了 1765 年,北美报业已经获得了长足的发展,无论是在政治抗议示威爆发的时候,还是在平常时候,报纸上都讨论政治问题。报纸不能像政治运动(比如起义或波士顿倾茶事件)那样大规模发动群众,但是因为报纸每周都必须寻找新闻内容以填充版面,在人们被街头巷尾的议论搅得群情激愤的时候,报纸就必须不断地谈论政治。

---

① 为了给驻扎在北美的英国军队筹措军饷,英国国会颁布了《印花税法案》。法案规定,北美殖民地的报纸、杂志、法律文件和很多种印刷品,都必须使用伦敦制造的、带有印花的纸张,而购买这种纸张就必须付印花税。法案一公布就遭到了北美殖民地的强烈反对,一年之后被迫撤销。

在危机逐渐显现的那段时间,殖民者的交流方式是多种多样的,报纸只是最容易被注意到的。殖民地精英通过生意往来结识。某个殖民地的生意人可能会去另一个殖民地购买房地产。他们可能是大学校友。耶鲁大学有很多来自纽约、马萨诸塞、康涅狄格的学生,也有一些来自罗德岛、新泽西和宾夕法尼亚。学生在耶鲁完成学业后,不一定会回到家乡,而是另选地方定居。在18世纪60年代,各殖民地之间也有宗教联系。许多殖民地的长老会和公理教会牧师都害怕英国国教教会会给殖民地指派主教,于是他们通过举办年会和设立通信机构联合了起来。对于殖民地教会而言,英国派来的主教象征着对不信奉国教者的宗教压迫,所以殖民地宗教组织也加入了反抗英国的政治斗争。[116] 各种社会、经济、教育和宗教联系,与对科学、医药或艺术的共同兴趣,抹去了各殖民地之间的界线,把他们联系成为一个整体。

到了1774年,大陆会议的代表们在各殖民地已是声名远播。有些会议代表互相不认识,但有一些则是老熟人。新泽西代表威廉·利文斯顿(William Livingston)是康涅狄格代表伊利法莱特·戴尔(Eliphalet Dyer)的耶鲁同窗。康涅狄格代表、律师兼商人赛拉斯·迪恩(Silas Deane)遇到了来自纽约的老朋友。宾夕法尼亚代表托马斯·米夫林(Thomas Mifflin)在一年前去波士顿走亲戚时见过马萨诸塞代表约翰·亚当斯(John Adams),约翰·亚当斯则在波士顿结识了后来代表南卡罗来纳与会的托马斯·林奇(Thomas Lynch)。[117]

在一个殖民地范围内的交流可以通过报纸展开,但正式的、非正式的组织也是很好的交流渠道。在波士顿,人们去社交俱乐部和共济会会所谈论政治(当然还谈论其他东西)。手艺人的协会密切了手艺人之间的关系,这样他们就可以结成一个政治联盟去参与乡镇集会的选举。纽约没有类似的专门组织,人们通常去小酒馆谈论政治。[118]

在人们谈论政治的同时,印刷商威廉·戈达德(William Goddard)出于对皇家邮局的不满,开始着手建立殖民地邮政系统。在1774年3月,他建立邮政系统的计划获得了波士顿通信委员会的首肯,这个委员会后来又为他的计划向其他委员会寻求帮助。波士顿通信委员会寄来的一封信(作者很有可能是约翰·亚当斯)称:"我们认为邮局很重要,不仅因为它能为个人传递友谊信件和商业信件,还因为它能在殖民地与殖民地之间传递公共信息。在我们看来,建立这样一个邮局并把它交由殖民地管理是正确的和必要的……"[119]

为了鼓励人们使用新的私营邮政系统,支持者指出,殖民地长期依赖于皇家邮政系统会有危险:"我们的信件很有可能会被内阁委任的官员拦截和打开检查,然后他会把信件的内容判定为叛国阴谋。另外,必需的、重要的、为公众提示危险的警钟——我们的报纸,也会因为发行量受限而起不到作用。"[120] 1775 年 7 月 26 日,大陆会议批准建立殖民地邮局。在这时,独立革命开始变得有组织性。一年之后,《独立宣言》发表。

在迪金森那里,公众是通过报纸聚集起来的,报纸为公众建立了一个交流意见的场域。与报纸一样,托马斯·潘恩(Thomas Paine)所著的宣传册《常识》(Common Sense)也为公众建立了一个这样的场域。在 1764 年到 1776 年之间,殖民地印制了 195 种政治宣传册。在这 195 种之中,有 150 种出自于马萨诸塞、宾夕法尼亚和纽约这三个殖民地。[121] 很多人都认为,《常识》的影响很大,潘恩自己也这么认为。他在 1779 年的文字中提到,《常识》在北美的印售总数为 15 万本。历史学家认为,潘恩并没有自吹自擂。《常识》不只是在美国广受欢迎,这本小册子在英国被印制了 17 次,而且还被翻译成德语和法语出版。《常识》的重要作用是,把殖民地人民原本不敢去想的东西——独立和没有国王的共和政府,变成了他们想要去争取的东西。正如它的名称所言,它把独立和共和变成人们的一种"常识"。殖民者认为,殖民地的生活方式刚好可以证明殖民地的地位比英国低下。潘恩却告诉他们,这些殖民地特有的生活方式预示着殖民地要走自己的路。在潘恩看来,殖民者过着新鲜、原始并带有乡野气息的生活并不是一种过错,相反,这是一种美德。如果说美国人缺乏经验,那么也就是说美国人还没有被那个陈腐老旧世界毒害。他写道:"我们有能力重新创造一个世界。当前这样的形势,自诺亚造方舟之日一直到现今都没有出现过。"[122]

仅 1776 年一年,《常识》就被殖民者翻印了 26 次。我们可以说,这是一个相当成功的文学作品。当然,《常识》不只是一个文学作品,它还带有强烈的政治意味。潘恩的一个创举就是用平实易懂的语言写政治文章。"我的目标是让那些很少阅读的人也能看懂,所以我没有为文字添加任何修饰,让这篇文章的语言如同字母表一般平实易懂。"[123]《常识》在理念上并无创新。约翰·亚当斯曾抱怨说,《常识》只不过是"总结了我在(大陆)会议上反反复复说了九个月的观点"[124]。但是,用大众容易接受的话语,把这些观点编织起来变成一篇连贯的文章,使之广为流传,是潘恩对美国公共生活的重大贡献。

潘恩曾是个手艺人,确切地说是个女士胸衣裁缝,为有钱的女人缝制胸衣。早些时候,宣传册的作者不是律师就是牧师,或是商人。潘恩却是一个为普通人写作的普通人。迪金森只是装作一个普通人①,而潘恩与富兰克林一样,本身就是个普通人。还是与富兰克林一样,他同时还是著名人物乔治·华盛顿和托马斯·杰斐逊的朋友。这也许可以说明,潘恩是知识分子和专业人员这个新兴阶层中的一员。这样的人没有狭隘的阶级意识,不向任何阶级或党派效忠,因而可以畅所欲言。[125]

在独立革命时期,原本只与伦敦有联系,而在相互之间没有正式政治联系的13个政治团体聚集到了一起,形成了统一的政治目标和军事目标。先前,殖民地的领袖和公民大都还没有仔细思考过是否要脱离英国的统治这个问题,更别说他们已经决定这么做,但是,领袖们后来提出的联合起来抗争的主张还是获得了广大群众的支持,各殖民地也最终联合了起来。

独立革命改变了殖民地的政治文化。在当时的政治观念中,意见一致依然十分重要,但是,在13个原先是殖民地的州联合在一起之后,政治就好像是詹姆斯·麦迪逊式的利益碰撞交响乐。按麦迪逊的构想,大陆会议应该变成可以包容各种利益冲突的机构,甚至是可获益于利益冲突的机构。在新时期,认为有协商就可能达成一致意见的人越来越少。

恭顺的思想和等级性的社会关系并没有被独立革命荡涤干净,但它们消亡的过程已经开始。在这个刚刚建立的国家,上议院存在的依据是一个争论焦点。如果这个国家根本没有"贵族原则"需要体现,那么为什么要建立上议院呢?独立革命之后,各州(只有一个议院的佐治亚州除外)建立了上下两院制度。有些州曾规定,与下议院相比,担任上议院议员需要有更多的财产,参加上议院议员选举的选民也要比一般选民拥有更多财产。[126]很明显,在那个时候有这样一种观点:美国的上议院(upper house)应该类似于英国的上议院即"贵族议院"(House of Lords),而不是下议院即"平民议院"(House of Commons)。但是,对人民主权的强调和以"我们合众国人民"格式开头的美国宪法标志着决定性的转变。

对君主制的信任以非常惊人的速度消失殆尽。历史学家理查德·布希曼(Richard Bushman)认为,独立宣言这个文件仍然蕴含着君主制的政治思维。他写道:"这是一个叛国罪起诉状,起诉国王没有保护人民反而攻击人民。(独立)宣言用洛克式的语言阐明了人民反抗的权利,但君主与人民签订的条约其实已经默许了这种权利。"[127]但是,在各殖民地变成

---

① 约翰·迪金森假借一个农夫的名义写了《宾夕法尼亚农夫信札》,但他其实是个出身名门望族的律师。

了独立的州之后,在战争时期书写了宪法,被《邦联条例》(Articles of Confederation)凝聚成一个整体之后,共和主义的原则就被人们接受了。

政治史中最有价值的教训是,突破性的变革都是在原有制度的基础之上发生的。如果共和主义意味着对代议制度的信任,那么殖民者对它已有切身体验。他们的反抗方式从在议会中陈情和抗辩转变成了上街游行,但游行这种活动其实也没有突破既定的制度框架。在正式的机构中合法地使用权力与暴民在街头胡作非为,这两者之间的差别其实不大。在殖民地时期,警政不是由既定的或专门的公务人员维持的,行使执法权力的常常是地方武装队(posse commitatus)。在殖民地,行使政府权力的是治安官召集的强壮男人,但在1765年至1775年之间,聚集起来搞非法抗议的也正是这拨人。反抗《印花税法案》以及其他英国决策的人被英国政府称为"暴民",但他们认为自己是"准合法"的军事力量。殖民地的男人大都有在民兵队和地方武装队效力的经历,这种经历让他们在抗议时自觉地约束自己,不去做过激的事。我们可以说,由大众抗争发展生成的独立革命其实继承了"准合法性"(quasi-legitimacy)的传统。[128]

虽然大众抗议和军事活动频繁,但革命领导者并没有让广大公众参与政治辩论。大陆会议要求代表起誓保守秘密。当然,会议能以军事需要为由为保密要求正名。在以《邦联条例》为指导的国会中,议员把自己看做各州的领导人,而不是人民代表,所以他们不会直接向民众公开议事信息,而只会向各州政府发公报。曾经有过几次让国会辩论公开的尝试,可惜都以失败告终。到了1779年,大陆会议开始以一周一次的频率公布议事记录。纽约和宾夕法尼亚也在各自的新宪法中规定,立法会议应该公开。

如果把18世纪80年代的公共生活比作一个装了半杯水的杯子,那么我们应该说它是半满的,还是说它是半空的?我们只能说,那个年代距离现在有几百年,不能以我们现在的标准去评判那时的公共生活。在那个年代,代议制度的地位越来越重要,成为一项基本准则。除了南卡罗来纳以外,其他所有的州都要求每年举行下议院选举。激进的辉格党人于是创造了一个警句:"年度选举的结束即暴政的开始。"而且,各州已经把举行年度选举写进了新宪法,使之变成了一项行政制度。[130] 各州宪法使议会议员的人数在总体上增多了,并使选举议员的选区变小了。

选举权的普及程度也有所提高。选举权普及可部分归因于纸币贬值。① 由于纸币贬值太厉害,几个州不得不废除了对选举权的财产限制。选举权逐渐普及也是因为有几个州取消了选举权的财产限制,开始使用纳税额确定选举资格。启用新限制标准的州有:宾夕法尼亚(1776年)、新罕布什尔(1784年)、特拉华(1791年)、佐治亚(1775年)、北卡罗来纳(1776年)。因为获得选举权所需的纳税额仅是象征性的,所以几乎所有的白人男性都符合标准。1777年,佛蒙特州决定,投票无需财产,也无需纳税,只要是白人男性就有选举权。除了佛蒙特,其他州对选举权或多或少还是做了些经济方面的限制,但改革明显还是使选举权资格放宽了。[131] 选举权普及在其他方面也有所体现。新泽西和纽约颁布了增加投票点的命令,在那个短途旅行都十分辛苦的年代,投票点的增加对于选民而言无疑是件好事。[132]

虽然投票权普及程度提高了,但普通公民依然难以获得政府职位。在这个新国家成立的前夜,政治仍然被绅士们控制着。代议制度逐渐确立,选举权逐步普及,但绅士依然统治着国家;报纸不断增多,但对政治事务的报道难觅踪影。对君主施行暴政的控诉随处可见,但人们并不对本地政府的作为抱太大期望,州政府的权力也因资源有限而受到限制。虽然民主确有发展,但殖民地的绅士依然享受着一致意见带来的好处,政治仍然仅是绅士阶层精英社会生活的延伸。

---

① 1775年,大陆会议为了筹措军费开始发行纸币。这些纸币没有金银作为担保,因而迅速贬值。

第二章
立宪时刻:1787—1801

引子

宪法的开头写的是"我们合众国人民",但"合众国人民"并没有参加1787年费城的立宪会议。这个会议是如何邀请与会者的,似乎是个说不清的问题。依据《邦联条例》,中央政府其实无权举办这个会议。这个会议更像自愿性的,由几个主要的州的民族领袖发起。他们最终促使13个州中的12个派出代表参会。

立法会议的代表不是由民众直选产生,而是由州立法机构选出。与其说他们代表的是"我们合众国人民",不如说他们代表的是"我们各州政府"。在立法会议上的所有投票活动中,可以投出一票的是作为一个整体的州代表团,单个的代表无权投票。

普通公众并未参与立宪会议的召集,也没有参与与会代表的选举。而且,代表到席之后,会议厅马上就对公众关闭了大门。托马斯·杰斐逊当时正在巴黎安稳度日,当他听到与会代表必须发誓对会议内容保密的消息,他表示反对并写道:"这个试图捆住会议成员舌头的先决条件令人憎恶。"[1] 但是,保密制度还是被执行了,而且是被严格执行。有一次,在秘密即将被泄露之时,会议主席乔治·华盛顿发出了一个警告:"我必须恳请各位绅士变得更加谨慎,不要让会议记录被报纸掌握,不要用还不成熟的想法打扰公众的憩息……"[2] 代表们认为,自己现在应该避开公众视线行事,公众以后会有机会,他们可以在宪法争取获批生效的那段时间提出自己的意见。

即便如此,在代表们的意识里,"我们合众国人民"还是存在的。从字面上来说,人民就是指一大群人。但对于立宪会议代表而言,"人民"一词有丰富的含义。在为会议做准备,反复论证自己的主张之时,他们把"我们合众国人民""合众国人民的精神"(the genius of the people),以及人民会做什么和不会做什么,会同意什么和会反对什么,当做合理正当的论据(也有几次明显的和有意思的例外)。会议常常用人民是否支持作为通过或否决某个提案的判断标准。代表不仅用"合众国人民",而且常常使用"合众国人民的精神"这一词汇去说明,让他们支持或是反对某个提议的是深植于心的情感和传统,而不是一些转瞬即逝的念头。弗吉尼亚代表乔治·梅森(George Mason)主张施行民主制,因为"合众国人民的精神支持民主"[3]。康涅狄格代表奥利弗·埃尔斯沃斯(Oliver Ellsworth)提出,组建国家民兵部队不符合"合众国人民的地方精神"[4]。另外一些代表虽然没有使用相同的词汇,但表达出的观点是相似的。马萨诸塞代表埃尔布里奇·格里(Elbridge Gerry)认为:"新英格兰人民绝不会放弃年度选举。"[5](他错了。)他还认为"人民绝不会同意"参议员任期超过4年或5年。[6](他又错了。)

代表们有时会承认人民拥有伟大智慧。宾夕法尼亚代表古弗尼尔·莫里斯(Gouverneur Morris)主张,面对立法机构的扩张,行政机构应该成为人民的保护者。他问道,谁能评判行政官员呢?他自己回答说,是"全体人民,人民会知道、看见、感受到他们的作为。同样,对于需要保护和安全的人民而言,谁能比他们更有能力去判断是否应该解散军队?"[7] 特拉华代表约翰·迪金森(John Dickinson)认为,由人民选举行政官员是最合适的。"自己所在的州的最杰出人物是谁,人民是会知道的。来自不同州的人民也会相互效仿,去选那些最能让他们感到自豪的人。"[8]

代表们并不认为人民的判断总是正确的,人民可能不了解情况。罗杰·谢尔曼(Roger Sherman)认为,最好是由立法机构而非全体民众选总统。他说:"后者(全体民众)获得的有关人选的信息永远是不足的。"[9] 谢尔曼还主张众议院议员应该由州立法机构而非人民选出,宣称人民"应该尽可能的不去干涉政府。他们想要获取信息,但又总是容易被误导"[10]。就连乔治·梅森这个对中央政府集权不放心的坚定的共和主义者,也认为公众的认知有局限性。他认为,让人民选总统没有意义,就好像"让盲人挑选颜色。这个国家太辽阔,使得人民不可能有对候选人各自的主张做出正确判断的能力"[11]。梅森认为,只有在人民通过私人交往了解了候选人的情况下,他们才能成为合格的选民。换句话说,认识政治,主要也就是认识某些人。

与会代表认为,与在认知方面的局限一样,人民易受情绪左右这一局限也使他们难以管理国家。古弗尼尔·莫里斯指出,宪法框架中的一个难点就是找到限制富人发挥其影响的途径,因为富人常有能力操控人民。"我们应该铭记,人民行事依据的绝不只是理性。富人会利用他们的热情,把热情变成压迫他们的工具。"[12]

人民没有参与立宪会议,立宪会议却建构了"合众国人民"。与会代表既尊重人民又蔑视人民,在对人民的力量表示敬畏的同时,又鄙夷地称他们容易被操控、容易受情绪感染。那些起草宪法的人对公民有什么样的期望?他们希望培育什么样的公民权?在宪法起草者眼中,"合众国人民"是国家最重要的统治者,但是对于一般的行政活动,他们必须是距离遥远的旁观者。政治进程如何,关键是看那些议会中的人民代表表现得是否合适,而不在于全体公民对政府活动知晓多少,也不在于公民可以通过政治活动寻求什么。在会议进行时,有一个很能说明问题的事件:埃尔布里奇·格里用"合众国人民"作为依据去反对两年举行一次议员选举。而詹姆斯·麦迪逊称埃尔布里奇·格里只是在堆砌辞藻。他认为,民意总是飘忽不定的,而且民意本身都是一个十分模糊的概念。

> 如果我们应该按民意行事,那我们就不知道将会走上什么样的道路。任何一个与会代表都没法说出,他所在的选区的选民现在意见是什么;也没法说出,如果拥有和这里的各位一样的信息,人民会怎么想;更没法说出,6 或 12 个月后人民是怎么想的。我们应该思考,什么是对的和必要的……[13]

对于麦迪逊以及大多数支持宪法的人而言,共和国之所以可以运转,不是因为每个有财产的男性白人对国家事务都有发言权,而是因为有一个宪政机制,把他们的权力交由可以坐在一起讨论问题的人民代表即议员行使。当时的美国只有不到 400 万人,与现代美国相比人口很少。但对于建国者来说,这是个大得可怕的数字,意味着这个新国家是一个扩张了的共和国。她幅员辽阔,在种族、阶级、宗教和经济问题上,各地居民的差异很大。建国者认真思考代议制的细节,却很少考虑一般公民的责任或操守。为什么?本章将试图对此作出解释。

议事规则

　　立宪会议给那些可能会成为新国家领导者的人带来了一个先有鸡还是先有蛋的问题。参加会议的这些人试图建立一个共和形式的政府,权力由人民而非国王或议会掌控,但在建国之初,他们该如何让人民而非他们自己掌控权力呢?即便是不同的州通过不同的程序挑选出了参加立宪会议的代表,立宪会议如何开,还是没有一个规则。就如同这个新国家一样,立宪会议必须自己找到出路。

　　1787年5月25日,星期五,立宪会议代表第一次开会。开头的工作迅速完成:乔治·华盛顿被选为会议主席,并成立了一个负责制定会议规则的委员会。这个委员会在星期一提交了商议结果。他们拟定的会议规则是:当与会者在发言时,其他与会者不得交头接耳,也不能"看书,看宣传册或印刷、手写的纸张"。若未获特殊许可,任何人不可在同一个问题上发言超过两次。如果某人要就某一问题第二次发言,所有其他想要发言的人也必须有同等的发言机会。这几个规则是为了保证与会者获得同等的尊重和同等机会,还有一些规则旨在鼓励与会者对议题展开细致认真的研讨。具体内容是:任何一个与会者都可以要求把一个复杂的问题分成几部分加以讨论。即使讨论已经完结,任何一个州也都可以推迟一天投票。任何有关的书面材料都必须先被通读一遍以获取基本信息,然后逐段展开讨论。委员会还对代表的行为举止做了规定:"任何与会者都有权要求任何其他与会者遵守秩序,然后解释那个人的行为或言论为什么应该受到谴责。"会议主席在这方面的权力更大一些。无须与会者提出要求,也无须获得与会者的同意,他可以自行要求与会者遵守秩序。

　　在接下来的会期中,有一条规定可能惹恼与会者,那就是:会议中的任何发言都不能被"未经许可地印刷、发表或传播"[14]。弗吉尼亚代表乔治·梅森应该会赞同这个规定,他在给他儿子的信中称这个规定是"在事情做完之前,防止错误和误传的预防性措施"。开会一星期之后,詹姆士·麦迪逊给在巴黎的杰斐逊写信,列出了与会代表的名单,但是拒不透露有关会议讨论的情况。因为,根据规定,"即便是在私密的通讯"之中,也不可透露会议信息。[15]

　　杰斐逊是不喜欢这种保密规定的,但他应该会认可会议的其他规则。议会的程序规则是他一生的兴趣所在。担任过副总统(1797—1801)和参议员主席的他写了《议会工作手册》(*A Manual of Parliamentary*

Practice）。这本书于 1801 年首次出版，此后还印制了上百个版本，一直到今天还有人在使用。杰斐逊用"坚持原则的重要性"作为这本小书的第一个章节。开篇时他引述了下议院议长阿瑟·翁斯洛（Arthur Onslow）的话，议事程序规则"是对多数派行为的检查和控制。在很多情况下，它们是少数派的庇护所和保障"。杰斐逊同意这个判断，说它"肯定是正确的，并且是一种合理的判断"。重要的不是原则的实际内容是什么，而是有原则这一事实。有原则，"议事活动就会有一种规范性，不会被议长的反复无常或与会者的无理取闹打乱"[16]。在一个民主社会里，人民或他们的代表制定规则。但是，在制定规则的过程中若没有保护少数派的规则，任何一种民主都是无法运作的。

在委员会拟定的规则中，只有一条没有获得大家的首肯。这条规则是：任何与会者都可以要求举行投票表决，并把投票表决情况记入会议记录。马萨诸塞代表鲁弗斯·金（Rufus King）指出，既然立宪会议讨论的法案在任何方面都没有将代表与他们的选区的民众联系到一起，那么也就没有必要向民众公开投票情况。乔治·梅森认为，把表决情况记录在案，会让人不敢改变自己的投票选择，即便是他的信念已经转变了。梅森是个敏锐的社会心理学家，他指出，即便他们有意愿改变自己的选择，先前已经记录在案的投票表决情况也会迫使他们坚持自己的意见；另外，这种记录可能会被反对立宪会议者利用，成为攻击会议的武器。以上这些反对意见最终被采纳了。

那么，请注意，设计国内的公共生活是一项多么复杂、微妙和富于地域特征的工作。如果设计的规则必须是事先确定好了的，那么制定设计规则时又遵循的是什么规则呢？正如社会学家埃米尔·涂尔干所言，拟定契约一定也必须有一个先于契约的基础（precontractual basis）。[17]对于立国之父们而言，这个先于契约的基础就是由英国政治思想和一个半世纪的殖民地经验孕育出来的一种共同文化。同时我们也必须看到，在哈德逊河畔的新英格兰清教徒与荷兰地主之间，在费城的德国商店老板与弗吉尼亚、卡罗来纳的种植园主之间，存在重大的文化差异。在立宪会议上，千差万别的人必须就制定治国规则的规则达成一致。

国家的缔造者认为，政治科学，就是有关政府系统和政府结构的科学。这个系统和结构一旦建立，就生成商议公共事务的完美机制。他们设计的政府有何特征？他们对权力制衡、联邦制度和混合政府的看法如何？已有很多人做出了解释。但很少有人关注，对于在政府之外的，公众可以聚集起来、民意得以形成的公共领域，国家缔造者们的期望是什么。

在正式的政治系统之外,会发生什么事,能让系统运转,给它以生命。

能让政党来阐明和强化政治意见吗?在这一点上,建国者们的观点是一致的——绝对不可以。在18世纪的英国和北美殖民地的政治观念中,政党是十分不受欢迎的。无论对于公民还是对于领袖人物而言,依附于某个政党都是与公共美德相悖的行为。[18]建国者们没有预计到,政党后来有多么受欢迎。

可以让私立协会①也就是缩小版的成形政党发表自己的言论和向立法机构请愿吗?对于这一点,建国那一代人的意见是不统一的,在华盛顿的追随者和杰斐逊的追随者之间有很大的分歧。具体情况在后面叙述。

可以让报纸肆无忌惮地批评时政吗?如果我们去查阅建国者的言论,正反意见都找得到,但是现实的证据显示,他们并不支持这种做法。建国者可能认为,新闻界没有很大作用。而且,他们中的很多人都会同意把批评政府的好事编辑关进监狱。

建国者设计和建立了一个共和政府。他们认可经常性的选举这个核心要素,却不太能容忍私立机构的存在。但是,在20世纪的思想家眼中,若要建立表达意见和交流思想的公共领域,私立机构是必需的要素。有一些建国者直言不讳地批评私立的政治组织。他们不关心报刊自由,所以在1798年颁布了《惩治叛乱法案》(Sedition Act)。他们不希望候选人对投票的公众亮相。他们也没有普及政治教育的意愿。

按建国者的设想,市民社会或公共领域的范围应该是非常有限的。他们对民主持怀疑态度,只让有财产的白人男性参加选举,而且不希望他们在公共场合谈论政治。多元化的政治思想离他们还很遥远。一致意见、财产、德性和恭顺这些源自殖民地时期的观念,仍在他们的头脑中留存。

当然,立国者不是天马行空的哲学家,而是实干派政治家。他们的立场随着环境的改变而改变。有一些曾经在理论上反对政党制度的人,后来开始了建立政党的实践。托马斯·杰斐逊开始都不愿为报纸写文章,后来却为报纸提供经济资助。私立组织给当时的社会带来了什么好处?如果你认为好处是让《联邦党人文集》第10篇闪烁着20世纪的多元主义思想,或是让托克维尔大力称赞的志愿性组织(其实并没有太多值得称赞

---

① 作者使用的词汇是"private association",随后还使用了"private institution","popular association"等。按译者的理解,这些短语主要是指报社、政党、行业协会等非政府组建的团体、组织。

的地方,在下一章中会有说明)有了最近颇受吹捧的市民社会的模样,甚至是让华盛顿、亚当斯和杰斐逊的世界变得好像托克维尔1831年观察到的那么美好,那么你就错了。在18世纪90年代,私立组织对于公共事务的影响是有待商榷的,这在随后到来的悲惨的威士忌叛乱(Whiskey Rebellion)中就有所体现。

私立团体:"夜幕下的自建体"

从1793年开始,民间组织如雨后春笋一般从新共和国的土壤里钻了出来。它们就公共问题展开辩论、批评政府、影响公共政策。在1793年至1798年间成立的"民主""共和"或"民主—共和"社团有40多个(虽然在1796年后它们中的大部分已经消失)。其中最有影响力的和规模最大的是成员有300多人的"宾夕法尼亚民主社团"。超过100人的社团还有几个,但大多数社团只有20或25个人。从整体上看这些社团,或审视单个的社团,我们都可以发现其成员的社会属性是异质的,商人、律师、地主、工匠,中等或下等阶层的人都在其中。[19]

一些社团包容不同的政治哲学。"希望峰政治社团"(位于新泽西)的宪章写道:"你们中的一些人,是否希望为贵族制或君主制的政府唱赞歌。如果在一次安排得当的辩论中,出现了真正的观点对抗,正义的事业将会变得更加光芒万丈。那么,请向前走,带着你的意见。我们是宽容的,不是懦夫。自由是你的,也是我们的。"[20] 一些社团欢迎别人来旁观他们的会议,或邀请非会员参与讨论。[21] 这些社团有意识地与强大的联邦党新闻界分庭抗礼。在1794年的缅因,所有的报纸都是亲联邦党的。"波士顿宪法社团"给"波特兰共和社团"①送去一捆报纸,目的是为了让这个社团看到在联邦党的报纸上看不到的新闻。这些社团传播自己的宪章,还印刷并散发那些他们所欣赏的爱国演说词、宣传册。

除了展开讨论,"共和社团"还开展了其他一系列活动。巴尔的摩、诺福克和查尔斯顿的社团监视英国军舰,看它们是否破坏了华盛顿的"中立宣言"②。一个查尔斯顿的团体甚至解除了停泊在查尔斯顿港的一艘英

---

① 波特兰是俄勒冈州的重要城市,但是在缅因州有一个同名的城市。本书中应指后者,因为俄勒冈州1859年才建立。

② 1793年,英法开战,法国以在独立战争中帮助过美国为由要求美国帮助自己对抗英国,而总统华盛顿认为,美国应保持中立,遂签署并发布了"中立宣言"。

国军舰的武装。一些社团参与竞选活动,宣传共和主义的反民主观点并投票监督。这些社团也监督在职的立法者。肯塔基的社团让本州的国会议员参与社团会议并回应质疑,或是把尖锐的问题送到费城①,然后在会议上宣读和讨论议员的回复。还有一些社团参与了人道主义活动。宾夕法尼亚州卡莱尔的社团把对法国大革命的同情转换成了现实的帮助,给法国人送去了面粉。很多社团通过了支持法国大革命的决议,并敦促美国政府履行对法国的承诺。

"民主—共和社团"认为,自己的责任就是让政府对人民的要求作出更多回应。一位拥护者指出,若要让人民获得保障,不能仅依靠"对宪法是否被遵守的检查",也不能仅依靠"周而复始的选举",还要依靠"对所有行政程序的积极检查",而这种检查应由志愿性的公民团体开展。

以今天的眼光来看,这些社团展现出来的似乎是一种恰当的公民意识。但是,对于当时的很多人而言,他们体现出的是法国大革命中的暴力倾向和无政府主义倾向,而波澜壮阔的法国大革命让强调财产权和秩序的共和主义者感到害怕。在当时,政治社团饱受批评。1794年,"纽约民主社团"把会议中的一次发言作为对批评者的回应印上了海报,宣称在共和政府统治之下,公民应该有一种"责任",即深入了解政府和国家的政治机构,以便有一天他们可以积极响应召唤去参与行政。民主社团正是让民众了解政府的捷径,因为"通过我们的社团,或者其他与我们类似的社团,我们可以获得某种政治知识,从而让我们自己受益。如果我们把这些知识印刷发表出来,我们就是给您提供了一种更加有价值的服务"。于是有人这样评价这个社团:

> 现在向您讲演的这个社团,其实已经确立了纯粹的爱国主义目标,即让人们更加透彻地理解我国宪法的基本原则;传播政治信息;让人们对神圣的和不可剥夺的人类权利更加熟悉;把纯净的和神圣的自由之焰揽入怀中小心呵护,把对国家的热爱当做一种高尚的人类美德加以培养。这些是这个组织的结构中伟大的和关键性的部件。[23]

联邦党人并不相信以上的这种说辞。他们的观点与美国早期的很多政治观点一样,带着浓重的英国色彩。在英国,无论是君主,还是投票的

---

① 1790年,美国国会从纽约搬到了费城。

公众,都在警惕地捍卫国会的权威地位。选民有没有权利"指示"他们的代表(即议员),即能不能要求代表坚持某种特定政策,是一个没有定论的问题。有时人民甚至连请愿的权利都没有——1664 年颁布的法案禁止"煽动性的请愿"。维护国会权威者还"更加警惕地监视着任何声称代表公众的非官方政治组织"24。在英国,下议院并不真正代表公民这一状况引发了一种焦虑,而私立组织又在暗地里挑战下议院的合法性地位,因此有人对私立组织心存恐惧。但美国的政治思维是,议会是代表民众和开展政治商议的机构,其他任何组织无法取代议会行使这两个职能。

联邦党人对社团的不满在 1794 年的威士忌叛乱中达到了顶点。这个重要的历史事件开端于 1791 年,当时的国会在财政部长亚历山大·汉密尔顿的催促下通过了向威士忌酒征收货物税的法案,但遭到了酿酒农民的反对。这是因为,对于农民而言,卖威士忌是他们为数不多的赚钱渠道之一,也是让自己进入广阔市场的一种方式。更让农民感到不满的是,此项税款将由联邦收税员直接征收,逃税者将交由联邦法院审判。农民对这个法案做出的回应是陈情请愿,但有时也会暴力抵抗。例如,给收税员粘上松油和羽毛①,推倒那些支持威士忌税法的本地民众的谷仓或房子。华盛顿总统谴责了这些抗议行为,此后事态趋于平静。国会也降低了税率,并简化了收税过程。1794 年,汉密尔顿对税法提出了一项新的改动建议:如果逃税犯的居住地离联邦地区法庭超过 50 英里,他就可以免于长途跋涉去附近的州法院受审。可是,当国会商讨这个提案的时候(最后通过了),西宾夕法尼亚的收税员还是在按照原有的法律积极地处罚农民。这意味着西宾夕法尼亚的逃税被告人不能去州法院,必须去联邦地方法院受审,而最近的联邦法院在几百英里以外的费城。在这个时候,反抗的枪声响起了。西弗吉尼亚税收检察官约翰·内维尔(John Neville)的房子被烧成灰烬,而保卫他的房子的联邦军队却给造反者让开了道。

随后,反抗开始增多。有人为反抗者提供帮助,有人煽风点火。"民主—共和社团"开始控诉联邦党人。宾夕法尼亚的一些反抗者其实就是"民主—共和社团"的成员。正是在"民主—共和社团"的推动下,反对威士忌税的决议在一些公众集会活动中被批准通过。7 000 个抗议者走上

---

① Tarring and feathering 是源于英国的一种刑罚,方式是用热的松油覆盖受刑者全身,然后沾上羽毛。此刑法不会杀死受刑者,其主要目的是羞辱。但是,当热油凝固后,附着其上的羽毛是难以剥离的,受刑者因此还是会遭受很大的痛苦。

了匹兹堡街头。自发性的抗议活动开始变成了有组织的反抗。当然,有一些历史学家认为有组织的反抗并未持续多久,因为抗议者们大都不信任这些充当组织者的社团。[25] 因为看到法国大革命中民众推翻了法国政府,所以华盛顿的行政班子对于美国国内的民怨十分敏感,于是采取了严厉的对应措施。当然,在这个时候华盛顿本人已经获得了广泛的公众支持,很多民主社团其实是站在他一边的。"宾夕法尼亚德裔共和社团"宣称西宾夕法尼亚的抵抗活动"违反了我们国家的宪法,与每一条自由原则都相违背"。"宾夕法尼亚民主社团"(位于费城)也谴责了反抗者,宣称虽然威士忌货物税是"压迫性的,有害于这个国家的自由,而且培养的是罪恶和谄媚","但是我们绝不认可反抗此税的每一种行为,这些行为未获政府许可,而政府已经接受了美国人民的审查"[26]。

在获得了足够多的支持之后,华盛顿才召集了民兵队,让财政部长汉密尔顿和宾夕法尼亚州州长托马斯·米夫林站在他身旁,带领着13 000人的队伍去平息暴动。在民兵队抵达西宾夕法尼亚的时候,暴动事件已经很少发生了。军队逮捕了一些反抗者,并把他们中的20人押送去费城以叛国罪审判。审判结果是两人叛国罪名成立,但后来被华盛顿赦免。[27]

从历史的角度上来看,威士忌叛乱也许根本算不上"叛乱",但对于当时的联邦党人而言,这是一个重大事件。在那时,边疆地区政局不稳,并不完全忠于美利坚联邦。直到1789年,英国官员还希望弗吉尼亚的一部分、西宾西法亚尼和佛蒙特脱离联邦而加入加拿大。约翰·马歇尔(John Marshall)在他1804年给华盛顿写的传记中赞扬了华盛顿镇压威士忌叛乱的英勇行为,称他终结了"一场可能动摇美国政府根基的暴动"[28]。马歇尔的话有些夸张了,但是,"民主—共和社团"和威士忌叛乱确实是美国早期的历史中最有戏剧性的一幕。这两个事件,无论是分隔开来看,还是合在一起看,显现出来的都是同样一个问题:在一个共和国中,如果有表达不同政见的方法和途径,那么何种方法和途径才是具有合法性的?

当时的一些人反对"民主—共和社团"的一个重要依据是它是"自建"(self-created)的,也就是说它是民众自发成立的,并没有经过任何政府部门批准。华盛顿在一封信中详述了这个问题。在发现民主社团是西宾夕法尼亚"暴动"的幕后指挥后,他写道:

> 自建体(self-created bodies)把自己变成固定的检查机构,在夜幕下召开秘密会议,去抵制国会的法案,还有什么事比这更加荒唐、无礼,或更加有损于社会和平?这些法案是经过了人民代表的深思

熟虑和严肃的讨论才产生的,人民代表是被选出来表达意愿的,他们带着联邦各选区民众的意志,尽其所能地工作,把人民意愿嵌入整个政府的行事法则之中。在这种情况下,自建的、固定的团体(无可否认,人民有权偶尔集会请愿,或抗议立法机构颁布的某项法案,等等)宣布这条法案违宪或那条法案蕴含着恶意,宣称那些不认可他们的信条的人不是被私心所驱使就是受到了外国的影响,或者干脆说他们是叛徒。他们的行为是如此嚣张,难道还能说他们目的崇高吗?当我们看见,还是这一小撮人,既无廉耻,又不尊重真理,在不清楚政府当局有何种理由或获得了什么样的信息的情况下,就对其颁布的每一条法案提出指控,努力地摧毁民众对于政府当局的信心的时候,事情就更清楚了。[30]

几周后,华盛顿给国务卿埃德蒙·伦道夫(Edmund Randolph)写信称:"如果这些自建的社团不能被阻止,他们就将摧垮这个国家的政府……"[31] 在华盛顿看来,政府自己有一套完善的机制,而其他政治组织却只会把"利益"置于美德之上,破坏能使立法者找到公善之所在的机制。另外一个坚定的联邦党人乔治·卡伯特(George Cabot)在此后不久指出:"无论如何,如果必须依赖于公众集会……那么那些经常被称赞的代议制的优势又在哪里?"[32]

1794年9月19日,华盛顿在国会发表了讲话。他对反叛事件做了一个事后总结,对自建社团在叛乱中所扮演的角色提出了批评。这让国会在起草声明时犯了难。按照惯例,国会两院都应对总统的讲话做出回应,应该起草一个声明,重申并支持总统的观点。在参议院,亚伦·伯尔(Aaron Burr)对华盛顿的声明提出了反对意见,但参议院最终还是支持了总统。在众议院,一些议员虽然不支持这些社团,但也不愿责难它们。詹姆斯·麦迪逊当时担任负责起草回应性声明的委员会的主席,他既不愿意支持政党政治或雏形政党政治(proto-party politics),也不愿去谴责群众性政治活动。他说:"如果我们注意审视共和政府的本质,我们就会发现,审查的权力意味着人民审查政府,而不是政府审查人民。"[33] 讨论了三天之后,众议院对总统讲话作了回应,但只是间接地提到了社团的问题。

除了华盛顿,还有很多人谴责威士忌叛乱,但华盛顿的讲话除了谴责威士忌叛乱,还批评了政治社团,这让政治社团感到愤怒。曾经批评过叛乱的"德裔共和社团"在费城的《联邦公报》(Federal Gazette)发文称,他们对总统批评社团感到震惊。"如果说民主党人是西部叛乱的助推器,那他们为什么又会是镇压叛乱的尖兵呢?我们的兄弟组织'宾夕法尼亚民主社团'人数众多,但它也是受到美国总统谴责的对象之一。"为了给自己正名,"宾夕法尼亚民主社团"在10月通过了一项动议,称"自由和民主的敌人从未停止过对我们的中伤,某位有影响力的公众人物甚至公开谴责所有的政治社团"[34]。该社团重申将致力于开展公众讨论:"如果我们国家的法律是人民意志的体现,那么人民的意志是什么不就应该被公众知晓吗?政治社团自由地讨论、出版和传播有关人民意志的信息,不正是让公众了解人民意志的最好途径吗?只要社团的审议是谨慎和适度的,他们就值得受到关注。"[35]辞去了公职、在休养中的杰斐逊知晓这些事后非常愤怒,他给麦迪逊写了一封信称:"谴责民主社团是一种超乎寻常的鲁莽行为,独裁主义者常常这么干。真是很奇妙,总统居然让自己成了攻击言论、写作、印刷和出版自由的指挥者。"[36](显然,杰斐逊所说"奇妙"意思其实是"莫名其妙"。)

社团同情、支持法国大革命,与本地民兵队联系紧密,而且形成了"派系"的态势,这些都让联邦党的领袖感到紧张和孤立。在联邦党人的政治哲学中(他们的政治实践则是另一回事),除了政府之外,其他引导公众生活的固定或半固定机构、组织是不应该存在的。[37]在当时的政治文化中,还找不到能够支撑市民社会的东西。

两年后,华盛顿再次谈到了社团扰乱政府的问题。在第一任总统任期即将结束时①,华盛顿就有不再担任公职的想法,于是他写信给詹姆斯·麦迪逊,请求他帮助自己起草一个卸任声明。华盛顿自己先拟了一个声明大纲,告诉麦迪逊他意在让公民知道"我们都是同一个国家的子孙,这是一个伟大、富饶的国家,她有能力、有希望变得像我们已知的那些历史上的好国家一样繁荣和欢乐……"他认为,在积攒了经验之后,美国政府很有可能"接近于完美,也就是任何人类组织可以达到的极限状态。因此,为了实现这个伟大的和有价值的目标,我们毫无疑问应该全力支持和巩固联邦。值得争论的唯有谁应该多出力这样的问题。虽然可能有监督公仆和公共政策的必要,但必须有个界限。无端的怀疑和煞有介事的猜忌会伤害诚实人的感情,也常常会扬恶抑善"。麦迪逊应其要求写了一个声明,强调了过度监督的坏处,但同时也不吝笔墨地阐述了监督的益处,

---

① 华盛顿于1789年就任美国总统,1793年连任总统直至1797年。

这就等于偏离了华盛顿的思想轨道。对于监督这个问题,麦迪逊的观点是:应该维护政府和宪法,行政班子应该是有智慧的和有美德的,"对于公仆和公共政策的监督是确保行政当局保持这些品质的途径。在一方面,监督是纠正或阻止堕落行为的一种必要手段。在另一方面,容忍无端的或不问青红皂白的猜忌,会让公众无法获得最好的服务,因为容忍会让明理的方正之士失去提供优质服务的高尚动机"[38]。

在麦迪逊和亚历山大·汉密尔顿的帮助下,华盛顿最终在威士忌叛乱结束四年之后写出并发表了他的卸任声明(1796 年 9 月 17 日)。华盛顿按照麦迪逊的思想改造了这份声明,但他无疑仍对党派政治、派系摩擦和联邦分裂忧心忡忡,对公众监督是否充分的问题却不太关心。在他看来,重要的是记住"人民有组建政府的权力与权利,但这是以每个个体自觉服从已建立的政府为前提的"。因此,"所有的联合体和组织,无论以什么样的面貌出现,只要是有左右、控制、阻碍和扰乱合法当局的审议和行动的意图,就会破坏这个基本原则,就有毁灭性的倾向。他们组织成立派系,赋予派系以不正当但又超乎寻常的力量,用党派的意志取代由人民代表展现的整个国家的意志,而所谓党派,常常是社群里的少数派,人数不多但是手段高明,并且野心勃勃。从各个党派取得的各种'成果'可以看出,他们是想让公共行政当局按派别制订的杂乱无章的计划行事,而不是使之执行公众认可的和依照共同利益改进过的、可靠的和有益的方案"[39]。

对于党派问题,与其他人相比,华盛顿也许更加敏感。毕竟,他是国家的首脑,同时又是一个精神象征,给这个民族提供凝聚力。其他人也许不会,但是他肯定感受到了分裂国家的那些力量。对于汉密尔顿与杰斐逊二人的不合,担心得最多的人就是华盛顿,因为他是总统,而这两个人是他的内阁成员。无论如何,他与当时其他的爱国领袖们,都对派系的胡作非为和党派精神心存忧虑。麦迪逊所作的《联邦党人文集》第 10 篇,透彻地表达了他们的担忧。塞缪尔·亚当斯在英国统治北美的时期可谓是个成功的政治活动家,组织了不少政治运动,可是就连他也反对在共和国里搞党派政治。在他看来,共和政府一旦建立,人民的自由受到一年一度的选举保护之后,私人组织建立的委员会就变得"无用且危险"[40]。如果建国之父是正确的,那么一个好公民应该做的就是,选出最好的代表,然后就不要干涉,让代表做他们自己的工作。

愤怒的党派和胡作非为的派系

建国之父对于党派的憎恶是众所周知的，他们担心党派会维护褊狭的私利，置共同善于不顾。在《联邦党人文集》第 10 篇中，麦迪逊告诫要提防"派系的暴力"和"党派的愤怒"。① 他把这两个短语互换使用，因为对于他而言，这两者的意思相同，就是说派系或党派在扰乱共和政府。我们今天用的"特殊利益"这个词，与麦迪逊所说的"派系"有相似的含义。在 18 世纪 90 年代，关于国家的发展方向问题，人们有很多不同的观点。那些持相同观点的人为了赢得支持，就开始建立组织。有讽刺意味的是，政党组织得以建立和发展，正是因为一个政党会不承认自己是一个派系，但又把另一个政党认定为某种派系，宣称他们为了维护褊狭的利益而伤害了整个民族和共同善。与当时大多数的政治思想家一样，麦迪逊也认为政党理应是暂时性的联合体，不应成为长期存在的对抗性机构。各个不同政党最终应该接受并代表全体社会的一致性政治意见。约翰·亚当斯直至晚年，还秉持着这种 18 世纪的政党观，认为政党竞争必然会成为人类进步的绊脚石：

> 政党和派系是不会让进步发生的。如果一个人提出了某些改进方案，他的对手就会反对。一个政党刚刚发现了或创造出了改善人类生存状况或社会秩序的措施，反对党立刻就会称之为谬论，歪曲误传、颠倒是非，嘲笑、咒骂它并阻挠它的实行。[41]

虽然有这样的观点，但政治组织还是出现了，而且其发端可追溯至华盛顿执政时期，即代表联邦党人的亚历山大·汉密尔顿和代表共和党人的托马斯·杰斐逊两人展开对抗的时期。联邦党和共和党的区别在于：与共和党相比，联邦党更注重维护中央政府的权力，更积极地支持经济扩张和改变相对同质化的农业格局。当时的政治文化并不认可党派和党派系统，因此联邦党和共和党的斗争显得名不正言不顺。1800 年，马萨诸塞的联邦党人开了个不公开的会议，确定了州长候选人人选。他们为这个会议感到难堪，于是辩称这是个"崇高的集会"，并没有左右民众投票选

---

① 译者查阅了《联邦党人文集》第 10 篇，发现"派系的暴力"（violence of faction）的确出现过，但未见"党派的暴怒"（rage of party）。"党派的暴怒"出自《联邦党人文集》第 50 篇。

择的意思。共和党人则把这个会议称作"政党秘密会议",而且坚称"真正的伟人自然是那些被人所知晓的和认可的人",所以人为操控和派别性明显的秘密会议没有存在的必要。[42]

杰斐逊宣称:"如果我上不了天堂,而是得加入一个党派,那我还不如哪儿也不去了",而且说自己既不是联邦党,也不是反联邦党[43],但是他还是与麦迪逊一起组织了共和主义团体去反抗联邦党。他们于1790年开始寻求报纸的言论支持,这是建立"党派"的第一步。在对于党派十分敏感的政治文化中,这可不是一小步。其实,杰斐逊和汉密尔顿两人已经开始试图在国会之中划出均等的势力范围。有八个州的总统选举人(elector)候选人,在竞选开始之前就公开宣布自己支持某位总统候选人。亚当斯和杰斐逊充分利用自己的总统候选人身份,让各自的政治观点为世人所知。即使党派性已如此之明显,党派性的报纸还是呼吁选民不要考虑候选人的政治观点,而是应以他们的品格为投票依据。在这个时候,"党派"还不具名称,没有正式的组织形态,也没有发布任何的政策宣言。[44]

反对党派的声音很强大,甚至被写入了正式的选举法。宾夕法尼亚州要求每个参加总统大选的选民必须用手写下他们所支持的15个总统选举人的名字,其目的就是为了防止选民使用党派提供的事先印制好了的选举人名单。[45] 1800年,联邦党人谴责共和党人,说他们在自由人开会之前散发印制好了的提名人名单的行为是反民主的;共和党人回应称,"集会上的某些独行专断者"会通过"明显的眼色、点头或摇头"去左右选举结果。因此,先印制好名单比在集会时写下名单其实还要民主一些。[46]

在浓郁的反党派气氛中,杰斐逊再有胆量,也只敢在暗地里通过报纸宣传他的主张。对于整个社会而言,这种宣传大有助于拓展公共领域,能让那些原本关上门发表的意见公开并广为传播。

新闻界、邮政和党派

从1763年到1775年,殖民地的印刷商从47个增长到了82个,报纸的数量则几近翻番,从22份增长到了42份。[47]报纸的数量增多了,部分报纸对于本地政治的关注也在逐渐增多。1764年,费城的报纸用12%的新闻版面报道本地新闻。到1794年,这一比例增长到了23%。1794年,费城有8份报纸,其中4份为日报;而在1764年,这个城市只有2份周报。《联邦公报》的编辑称,报纸让人们"在独处时关注民生……人们在专心工作时也能像参与乡镇集会一样得到消息"[48]。

建国者看到了新闻界的益处,也认识到了它可能带来的危险。初期,他们通过邮政系统为报纸发行助力。按照1792年颁布的《邮政法案》(Post Office Act)的规定,邮递报纸的费用可大大低于邮递信件的费用。对于给予报纸邮费优惠的做法,人们没有异议。当时人们争论的问题是,报纸的邮费应该是统一的,还是运输距离越长收费越高。有人主张使用统一费率邮递报纸,他们的理由是根据距离计费会导致偏远地区难以获得信息。埃尔布里奇·格里主张实行低廉的、统一的报纸邮费费率,这样"在全美任何一张报纸上的信息就可以从大陆的一端立刻传递到另一端"[49]。1792年的法案还规定,每个报纸印刷商都可以向其他每一个印刷商免费邮递一份自己印制的报纸。[50] 报纸充分利用了这条规定带来的便利:地方报纸三分之一的版面由印刷商之间免费交换的报纸的内容填充。[51]

最终采纳的方案是:报纸的邮寄距离在100英里以内的,收取1分邮费;超过100英里的,收取1分半邮费。这其实是在那些要求让信息廉价地传播的人和要求保护地方报纸不被竞争击垮的人之间所采取的一种折衷方案。农村地区的报纸害怕竞争不过廉价且权威性更高的城市报纸;南部地区的印刷商害怕竞争不过北方的印刷商。[52] 北卡罗来纳议员约翰·斯蒂尔(John Steele)在写给他的选民的信中这样称赞《邮政法案》:"知识的传播能带来很多的美德,也是对我们的公民权利的最有力的保障。"[53] 按照这个方案,联邦政府就得给报纸提供大量的补贴。例如,1794年,通过邮局寄送的报纸的重量,占到了邮局运送物品总重量的70%,而邮寄报纸所获得的收入,只占邮局总收入的3%。[54]

降低报纸邮费是一种政治行为,但有关邮局的政治斗争绝不只有这一种。有些人认为,联邦党的邮政局长们对邮件做了手脚。在人们为是否批准宪法让其生效而辩论的那段时期,几个州的反联邦党人士宣称,为了影响辩论以便让宪法获得批准而生效,邮政局长故意拖延了他们的信件和报纸的投递时间。甚至是在十年之后,麦迪逊在给杰斐逊的信件中还称,在他最近收到的邮件中根本没有报纸。"我确信他们做了手脚。如果全体民众都无法获得信息,我就会怀疑他们挑选出了他们认可的报纸,把其他报纸搁置在一边。而且会为自己的倾向性行为找托词,说投递遇到了困难。"[55]

在那个时候,与报纸相关的书信往来十分常见。有不少人会给本地的报纸去信,也有不少人会在寄给亲朋的私人信件中夹带报纸。麦迪逊在费城给他的父亲写信时,就经常会放一份报纸到信封里,这样他的父亲就会知道国会在处理什么事务。[56]到后来,很多人在写信时会假设收信人已经看过了报纸。1801年,麦迪逊在给华盛顿的门罗(Monroe)①写信时提到:"如你在报纸上看到的……",在给威尔逊·尼古拉斯(Wilson Nicholas)的信中写道:"除了你在报纸上看到的那些事,基本没有其他事发生。"[57]杰斐逊要求本杰明·富兰克林·贝奇(Benjamin Franklin Bache)把《广而告之报》②的广告全部放在一页纸上。这样,人们在邮寄这份报纸时就可以撕掉广告页,只保留新闻内容,信件的体积和重量就会小一些。[58]国会议员会直接给对自己友好的报纸写信提要求,还会关注自己在国会的演讲稿是否被报纸刊登。有的时候,他们会直接把自己的演讲稿投给报社。一个当代人士指出,即使在第一届国会中,"大家都认为,很多演讲是刻意为旁听席和报纸而作的"[59]。

联邦党控制了新闻界,这让杰斐逊、麦迪逊以及他们的朋友感到不安。早在1790年,杰斐逊就开始寻找一份可信赖的报纸,用于表达共和党的观点。在这个时候,诗人兼编辑菲利普·弗伦诺(Philip Freneau)正打算离开纽约另谋生路。他的普林斯顿老同学亨利·李(Henry Lee)跟他的另一位普林斯顿同窗詹姆斯·麦迪逊讲述了他的情况。于是,麦迪逊和杰斐逊看到了机会。在他们的劝说之下,弗伦诺于1791年夏天去费城创办了一张全国性的共和党报纸《国民公报》(National Gazette)。[60]联邦党人亚历山大·汉密尔顿与约翰·费诺(John Fenno)的《美国公报》(Gazette of the United States)关系密切,常常用假名在上面发表文章。麦迪逊、杰斐逊等人希望,弗伦诺的这张报纸能够与《美国公报》相抗衡。杰斐逊为弗伦诺在国务院谋得一个职位,并许诺让他获得为国务院印制法律文书和公告的合同。弗伦诺刊登来自国务院的新闻稿,有时还亲自操刀编辑和翻译这些新闻稿。[61]

费诺指责弗伦诺不该拿联邦发的薪水,弗伦诺回击称费诺依靠"卑鄙的马屁"获得了政府的印刷合同。[62]于是,一场名副其实的报纸战争接踵而至。汉密尔顿在费诺的报纸上攻击杰斐逊,弗伦诺则代表杰斐逊予以

---

① 当是指詹姆斯·门罗(James Monroe),美国第五任总统,时任弗吉尼亚州州长。华盛顿原名联邦城,是从弗吉尼亚州划出去用于建立首都的一块土地,城市在当时才刚刚建立。

② 本杰明·富兰克林·贝奇为本杰明·富兰克林的外孙;《广而告之报》,又译为《综合广告报》,是贝奇办的第一份报纸,全名是《综合广告和政治、经济、农业与文学报》(General Advertiser, and Political, Commercial, Agricultural and Literary Journal)。

还击。对此,杰斐逊曾担心过状况会失控。但是,当事态恶化,报纸上的言辞甚至都有了令人不快的派系斗争意味之时,他仍支持弗伦诺。[63]

知情的公民

托马斯·杰斐逊和詹姆斯·麦迪逊以及其他一些人认为,在处理国家事务时必须充分照顾民意。但这到底是什么意思呢?民意具体是谁的意见,用何种方式表达?在什么情况下民众的质疑应该得到答复?

麦迪逊担心按民意办事会变成按民众情绪办事,而按情绪办事正是他所反对的。在《联邦党人文集》第49篇中,他告诫说,在宪法的相关问题上,特别是在不同的政府部门之间有分歧的那些问题上,不可"经常"诉诸民意。在麦迪逊看来,"每一次诉诸民意都暗示政府有某些缺陷",若"经常诉诸民意,会极大地削弱政府通过长时间的努力获得的威信"。麦迪逊很清楚,在独立革命时期各州合力制定出的新宪法和建立起来的新政府,是可贵的历史功绩;战争的阴影"无情地压制了各种情绪,带来了秩序与协调",并"扼杀了百姓对国家大事发表各种不同意见的机会"[64]。在战争阴影的笼罩之下,不协调的声音会让政府有分崩离析的危险。

那么,公众应该扮演什么角色?怎么扮演?最初,汉密尔顿提出,应该依靠"人民基本的共和主义美德"唤起人民,杰斐逊和其他人则持相反意见。无论如何,假如这种美德未能发挥作用,那么什么东西可以取代它呢?约翰·泰勒(John Taylor)在1793年和1794年出版的宣传册中指出,州立法机构应在告知公众时扮演关键角色。代表人民的州立法机构其实是"在不断完善的人民本身",而且这些机构拥有关于公共事务的"高级信息"。当然,因为国会参议员是由州立法机构选出的,所以州立法机构也应时刻关注参议院。

有一些人主张,公众监督应不受立法机构和雏形政党的干涉。那么,人们又该如何让自己获得信息呢?应该如何监视他们的领导人呢?这些问题没有人回答。华盛顿对"民主—共和社团"试图做"看家狗"一事的反应说明,有组织地维护公民权的行为还远未获得认同。

与社团相比,报纸获得的认可要多一些,但在1798年的《归化和惩治叛乱法案》(下面会讲到这个法案)通过后,报纸变成了联邦党和共和党争论的焦点。报纸并不稀罕"自建社团"这样的名头。当然,报纸也不是什么社团。它只是个小生意,不是会员制团体;它不是政治组织,但阐述政治观点。本身是个非政治组织,但又涉足政治,这足以引起领袖人物的质疑。新共和国的官员经常会抱怨报纸扰乱了秩序。乔治·华盛顿在1792年的一封信中写道:"如果报纸老是恶意攻击政府以及政府官员,又不肯放下架子去调查动机和事实真相,那么我相信,没有任何活着的人能够为国家掌舵或让国家机器运转。"[65]到了1796年,他还在为报纸烦恼。他的卸任演说词本来严厉批评了"美国的一些公报""恶意诋毁"他本人的行为,但是汉密尔顿明智地把这一部分删去了。[66]华盛顿有充足的理由感到愤怒。本杰明·富兰克林的外孙本杰明·富兰克林·贝奇是个积极的共和党编辑。在华盛顿连任总统之后,他经常在他的《曙光报》(Aurora)上攻击华盛顿,指控他有经济上的不端行为,还摆出一副贵族和皇家的架子。他甚至还要求弹劾华盛顿。[67]对于华盛顿而言,"传播知识"在理论上是可以接受的,但在实践中,当时的报纸传播的"知识",让他感到愤怒和厌恶。

如果报纸不是把政府那边的信息传递给人民的放心渠道,那么人民就很难直接了解政府。很多建国者都反对把政府的议事过程展现给大众。在1795年之前,参议院一直对公众紧闭大门。1790年,弗吉尼亚的几位参议员提议让参议院向公众开放,并发起了投票表决。这些议员在投票后发现,除了自己投出的选票,他们只获得了一张支持票。一年以后,又有三个南部州授意他们的参议员提出类似的提案,但是他们再一次失败了。参议员威廉·麦克莱(William Maclay)在日记中写道,不同意让公众旁听的最大理由是,如果这般,参议员的演说就会变成"为了旁听席和公众报纸而发表的演说"。后来参议院终于决定对公众敞开大门,但人们发现,那刚刚修好的旁听席距离会场太遥远,根本听不清下面的参议员在说什么。直到1801年,记者才被正式批准进入参议院采访。[68]

建国者们常常表示支持公民教育和观念的广泛传播。华盛顿的卸任演说表达了对公民教育和观念传播的支持,但这个演说的主要内容不是如何开启民智,而是对派系的担忧和对公众政治兴趣的不安。他用言辞赞美信息的传播,同时又在实践中限制或反对信息的扩散。

我们也许可以说,这是一种伪善,建国者们只不过是在唱高调而已。就如同一个普通人,在星期天宣称自己本周一定要做什么事,但后来其实什么也没做。如果是这种情况,我们权且可以认为他们是在随口乱说。但也有可能是我们误解了他们,没有真正懂得这些言辞的意涵。传播知识这一点之所以在原则上获得了广泛和心甘情愿的支持,也许是因为人们相信传播知识可以培育出顺从的而不是爱挑刺的公民。例如,推广正规教育也许就是出于这个目的。从殖民地时期开始直至以后,学校教育和阅读被视为能使人民遵守既定秩序的途径。[69]当人们从理论上支持开启民智的时候,头脑所想的也许就是上述观点。如果知识的传播有助于维护公共秩序,对其唱赞歌就是理所应当的;如果会带来不满和争斗,那它就是危险的。

从整体上看,没有几个建国者主张政府涉足教育(本杰明·拉什[Benjamin Rush]①是一个例外)。几个思想开明的建国者虽然支持州一级的公众启蒙计划,但他们把此计划的任务和目标局限在一个很小的范围内。例如:杰斐逊1778年在弗吉尼亚提出的"更广泛的知识传播议案"可能是那个年代最有远见的普通教育提案,但这个提案的目的仅限于为那些可能成为国家领袖的人提供博雅教育。"提升公众幸福程度的一种有效方式是让那些被上天赋予了才能和美德的人获得良好的博雅教育,使之能够保卫兄弟同胞的神圣权利和自由,而且无论财富、出生和其他外在条件、状况如何,他们都应该承担起这种责任。"教育能给全体民众提供"历史展现的,被其他时代和其他国家的人们所掌握的事实性知识,使他们能够识别以各种面貌出现的野心家,从而可以尽其所能地挫败阴谋"。因此,教育有助于防止"暴政"[70]。这也就意味着,政治教育强调的是如何让人民具备被动的防御能力,它应该起到的作用是使公民能够正确地判断人的品行。但是,关于如何提升人民对公共事务的兴趣,如何让他们积极主动地参与公共事务的问题,杰斐逊只字未提。

杰斐逊的"慷慨大方"之处在于他在提案之中强调了全体民众都应该获得基础教育,这样他就可以广泛撒网去寻找具有"才能和美德"的领袖。但是,杰斐逊自始至终都确定,只有"天生的贵族"而非普通公民,才能从事行政管理工作。对于普通公民而言,全部的责任就是充分了解什么是美德,以便于抵制有悖于美德的事。恰如托马斯·潘戈(Thomas Pangle)所言,杰斐逊希望学校教育能够培养出"知情的、警惕的公众"[71]。但是"知情"仅意味着了解某个公职的候选人的品行。打个比方说,公民就像个医生,看到候选人身上的疹子就能判断出他以后会不会实行暴政。在投票的时候,也只有在投票的时候,人民可以对那些野心膨胀和自私自利的人说不;他们不应先于立法机构去评价公共事务,这是议员应该做的事。

今天的人们似乎都十分确信,几百年前的建国之父们与自己一样,把《宪法第一修正案》和"新闻自由"看做整个政治系统的基石和民主生活的

---

① 本杰明·拉什(1746—1813),《独立宣言》的签署者之一,医生、教育家,培养了3 000多个医生,并创建了狄金森学院。

必要保障。这个观点是错误的,理由有如下六点:

第一,为了保护言论自由,《宪法第一修正案》对国会的权力加以限制,但它并未限制州的权力。《宪法第一修正案》的关键词是"国会"——国会不能制定任何限制言论自由的法律,不是因为言论自由十分重要,而是因为国会权力应该受到限制。这原本是体现联邦主义思想的法案,目的是让各州的立法不受中央政权的干涉,而不是为了展现自由主义精神。[72]宪法的制定者们对《宪法第一修正案》并不是推崇备至。麦迪逊的力争使《权利法案》(Bill of Rights)①最终获得了国会的批准。但是,对于他而言,做出这样的努力只是为了显示政治忠诚,而不是因为他本人对《权利法案》深信不疑。对于主要的制宪者来说,《宪法第一修正案》明显只是在宪法制定完成之后的一种补充性思考。

第二,各州宪法其实也保护新闻自由,但是,让建国的那一代人忧心忡忡的不是如何保护新闻自由,而是政府的统治不稳定所带来的危害,而以维持政局稳定为重的思想使新闻自由难以获得州宪法这种既定条款的保障。独立革命的领导者和共和国早期的领导者把对新闻界的利用和滥用区分开来。自由的新闻界是"让各地人民联合起来反抗压迫,争取自由的工具",所以应该受到保护。但如果新闻界"受权力的影响而被滥用"[73],那么它就不再是自由的新闻界了。在殖民地时期,权力属于皇室以及皇室的代表,新闻界则被视为人民的代理机构,站在与皇室不同的那一边。在人民政府建立之后,首要的问题就是如何维护这个政府,而人民的政府能够继续存在的必要条件是它获得了民意的支持。"但是,"詹姆斯·贝亚德(James Bayard)于1799年在国会问道:"如果允许邪恶和无德的人,野心极度膨胀的人向人民传达不真实的、他们明知为假的所谓事实,以达到损害政府在人民中的声誉的罪恶目的,那么(政府)何以长期获得民意支持呢? 这是一种不道德的、欺骗性的盗取舆论支持的方式,是一种最恶劣的和最危险的重罪。"[74]

第三,秉持着对于报界的这种看法,政治领袖不但可以忽略对自由新闻界的宪法保障,还可以以煽动性诽谤的罪名起诉新闻编辑。那些批评了政府或政府官员的报纸,可能会面临犯罪指控。在《惩治叛乱法案》出台之前,联邦党人就依据一般法律中的煽动性诽谤罪条款起诉共和党编辑。法案颁布之后,对新闻编辑的起诉迅速增多。依据该法案,如果一个

---

① 又译《人权法案》,是第一至第十条宪法修正案的统称。

人"写下、印刷、讲述或发表了"对政府、总统、参议院或众议院的任何"虚假的、中伤性的和恶意的言论",那么他可能面临高达 2 000 美元的罚款,以及最长可达两年的牢狱之灾。联邦党的编辑们都大力支持该项法案。很明显,他们还没有想过,反对派可能有扭转局面的那一天。《波士顿前哨报》(Boston Centinel)直言不讳地宣称:"任何对当今美国政府当局友好的人都毫无疑问的是真正的共和党人、真正的爱国者……任何反对当局的美国人都是无政府主义者、雅各宾派和叛徒。"[75]

在法案颁布后,联邦党人对共和党编辑发起了不下 14 次的犯罪起诉。[76]在那个时候,全美只有约 200 份报纸,其中明显有支持共和党倾向的不到四分之一。报界遭受了严重打击——《惩治叛乱法案》致使四分之一到三分之一的共和党编辑遭到了起诉。[77]

1798 年,44 票赞成对 41 票反对,《惩治叛乱法案》勉强获得通过,后来被执行了两年。1801 年,国会以 53 票对 49 票的微弱优势否决了延长该法案时效的提议。这是因为,有六个南部的联邦党议员加入了共和派新总统托马斯·杰斐逊的阵营,使其在国会中的支持者总数达到了 53 人。到了这个时候,艾伯特·加勒廷(Albert Gallatin)①才开始为新闻自由作更为全面的辩护,强调《宪法第一修正案》规定国会不能制定任何钳制新闻自由的法律。麦迪逊也开始发声,称《惩治叛乱法案》有违宪法,一个自由的共和政府不会被诽谤击倒,《宪法第一修正案》已取代了有关煽动性诽谤的一般法律,宪法对于新闻自由的保护是绝对性的。作为反对派的共和党人在制定《宪法第一修正案》时没怎么考虑有关新闻自由的问题,在这时候却依据《宪法第一修正案》努力为新闻自由辩护。

第四,虽然已有建立邮局、降低报纸邮寄费率、让议员免费邮寄报纸等支持报业发展的法律,但是,当时仍然没有向公众传递信息的正式渠道。只有两个州的宪法规定立法机构应向公众敞开大门。[78]我们在前文讲到过,在华盛顿的第二个任期,参议院的讨论依然是保密的。1789 年,国会下达命令,要求全国最少有五家报纸刊登所有的法律条文,并在波士顿、纽约、费城、巴尔的摩和查尔斯顿五个城市各选取了一家报纸。可是国会好像并没有对此抱很大期望。报纸的发行范围是有限的,除了沿海公路可以抵达的那些地区,在其他地方,报纸并不是一种有效率的信息传播途径。政府中的主要人物把报纸看做一种威胁,他们还未曾设想过,报

[74]

---

① 艾伯特·加勒廷,杰斐逊政府的财政部长。

纸可能为政治传播提供有积极意义的、常规性的服务。⁷⁹

第五,很多言论确实通过印刷品自由地表达了出去,但是建国者们却很少对此表示赞同,反而时常加以谴责。我们在之前说过,华盛顿对报界责难颇多。杰斐逊把菲利普·弗伦诺招入麾下让其办报为自己呐喊,但又害怕弗伦诺在报纸上所用的言辞太过激烈。如果翻阅历史文献,我们就会发现,对于报纸,杰斐逊既赞美过,也表达过强烈的不满。"宁可要一个无政府的报纸,也不愿要有一个无报纸的政府"(1787),这是杰斐逊的名言,但他还说过(在他自己开始执政的时候),"从不看报纸的人比看报纸的知道得更多,因为什么都不知道的人比脑子被假话和谬误填满的人更接近真相。"他认为真相一旦被报纸刊登就会变得让人难以相信。他说,应该把报纸的内容分成四个部分——真相、很有可能是真的、也许是真的和谎言,但真相那一部分可能没有几个字。⁸⁰对于广大公众而言,是否喜欢报纸要看报纸是否投其所好。在马萨诸塞州商议是否批准国家宪法的时候,任何人只要敢公然反对批准宪法,就可能成为暴力攻击的靶子,所以当地报纸不敢刊登任何表示反对的但又未署名的文章,以免惹祸上身。一位联邦党人也承认,在这个时候"写作的全部自由都被剥夺了"。费城、纽约和波士顿的一些报纸报道了亲联邦党和反联邦党的正反两方面意见。此举让报纸的订户们感到不满,于是开始拒订报纸,以此强迫报纸修改其报道方式。⁸¹

建立国家的那一代人赞美"知情的公民",却未致力于发展公共教育以培养出"知情的公民";他们颂扬新闻自由,但没有努力去实现新闻自由。爱国者们一次又一次地称赞自由的新闻界,称其为人民自由权利的保障,但他们也坚信,不顾人民自由权利而自行其是的新闻界是对人民政府的威胁。

第六,虽然独立的新闻界是美国遗产的重要组成部分,但在建国者的著述中,其踪影难觅。《联邦党人文集》被公认为这个国家最伟大的政治哲学著作。其中收集的亚历山大·汉密尔顿、约翰·杰伊(John Jay)①和詹姆斯·麦迪逊的文章,原本是他们为了呼吁纽约州批准国家宪法而作。1787年和1788年,联邦党人在纽约的报纸上发表了85篇文章(后来在其他地方被重印多次,广为流传),合起来即所谓的《联邦党人文集》。在全部的85篇文章中,只有一篇文章中的一段话谈到了新闻界的问题(即汉密尔顿所作的第84篇)②。⁸²在建立了政府框架之后,建国者们思考得

---

① 约翰·杰伊,美国政治家,曾任首任美国首席大法官、美国国务卿等职。
② 应作者要求,此处及原书第93、186、241、306页有细微的改动,特此说明。

最多的是如何在这个幅员辽阔的国家建立有效的代议制度,但却很少论及如何利用印刷物消除距离障碍的问题。可笑的是,很多论及距离带来的政治危险的文章都发表在报纸上,并通过报纸传递到了全国各地。在对距离问题的讨论中,新闻界仍然只是言论的传递工具,而不是中心议题。在建国者对于政府架构问题的论述中,新闻界从未成为过核心议题。[83]

直到受到了《惩治叛乱法案》的刺激之后,美国人才开始大胆地歌颂新闻自由,称其为自由公共秩序的保障。历史学家戈登·伍德称此为"美国人思想的民主化过程中的重要转折点"[84]。确实,这是一个重要的转折标志。一场涉及许多方面的民主化的转型正在发生,新闻界的自由化只是其中的一个方面。人们的观念和一些制度都在发生转变,党派逐渐获得了合法化的地位,自发建立的社团的政治作用越来越大。就连选举这个基本性的政治活动,也出现了民主化的趋势。

"你们喜欢选举吗?"

1788 年,有人在《宾夕法尼亚公报》上写道:"选举……是政治中的第一个调和步骤,如果在这时犯了错误,那么在后续的进程中就永远无法修复,然后就变成一种疾病。别说只是一个公民,也别说只有一张选票,这张选票可能改变选举结果。在战争中,每个士兵都应该认识到公共安全有赖于他手中的那一件武器。在选举中,每个公民都应该认识到公共福祉有赖于他手中的那一张选票。"[85]

那么,投票活动实际如何呢?对于选举,美国宪法没有切实的规定,管理权归属于各州。18 世纪 80 和 90 年代的民主改革改变了由殖民地时期沿袭而来的选举制度以及相关活动。例如在纽约,书面选票取代了口头选票,每个城镇都建立了投票点(而不是每个郡只设一个),由选举产生的官员也比殖民地时代要多(州长、副州长、州参议员、国会议员等新职位都由选举产生),而且官员选举比以前更为频繁。

要选出管理一个州这么大范围的官员(例如州长和副州长),或是要选出代表一个巨大区域的国会议员,选民就不能只把选票投给自己所在的那个小社区的领袖人物,候选人也不能像过去那样自然而然地就产生了。从前,候选人产生的途径是非正式的、世袭性的;现在,提名制度的发展使得有关候选人的政治传播变得正式、公开和更加民主。在纽约,通信委员会①负责州长候选人的提名。在新罕布什尔,立法机构的成员负责国会议员候选人的提名。在宾夕法尼亚,通过公开的公众集会提名候选人的做法起先遭到了反对,理由是这么做太容易受到人为控制。私人信件、传单和报纸上的公告传播候选人的名字,引导着选举活动。[86]后来,在宾夕法尼亚以及其他一些地方,通过公共集会的方式提名候选人,逐渐变成了一种普遍性的活动。

当然,普通人是不大可能获得提名的,显赫的家族仍然控制着局面。候选人会通过给本地的重要人物写信,暗示自己希望得到他们的支持,以此培养"利益关系"。一位历史学家把他们的信件称为"扩散式的连锁信",因为一个人给他的朋友写信寻求帮助之后,他的朋友又会给很多其他朋友写信。如此这般,他的"利益关系"也就得到了巩固。[87]因为先前已有建立"利益关系"的举措,所以提名会议的结果一般都是一位候选人获得了压倒性的胜利。会议结束后,会议的秘书会付钱让报纸刊登一份声明,宣告某某某在广为人知的、"人数众多、规模巨大"的集会上获得了提名,并附上会议主持人、秘书、委员会委员等人的名字。当然,他们大都是本地名流。1799年,纽约州奥尔巴尼的一张海报称,选出联邦党候选人的是"由奥尔巴尼市的有产人和选举人参与的规模很大的、崇高的集会。此次会议依照原先在《奥尔巴尼公报》(Albany Gazette)刊登的公告,于1799年4月13日在唐提咖啡馆(Tontine Coffee-House)召开"。这张海报列出了选定的候选人名单,并补充说,在产生结果的那段时间,"我们感到十分尴尬,因为在其他几个城镇,我们的朋友们提名的人选跟我们的不一样——这让我们的提名工作异常痛苦……"[88]这段话表明:一般情况下,为提名而召开的大会并没有太多实质内容,其作用不过是确认一下已获得领头的绅士们首肯的候选人名单。

在竞选运动进行之时,敌对的各方会到当地报社提交反对性声明或檄文,有些人则去那里下注,赌谁会从竞选中胜出。这种赌博从某种意义上来说就是民意调查,因为通过看哪个候选人获得了多少赌注,就可以看出民心之所向。在选举日那天,地方上的绅士们自己会先喝酒聚会,接着召集那些社会地位较低的人,请他们喝酒。然后,绅士们会雇几架雪橇(如果是冬天的话),带着这些人上投票站。绅士们会把选票发给他们的

---

① 1772年,在塞缪尔·亚当斯的倡议下,北美殖民地建立了"通信委员会"(Committees of Correspondence),希望通过这个组织来联络协调各殖民地的反英斗争。在建国后,这个机构依然存在。

客人(当然,当时还没有标准的、州政府提供的选票),然后客人就会把这些选票交给选举官员。

以上说的是纽约的选举活动,也是中部各州典型的选举活动。与新英格兰相比,中部的选举活动更有生气、更轻松愉快。若与南部各州相比,中部的选举活动显得十分文明有序。[89]在南部,选举日是喧闹嘈杂的。在马里兰,立法机构、国会和选举团(electoral college)①的候选人都会在选区拉票。不管是什么场合,斗鸡比赛时也好,教堂祈祷时也好,哪里有人群,他们就会去哪里演讲。[90]北卡罗来纳粗鲁的选举活动让来自新英格兰的埃尔卡纳·沃森(Elkanah Watson)感到震惊,不过他没过多久就适应了。当地要选出代表去审议国家宪法,一个反对国家宪法的候选人召集了一次会议以发表自己的观点。沃森与他的两个朋友参加了这次会议,目的是为了把会议搅黄。他们与人拳脚相向,差点就受伤了,但最终没能得逞。沃森没有放弃,他弄了一幅那个会议召集人的讽刺画像,然后让几个"顽强的小伙子"去投票点门口竖起画像并加以守护。那几个小伙子遭到了袭击,但是沃森却不觉羞耻地承认,引发愤怒、搅乱投票点和降低投票率正是他的目的。[91]

纽约的竞选活动有时也不是那么文明。在1792年的地方长官选举中,有人看到,大地主兼商店老板、奥齐戈郡(Otsego)法官威廉·库珀(William Cooper)把选票硬塞到选民手中,然后抓住选民的手臂,"拽着他们去投票"。库珀的敌人说,库珀威胁称谁若不给自己投票就会让他变成穷光蛋。[92]竞选中敌对的双方都会尽力向公众表明,自己没有去拉票,而对方却在操控选举。

无论选举在原则上是多么的重要,美国人对于拉票行为的态度却是模棱两可的。1788年,美国举行了第一届联邦选举。新泽西特伦顿市(Trenton)的一家报纸用一首诗对此事做了个总结:

> 激动的爱国者变成了暴民,
> 演讲者的煽动引发口水战;
> 自由选举人永远在牛饮,
> 候选人还不值一个先令!
> 屠夫、农夫和车夫,
> 拿半薪的军官和主席,

---

① 选举团由各州选民产生,代表本州参加总统、副总统选举投票。

> 这么多狂热分子,还是有点价值,
> 很多无耻之徒都去给候选人投票了;
> 商人在对候选人发怒,
> 砍刀在铿铿作响,风笛在欢歌吟唱,
> 最好的朋友相互为敌,
> 生死仇敌结成了伙伴,
> 花钱吧,办招待晚会!
> 迎接那些空着肚子去的人,
> 以赢得那些肮脏的选票;
> 拳击比赛的吵闹、觥筹交错之声与咒骂此起彼伏,
> 一些蠢货在笑,另一些陷入绝望;
> 激动了、打断骨头了、着火了,
> 篝火点燃了、爆竹响了、灯光亮了;
> 抗议吧,挖空心思去挑刺,
> 祈祷吧,绅士们,你们喜欢选举吗?[93]

这首诗描写的是粗鲁的、越来越公开化的、竞争越来越激烈的选举,同时也从一个侧面表现出了对寻求公众支持的活动的不安,以及对候选人应该在多大程度上或是否应该在选民面前展现自己的疑虑。联邦党人觉得拉票是不合适的。直到 1813 年,约翰·伦道夫(John Randolph)①还在抱怨他的共和党对手"使用最低下和最无耻手段,即挨家挨户、不分昼夜地骑马去那些破屋烂房与最底层的人会面。在选举前一周,他搞了 14 次这样的宣讲(其中 7 次是在夜里)"[94]。对于大众政治,共和党人也是不赞同的,但与联邦党人相比,他们态度要温和一些,而且更加积极地参与拉票活动。在 1800 年的总统大选期间,候选人托马斯·杰斐逊自己不便出面,就叫他的同志们去帮他在报纸上做宣传。为了拉票,他为自己的党派拟定一个"政策宣言",并通过私人信件发给自己的政治伙伴,但从未在公开演讲中谈到过这个宣言。[95] 虽然杰斐逊主义者或共和党人十分小心谨慎,但与联邦党人相比,特别是与老一代的联邦党人相比,他们向选民献殷勤的频率要高得多。一位当代学者写道,老派的绅士们"不与群众打成一片,因为这种行为可能被视作拉票"。老派绅士们反对"吹鼓手,因为这些人以买卖人心为生",还把那些听信于这样的候选人的民众称为"猪

---

① 约翰·伦道夫,弗吉尼亚州国会议员,托马斯·杰斐逊的新闻发言人。

一般的大众"[96]。在18世纪90年代,共和党人比联邦党人更加积极地、更加有组织地参加竞选造势。当然,联邦党人也不是毫无动作,他们也喜欢在公众面前亮相,也收买报纸和邮寄政治信件。"我相信,在某一个方面我们可以学习雅各宾派,我是说积极肯干这方面,"纽约联邦党人彼得·范沙克(Peter Van Schaack)写道。[97]

没人认为选民应该具备相应的政治知识,或者说,当时的选民不具备今天的公民教育家所倡导的那些政治知识。在18世纪90年代,公民所应该具备的知识,只是有关本地的知识。这种知识不是对法律或者原则的认知,而是对于人的认知。选民应该知道的,是候选人的品行。选民与候选人当时的关系,就好比当时的审判制度。候选人作为被告为自己辩护,选民则是"同类人陪审团"的成员,按照自己对被告品行的了解作出判断。按宪法的规定,被指控犯有罪行的被告应由"邻近"的人组成的陪审团审判,这在一定程度上反映了联邦党人反民主的观点,同时也违背了一个基本原则——陪审团成员应该是公正无私的。1795年的《司法法案》(Judiciary Act)规定,在死刑案件中,审判应该在罪行发生的那个郡进行,陪审团也应该从这个郡的人民中选出。[98]尽管有一部分建国者受到了启蒙运动的影响,认同普世性的价值观,但是所有的建国者都生活在依赖本地知识、相信个人经验,依据自己对于候选人品行的了解作判断的社会之中,所以信息和理性分析还没有获得他们的认可。

一个扩张了的共和国中的代议制度

很多爱国领袖坚信共和制政府只适合于很小的州,那么,管辖范围巨大的联邦体系又该如何建立呢?与国会相比,州立法机构更接近民众,州议员代表可以与选区民众建立更加亲密的关系。"他们被派了出去,但并未远离家乡。他们所在选区的民众时常可以知晓他们的作为。他们会审视他们所服务的对象即民众,而民众也会审视这些公仆……回家后,他们与地位低下的邻居打成一片,看到了邻居们贫困的生活状况,知晓了他们的要求。"[99]其实在州的层面上,也存在距离的问题。州府所在地是一个常见的辩论议题。在1776—1812年间,最初的13个州中的每一个都就是否要改变州府所在地展开过讨论,最后有9个州把首府迁到了别的地方。[100]身处偏远地区的人们难以与自己的议会代表交流,有时他们甚至都派不出代表。一个北卡罗来纳人指出,在1789年,住在该州西部地区的议会代表去州府要走500多英里的崎岖路程。由于很多州都不给自己的代表发薪水,也不管他们的花销,而是让代表居住地的居民负责给予经济支持,于是很多偏远的地区就干脆放弃派出代表。[101]

如果在州的范围内,距离都是个问题,那么对于整个国家而言,距离问题就更严重了。这个国家辽阔的幅员给旅行和通讯都带来了困难。此外,幅员辽阔也意味着各地的社群不会是同质的,各地的政治利益也是千差万别。反联邦党作家"凯托"(Cato)①如是说:

> 我们家庭内的关系是最为紧密坚固的。亲情关系胜过任何其他关系。离开了家,我们就会与同一个州的公民联合起来,因为相互了解、相同的习惯和命运可以牵引出情感上的喜爱和依赖。如果再把圈子扩大一点,不同州的公民相互遇见的时候,虽然都承认自己是美国子民,但我们相互不熟悉,也没有相同的习惯和命运。因此,在一定程度上,我们之间的关联被削弱了。从大的方面来看,我们聚在一起,只不过因为我们属于同一个物种而已。[102]

凯托强调的其实是,代表应该与他的选区民众保持一种亲密关系,代议制度应该"真正"代表人民,而不是"虚拟"地代表人民。在英国,没有人要求一个社群的代表必须在这个社群居住。与英国不同,在北美殖民地时期的政治观念中,议会代表就应该从某个选区的居民中选出。[103]这种分歧展现了民主理论中一个常有争议的话题:代表只应做其选区民众的传声筒,还是应该独立地思考国家的公善问题?在美国,如同"一个农夫"所言,有一种关于代理制度或代理机构的理念认为,代表"了解公民,公民也了解他"是至关重要的。[104]从第一届国会的情况来看,每个众议员应该至少代表 30 000 民众。"联邦农夫"抱怨称,代表无法"知晓人民的境遇,这些人民代表已经脱离了他的人民,无法与人民感同身受,也很难与他们交流"。代表"只会与其选区的少数几个值得尊敬的人物相交相识"[105]。"布鲁特斯"(Brutus)②写道,代表数量这么少,"无法展现广大群众的感受、意见和特征"[106]。这些话语中体现出了一种原创性的思想,即代表应该与人民"相似"。虽然如何产生这种相似性有待讨论,但是美国式的代议理论已经展现出了一种具有创新性的观点——代议机构应是全体民众的浓缩

---

① "凯托"是作者在报刊上使用的一个笔名,真正的作者疑为当时的纽约州州长乔治·克林顿(George Clinton)。

② "一个农夫""联邦农夫""布鲁特斯"均为当时的政治家在发文时用的假名,下文还有一些这样的名字,不赘。

版本或提炼出来的精华,而不能是一个与人民分离和独立的机构。[107]

这个有关代议制度的"镜子理论"可以说是基于辉格党激进派关于人民之中存在共同利益的假设。如果是这样,那么多举行选举,扩大选举权范围,降低对于担任公职人员的条件限制,偶尔让人民请愿和发号施令,就能充分发挥代议制度的作用。[108]但是,联邦党人并不认可所谓的"相似性"观点。麦迪逊在《联邦党人文集》第10篇中直言不讳地提出,人民选择的代表不能是他们自己的翻版,而应该是比他们更强的人。他们应该选择那些因富有智慧和美德而闻名的人,获得本地社群认可的人。这些人不仅应该聪慧、品德高尚,还应该能胜任、有经验、受过训练,并且还应该能对集会人群发表清晰、有说服力的演讲。代表们应该商议,而不仅仅是作出决定。这也就是说,他们应该互相交换意见,使自己可以依照公共利益而不仅仅是自己选区的利益投出手中的那一票。麦迪逊明确指出了这个"过滤"程序的优势之所在——不让人民直接参与立法讨论,而是让人们的代表替代他们参与,有助于确保平和的讨论气氛,避免冲动、激情和情绪等东西影响人的判断。《联邦党人文集》之中随处可见对代议制政府"平和""冷静"等优点的赞扬。代议政治可以"通过从公民中挑选出来的人,即那些富于智慧、能够辨识国家最切实的利益的人组成的中介机构","提炼"出民意。[109]

在《独立宣言》发布之后以及宪法颁布之后所有的著述中,唯有《联邦党人文集》清晰地阐明了美国宪政目标中的矛盾。这就是,既要建立一个对全体民众负责的政治体系,同时又要防止多数派强迫少数派同意自己的观点。麦迪逊的《联邦党人文集》第10篇透露出了建国者对于公共领域的构想,同时也指出了它暗藏的危险。麦迪逊用精密的分析证明,代议民主或"共和制"下的政府要比直接民主或纯粹民主下的政府要好。他还提出,一个扩张了的共和国要比一个小共和国更能保卫人民的自由。

相比有关代议民主和直接民主的论断,大共和国更好的观点原创性更强。麦迪逊不同意共和制只适合寡民小国这种孟德斯鸠式的观点。他列举了几个理由说明,一个扩张了的共和国要更好一些。首先,基于代表开会效率的考虑,代表的数量不能无限增多,那么共和国越大,一个民选议员所代表的人数就会越多,代表数与人口数的比例就会越高。但是,比例高怎么会是好事?一般人可能会认为,代表的人数越少,议员越能知晓人民的需要。麦迪逊却认为,高比例可以减少民众对于代表的控制。他指出,民众与民众代表之间的关系,就好比一把双刃剑,如果选区比较小,选民人数不多,那么选民就更容易控制其代表。相对应的是,代表也更容易对这个小选区施行暴政。如果选区很小,代表就容易通过贿赂和散布谣言谋权篡位。在大的选区,"不称职的候选人很难耍花招,因为这些花招在选举中已司空见惯。人们的投票也会更加自由,他们会把注意力投向那些在品德上最具吸引力的人,那些具有广为人知的品行的人"。

其次,麦迪逊还提出了社会越大,党派和利益集团就越多的著名论断。党派和利益集团越多,它们相互斗争的可能性就越大,某一个多数派侵犯其他公民权利的情况就越少。简言之,利益的多元化使多数人的暴政难以实施。麦迪逊指出,多元的利益除了让多数派难以达到其目的,还让多数派很难意识到自己的存在。就算有很多人有着相同的情感和观念,一个扩张了的共和国广袤的地域以及社会的复杂性也会让"那些有同感的人难以发觉他们自身的力量,难以协调一致地行动"。我们也许可以说,麦迪逊这是在创造一种把传播置于核心位置的政治理论。他在《联邦党人文集》第 51 篇中继续谈到了传播的问题。他指出,派系和利益的多元化给建立多数派联盟增加了困难。同时,如果有多元化的状况存在,那么如果有人想建立多数派,他就必须利用"正义和共同善"这些具有普遍性的东西为自己赢得支持。若要赢得很多不同团体的支持以结成多数派,就肯定不能用带有门户之见的说辞去说服它们。鉴于此,与小共和国相比,扩张了的共和国更能让政治家在政策上,或者至少是在语言修辞上顾及公善,而非某种狭隘的利益。

另一个有争议的问题把建国者分成了两个阵营,这个问题是:在州以及联邦的层面上,应该按照人口数量还是按照"区划"去确定代表的人数。出于对自身利益的考虑,小州坚决反对大州按人口数量确定代表人数的提议。与按"领域"(人口数量)建立的代表制度相比,把州作为一个"集合体"去参与国家大事的讨论,不仅显示出一种整体性,还显示出社群性。在一个社群之中,相同的利益诉求以及密集的交流接触,能孕育出一致的特性或"利益"。在独立革命前夕,各殖民地都已形成了某种意义上的集合式代表制度。在这个体系下,平等的代表权力并不意味着人数上的平等,而是已经建构起来的那些社群之间的平等。

州是不可分割的整体这一观念,使得很多州在开始的时候,以州为整体派遣众议院议员,而不是分配议员席位到州内的各个选区。这么做的既有小州(新罕布什尔),也有大州(宾夕法尼亚)。宾夕法尼亚报纸上的言论(马萨诸塞也翻印了这些文章)支持开展大范围的代表选举,理由是这样人们的选择范围更广,可以选出最有能力的人,同时还能降低选举作弊和选举受干扰的可能性。[110] 另一种观点是,按选区举行选举更好,因为这样能拉近代表与选区选民的距离,同时还能防止为了维护某种特定利益而伤害其他人的利益。"真正的农夫"指出,代表大会就要真的像人民的集会,公众的意见是:人物画像的好坏就在于它是否画得像。[111]这种观点也许在各个州都会受到欢迎,但是在现实中,它仍然面临着很多问题。公共领域的建设似乎有永无止境的问题,无论你怎么去建设它,在让一些人感到满意的同时,另一些人肯定会提出质疑。

且举一例:在1788年宾夕法尼亚代表大会上,与会代表威斯特摩兰的芬德利(Findley of Westmoreland)建议把该州分为八个选区,每个选区选出一名国会议员。他认为,只有采用这种方式,才能选出八个知晓自己选民的特殊利益和共同利益的人。[112]"农业之友"则在《宾夕法尼亚公报》发文称,按选区举行选举"会把我从一个联邦州的选举人降格为州中的一个区域的选举人。"[113]最终,宾夕法尼亚放弃了划分选区,而是选择举行以全州为范围的国会议员选举。麦迪逊在给托马斯·杰斐逊的信中对宾夕法尼亚选举方式作出了评价:"这样的选举方式可以让那些声名狼藉之辈无法当选,让具有美德的人获得认可。但是,采用这种方式可能会招致民众的非议。"麦迪逊还预测弗吉尼亚可能会划分选区(这个州后来确实这么做了)。他最后满怀希望地总结道:"各种模式都应该试一试,这样才能确定哪一个是最好的模式。"[114]

今天的人们认为有助于培育积极的公众群体的重要机构,在建国那一代人眼中,要么是不那么重要的(如新闻界),要么是不可取的(如党派或自发建立的组织)。建国者首先关注的是把公民及其代表联系起来的那一套机制,以及政府调控代表之间关系的手段。建国者的思维与学者以及普通市民不同,他们认为,政府系统的规划设计比其他任何东西都重要。他们是想让我们懂得,"公共领域"应该是个有秩序、有组织的政治论坛,它的基石是宪法和选举系统的架构。

完美的共和国

当今的人们在给市民社会唱赞歌的时候,常常援引托克维尔所描述的19世纪30年代的美国为例证。但是在18世纪90年代的美国,关于市民社会的政治观念似乎还踪影难觅。我已经尝试着向大家说明,当时不但没有为市民社会而唱的赞歌,而且,后来被当做美国政治文化精髓的东西,在当时其实是被人唾弃的。我既不想赞扬也不想贬低建国之父,我只是想强调,从他们的年代到现在,是一个漫长的历程。我们依然可以从建国之父那里学到很多东西,但是我们也必须认识到,他们所处的世界与我们的大不相同。他们想要摧毁那些被今天的人们看做民主保障的东西。即便我们仍然可以从建国者的政治思想中得到启示,但有用的东西也不会太多。如果有人依然沉溺于建国者的世界,那么,在试图理解两百年后的这个社会的时候,他会感到一阵眩晕。

很多建国者相信,宪法为"完美"的政府提供了框架。华盛顿在1790年写道:"(美国)政府虽然不是完美无缺的,但肯定是世界上最好的。"[115] 杰斐逊肯定不像华盛顿这么满意。1789年,他在给麦迪逊写的信中说,一代人不能也不应该把自己的法律当做遗产传给下一代人。"在一个社会与另一个社会,一代人与另一代人之间,是没有共同的义务的。除了自然法则,绝无其他裁判员。"这也就是说,没有哪个社会的法律可以无限期地延续下去。杰斐逊认为,一个政治世代(political generation)是19年,所以"任何宪法和法律每隔19年就应作废"[116]。

麦迪逊与杰斐逊相反,他认为,必须树立宪法以及领导者的威信。只有一个国家敬畏其宪法,宪法才能成为国家的基石。1788年初,也就是制宪会议刚结束后不久,宪法即将获得通过之时,麦迪逊就开始为阻止第二次制宪会议的召开而奔走呼吁。他给埃德蒙·伦道夫写信说,行政理念就如同宗教教旨,一般不能被改变。如果再开一次制宪会议肯定就会出现一些千奇百怪的观点,甚至是与行政理念相悖的观点。麦迪逊非常清楚,只有把支持宪法的那些精英团结起来,宪法才容易获得批准。他提醒伦道夫:

> 虽然个人决断的权利应该受到尊重,而且没有人比我更尊重这种权利,但是有些事情,大众并没有决断权利。这些事情他们必须也交由他们熟悉并信任的那些人管理。草拟出来的宪法就是这么回事儿。[117]

虽然杰斐逊和麦迪逊是同志兼伙伴,但两人的差异还是十分明显的。杰斐逊最看重的是自由,他把自由看做一种民主要求,在过滤性的代议制度约束下可以发出声音。麦迪逊也崇尚自由,但认为自由必须基于秩序、法律以及对法律的敬畏。他们的共同点,也是他们二人与华盛顿的共同点是,认为政府机构既是秩序的保障,也是自由的保障。他们意欲建立的政府,绝不是一个会坐下来跟其他组织或公众商议事情的组织。在他们看来,意见必须通过政府机构表达和传递。

19世纪的大众政治参与可谓如火如荼,与之相比,18世纪的领导人麦迪逊和杰斐逊允许参与政治进程的只是一小部分人。到了20世纪,中央政府的管理范围越来越大,与之相比,麦迪逊和杰斐逊希望让当时的中央政府管理的事情并不多。他们希望看见的是,民意通过正式的政府机构表达出来。让民意得以表达既是代议制政府的责任,也是其基本的运转机制。

第三章
美国政治生活的民主化转变:1801—1865

引子

很多历史学家都认为,美国的民主"绽放"于19世纪。他们的说法有点让人不解,因为,早在18世纪,代议机构已有了长足发展,公众也经常参与政治活动。在18世纪,民众对政府的约束、控制逐步增强。在革命时期,政治生活中出现了很多的改变。而且,按詹姆斯·麦迪逊的说法,革命还"创造"出了一个共和政府。[1]尽管如此,19世纪前夜的美国政治还跟"民主"二字没有什么关联。恭顺的政治文化得以延续,投票率很低,绅士阶层依然毫不费力地掌控着统治权力。不少历史学家歌颂美国的边疆生活,因为他们认为那里更加民主。实际上,在边疆取得政治职位的人,一般都来自于富裕的、有社会背景的家族。[2]宪法并未改变恭顺的传统和社会等级制度,当然,制定宪法者也不想改变恭顺传统和等级制度。了解这个背景之后,我们就能理解,为什么杰斐逊在1800年当选总统是个重要的转折①,以及他自己为什么后来把这次当选称为"1800年革命"[3]。

显然,恭顺的那种习惯不可能一夜之间就被抛弃。如历史学家乔伊斯·阿普尔比(Joyce Appleby)所言,政治辩论变成了恭顺与民主之间的斗争。[4]维护社会等级制度的联邦主义者与杰斐逊主义者在广泛的领域展

---

① 人们将杰斐逊的胜利称为"1800年革命",是因为这标志着联邦主义的衰败和共和主义的兴起。他上任以后,立即废除了上一届政府所颁布的《归化法》《镇压叛乱法》等反民主的法案,保障了人民的基本权利。

第三章 美国政治生活的民主化转变：1801—1865

开了斗争，他们的斗争涉及生活的各个方面，包括家庭生活、宗教、经济发展和变革、语言、文化、教育以及各州宪法。这场变革的深度和广度让人惊叹，我没有能力去描绘其全景。但是，见微知著，下面的几段话至少能够展现出这场变革的影响面有多大。

从 1800 年以降的几十年，家庭生活有了新的转变，父母特别是父亲的权威地位受到了民主思想的挑战。殖民地时期关于长子权利的法规和习俗，即长子在继承家庭遗产时享有特权，在独立革命之后迅速消失，因为大部分州都废除了原先的财产继承法。在 1810 年之后，长子与次子享有的继承权已无差异。一位历史学家甚至称，在 1770 年至 1820 年之间爆发了"长幼关系的革命"。年长者的特权减少了。在 1780 年以前的家庭画像中，父亲站在最高处，母亲站在比父亲低一点的地方，而孩子们则要站在最低的地方。在 1780 年之后，越来越多家庭会在画像时让其成员平起平坐。在 1820 年至 1890 年间完成的所有家庭画像中，家庭成员全都站在一条水平线上。[5]

教育领域也有变革。19 世纪 20 年代出现了一种新观念：孩子们不是性本恶的，而是可以教化的。1836 年出版的麦加菲（McGuffey）的系列教育读本用儿童故事取代了"无意义词汇的罗列"[6]。虽然那个年代的修辞学教师们还在向学生灌输 18 世纪 60 年代的繁缛文风，但一种平民化的、"平实"的写作风格已经出现。[7]

教育改革家们呼吁各州为其民众提供公共教育，于是"大众教育"（common school）运动开始兴起。到了 19 世纪 40 和 50 年代，风潮已经席卷了美国大地。马萨诸塞的公共教育体系可谓是最完备的，但在教育改革之前，其公共教育其实相当糟糕。在 1826 年，学龄儿童中只有三分之一能够接受公共教育。学校的老师一般是把教书当做短期谋生手段的年轻男性。他们是不称职的，其中一些人连乘除法都不会，就更别说给孩子们上算术课了。州政府把实行公共教育的责任推给城镇政府，城镇政府又把责任推给下属区划或个人。霍勒斯·曼（Horace Mann）①向州府的官员们游说，试图让他们相信"教育有市场价值，是一种商品，可能会变成一种经济来源"[8]。霍勒斯·曼也不是唯利是图，他有一个高尚一点的目标：希望给新一代人灌输一种与公民精神相适应的公共道德标准。除了主张对教学进行改革，他还希望改变教育的目标：

---

① 霍勒斯·曼（1796—1859），美国教育改革家、政治家，被誉为美国公共教育之父。

一个到了21岁还是农奴的人,在其后续的生涯中也不可能成为一个独立的公民。无论他身在奥地利还是在美国,只要是当农奴结果都是一样的。如果说专制统治需要相应的奴化教育,那么自治政治也需要相应的自治教育。[9]

在新教教派林立的环境中,霍勒斯·曼秉持着一种非宗教性的教育思想是难能可贵的,但他还是要求学生阅读《圣经》。他认为学校教育必须与政治撇清关系。有一次,他所任命的一个校长带学生参加了废奴主义者的集会。在听说此事之后,他表示"震惊"。与同时代的教育改革家一样,曼倡导的是保守的改革,期望用教育去孕育民主,同时又期望用教育去防止过度民主,或者说防止刚刚获得自治权的大众以暴力颠覆现有政权。他认为全民教育可以"防止暴民政治,防止设立没收财产的法律,维护司法权威以及抵制杰克逊主义①者力挺的政党分肥制(the Spoils System)"[10]。

在新英格兰之外的地区,"大众教育"运动并没有结出多少果实。在19世纪晚期,学校的入学率才有了显著提升。在强制入学的法律出台之前,只有少数人能够享受正规的学校教育。从理论上说,教育对于共和主义有重要意义。若要建立共和政府,若要经常举行选举,公民就必须接受良好的教育以便能够投出明智的一票,执政官员也得接受良好的教育才能使自己有能力胜任。从实践层面上看,南北战争之前的推行公共教育的活动缺乏统一的指导思想,有时奉共和主义为圭臬,有时歌颂福音神学中所讲的那种个人的转变,还有时强调市场对于社会和经济的助推作用。[11]虽然改革家提倡给公众以平等的受教育权,无论他是穷人还是富人,是白人还是黑人,是男性还是女性,但是仅男性白人享有选举权这一原则毫无松动。学校教育的普及化程度越来越高,但这种教育并没有致力于培养"知情的公民"。19世纪晚期,各州政府开始承担起推行学校教育的责任,但他们又担心劳动阶层会变得难以管束,害怕农业社会的美德得不到传承,而且也不愿在美国的海岸上见到越来越多的非盎格鲁—撒克逊血统的移民。推行教育改革的目的是复杂的,三言两语难以说清,但有一点可以肯定:教育改革十分明确的目的是对社会实施控制,而不是培育出民主所需的知情的投票人。

---

① 杰克逊主义,指以美国第七任总统安德鲁·杰克逊为首的一些政治思想家提出的一系列观点和主张,例如政府应当竭尽全力维护群体的自主性,政府管理程序越简单越好等。

第三章 美国政治生活的民主化转变：1801—1865

教育带来的变化并不明显，但宗教却大大推进了民主精神的传播。基督教福音派在建国后 50 年的民主化进程中扮演着重要角色。在那个年代，基督教内部的调整变化很多，第二次"大觉醒"（great awakening）① 便是其中之一。从 1775 年到 1845 年，传教士的数量增加了三倍，宗教的影响比以前大大加强。福音教派人数激增，很多教派的领袖人物都没有受过正规宗教训练或受过很少的训练。他们摒弃了加尔文主义的严苛信条，以重视普通人的精神愿望的态度去给群众布道。在福音教派那里，社会等级和恭顺并不重要，新牧师们"训导说：神赐的智慧是留给贫穷和卑微的人的，而不会留给骄傲和博学的人"[12]。

为了普及选举权，每个州都发生过旨在取消选举权的财产限制的民主运动。越来越多的政府官员由选举产生，而不是靠委任状上台；州参议员和州长由直选选出，而不是由下议院间接选举产生；各地在立法机构中的席位数按照地区人口数量分配，公正性有所加强。[13]之所以列举了上面几个例证，是因为，按照对于政治、社会生活和政治传播的一般性理解，它们涉及正式的制度因而标志着重大的变革。其实，未涉及制度但影响深远的变革也有不少。

平等主义思潮为美国政治提供了一个远比联邦党时代民主的框架，所以我们可以有理有据地宣称美国社会发生了民主化转型。这个转变带来的影响是深远的也是复杂的。政府在形式上变得越来越民主的同时，社会中的一些权势人物却在利用广大群众难以掌握的手段发挥自己的影响。对于这个时期的州和市政府的研究表明，在对税收和支出等重要事务作决策时，多数人同意的原则没有被执行，决策往往是由少数人私下作出的。[14]对于全体男性白人而言，政府的门槛越来越低。与此同时，在男人与女人之间、新教徒与天主教徒之间、黑人和白人之间、移民和原住民之间的文化差异变得越来越明显，引发了政治对抗。在这个国家变得越来越民主的同时，其人口也显著增加了。老旧的、非正式的政治联合体分崩离析，影响消失。新的联合体，例如有正式组织的政党，开始出现。它们的出现摧毁了恭顺这一政治传统。绅士的统治开始瓦解，多数人的统治逐渐获得了认可，这个转变极大地改变了美国公民权的理念与实践。

---

① 第二次大觉醒，指 18 世纪末到 19 世纪初，在美洲大陆兴起的类似于第一次大觉醒的宗教运动。第一次大觉醒发生在 1720 年至 1740 年的英属北美殖民地，被看做新教徒对抗宗教上的教条主义的一场运动，目的是恢复人民的宗教热情。布道者十分兴奋地发表具有煽动性的演讲，把听众带入一种狂热状态。

选举改革和宪法改革

一位学者有言:"民主是那个新时代的政治护身符",但护身符不会每次都灵验。[15]人们通过政治改革来减少压迫,但是对一些问题的妥协导致改革不彻底,未能如改革家所愿。在对州宪法进行改革的时候,与民主问题相关的一些矛盾被清晰地展现了出来。在马萨诸塞州1820—1821年度的宪法大会上,保守派的演说可谓精彩绝伦。约翰·亚当斯、大法官约瑟夫·斯托里(Joseph Story)和年青的丹尼尔·韦伯斯特(Daniel Webster)①等著名人物都发表了演说。在一开始,会议决定赋予所有白人男性以选举权。其实,这已经是个既成事实——按该州的规定,获得选举权所需的财产数量很小,所以当时该州的男性基本上都有选举权。后来,乔赛亚·昆西(Josiah Quincy)在会议上警告称,在将来的工业城镇可能会出现很多暴民,他们手中的选票会比那些尊重私人财产的人手中的选票要多。听到这个警告后,与会代表的思想发生了变化,他们改变了初衷,给出了一个折衷性的方案——把拥有选举权的人限定为那些向国家或者州交过税的男性。

1780年的马萨诸塞州宪法规定,应该按所缴税款的数量来给州内各地区分配参议员席位。宪法大会原本打算保留这个老规定,但是亨利·迪尔伯恩(Henry Dearborn)用有说服力的演讲让与会代表改变了想法,于是他们决定按照地区的人口数量而非纳税金额分配议员席位。为了维护财产在立法体系中的重要地位,保守派领袖提出了一个动议,要求议会对按人口分配议席的决议进行再次审议。[16]丹尼尔·韦伯斯特主张按税收分配州参议员席位。他认为,1780年的州宪法中对于议席的规定并不是要限制人民的权力,而只是要限制"他们的代理人的职权"。参议院不审查人民的权力,而是审查立法机构里众议院的权力。"让一个代理机构去审查或控制另一个代理机构是明智的做法。这个拥有控制权的机构的成员,应该在个性、情感、感受或出身方面有特殊性,要不然就根本无法去实施控制。"虽然韦伯斯特并没有说用纳税指标区分上下两院是个万全之策,但他认为马萨诸塞四十多年以来出台的法律都是很不错的,而且"在进行政治规划时,把财产当做有分量的、值得去考虑的东西,是完全正

---

① 丹尼尔·韦伯斯特(1782—1852),早年曾做过律师、参议员,后任国务卿。

确的。以往的经验并没有告诉我们,财产权是有害的,其他权利是无害的"[17]。

韦伯斯特的观点获得了与会代表的认同,但是当大会将他的提议交由选民表决时,马萨诸塞的公民们大都投了反对票。他们不同意继续按税收分配参议院席位,而是大力支持更民主的投票权限制标准。

弗吉尼亚的宪法大会很能引起人们的情感共鸣。这是因为,在这次大会上,首席大法官约翰·马歇尔替里士满(Richmond)的无产人(non-freeholder)提交了一份让人感动的请愿书,或者说至少是能让现代人感动的请愿书。请愿书上说,财产所有权"不能证明有财产的人比无财产的人更高、更强或更聪明、更好"。请愿者认为重要的是对于州的忠诚,而并非财产。"美德和智慧不是土地上长出来的果实。① 对于财产的迷恋,是一种时常带着污秽的思想,神圣的爱国主义火焰会让它落荒而逃。对于国家的热爱,就如同父母与孩子之间的情感,根植于我们的本性。在任意的环境下,在所有社会阶层之中,在任何形式的政府的统治之下,它都是存在的。富人对这种情感的伤害往往比穷人更大。没有伤害过它的富人是怪物。"对他们来说,不被允许参与投票有损人格尊严。而且,如果说无产者没有社会责任感因而不给他们投票权,那为什么又让他们拿起武器承担起保家卫国的责任?"征兵花名册没有经过审核,没有跟土地所有人名单比较过,而且竟然没有考虑过把那些连自由人都算不上的人的名字删除。在战争时期,没有土地的人响应号召上前线去战斗。在和平时期,他们却要经受不让去投票的羞辱。他们没有拒绝征召令,没有满腹怨言,而是跟其他人一样慷慨从容地上战场抛洒热血保卫国家,现在却有人想让国家抛弃他们。他们应该忠于那个保护他们的政府吗?即便应该如此,倘若他们认可了自己的义务,抛头颅洒热血去保护理应保护的东西的时候,权利普及到了他们的身上,那么,他们又怎么会找不到让自己无法抗拒的、忠于社群的理由?"[18]

推动新州宪法出台的,不是无私的民主改革家,也不是饱含民主精神的文化潮流。在纽约,德威特·克林顿(DeWitt Clinton)领导的派系控制着州政府,由马丁·范布伦(Martin Van Buren)领导的、民主党之中的"鹿尾派"(Bucktail)则希望通过修宪去压制克林顿的派系。为了限制州长的权力(克林顿时任州长),"鹿尾派"把很多原本由州长委任的政府职

---

① 当时所说的财产,主要指土地。

位变成了由选举产生。同时他们还提升了政治党派的地位,因为在当时组织最完备的党派就是"鹿尾派"。修改宪法让范布伦的组织得以控制州政局长达20年之久。[19]我们可以说,在19世纪中期,政治领域的局内人实际上是借民主之名去争夺权力。虽然他们是醉翁之意不在酒,但也确实宣扬了民主思想,推进了民主实践,留下了一笔历史遗产。与殖民地时期的前辈相比,19世纪的谋略家们在使用平等主义的说辞粉饰一切的时候,显得更加泰然自若。

州和联邦的成文宪法以及修改宪法的活动是具有创新性的。英国没有成文的宪法,别的国家也没有立法机构或其他统治机构必须遵从的法律。在美国,人民是统治者,他们通过委任的代表获得统治权,但代表并非唯一途径。让人民获得统治权的还有写在宪法里并被宪法会议不断修改和更新的历史政治契约。这个国家的社会平等性逐渐加强,政治民主化不断加深,但即便是在杰克逊主义最流行的年代,民主也并非最主要的政治原则。这个国家十分看重宪法,但宪法体现出来的意志似乎总是与选民的意志不协调,所以编辑、修改州和联邦的宪法条款成为这个国家民主生活中的家常便饭。

到了1824年,每一个州的所有白人成年男性都获得了投票权。总统的民选(通过选举团)成为一种固定活动。1800年,只有两个州的选举团中的选举人是由大众投票产生的。1832年之后,只有南卡罗来纳一个州让州立法机构挑选选举人,其他各州的选举人皆由民选产生。1824年,有六个州的州长由其立法机构选出,到了1844年,只有两个州延续这种做法,其他州大都通过民选选出州长。[20]等级低一些的职位也开始由选举产生,特别是在西部地区。印第安纳和伊利诺伊在它们的第一份宪法中就规定,郡一级的一些职位应由选举产生。1832年,密西西比的太平绅士(Justice of Peace)①与治安官是由选举产生的。1834年,田纳西的文书和警长也由选举产生。按纽约1821年重新修订的宪法的规定,须选举产生的本地官职比以前要多。特拉华和宾夕法尼亚分别于1831年和1838年对宪法做了类似的修改。[21]

在比州级别更低的区划中,宪法也是向民主化的方向发展的。在19世纪20年代的波士顿,联邦党人担心乡镇集会会导致暴民统治,于是他们试图通过颁布城市宪章去防止这种倾向的出现,但最后的结果并不是

---

① 太平绅士这一职位源于英国,指维持治安、防止非法刑罚、处理一些较简单的法律事务的民间人士,往往由政府委任。

他们想要的。最终写入波士顿宪章的议员选举制度是分区选举制度,在市政大会上展开全市选民都可以参与的选举的方案未获通过。波士顿之所以这么规定,是因为受到了一种流行的观念的影响。这就是:只有让议员们各自代表着城市中不同群体的不一样的甚至是相冲突的利益,才能找到能够获得一致认可的公善,并让具有美德的议员去维护它。[22]

美国走到了这里,那种以共同价值观和被人们默许的社会等级制度为基石的乡镇集会已成明日黄花,相信领头的名士会去维护公善的年代已成遥远的过去。虽然理念的改变很重要,但是美国的改变并不仅是理念的改变,她经历的是涉及社会生活各个层面的民主化转型。

托克维尔没说的那些事

阿历克西·德·托克维尔(Alexis de Tocqueville)对于美国自发建立的组织的赞美文字,是其著述中世人皆知的一部分。"无论年龄几何,无论何种社会地位、何种性情"的美国人都会成立团体。让托克维尔大吃一惊的是这些非政治团体的种类如此丰富——有商业的、工业的、宗教的、"关乎道德的、严肃的、无关紧要的、门槛很低和门槛很高的、庞大的和微小的。美国人联合起来举办盛宴、讨论会,建立教堂,分发书籍,把传教士派往异端之地。医院、监狱和学校就是这么建立起来的……如果他们希望在伟大榜样的鼓舞下转播真理或传递情感,他们就会建立一个团体"[23]。在没有贵族群体给予人能力和资源去推进伟大事业的时候,"团体的艺术"就是相当重要的,道德、知识组织与经济、政治组织都很重要。"在民主国家,怎么去联合的智慧是其他智慧之母;其他智慧的发展都仰仗于它。"[24]

到了1840年,随着社会的扩张和异质化,以及民主精神的散播,华盛顿当年对自建团体问题发出的警告都已被人遗忘了。在曾经由显赫之士依据恭顺的传统引领舆论、主导公共生活的地方,越来越有组织性的、由平等的人组成的团体开始扮演主要角色。社会控制和社会形态从个人的转变成为人际间的。在经济层面上,政府授权成立的银行取代了个体商人建立的个人信托机构。在禁酒运动早期,改革家要求绅士阶层给社会定调。但是,从19世纪30年代开始,生活在人口众多、异质、阶级意识清晰的社会的中产阶级改革家,已经不再相信家长式统治而是信任团体。1826年成立的美国禁酒社团从第二次大觉醒中的福音派教会那里得到启发,建立了很多地方分会,面向广大的中产阶级进行宣传,要求他们明智地克制自己。[25]团体把在恭顺的社会中不需要团体做的那些事变成了团体应该做的事。从原则上看,人际性的组织比个人化的社会控制要更加民主,远离了由财富和土地决定的社会等级制度。用马克思·韦伯的话来说,社会生活开始变得有理性了。

在19世纪初,有多种因素在推动团体发展,宗教是相当重要的一个。在1810—1830年间,联邦政府在安息日也投递信件的政策引发了群众的不满。很多牧师联合起来发动信众去请愿。1815年,全国的长老会和公理会教徒向国会提交了100份请愿书。在十年后,一个由宗教牧师和世俗群众组成的团体——基督教安息日促进总会(the General Union for the Promotion of the Christian Sabbath)成为安息日运动的领导者。这个团体不愿受教会的管束,只要你珍视安息日的传统,抵制一周七天都不停止营业的运输公司,就可以加入。他们通过宣传册和报纸,散发了10万份运动领袖莱曼·比彻(Lyman Beecher)的演说词。他们建立了26个分会。从1829年到1831年春,他们向国会提交了900多份请愿书。大部分请愿书采用的是总会提供的标准格式,但也有一些人突破了常规。于是,出现了90多种不同格式的请愿书。典型的请愿书上大概有20几个签名,但有的多达7 000个。[26]

安息日运动与南北战争之前的很多运动一样,源于宗教,但在形式上受到了当时的政治系统的影响,例如向政府递交请愿书这种运动形式就能体现出这种影响。禁酒运动中的中产阶级团体与很多其他的志愿性的团体一样,借鉴当时的政治生活经验,自己制定宪章和次要法规,通过选举选出管理者。全国各地的同类团体联合起来建立了全国性的组织,然后各地的团体会派出自己的代表,聚集到一起开年度大会以作出管理决策。[27]志愿性公益组织反过来也可以为政党提供可借鉴的经验。政党起先是通过由国会议员参加的小规模核心会议提名候选人,而对于非党派性的公益组织而言,召开代表大会早已是家常便饭。1831年,反共济党(Anti-Masons)首先召开了提名候选人大会,在此之后,其他政党也逐渐开始采取非党派性的公益组织所采取的方式确定候选人。[28]

改革运动的领袖从政治系统那里学到了如何架构一个团体,还学到了如何运用修辞,学会了抛弃狭隘的宗派性说辞,用普适性东西去吸引人。[29]公共生活绝不是地方上草根生活的汇总。在国家的早期,公共领域不是发源于地方,也不是发端于首都;不是自上而下,也不是自下而上发展的;而是从两个不同方向同时发展。如果说宗教孕育了私人组织,给了它生命,那么更加普及的选举权、按地理区划举行的立法代表选举、不断

第三章 美国政治生活的民主化转变：1801—1865

增强的党派的合法性（后面将有论及）和旨在赢得竞选的造势活动则培养了私人组织，给它打造了身体，塑造了形状。

志愿性团体的劣势就在于其"志愿性"。到了20世纪，志愿性团体也许仍可以继续发展壮大，但其自愿参与的形式成为发展的阻碍。这种形式不太可靠，会导致团体对政治问题反应迟滞，团体也随时有可能解散。随着时间的推移，华盛顿逐渐成为国家的行政中心，很多重要的政治决策都是在华盛顿作出的。在这种情况下，与志愿性团体相比，那些反应迅速、能长时间存在的全国性组织更能影响华盛顿的决策者。于是，它们成为志愿性团体的补充，有时甚至取而代之。为了更加有效地影响决策，这些全国性的团体逐渐放弃了志愿性团体所采取的请愿的方式，选择直接向华盛顿的政治家游说。

在19世纪初，志愿性团体遍地开花。比如说，很多城市都有志愿消防员团体。这些互助性的组织可谓是民主的培训学校。纽约的志愿消防员团体每年都通过选举选出他们的头头，而且按照严苛的规章运作，但是不允许成员之间有异议或争吵。手艺人的团体在纽约随处可见，裁缝、制帽匠、船匠、泥瓦匠、桶匠、印刷匠、屠夫、面包师和木匠都建立了自己的社团。这些社团有的只让熟练工（journeyman）加入，有的也欢迎大师级人物。[30]如果熟练工避开大师行事，或是与大师不和，大师们就会自己组成团体与之对抗。[31]在19世纪30年代，手艺人甚至组建了自己的政党。

托克维尔对很多道德团体或公民团体的活动赞不绝口，但他对政治团体的认可程度明显要低一些。毫无疑问，托克维尔与不信任自建社团（即带有政治目的的志愿性组织）的华盛顿之间产生了共鸣。我们若向托克维尔提问：大部分人通过选举产生的官员制定法律，但有少数人自己展开讨论并制定可实施的法律，那会怎样？托克维尔的回答是，在这种情况下，"我抑制不住的想法是，公共秩序将面临重大危险"。团体不受约束的自由带来了极大的危险。团体有"各种形式的自由，已经到了国家所能承受的极限。它不一定真的会导致无政府的政治混乱，但常常会把国家带向混乱的边缘"[32]。托克维尔在《论美国的民主》的第一卷中提出了上述观点，在第二卷上又把自己的这个观点引述了一遍，可见他认为这个观点十分重要。他还断言团体的自由是"一种危险的自由"[33]。它会催生政党和压力集团，而政党和压力集团能拆散国家。

因为美国没有贵族阶层，于是就需要某种社会成分去填补个人与国家之间的鸿沟。政治团体，特别是政党，似乎是唯一的选择。鉴于此，托克维尔总结道，在美国，政治团体必须被允许，因为它们是"所有公民学习关于结社的一般理论的免费学校"³⁴。政党给予托克维尔所称赞的那些社团以指导和启示。长老会布道士查尔斯·芬尼（Charles Finney）说："政治家是做什么的？他们组织会议，散发传单和宣传册，在报纸上口诛笔伐。他们把船装上轮子，插上旗帜，带上水手，去街上转悠。① 他们派马车去城市的每个角落散发传单，并送人去投票点。所有的这一切都是为了让他们的诉求获得关注，让他们的候选人赢得选举。"他建议教会向政治家学习："我们行动的目标是吸引注意力，所以你必须有点新东西。"³⁵

托克维尔认为，与在其他民主国家相比，在美国政治团体所带来的危险要小一些。原因如下：首先，与欧洲相比，美国的政治党派和政治派系之间的差别要小一些。在观点上只有"细微的差异"。其次，在美国，"大多数人都同意"这样的话是不能想说就说的——因为所有白人成年男性都有选举权，所以大多数具体是多少人，这个数字是可以确定的。于是那些未能代表大多数人的团体就无法令人信服地宣称自己代表大多数人。如果他们真的代表大多数人，那么他们就会执掌政权。因此，对于美国人而言，政治团体不会带来危险。在美国，政治团体必然通过合法的竞争去赢得大多数人的支持，而不会借大众之名去兴风作浪。³⁶

托克维尔担心意见迥异的政治团体会扰乱秩序，他的担心不久之后就会变成现实。但是，扰乱秩序的不是政党，而是那些政治性越来越强的民间团体。

在"扰乱秩序"的民间团体中，首当其冲的是教会。在教会的影响下，出现了建立主日学校（Sunday school）②、传播福音书、禁止饮酒、取消奴隶制、维护和平的团体。这些志愿性的团体发展成为覆盖全州的组织，例如 1798 年建立的康涅狄格传教士社团和 1799 年建立的马萨诸塞公理会牧师总联合会。这些团体把传教士派往佛蒙特、新罕布什尔、缅因等边疆地区，以及纽约、俄亥俄和宾夕法尼亚等西部③地区。³⁷ 新的团体为聋人举办慈善活动，帮助美国的黑人奴隶回非洲定居，致力于改善精神病人的医疗条件。各种运动交织在一起。各种不同类型的团体没有各自为政，而是联合起来。19 世纪 30 年代，在"纪念周"（anniversary week）④中，马萨

---

① 当是指竞选游行。
② 主日学校是指基督教教会为了向儿童灌输宗教思想而在星期日开办的儿童班。
③ 按美国当时的版图，这几个州位于国家的西部。
④ 宗教和慈善组织在波士顿和纽约等地举办的一年一度的集会活动。

诸塞的各种改革组织都在波士顿公园(Boston Commons)①集会。规模较大的组织在公园里搭建了接待帐篷,规模小的组织则去公园周边的教堂聚会。举办会议和发表演说的组织每天有三四个。1837年,霍勒斯·曼邀请了他的侄子参加"纪念周"活动。他说:"这是最有意思的一周,时刻都有对年轻心灵的指导和激励。"[38]

这些团体变得越来越积极,其目标的政治意味也越来越明显。团体与团体开始互为喉舌,互为支撑。废奴主义者希望依靠宗教社团增强自己的影响。他们想让美国圣经社团(the American Bible Society)向黑人奴隶以及自由黑人散发《圣经》,于是就向圣经社团捐助了一笔专项资金。他们试图劝服美国家园传教社团(the American Home Missionary Society),要他们拒绝接受奴隶主教徒提供的帮助,还要求美国福音书会(the American Tract Society)发表谴责奴隶制的声明。[39]

若志愿性的团体仅致力于宗教活动或慈善事业,不搞公共辩论,不谈论政府政策,那么它们就与"公共领域"没有直接的关联。但是,对于有争议的公共问题,它们并未退避三舍。安息日运动明显的政治目标是改变关于安息日习俗的法律,以及使美国成为一个完全的基督教国家。改革社团的领袖大都是保守派。在19世纪40年代,这些领袖常常把道德改革的希望寄托在辉格党的身上。后来,他们发现政治上的变化会成为改革的绊脚石。人们不断地向西迁移,在西部的人更愿意把选票投给民主党而不是辉格党。于是,改革社团开始紧张起来。

西奥多·弗里林海森(Theodore Frelinghuysen),新泽西参议员、美国福音书会主席(1842—1848)兼美国圣经社团主席(1846—1862),是辉格党的创始人之一。他向慈善社团提出建议:必须控制住西部的人,不要让他们一直"缺乏道德文化"。他还说,他清楚地看到了"安德鲁国王一世"(King Andrew[Jackson] the First)②带来的危险。[40]弗里林海森曾与参议员理查德·约翰逊(Richard Johnson)意见不合。理查德要求慈善社团不要涉足政治。他说:"那些提出政治目标的宗教大联合体……总是会来带危险。"[41]弗里林海森站在安息日运动的立场上,回击理查德说,虽然现在的教会问题重重,但是政府仍然应该按基督教原则行事。只有受到道德事业的感召,自由的人民才能生活兴旺,而"给道德事业以活力、能量

---

① 所谓波士顿公园,其实是波士顿市中心的一块公共绿地,很多社会活动都在此进行。
② 所谓"安德鲁国王一世",是指美国第七任总统安德鲁·杰克逊。他政治手腕高明,善于夺取权力,经常使用总统的否决权,因此被他的反对派辉格党人讽称为"安德鲁国王一世"。

和稳定性的,正是安息日"⁴²。

禁酒运动原本是与政治无关的,但它发展迅猛,影响面越来越广,于是后来就与政治有了干系。1835年,美国禁酒社团的成员已达150万之众,各种志愿服务团体超过8000个。换种方式计算,从全国范围来看,每五个自由的成年人之中就有一个是美国禁酒社团成员。各种各样的禁酒志愿服务团体都有,有普通的社区团体,也有非洲裔美国人的团体、棉布工厂工人的团体、大学生的团体,甚至还有常去酒馆喝酒的人组成的团体(因为在禁酒社团的誓词中,被禁止的是蒸馏酒,发酵酒饮不在被禁止范围内)。⁴³缅因州禁酒联合会主席尼尔·道(Neal Dow)把支持禁酒运动的选民联合起来组成了纪律严明的团体。在1850年,他依靠这个团体的选票成功当选波特兰市市长。他起草了一个覆盖全州的禁酒法案,并努力促成了该法案的通过。这个被称为"缅因法"(the Maine Law)的法案禁止在缅因州生产或销售烈酒,医用或工业用的除外。尼尔·道后来成为了人们学习的榜样,全国其他地方的禁酒人士都想复制他的成功。禁酒组织甚至会传讯强势政党的候选人,问他们是否支持禁酒运动,然后给予那些支持禁酒运动的候选人以背书(endrosement)①。

道德改革中的很多活动可以说是受到了新英格兰清教传统的影响,而且是由清教徒组织主导的,但我们也必须认识到,这些活动之所以得以举办,与民主在各个领域的进步不无关系。也许可以说,这些改革运动是反历史潮流的,运动的领袖视民主化、世俗化和市场化为有损于道德的东西。但是,这些运动同时也是实现民主的途径和手段。这些运动中既有加尔文主义的受托精神(stewardship)②,又有"福音派的反击"(evangelical counteroffensive)③。在这两种理念的推动下,公共服务性的私人组织(如职业协会、图书馆、学校、大学、孤儿院和救济所)不断增多,发展壮大。⁴⁴废奴主义者的事迹就是最好的印证。

废奴主义和公共领域

在1833年,美国有74个废奴主义者社团。到了1837年,此类社团

---

① 背书指表明对某个人或组织的支持。
② 加尔文主义强调人是受上帝之托而去处理事情的,人是在为上帝尽类似于管家之责。人应该努力工作,做出成绩,不辜负上帝的托付。
③ 在福音派看来,世界上存在着太多亵渎上帝、违背基督教教义的行为。对于这些行为,教会必须予以反击,予以纠正。

超过了1 000个。⁴⁵反对奴隶制的布道士在一个又一个城镇做宣传,建立新的宗教分会,而且还邀请女教士参与废奴请愿活动。废奴主义者利用新出现的蒸汽滚筒印刷机提升了宣传效率,把报纸和宣传单撒向了全国。⁴⁶

对奴隶制潮水一般的批评让南方人感到震惊和愤怒。他们也对废奴主义者搞宣传所采用的技术手段表示不满。弗吉尼亚议员约翰·琼斯(John Jones)说:"是的!先生。是由蒸汽推动的,目的是公开和直接的,即立即取消南方诸州的奴隶制。"他憎恶蒸汽动力和新闻界,说"这两个改变世界的伟大玩意",被用来出版"报纸、宣传册、图画。这些东西是经过精心设计的,目的是煽动奴隶反抗他们的主人,让他们付出死亡的代价,使他们陷入奴隶战争带来的恐怖之中"⁴⁷。

宣传活动和请愿活动的规模是史无前例的,公共生活因此风起云涌。在南方,为了抵制废奴主义者的宣传,蓄奴者制定了禁止煽动性文字传播的法律。他们悬赏捉拿废奴主义者的领袖,要求逮捕任何持有废奴宣传品的人,还呼吁人们抵制废奴主义者的生意。1835年7月,查尔斯顿的一个治安队闯入邮局,搜出了一些废奴宣传品。第二天晚上,在2 000个高兴激动的白人观众(这个数字是该城市白人人口总数的七分之一)面前,这些宣传品被付之一炬。

面对这样的危机,政府官员不得不作出反应。在查尔斯顿的邮局里,邮政局长面临两难处境。一方面,作为联邦邮局的负责人,他有责任保护邮件。另一方面,他又害怕这些废奴宣传品会擦出反抗奴隶制的火花。他后来向纽约邮政局长塞缪尔·古弗尼尔(Samuel Gouverneur)学习,摆脱了困境。在纽约,废奴主义者把废奴宣传品放在信件里。因为认识到有人会因此闯入邮局搜查,古弗尼尔决定直接拒收含有废奴主义宣传材料的邮件。他说,既然在南卡罗来纳(其实大部分的南部州也一样)邮局接受这种材料是违法的,那么在纽约也是违法的。

华盛顿的邮政局长阿莫斯·肯德尔(Amos Kendall)也拒收废奴主义者的宣传品,但他没用法律为自己辩护,而是更加大胆地说,联邦的各个州在很多层面上都可以说是"26个独立国家",一个国家没有权利把煽动叛乱的作品传播到另一个国家。1835年,杰克逊总统在给国会的年度致辞中呼吁制定一个全国性的审查法,以禁止在邮件中放置"煽动性"的材料。杰克逊的企图被参议员约翰·C.卡尔霍恩(John C. Calhoun)(杰克逊原来的副总统兼老政治竞争对手)挫败了。具有讽刺意味的是,卡尔霍恩虽然反对杰克逊制定联邦审查法的提案,但他并不是反对审查本身。

他的主张是联邦把权力交给各州,让各州自己去制定审查法。

杰克逊和卡尔霍恩的提案最终都未能获得通过,但是他们的目的还是达到了。杰克逊影响下的邮政当局鼓励邮政局长从邮件中剔除反奴隶制的宣传品。在南方各州,禁止煽动性宣传品传播的法律相继出台。[48]这些审查过滤的举措基本没有遭到反对,即便是在北方。在北方,报纸编辑以及其他意见领袖都认为,应该尽量不让废奴主义者危害联邦和国家和平。一位牧师在批评美国反奴隶制社团(the American Anti-Slavery Society)的小册子上,用联邦党人谴责自建社团时的那种笔调写道:"巨大的、固定的政治组织,自己建立起来,自己管理自己,独立,但不负责任。"他认为,这些固定的"政治组织"明显是有违宪法的。[49]

在各地清除废奴宣传品的同时,成百上千的废奴请愿书,带着成千上万支持者的签名,如瓢泼大雨一般泼进了国会。这些请愿书要求在哥伦比亚特区取消奴隶制,还要求佛罗里达和得克萨斯必须以非蓄奴州的身份加入联邦。国会议员的一种工作就是提交请愿书。他们会站起来向国会说明自己代表哪个地区,请愿书的主题是什么,上面有多少个签名,然后把请愿书交给相应委员会。其实,自建国之日起,很多请愿活动都是这样完成的。但是,废奴主义者的斗争,让请愿活动变得比以前公开透明了许多。在1835年末,参众两院的一些南方议员提出了相同的要求:禁止在国会宣读反奴隶制的请愿书并递交给委员会,这种请愿书应该立即被否决。这个提议让一些反对废奴的北方议员感到不满,于是反对废奴者之间出现了分裂。塞缪尔·比尔兹利(Samuel Beardsley)是代表纽约的众议员,同时也是一群反对废奴的暴徒的头头。在听到有人要禁止请愿活动的时候,他却站出来保卫请愿的"神圣权利"。1836年,南卡罗来纳州议员亨利·平克尼(Henry Pinckney)提议建立一个处理蓄奴问题的委员会,取消国会管理奴隶事务的权利,并让蓄奴在华盛顿特区合法化。后来,一个由挑选出来的成员组成的委员会成立了。委员会提出了关于奴隶制问题的几点方案,其中一条就是禁止议员讨论甚至是在讲话中提及反对奴隶制的请愿书。亨利·平克尼说,他的主要目的只是"把对奴隶制的讨论限定在这些墙壁之内的范围中进行"。[50]

这个"封口令"在杰克逊当局的支持下获得了通过,但它不是一个固定的规则而只是一项决议,有效期就是国会的一个会议期。若要延续其有效期,在下一个会期中必须再次获得批准。1837年,在下一轮的国会会议即将召开的时候,也就是"封口令"还没获准延长之时,马萨诸塞州议员即上届总统约翰·昆西·亚当斯(John Quincy Adams)朗读了一份反对奴隶制请愿书的大部分内容,直到他被喊停为止。

虽有"封口令",但反对奴隶制的请愿书还是像潮水一般地涌向国会。1837—1838年间,要求在哥伦比亚特区取消奴隶制的请愿书有13 000份。要求解除"封口令"的有32 000份。要求在西部地区禁止蓄奴的有21 000份。要求禁止跨州奴隶贸易的有23 000份。在这两年间,众议院几位文书的办公桌长期被各种请愿书占据,而且他们不得不用一个巨大的储藏室去堆放这些请愿书。[51]在1840年,"封口令"不再有效,取而代之的是一个固定的规章。按照这个规章,国会甚至都不能接收反奴隶制的请愿书,更不用说对请愿书作出回应。

外号"雄辩老将"(Old Man Eloquent)的约翰·昆西·亚当斯,在反对奴隶制运动中扮演了重要角色。他大胆地为请愿的权利而奔走呼吁。在1844年,他废除"封口令"的提案最终获得了足够的支持票,封口的规定随即被取消。在举旗抗议的那些年里,亚当斯扮演的是市民社会的护民官(tribune)角色,致力于维护普通公民和私人组织在国家最高立法机构发出声音的权利。他一次又一次地强调,请愿是一种神圣的权利,而且这种权利属于所有人,无论是白人还是黑人,自由人还是奴隶。他在国会上说:"请愿书是祈求,是恳求,是祷告。"他质问道,难道法律规定"在提交请愿书以前,你必须检查一下,看请愿的人是否是有品德的、伟大的和强大的人?不,先生们,法律没这么规定。请愿的权利属于所有人"[52]。

其实,旨在否决废奴主义者请愿权利的那些举措起到的是反作用,反而帮助了废奴主义者。对于不少人而言,维护废奴主义者请愿的权利与其说是为了解放奴隶,不如说是为了维护公民的政治自由。亚当斯这个在国会里嗡嗡叫的讨厌牛蝇与废奴这个规模不大但却如火如荼的社会运动之间的互动向我们表明,国家机构与"市民社会"之间的关系是何等重要。国会,特别是议员由直选产生的众议院,是这个国家的公共论坛,也是市民社会的组织管理者,给那些志愿性的活动以目标和动力。当反对废奴的人试图阻止国会的公开辩论的时候,废奴主义者就赢得了新盟友,即那些把国会看做人民论坛的人,无论他们对于奴隶制的态度如何。[53]

请愿的权利属于所有人。在南北战争之前的日子里,这句话非常重要,因为所有人包括了女性,至少是白人女性。中产阶级的白种女人经常为了各种事情向立法机构请愿,尤其是她们为所支持的慈善组织争取经济和法律支持而发起请愿。如同道德改革运动中的男人一样,女人也很鄙视政党政治。可是现实的情况是,即便是她们不喜欢党派纷争,她们的举动也明显是政治性的,因为其目的在于影响政府机构。一方面,女性通过强调自己在道德层面上优于和独立于党派,去证明她们能够与"政治党派分子设计的肮脏世界"保持距离。[54] 另一方面,她们又通过自己的途径去影响政府,参与政治。在 1838 年,马萨诸塞的安杰利娜·格里姆凯(Angelina Grimké)成为全美第一个能在立法听证会上陈情的女人。还有一些女性经常通过与立法者的交谈达成目的。例如,在 1841 年,柳克丽霞·莫特(Lucretia Mott)就在特拉华、新泽西和宾夕法尼亚等地向立法者发表过有关奴隶制问题的演说,提醒他们蓄奴是罪恶的。有一次,一位国会议员对女性的请愿提出了批评,说她们就政治问题向国会进言是不知羞耻。警觉的约翰·昆西·亚当斯对此作出了回应:"为什么呢?先生们。各位绅士是如何理解'政治问题'的?这个议会中设有专门部门去处理的,任何与战争、和平或是其他与社会重大利益相关的问题,基本都是政治问题。女性为什么就不能对关乎大众福祉的问题提出意见或采取行动呢?"[55]

那么,让女性直接进入政治领域的理由何在?约翰·昆西·亚当斯的回答是,那个来请愿的女人是"我的某一个选民的母亲、妻子、女儿或姐妹"。对于女性团体如波士顿女性反奴隶制社团(Boston Female Anti-Slavery Society)而言,女人拥有请愿的权利并不是像亚当斯所说的,是因为她们与某个男性选民有关联。"请记住我们国家的代议制度是以人口数量为基础的,并不是以性别为基础的……但这只是一句空话,对于我们没有意义。我们就不是国家的子民吗?"

心理学家卡罗尔·吉利根(Carol Gilligan)认为,女人拥有一种基于关系的道德观念,而男人喜欢用抽象的公平原则作为其道德观念的基础。[57] 但是,女性在争取请愿和直接参与政治的权利的活动中,展现出的是一种普世性的、个人主义的思想,而且这甚至发生在她们争取投票权之前。的确,这是一种民主化的表现。在共和国建立的初期,请愿这种活动发生了转变。起先,请愿是一种团体性行为,教会或团体会召集其成员,让他们在请愿书上签字。后来,人们把在请愿书上签字当做一种表达个人意志的激进方式。[58] 政府官员从指派变成了由选举产生,官员候选人人选从由立法者秘密会议决定变成了由公开的大会决定。大会的主办者是拥有大量选民的政党,政党受到的影响,是来自男女皆可加入的开放性团体的"正规"影响,而不是来自社会精英的"非正规"影响。于是,一种多数主义的、平等主义的和个人主义的公民权理念在这个国家流传开来。把这种理念大声表达出来的,是 19 世纪那规模巨大的政治党派(虽然它们只让男性加入)。

迎接政党时代

在这个时期,团体的发展结出一个成果,后来成为美国民主的核心性和关键性标志物,这就是政治党派。政党是使建国者和宪法神圣化的渠道,是民主参与活动的组织者,是政治家向上攀爬的阶梯。

有关政党的任何定义,都必然会提到它们是选举政治中的重要角色,让候选人使用他们的名字、标志和资源去参与公职的竞选。但是,党派不是仅为竞选而存在的组织。那些团结起来工作、团结起来去投票的政府官员的集合体,也是其存在形式。此外,政党还是区分投票人身份的标识和投票人意识形态的来源。一般来说,与其他政治组织相比,政党这个组织存在得更长久,包容性也更强,各种异质的公民团体都可加入其中。此外,它们不会只处理某单一事务,而是有广泛的目标。政党的作用是整合国家、制定公共政策、征召政治领袖和教育大众。显而易见,政治教育和政治传播中的核心机构就是政党。政党组织竞选活动,让选举变得有序,让人投身于选举。它们征召候选人,用标志物把候选人与选民联系起来,在候选人当选后还帮助他们去实现政策目标。政党还帮助公民与政府沟通,组织、引导公民提出要求,让大众发出自己的声音。[59]

如果说,完全意义上的政党应该既是执政官员群体,又是竞选的组织者,还是选民的身份标识,那么,在19世纪30和40年代的辉格党和民主党之前,这样的政党是否存在?对于这个问题,历史学家们有争议。有些历史学家认为,1800年以后联邦党和共和党搞的一些拉票活动是政党出现的标志。但也有人认为,联邦党和共和党未能建立"持久"的、"有自己明确目标"的组织,它们的组织仅仅是围绕某个特殊的活动或事件建立的,不能自我延续和发展。[60]

我们曾经讲到过,建国者把党派视为共和国的绊脚石。在1800年,杰斐逊为了竞选而积极地组建了一个共和党派。但在四年前,在他与竞争对手亚当斯的竞选处于势均力敌的状态的时候,他告诉麦迪逊,如果自己和亚当斯获得的选举人票一样多,就应该让亚当斯当选。他之所以会这么做,并不是因为他是在为政党思考,在思量什么党派利益的问题。他说,亚当斯"一直是我的上司,自我们从政以来的那一天起,而大众对两人的支持是均等的,这种情况下他应该占有优势"[61]。

在竞争性的政党体系中,一个政党不会把其他政党视为共和国的敌人,而是视为争夺权力的对手。竞争也许是残酷的,很多事都是利害攸关的,但是敌对党派也不会被妖魔化。⁶²从一定意义上来说,政党体系是在杰克逊主义时代才诞生的。在18世纪90年代,联邦党和共和党并没有把自己当做政党,而是视自己为唯一和真正能够推动国家命运的车轮组织。"在不执政的时候,他们的责任是从那些暂时地和不合法地行使权力的人手里夺回权力;在执政的时候,他们的任务是不让那些想篡权和乱权的人得到权力。"⁶³这就是当时的政治局内人对政治竞争的认识。在没有竞争的时候,"政党"这个词基本不会被提及。对于当时的候选人而言,如果竞争很残酷,那么他很有可能就会放弃竞争,或者干脆转而投奔敌对派系,无论联邦党和共和党的政治哲学看上去有多大的差异。⁶⁴无论如何,这两个团体是没有固定名称的,没有正式的组织机构,也没有让选民可以分辨的固定标识。

18世纪90年代的政党系统在18世纪的第一个十年就逐渐分崩离析了,原因很简单,就是因为没人去维护这个系统。还有一个原因是,在美国第一代领导人的心目中,政党是理应受到压制的。托马斯·杰斐逊在当选时向公民们说:"我们都是共和党人,也都是联邦党人。"在很长时间之后,即1817年,他写道,1812年战争①带来的最好结果就是"对政党的完全压制"⁶⁵。联邦党人在经历了1800年的失败②之后意识到,共和党即使当权了也不会去摧毁中央政府。实际上,共和党人不但保留了很多联邦党的政策,而且还开始肯定中央集权。鉴于此,联邦党人并没有为在1804年的选举中击败共和党而重整旗鼓。他们退却了,不再与共和党人斗争。

对于一个普通公民而言,19世纪20年代以前的政党难以给人留下深刻印象。以联邦党为例,该党在某些州组织完备,但没有一个统领全国的中央组织。在国会之中,联邦党人数量很少,少到连开一个党政核心会议的人数都不够。⁶⁶反政党的意识形态依然很强大。候选人常常会展现出一种"高于政党"的姿态。⁶⁷官员职位是属于社会精英的这一老旧的观念依然很有影响力。⁶⁸

在杰斐逊及其追随者取得了1800年的胜利之后,联邦党的权力迅速消失。由于杰斐逊主义者或者说共和党人在后来的20年里都牢牢地把持着政府职位,所以市民的政治参与度的下降似乎是意料之中的事。一

---

① 1812年战争,指美国与英国在北美大陆上进行的一次战争,又称第二次独立战争,以英国战败而告终。

② 1800年,共和党领袖杰斐逊再次参加总统竞选,击败了代表联邦党的亚当斯而当选。

位历史学家写道,在19世纪20年代,"绝大多数的公民已经丧失了对政治的兴趣。他们原本就很少去给总统选举投票,现在他们只是偶尔参与州或本地的政治事务"[69]。

在"第二政党系统"(second party system)出现和有一定发展之后,美国的政党才第一次(从世界范围来看也是第一次)具备了固定组织,获得了意识形态上的合法性,拥有了大量的党众。以群众为基础的、有固定组织形态的政治党派是美国送给国际政治世界的最好的礼物之一(如果接纳者真把它看做"礼物")。它具有以下几个主要特征:(1)以大众为基础。(2)自己相信自己具有合法性,注重组织的发展以及对组织的忠诚。(3)在一代又一代人中培养和传承对于党派的忠诚,形成对于党派的心理依附。(4)承认敌对党派的合法性。纽约的"奥尔巴尼摄政团"(the Albany Regency)是在马丁·范布伦①领导下的一个强大的民主党派系。一份忠于此派系的报纸说,奥尔巴尼摄政团不会去摧毁对手,而是接受"平静但又注定发生的对抗"。"对抗"这个词在这个时期的政治话语中高频出现。[70]

从一开始,美国政党就有欧洲政党无法复制的独特之处。第一,美国的政党没有党员制。在当今美国,没有人给共和党或民主党交党费;在19世纪40年代的美国,也没有人给民主党或辉格党交党费。在选举时,美国的政党由"自证者"而不是由固定身份的党员组成。所谓"自证者",就是表明自己支持某个党的人,或表示自己愿意帮某党参与竞选的人。你可以说他是党员,但他不需要交党费,不需要参加例会,甚至都不需要认可该政党的政治观点。

第二,美国政党的发展不是自下而上的。也就是说,不是从一个地方组织逐渐发展成为全国性的组织,而是一开始就确立全国或全州为其覆盖范围。地方组织,尤其是后来发展起来的城市组织,可能会因为地方的利益诉求而跟全国性的或州政党结成联盟,但地方利益一般与政党的政策没有关系。

第三,美国政党以候选人为中心。总统职位与国会相分离的制度使美国拥有一个与欧洲国家不同的政党体系。在欧洲的议会体系下,掌握了立法权就基本等于掌握了行政权。在美国,政党是为了夺取总统职位而出现的,党众是因为支持总统候选人才联合到了一起。[71]

---

① 马丁·范布伦(1782—1862),美国第八任总统(1837—1841)。

1828年和1832年,民主党的组织支持安德鲁·杰克逊竞选总统。在后来的十年中,国家共和党人(the National Republicans)或辉格派的组织与杰克逊和范布伦当局展开了斗争。到了这个时候,我们就可以说,美国政治党派的时代到来了。虽然政党争夺的是管辖全国的官职,但在州和更下一级的地方,它们也在建立组织,因而形成了一个全国性的松散的联合体。在19世纪30年代,提名总统和副总统候选人的全国性政党大会频频召开,于是,全国范围的协同合作成为一种政党制度。一直到今天,挑选候选人都是政党的首要任务,确定立场则是次要任务。同样,对于竞选和拉选票的活动(politicking)而言,发表政策宣言①也不是首先就应该完成的任务,它只是不重要的点缀。无论如何,政策宣言和政策宣言委员会确实是在这个年代出现的。1832年,国家共和党和反共济党的全国大会起草了面向公众的政策宣言。民主党在1836年成立了一个小规模的委员会,起草了类似的宣言,并在全国大会的三个月后公开发表。1840年,辉格党没有发表政策宣言,但是民主党起草了一份宣言,并在大会上对宣言进行了投票表决。此举后来成为一种固定的政策宣言发布模式,今天的美国政党仍在沿用。[72]

1824年、1828年以及1832年的竞选对于人物个性的关注比对政治问题的关注要多。"人与人之间的对决、精心设计的阴谋、'摧毁'敌人的缜密谋划"成为派系主导的政治演出的常用词。[73]但在1836年和1840年的选举中,政治派系已被更加精密的政党系统取代。以前,候选人由派系的核心会议私下确定。现在,由公开的政党大会提名。鉴于此,候选人觉得,主动把自己对政治问题的意见公开是明智的,不能像以前一样被动地等着别人按个人名望对自己作判断。可是,即便已经公开表明观点,候选人也大都不会全身心地参与竞选活动。对于他们而言,拉票是不得体的,持有某种立场是危险的,很有可能引发对抗,因而必须约束自己。但对于政党的管理者而言,这种约束是不存在的。

美国的总统竞选活动就这样"诞生"了。1840年的总统竞选可谓热力十足。1839年9月,一个反范布伦的大会在哈里斯堡召开,声明支持总统候选人威廉·亨利·哈里森。同年12月,民主辉格党在同一个城市

---

① 政策宣言(platform),有时也译为"党纲",但美国的政党大都没有固定的党纲,而是在每次选举时提出自己的施政纲领,形成党的行动路线。选举活动进行之时,为了获得选民的支持,党派会公布一些文件,党内重要人物以及候选人会发表演说,这些政策性的文件和演说即所谓的党纲。鉴于美国政党的党纲不具固定性、稳定性,本文遂将之译为"政策宣言"。

举办了全国大会,会议也声明支持哈里森。这两个大会都没有发布政策宣言,仅凭对范布伦的批评就足以让人们团结起来。在这次大选中,候选人比以往更积极,竞选活动也更加戏剧化,演讲极尽夸张之能事。虽然此次竞选中政党所使用的手法并不新鲜,但是两个旗鼓相当的、组织完备的政党在全国展开全面竞争还是头一回。大选的投票率也大大高于以往的任何一届。[74]

到19世纪中期,政党已经羽翼丰满,成为国家主要的政治组织。更重要的是,它获得了选民的认同。选民对政党是有感情的,上一代对于某一政党的忠诚会感染他的下一代。政治竞选活动是狂热的,有很多展现团结的有趣仪式。至于竞选时展现的团结是何种性质的团结,历史学家们的观点存在分歧。一般来说,政党代表以民族文化上的忠诚为纽带联合起来的人的集合体,它力图展现不同宗教团体和不同民族团体的立场和风格。政党还是"男性关系建立"的园地。虽然女性也参与了一些政治活动,但是她们没有投票权,于是也无法进入政党生活的内部领域。

在一个对公开政治辩论推崇备至的世界里,准备辩论不仅是政治活动中的一个步骤,还是开展政治活动的先决条件。换句话说,如果一个人没有参加政治辩论的能力和经验,那他就很难登上政治舞台。女性难以登上政治舞台,不仅是因为她们投票的权利被剥夺了,还因为她们没有把自己的观点传播出去的经验。1848年,著名的女权大会在塞内加瀑布市(Seneca Falls)①召开。这是美国第一次有组织地全面推进女权的活动,但是到场的女性竟没有一人愿意主持会议。最后,只好由柳克丽霞·莫特的丈夫出面主持了会议。女性还缺乏参加政治辩论的经验。欧柏林(Oberlin)学院②的学生安托瓦妮特·布朗(Antoinette Brown)和露西·斯通(Lucy Stone)是两位早期的女权主义者。欧柏林学院的"淑女"课程中不含演讲课,于是她们二人就组织女学生对社会问题开展辩论,以培养她们的演讲能力。如果说欧柏林这个全国第一所男女同校的学院是在无意间培养了女权主义,那么废奴运动就是在无意间教会了女性用《圣经》评注去驳斥所谓的《圣经》认可奴隶制说。参加辩论不仅需要辩论技巧,还需要一系列的价值观作为论据,废奴运动给女性提供了可作为论据的

---

① 塞内加瀑布市,纽约州中西部的一个村庄。
② 欧柏林学院成立于1833年,位于俄亥俄州,是美国第一所实行男女同校政策、让黑人与妇女拥有与白人男性同等教育机会的高等学府。

价值观。追随威廉·劳埃德·加里森(William Lloyd Garrison)①的废奴主义者主张"全人类都拥有无条件的道德上的平等"。既然平等是属于全人类的,那就必然也属于女性,废奴运动中的女性于是就用这个观点去为自己争取权利。75 于是,废奴组织催生了女权组织,废奴政治活动培养了女性的政治能力,女性有了政治能力后就去开展其他政治活动。

若审视早期政党的发展史,我们必然想起马克斯·韦伯,因为这个发展史恰如其分地展现出韦伯所描述的政治生活"理性化"的过程,即改进制度与实践,脚踏实地地、有效率地和有计划地去实现某个目标的过程。候选人提名制度的改革就是一个很好的例子。起先,候选人由某个派系的国会议员参与的非正式秘密会议提名。后来,先是由州、地区、地方的政党集会选出代表,然后这些代表聚集到一起开全国性的政党大会选出候选人。这种改革的目标就是为了避免提名程序受到非正式秘密会议中各种"利益"和"影响"的干扰,以便更好地完成提名任务。首先,这是提名活动的民主化,把提名程序向大众公开。其次,这是提名活动的去中心化,夺走国会领袖的提名权力,把它放在州和郡的政治领袖手中。最后,这是提名活动的公开化。提名程序不仅变得更加民主,也变得更加公开透明,尤其是对于那些读报的人而言。

但是,在政党兴起的那段日子里,看报纸究竟意味着什么?

南北战争之前的新闻界:"枯骨可以复活"

1783 年,美国第一份日报诞生于费城。到 1800 年,费城已有 6 份日报,纽约有 5 份,巴尔的摩有 3 份,查尔斯顿有 2 份。在全国各地,非每日出版的报纸有 241 份,其中大多是周报。在托克维尔到访之时,美国有 700 多份报纸,其中日报有 65 份。1850 年,全美有 2 000 多份报纸,其中 200 份为日报。一位英国来访者称,美国人是"看报纸的动物"76。还有一位来访者写道:"报纸钻进了联邦的每一个缝隙。"77 自 19 世纪 20 年代起,政党间的竞争变得原来越激烈,与此相对应的是,报纸也越来越勇于表明自己的政治倾向性,党派性色彩日渐浓厚。

起先,例如在殖民地时期,美国报纸上的新闻主要是外国新闻。1812 年战争爆发后,国内新闻逐渐增多。例如,在 1795 年,辛辛那提报纸上的

---

① 威廉·劳埃德·加里森(1805—1879),美国废奴运动领导人。

第三章 美国政治生活的民主化转变:1801—1865

国外新闻占新闻条目总数的43%,到1835年,比例下降为14%。[78] 19世纪20年代,报纸已再不像以前那样仅热衷于发表火药味十足的观点,而是开始注重新闻,在新闻采集工作上展开了竞争。为了采集新闻,一些报纸甚至开始聘用记者。聘用记者是报纸以前从来没有做过的事,一些守旧的政治家,如总统约翰·昆西·亚当斯,对报纸的这种做法表示反感。国会在19世纪20年代以前从未对议事活动做过正式的记录,而且仅有一份华盛顿的报纸报道国会新闻。该报成立于1800年,名为《国家情报员报》(National Intelligencer)。该报记者于1802年获准进入国会旁听,因而能够提供最好的国会政治新闻。不尽如人意的是,当时的记者缺乏速记技能。塞缪尔·史密斯(Samuel Smith)是该报唯一掌握速记技巧的记者,但他常常生病。当他因生病而离开的时候,国会新闻就从报纸上消失了。

当然,报纸绝不是政府与公民沟通的唯一途径。国会议员寄给其选民的通函(circular letter)也是十分重要的沟通渠道。这些信件一般印刷在政府信纸上,然后装进信封邮寄给选民,有时也以宣传册或海报的形式出现。议员们偶尔也会把信直接寄给报纸让它们刊登。在一般情况下,议员们在一个国会会期会写一封信,然后印刷400或500份发给选民。400或500这个数字是当时一个国会议员所获选票数量的10%至40%。

南部和西部州的议员最喜欢发这种通函。这可能是因为西部和南部地区距离华盛顿比较远,地区偏僻,报纸很少,也可能是因为边疆地区的共和主义精神十分强烈。选举活动上的差异也是一个原因。对于新泽西、康涅狄格、新罕布什尔和佐治亚等东部州的议员而言,发这种信没有实际意义,因为这些州的议员是由直选选出的,选民数量过于庞大,发几百封信可谓是杯水车薪。在西部和南部,拉票是一种常见的政治活动。这种通函无疑是为议员说好话的,有助于形象塑造,有助于竞选,所以西部和南部的议员热衷于此道。[79]

这些通函的内容,其实与当时报纸的内容差不多,除了政府文件以外很少有其他东西。一类信件可以说是政府文件的摘抄,另一类是带有政治倾向性和利益倾向性的国会议事分析。写信的目的常常是塑造议员高举共和主义旗帜的形象。1794年,纽约议员西奥多勒斯·贝利(Theodorus Bailey)在信中写道:"我一直认为,尽其所能地向他的选民传递与他们利益相关的信息,是一个人民信任的议员应尽的基本责任之一。"马萨诸塞议员塞缪尔·康纳(Samuel Conner)在1816年开始给他的选民发通函,并对选民说发通函是"正确的和共和主义的"行为。[80]虽然说过这样的套话,但他还算是个诚实的人。他说,发通函是为了更好地传播信息,也是为了节省时间以便给自己放假。[81] 几个月以后,弗吉尼亚议员弗朗西斯·普雷斯顿(Francis Preston)说了一番与西奥多勒斯·贝利差不多的套话:"我一直认为,自由人民的代表的最重要的责任之一,就是尽其所能地向人民传递与他们的利益相关的信息,越及时越好。"[82] 肯塔基议员戴维·特林布尔(David Trimble)称赞舆论的力量:"……我们不能忘记,在我们的政治体系中,宪法自由是自治的重要保障原则,而舆论是宪法自由的基本构成要素。然而,要发表正确的意见,人民首先应该知晓情况。因此,人民若想保护自己的自由,就必须从政治事务中汲取知识,审视公职人员的行为以及政策的执行过程。"[83]

通函不是面对面的人际传播方式,也不是私人信件,但它也不是一个完全公开的东西。它只是把议员的个人声音直接传递给选民的一种方式。这种方式至今还有人在使用,但是它的重要性已经大不如前,这是因为,19世纪报纸发展迅速,成为人们获取华盛顿政治信息的首要渠道。这种转变也是民主化改革的一个成果,预示着个人化的、带有社会等级制度色彩的社会生活将转变成为制度化的、公开的和更加平等的社会生活。

订阅报刊的家庭总数在增长。18世纪90年代,大概有三分之一的家庭订阅了报纸。到19世纪20年代,一半的家庭成为报纸订户。[84] 报纸使"与世界同步"成为一种时尚,一种城市人以及乡下人都愿意追求的时尚。知识被现代化了,即世俗性的知识比宗教的知识要多,关于当下的知识比无时效的知识要多,印刷出来的关于地区、国家和国际社会的信息比关于本地的信息要多。[85]

有助于培养阅读习惯的机构和设施也越来越多。1810年,佛蒙特的温莎(Windsor)地区就有三份周报、三个印刷厂和四个书店。[86] 从1790到1815年,新英格兰的500多个城镇建立了图书馆。读书讨论会这样的组织也开始出现。例如,在马萨诸塞的莫尔伯勒(Marlborough),14个男人建立了社会探寻者社团(the Society of Social Enquirers),一起讨论科学、农业以及其他问题。在新英格兰以及其他一些地方,交流传播的频繁进行,与邮局和邮政道路的增多不无关系。1792年,全国有75个邮局;到1812年,邮局的数量猛增到2 610个。邮政道路在1792年的总长度是1 875英里,20年后总长度为39 378英里。[87]

1826年,大法官约瑟夫·斯托里(Joseph Story)在剑桥发表了一次演说,称当时是"阅读的时代"[88]。按当时的情况来说,他也许并未言过其实。在19世纪30年代,阅读又向前跃进了一步。1833年,《纽约太阳

第三章 美国政治生活的民主化转变:1801—1865

报》(New York Sun)创刊。这标志着报纸不再依恋政党,转而追求经济利润,争取读者。在1833年至1835年间,纽约、波士顿、巴尔的摩、费城的报纸都开始以1便士的价格出售。在以前,报纸的常规价格是6便士。人们已经可以听见报童在街上叫卖报纸的声音。在以前,要看报只能订阅。"便士报"比一般的报纸更积极地去报道本地新闻,它们派记者去法庭采访,甚至还报道关于"社会"的新闻。有人对辛辛那提报纸的非政治性内容(如婚礼、讣告、火灾、犯罪等)做过统计。1795年,报纸上没有任何这类内容;1805年,这类条目占报纸条目总量的6%;1815年,为5%;1825年,为10%;1835年,为17%;1845年,为23%。[89]

在奋力去争取婚礼告示、讣告这类广告的同时,便士报也奋力抢新闻。1835年,《纽约先驱报》(New York Herald)为了比传统报纸先得到杰克逊总统在华盛顿发表的对纽约的致辞,雇用了快马骑手传递信息。在19世纪20年代,欧洲来的船还没靠岸的时候,报纸就会雇小艇迎上前去,向船员索要欧洲报纸,然后赶紧赶回报社以便能抢先发表来自欧洲的新闻。

詹姆斯·戈登·班内特手中的(James Gordon Bennett)《纽约先驱报》曾经是保持盈利时间最长的一份便士报。当然,后来霍勒斯·格里利(Horace Greeley)的《纽约论坛报》(New York Tribune,1841)以及亨利·J.雷蒙德(Henry J. Raymond)的《纽约时报》(New York Times,1851)也获得了成功。美国报纸的老板一般都是印刷商出身,而班内特却不是。他先是在家乡苏格兰接受了担任罗马天主教牧师的培训,然后移民到了加拿大,成为一名中学教师。最后他来到了美国。到了美国之后,他起先是在波士顿的一个出版社谋了一个职位,接着做了校对员,然后他去查尔斯顿的一家报纸任编辑助理,再然后又成为《纽约问询者报》(New York Enquirer)的自由撰稿人兼华盛顿、奥尔巴尼和萨拉托加泉(Saratoga Springs)①政治新闻的助理编辑。在创办《纽约先驱报》之前,他在党派报纸之间不断跳槽。他支持民主党,但又跟民主党没有直接关联。

便士报鼓吹的政治独立性是报纸的发展方向,但是报纸真正实现政治独立却是很多年以后的事。报纸的编辑表面上为独立性唱赞歌,但私底下却在干支持政党的事。远近闻名的霍勒斯·格里利就是这种编辑中的一员。格里利的新闻生涯始于19世纪30年代。最先,他经营了一份

---

① 奥尔巴尼是纽约州首府,萨拉托加泉是纽约州的疗养度假城市。

老派风格的乡村周报。1834年,他去了纽约办了一份文学杂志。1840年,他在经营一份名为《原木屋报》(Log Cabin)的辉格党报纸。报纸虽然寿命不长,但销量曾一度达到80 000份。1841年,他自己创办了一家便士报——《纽约论坛报》。这份报纸最初销量约为10 000份,坚持反对奴隶制的立场,倾向性鲜明,对妇女权利、社会主义者的实验等议题都进行过报道。格里利自己并不是女性权利的吹鼓手,但他于1844年聘玛格丽特·富勒(Margaret Fuller)①为报社正式雇员,还聘卡尔·马克思为欧洲通讯员。

把眼光投向全国的报纸其实不多。到1846年之后,巴尔的摩和华盛顿的报纸才开始聘特约通讯员报道国会新闻。但到了政治竞争风起云涌的19世纪50年代,聘有华盛顿记者的报纸已达50家之多。这些被报纸聘用的记者大部分为兼职,其本职是国会中的某些委员会的文书,或是给政治家捉刀写演讲稿的人。为了多赚钱,他们一般会给6家甚至更多的报纸写稿。这就是说,新闻这个职业其实并未完全独立,未与政治领域分离。

实际上,19世纪中期的大都会报刊是政治党派的下属机构。对于政党而言,下属机构是提升凝聚力的重要组织。从杰克逊时代开始,报纸的编辑记者经常与党派保持着密切关系。杰克逊至少给59个记者安排了职位。在由杰克逊颁布的、经过参议院批准了的委任状中,有十分之一是给记者的。[90]林肯延续了杰克逊的做法。费城《新闻报》的编辑约翰·W.福尼(John W. Forney)支持道格拉斯②,加深了宾夕法尼亚民主党的分裂。约翰·W.福尼的行为有助于林肯的当选。为了表示感谢,林肯任命他为参议院秘书,还给他的儿子在海军谋了一个职位。政党会把政府的印刷合同送给那些忠诚的编辑们作为奖励。可是在1861年,政府建立了自己的印刷机构,这种奖赏也就没有了。但是,不同的政府部门依然在通过付广告费的方式资助报纸,福尼在费城和华盛顿等地的报纸因此获得了成千上万的美元。[91]联邦政府还给他的一个连襟和一个堂(表)兄弟发了委任状。羽翼丰满之后,福尼还促使宾夕法尼亚的道格拉斯民主党

---

① 玛格丽特·富勒(1810—1850),美国评论家、社会改革家、早期女权运动领袖。
② 当是指斯蒂芬·阿诺德·道格拉斯(Stephen Arnold Douglas),美国参议员,曾参加总统大选与林肯竞争。

(Douglas Democrats)①加入了共和党。⁹²

费城的《北美人报》(North American)是一张亲林肯的报纸。该报获得了不少的联邦政府广告费,而且该报编辑的四个儿子不是获得了政府职位就是在军队里升了官。费城《晚公报》(Evening Bulletin)的编辑以及他73岁的老父亲都获得了政府任命的职位。报纸编辑获得的职位有部长、大使馆一等秘书,以及驻瑞士、荷兰、厄瓜多尔、俄国、都灵、香港、格拉斯哥、巴黎、伦敦、赫尔辛格、维也纳、教皇国(Papal States)②、不来梅、苏黎世和威尼斯的领事。编辑们获得的职位还有,纽黑文、奥尔巴尼、哈里斯堡、惠灵、普吉特湾、芝加哥、克利夫兰、圣路易斯、得梅因的海关官员或邮政局长。有些编辑获得的是军队职务。例如,《纽约论坛报》的查尔斯·A.达纳(Charles A. Dana)就当上了助理战争部长。⁹³

在19世纪中期,办报不是一种独立性的工作,而是在政治世界里的一条前进道路。霍勒斯·格里利就是一个好例子。他先开始办报,后来去竞选总统(1872)。甚至到了1920年,还有俄亥俄小城市的报纸出版商获得两党的总统候选人提名——沃伦·哈定获共和党提名,詹姆斯·考克斯(James Cox)获民主党提名。当然,大部分的报纸出版商和编辑都只是在幕后为政党工作。

这就是托克维尔所见到的美国新闻界的真实情况。托克维尔认为,美国的新闻界庸俗,但又是美国民主所必需的。在他的字里行间,报纸是民主社会的必需品:"如果我们认为它们只是保障自由,那么我们就应该小看它们的重要性;它们还支撑着文明。"⁹⁴但是托克维尔也说过:"我承认我不怎么认可新闻自由,因为只有本性非常好的东西,才能让人完全地和立即地爱上。我爱它的原因与其说是因为它做了很多好事,不如说是它阻止了很多坏事。"⁹⁵这句话的意思是,美国报纸上暴力和庸俗的东西让他反感。托克维尔后来心安了一些,因为他觉得如果报纸的数量变多,不只是集中在首府,其他地方也有很多报纸的话,新闻界的影响力就会变小。对于托克维尔来说,美国报纸涉足于政治不是优点而是缺陷。⁹⁶

在托克维尔眼中,美国报纸的一个显著特点是它与团体有密切联系。"报纸成就团体,团体成就报纸",而且两者都能抵御个人主义带来的危险

---

① 道格拉斯民主党指在1860年总统大选中支持道格拉斯的民主党人,原本是民主党中的多数派,后因废奴问题出现了分裂。

② 教皇国,始建于公元6世纪,位于现在的意大利,是一个教皇统治的、由独立或半独立城邦、小国和贵族领地构成的共同体。现已不复存在,取而代之的是梵蒂冈城国。

和民主的暴政。报纸是由读者组成的团体。有些美国报纸确实是按这个逻辑运作的。1837年,一份名为《每周宣传者报》(*The Weekly Advocate*)的早期非洲裔美国人报纸上写道:"《每周宣传者报》将会像是一条锁链,把你们绑在一起成为一体。它上面的栏目将是表达你们愿望和情感的喉舌,是你们公开提出主张的好媒介。"[97]几个月以后,这张报纸改名为《有色美国人报》(*The Colored American*),这就说明上文中所说的"你们"是指自由的黑人。为什么要办这张报纸?编辑的回答是:

> 因为我们在自由国度里饱受折磨的同胞们散落在近5 000个城市里,唯一能联系到他们的唯有报纸。一份公共报刊必须传递出去,最少每周一次,以便唤醒他们。让他们把力量都迸发出来,在他们曾被践踏、麻痹和耗尽气力的那些地方找到新的力量,这样枯骨才可以复活。①[98]

对于废奴主义者威廉·劳埃德·加里森而言,《解放者报》(*The Liberator*)的作用不只是把他的观点传播出去。这份报纸还能协助社群、展开对话、维护团结,并且为分散在各地的改革者提供一个论坛。这份报纸成为各地废奴人士"每周相互沟通的方式"。加里森通过报纸发表自己的观点,但他也刊登别人的观点。他鼓励读者来稿,在有争议的时候,这张报纸"刊登争论各方的来信、文章、演讲、声明和驳议"[99]。

这种为团体服务的办报模式与便士报的模式大不相同。便士报不以维系社群为目标。詹姆斯·戈登·班内特坚持不让《纽约先驱报》搞订阅发行,而是让报童上街叫卖。他认为,只有这样便士报才能真正获得新闻自由,"因为它不屈从于任何一个读者,它不知道谁是它的读者,根本也不在乎谁是或不是它的读者"[100]。

便士报的出现并未使团体报刊完全消失(或从未消失)。它们扩张很快,但并未终结报刊上的公共辩论,而是使新闻界开始关注本地政治和社会。雄心勃勃的便士报开始去大城市以外的地方争取读者。这时候,为了能与之竞争,其他报纸不得不效仿便士报增加了本地新闻的篇幅。

与欧洲来的其他访问者一样,托克维尔对美国报纸数量之多感到惊奇,但没弄清楚原因。他仅按常理去推断,得出了一个错误的结论:美国

---

① 出自《圣经·以西结书》中的一个故事:以西结在山谷中行走,发现了很多死去的以色列人的枯骨。这时上帝与他交流,问他这些枯骨能不能复活,他说上帝您自己知道,于是上帝就给了这些枯骨皮肉和气息,枯骨就变成人复活了。

第三章　美国政治生活的民主化转变：1801—1865

报纸数量很多是因为靠选举组建的政府机构很多。他说，如果公民只用选出国会议员，不参加别的选举，人们聚集到一起开展政治活动的机会就不多，也就没有必要出版那么多报纸。但现实情况是，政府机构遍布各州甚至是各个村庄，这些机构的官员都由选举产生，所以美国民众"被迫"相互合作，而且每个人"都需要报纸告诉他别人在做什么"[101]。

实际上，地方报纸很少告诉读者本地的其他人在做什么。这个年代的报纸很少刊登本地新闻。[102]即便是在蒸蒸日上的辛辛那提市，报纸上本市的新闻所占的比例还不到五分之一。[103]在19世纪20年代，邮政系统的效率提升了，邮局可以把城市的报纸更快地送抵乡镇，乡镇报纸于是多了一个外来的竞争者。到了这个时候，乡镇报纸才开始注重本地新闻，因为报道乡镇当地的新闻不是城市报纸的强项，乡镇报纸可以依靠报道本地新闻留住读者。[104]在纽约州的金斯顿（Kingston），当地报纸在19世纪初还没有报道过当地的选举，关于乡政府的新闻在1845年之后才见诸报端。即使有选举，报纸也基本不报道。在19世纪20或30年代，即便有竞选活动，在报纸上也是看不到的。[105]

那些吸引了托克维尔注意的政府机构也确实对新闻界有所帮助——它们给报纸发补助。对于党派报纸的编辑来说，政府的印刷合同是个极大的恩惠。若是去满足热爱民主的受众对于新闻的需求，报纸基本不能盈利，但是登政府广告大多能赚到钱。

那么，为什么美国有这么多报纸？最好的解释，不是因为有很多人想看新闻，而是因为有很多人想办报纸。成百上千的美国小镇都有人创办报纸，这不是因为这些城市的人口规模已经足以撑起一份报纸，而是因为办份报纸可以吸引外来人口前来定居。一个公路边的乡村小镇可能会有人创办报纸，因为这个小镇有发展前景，小学院、大酒店都在不断增多。[106] 1857年，反奴隶制领袖在堪萨斯州建立了一个名为恩波里亚（Emporia）的小镇。为了给当地塑造欣欣向荣的形象，他们在建城几个月之后就创办了《恩波里亚新闻报》（*Emporia News*）。任何一期《恩波里亚新闻报》，只要提到了城市创建事务，都会被当做宣传品寄往东部。目的是吸引移民来购买土地，让这个刚建成的小镇红火起来。创办一张报纸，就跟争取让铁路穿过城镇、成为郡行政中心或者建立一个州立大学一样，是小城镇发展房地产的一种手段。[107]在威斯康星州的密尔沃基，城市最早的两张报纸是由两个大地主各自创办的，一个创办于1836年，另一个创办于1837年，位于密尔沃基河的两岸。两个地主都积极地为新定居点做宣传，刻意突出自己那边的优势。[108]

对于本地的争议,地方报纸很少表明立场。它们也不会批评自己城镇的社会或经济问题。一直到18世纪中期,也就是托克维尔的下一代人的年代,乡镇报纸才有了"与它们印刷之地的社群的紧密联系"[109]。那个时候地方报纸虽然已经开始报道本地新闻,但那些新闻是与政治无关的。当时亲党派的报纸编辑们认为,国家和州的新闻是政治新闻,但地方新闻是社区新闻。常见的社区新闻是与订阅者自己相关的事,关注的是各种个人和社会的话题,例如谁生病了,谁刚收了庄稼。报纸忽视地方政治事务可能是因为郡一级的政府管的事本来就不多,但同时也意味着编辑们在努力地保护当地的形象,因为他们害怕报道政治冲突会带来负面影响。总而言之,讲述地方的新闻故事意味着讲述非政治性的故事。[110]

当今的一些历史学家指出,在19世纪30年代,报纸的商业化进程开始了,或是开始加速了。在国内战争之后,报纸有了很大的发展,不再像以前那样文风繁缛、殷勤献媚、党派性十足、喜欢说教,或尖酸刻薄。[111]但是光有这些改变是不够的。南北战争之前的新闻界已经有了不小的政治影响力,但在乡村地区,政治新闻难觅踪影。在大城市里,的确有政治新闻,但报道政治新闻的绝不只有想要赚钱的商业报纸,有很多报纸报道政治新闻是因为其依然是依附于某一政党的政党报刊。

新闻界:演讲的推广者

"读报的动物"中最重要的那一群人就是华盛顿的国家政治领袖。第八届国会(1801)议员可以用政府资金订阅三份日报(也可选择份数相同的非日报)。34个参议员从23份报纸中挑选出自己想要看的下订单,总共下了95份订单。订阅数量最多的报纸是《国家情报员报》。这份主流的共和党报纸,同时也是提供优质的国会辩论记录的报纸。22个参议员订了这份报纸,其中有4个是联邦党。13个参议员订阅了《华盛顿联邦党人报》(Washington Federalist),其中3位为共和党。订阅费城《曙光报》的有18位,全部为共和党人。订阅费城《合众国公报》(Gazette of the United States)的参议员有4个,全部为联邦党人。不难发现,议员们的订报选择受到其政治倾向的影响,但我们还应该看到,全国性的报刊是参议员的主流选择。在34个参议员中,只有11位订阅了其家乡州的报纸。[112]因此,私人信件必定仍是身在华盛顿的议员们获取家乡新闻的主要途径。

政治家不但看新闻,还制造新闻。报纸记者会对政治家说过的话加以改进，也就是把那些难懂的语言翻译成能让人们理解的语言，或是替政治家说出他们想要说的话。这是对双方都有利的事，所以讲完话的政治家会找个位置坐下接受记者的"咨询"，好让记者检查自己的笔记，也能让印刷出来的文章如自己所愿。政治家常常会要求报纸延迟发表自己的演讲，就是为了有时间去检查报纸将要刊登的是不是自己的原话。[113]

对于国会辩论的报道还能让真正参加国会辩论的人提升兴趣。1806年，共和党人、新罕布什尔州参议员威廉·普卢默（William Plumer）在给儿子的信中说，在一个参议员发言的时候，其他参议员很少倾听。因为参议员不怎么喜欢倾听，所以参议院里的辩论不会改变参议员的思维。威廉·普卢默认为，众议院参与讨论的人数要比参议院人多，是因为去众议院的新闻速记员更多，议员们的演讲经常会被刊登在报纸上。从总体上看，在那个时期众议院更受公众关注，因为众议员是由民众选出的。而且，众议院出台的法案要比参议院更多，唱名表决也要多一些。[114]

但参议院也不能被忽视。在杰克逊当权时期以及杰克逊卸任后的日子里，参议院的作用非同小可。在那个时期，演讲很重要，重要到成为一种艺术形式。参议院不是议员们展开讨论的地方，而是一个发表冗长的正式演说的地方。在那个年代，演讲的时间很长，长到让两个总统送了性命：威廉·亨利·哈里森在发表就职演说时着凉了，然后死于并发症。①扎卡里·泰勒在参加了为华盛顿纪念碑举办的献礼仪式后去世。[115]② 辉格党人尤其喜欢发表这种冗长、正式的演讲，对于他们来说，这样的演讲就好像是福音派教士的说教。[116]

当时的人们对演讲的力量深信不疑。亚历山大·史蒂芬斯（Alexander Stephens）③认为，演讲者可以"影响大众"，"用他们的思想感动世界"以及"掌控民族的命运"[117]。在1840年，波士顿人认为活字印刷已有400年的历史，遂举办了一个庆祝活动。在这个仪式上，波士顿市长用诙谐的

---

① 威廉·亨利·哈里森(1773—1841)，美国第九任总统(1841年3月4日—1841年4月4日)。他是美国历史上任期最短的总统。就职那天寒流来袭，他不穿大衣在户外发表就职演讲，而且演讲长达一个多小时，然后感染风寒，31天后病逝。

② 扎卡里·泰勒(1784—1850)，美国政治家、军事家，美国第12任总统(1849年3月4日—1850年7月9日)。1850年7月4日，泰勒出席了在华盛顿举行的独立纪念日庆祝活动。活动在户外举行，他顶着烈日一直听完了两个多小时的各种爱国演讲。后来喝了不少冰水和冰牛奶，导致消化系统疾病，5天后辞世，执政仅16个月。

③ 亚历山大·史蒂芬斯(1812—1883)，美国政治家，曾在内战时期任南方联盟副总统，内战结束后任佐治亚州州长等职。

语言讥讽新闻界：

> 在被他当成功绩的那些事中，最丑恶可耻的就是它（新闻界）制造了公开演讲。公开演讲现在是非常普遍的，如果问他新英格兰各州的主要特产是什么，那么他的回答不应该是花岗岩和冰，而应该是公开演讲。这都是新闻界的错。如果第二天的报纸上不说某某先生用最令人激动的语言征服了一群兴奋无比的听众，演讲者就不能获得成就感，人们也不会去费力发表演讲。还不止如此，即便有一位绅士发表了特别无聊或特别愚蠢的言论，慈悲的新闻界也会通告说某某先生做了最通情达理的演说。[118]

印刷可以大幅提升演讲的价值。1850年，威廉·H.苏厄德（William H. Seward）①在参议院做了处女秀，发表了反奴隶制的演讲。他印制了这篇演说词，在一周之内发出去10万份。还有一些报纸对他的演讲做了一字不漏的报道，其发行量也差不多有10万份。[119]《纽约论坛报》在1856年发行了16 200份印有苏厄德另一篇反奴隶制演说词的报纸。1860年，林肯在纽约库珀学院（Cooper Union）②发表了演讲。这次著名的演讲结束后，他去了《纽约论坛报》办公室，检查报社将要刊登的演讲稿有没有错误。经过林肯亲自检查的演讲稿被《纽约论坛报》登出，别的报纸也就可以从《纽约论坛报》上复制这篇演讲为自己所用。林肯的拥护者、《芝加哥论坛报》（Chicago Tribune）的编辑约瑟夫·梅迪尔（Joseph Medill）为了大量散发这篇演讲稿将其印成了宣传册。[120]如果说南北战争之前的那段日子是美国演讲的黄金年代，那么新闻界的作用也不可小觑，因为它在用印刷机为演讲击鼓助威。

政治作为一种职业

生活在罗斯福新政（New Deal）之后的美国人很少会用恰当的视角去看待19世纪的政治史。按照最初的设计，中央政府需要管的事情很少。政府主要的人力资源都用在军事、邮政、税收上。在19世纪的前25年，联邦政府里制定法律的人比执行法律的人多，国会议员的数量大于法

---

① 威廉·H.苏厄德（1801—1872），美国政治家，在1861—1869年间任国务卿。
② 库珀学院是美国大企业家彼得·库珀（Peter Cooper）于1859创立的私立学院，很多政要都去那里发表过演讲。

官、地方检察官、执法官的数量之和。[121] 对于一般民众而言,华盛顿似乎是个偏远的地方,是个很糟糕的缩略版城市,到处都是泥巴和烂尾建筑。在国会和执法部门工作的人没有因其职位而感到自豪,反而因公职暴露隐私而感到烦恼。当一个政治家意味着什么?意味着"无论是在公开的白天还是私人的夜晚,恶毒的眼睛总是在盯着我看,处心积虑地想让我变成公众谩骂和嘲笑的对象",约翰·昆西·亚当斯如是说。长时间担任公职的威廉·沃特(William Wirt)①说:"每个人,只要是担任了高级公职,为了保护自己,就必须变成防火的和防弹的……我的皮太薄了,做不了这事。"早期的国家领袖都很害怕担任公职会损害自己的形象。一位历史学家写道,很难想象"一个群体见到自己被描绘成不讨喜的、卑鄙的、着实让人厌恶的形象,还会感到高兴"[122]。

政治家还会因要去拉票而厌恶自己。在18世纪90年代以前,通过向一般大众寻求支持而当选是一种很不合适的行为。但戴维·哈克特·费希尔(David Hackett Fisher)关于联邦党人选举活动的研究指出,在18世纪90年代,"杰斐逊主义者搞了一场拉票活动的革命"[123]。杰斐逊主义者一点都不脸红地去向民众寻求支持。守旧的联邦党人,如古弗尼尔·莫里斯,骂这伙人是"争斗狂,把声望变成了一种交易"[124]。年轻的联邦党人则希望向杰斐逊主义者学习。乔赛亚·昆西(Josiah Quincy)就说,长辈们那些反对拉票的原则,"不过是他们为坐视不顾而找的借口"。在1800年之后,联邦党人也开始像杰斐逊主义者那样通过组织召开大众集会去讨论通过决议和表达对候选人的支持。在纽约州,联邦党人改变了竞选方式。为了吸引大众,他们甚至还给自己起了一个新名字:联邦共和党人(Federal Republicans)。他们在镇、郡、地区和州一级的区划都建立了委员会,还通过年度选举选出党代表。虽然守旧的联邦党人仍然控制着政党的经济大权,但是他们已放手不管,任由"激进的年轻保守派,主要是事业处于上升期或事业刚刚开始的印刷商或律师"去拉选票。[125] 开展竞选活动的时间增长了,即便是在离选举日时间很遥远的公共假日,政党也会开展活动。

联邦党人拿华盛顿的生日做文章,两个政党都利用7月4号独立日为自己做宣传。在18世纪90年代,独立日还不是一个人所皆知的国家假日,庆祝活动并不常见。实际上,使独立日庆祝制度化的,正是政党的

---

① 威廉·沃特(1772—1834),美国政治家,曾任美国总检察官一职。

对抗。烧烤招待会是一种常见的政治活动,新英格兰地区的政党还会举办炸鱼餐会或烤蛤餐会。这些活动都是免费的,有兴趣的公民都可以参与。在人们吃东西的同时会有人演讲,内容常常是对竞争对手的人身攻击。在选举临近的时候,人身攻击性的言论尤其多。在南方,一个演讲者可能会指责他的对手煽动奴隶暴动。在新英格兰,共和党指责联邦党为波士顿大屠杀(Boston Massacre)①唱赞歌,还想让共和党人血流成河。

拉票活动有时也会用比烧烤招待会安静的方式进行。政党在城镇建立了委员会。联邦党委员会在乎每一张选票,他们会去每一个选民家拜访,除非他们事先知道这个人是个杰斐逊主义者。他们给选民发事先做好的选票,还提供马匹和马车拉选民去投票点。报纸会发表文章呼吁忠于政党的读者去投票,候选人则到处巡游拉票。

这些竞选活动中的创新性举措逐渐被各地采纳并最终获得了认可。古弗尼尔·莫里斯在1809年写道:"我去参加了一个在我自己的郡举办的大众集会,这是我人生中的第一次。"¹²⁶有一些联邦党人,如果是在十几年前,肯定会跟华盛顿一样对私立团体口诛笔伐,现在却联合到一起自己建立团体。1802年,亚历山大·汉密尔顿这个著名的联邦党人提议建立一个名为"基督教宪法社团"(Christian Constitutional Society)的组织,希望依托此组织传递信息和组织选举。汉密尔顿的计划未能实现,但是另一个相似的计划获得了成功。1816年,两百多人一起建立了"华盛顿慈善社团"(Washington Benevolent Societies)。

在美国的政治文化中,对于政党政治和政治领袖的怀疑从未消失。实际上,代议制民主是容不得怀疑的。如果主权归人民,那么拥有代表人民的权力的人以及想获得这种权力的人,就都可能是想造反的人。但是,出生于新共和国的第二代的美国公民与出生在殖民地的建国者是不同的,他们做到了建国者未能做到的事——对团体性的政治活动安之若素。辉格党的《辛辛那提公报》(Cincinnati Gazette)于1844年发出呼吁:"立即组织起来。"1848年,民主党的喉舌《辛辛那提每日问询者报》(Daily Cincinnati Enquirer)称总统大选将会是一场"鏖战",而"鏖战中首当其冲的就是团体"¹²⁷。参加这次总统竞选的是马丁·范布伦。他是美国第一个一生仅以政治为生的总统。与所谓的"奥尔巴尼摄政团"的其他纽约州政治家一样,范布伦出生于一个一般的中产阶级家庭,父亲个是小酒馆

---

① 1770年3月5号,驻扎在波士顿的英国军队与当地民众发生了冲突,后来英军开枪,导致数人死亡,十几人受伤,这就是"波士顿大屠杀"。

老板。理查德·霍夫施塔特(Richard Hofstadter)①认为,奥尔巴尼摄政团的这些政治家是"喜欢政治集会中友好气氛的现代职业政治家,是背景差不多的人组成的一个小圈子,不指望成为魅力十足的优秀领导人,但希望靠团结、耐心和自制获得成功。他们的党派给了他们信条、职业和一个由志趣相投的人组成的世界"[128]。

范布伦以政党政治为职业,并从中获益,但这么做也让他有了忧虑。对他而言,"政客"一词带有贬义,职业政客在一定程度上是"一个值得怀疑的和不稳妥的身份"。范布伦崇拜安德鲁·杰克逊,把他视为英雄,称他"绝不是个政客"[129]。一位历史学家说,范布伦是第一个与建国领袖没有亲属关系和朋友关系的总统,没有为国家流过一滴血的总统,从没上过战场但是常常去法庭和秘密会议室的总统。[130]

范布伦与"奥尔巴尼摄政团"的同僚在19世纪20年代通过笔和嘴"对政治党派做了全面的、清晰的、十分复杂的和颇具现代意识的辩护"[131]。但是,如果不讲清楚如何防止政党政治中出现腐败、偏袒行为和被利益左右的事发生,那么对政党合法性的辩护就总是不充分的。要想让对政党的辩护更加有说服力,就不要再用忠于政党是一种美德为由为政党正名,而是应该去强调政党体系的好处在于可以让各种权力相互竞争并最终取得好的结果。就好比法律体系给自己正名的逻辑:人们都知道鼓吹宣传可能会让检察官有失公允,但是控辩双方都有同等的鼓吹宣传权利,都可以用对自己最有利的方式去把案件呈现在法官或陪审团的面前,因此大家都是公平的。在范布伦的时代,很多以政治为职业的人都有法律背景,这也许不是个巧合。

最终,范布伦被人们遗忘了。他也许称得上美国政治党派之父,但被人们当做榜样的是华盛顿、杰斐逊和杰克逊。范布伦曾经当上过总统,但后来又因各种原因屡屡受挫。他起起伏伏的政治生涯,也许恰好说明了美国人对于政党这个自己的伟大发明持一种摇摆不定的态度。

反对政党的声音一直没有消失。19世纪50年代早期,一无所知党(Know-Nothings)②公开声明反对一切政治家和政党。为了展现希望国家统一的爱国情怀,共和党在国内战争时期重提该党曾坚持过的"无党派

---

① 理查德·霍夫施塔特(1916—1970),美国社会历史学家,哥伦比亚大学教授。
② 一无所知党是本土美国人建立的反对新移民和罗马天主教入侵的政治组织。之所以叫一无所知党,是因为当别人询问该组织的成员将要采取什么行动的时候,为了保密,他们都会回答说:"我一无所知。"

主义"(no-partyism)。[132] 19 世纪 70 年代,绅士改革家(genteel reformer)再一次发出了反对政党的呼吁,最终在一定程度上动摇了政党在美国人心目中的地位。19 世纪 50 年代的一无所知党、60 年代的共和党以及镀金时代(the Gilded Age)的改革家都未能让共和党的"无党派主义"完全复活。镀金时代的改革家反对的只是政党的行为,而不是政党制度。他们想让政治活动变得更有理性,但不追求达成政治共识。虽然在 19 世纪晚期,政党政治备受指责,但无论如何,政党的合法化是实现民主化转型所必需的,政党制度是民主化转型给我们留下的遗产。

在 19 世纪中期,建国之父们力图消灭的政党不但已经建立,而且变得很强大,强大到超乎联邦党人或反联邦党人的想象。政党可以说是政府的第四个分支,在政治教育、投票动员、立法机构和国会中领导体系的建立这几个方面,政党承担的责任比其他政府机构还要多。

这就是"美洲政治国家"[133]。民主化转型的表征有:不断高涨的平等主义精神,多数人同意的原则制度,培养平等主义精神和建立多数主义制度的宪法大会,不断增多的营利性或非营利性组织构成了喧闹的公共领域,当然,最重要的当属政党。从安德鲁·杰克逊到伍德罗·威尔逊的这段政治史中,政党是核心要件。在这段时间里,政党把公民对选举活动的参与度提升到了历史的顶峰。大众对政党的接纳吹散了,或者至少是掩盖了共和党人对于派系政治的担忧。政党既提升了大众的政治参与,又把人们紧密地团结到了一起。它的创立,是对民主政治的献礼。具有讽刺意味的是,在 19 世纪末,政党又一次受到了指责,批评者称其为实现真正的民主的主要障碍。

间奏曲(一)
林肯与道格拉斯辩论中的公众世界

　　1858年,是否让新纳入美国版图的州实行奴隶制的问题引发了激烈的冲突。在关于奴隶制问题的各种斗争中,最吸引眼球的是伊利诺伊州参议员选举。极富争议的《堪萨斯—内布拉斯加法案》(Kansas-Nebraska Act 1854)①的始作俑者、民主党的领袖、强有力的总统职位争夺者、伊利诺伊州在任参议员史蒂芬·道格拉斯希望通过选举再度当选。他的对手是一个来自斯普林菲尔德(Springfield)的律师——亚伯拉罕·林肯。林肯原本是辉格党的忠实一员,在发现辉格党的前途暗淡无光之后,他与很多辉格党人一样,转投了共和党。林肯只担任过国会议员这一个公职,而且只做了一届,但他忠诚可靠地先后为辉格党和共和党服务过,因而看上去是候选人的不二选择。

　　一开始,林肯的竞争策略是跟道格拉斯拼公开露面率,道格拉斯在哪里刚讲过话,他就马上前往那里。与道格拉斯相比,林肯处于下风。道格拉斯发表演讲时下面人头攒动,他的听众则少之又少。有点绝望的林肯向道格拉斯发出了挑战:开展50次公开辩论。道格拉斯同意与林肯辩论,但他只同意辩论7次。于是,历史上著名的唇枪舌剑开始了。常常被人们认作美国商议民主的巅峰之作的,正是这场辩论。[1]在那个时候,很多人会站在外面好几个小时,去听满腹经纶的政治家对争议性问题展开的细致的、复杂的辩论。什么样的政治文化才能让这种犹如狂欢的公开辩

---

① 该法案的目的是取消奴隶制的地域限制,为奴隶制向新成立的州扩展扫清障碍。这条法案让废奴主义者非常不满,引发了争议。

论得以开展？或者我们也可以问，当今为什么见不到这种活动？

让我们先用两个假设来回答这个问题。第一，住在伊利诺伊大草原上的居民对国家政治事务非常感兴趣，在过公共生活时态度积极、精神饱满，所以他们去听两个候选人的辩论。第二，这样的辩论是一种理性的公开讨论，它本身是忠于人民的代表对人民做出的回应，也是对蕴含民主理想的公共生活的回应。每一个假设都不无道理，但两者都未能真正展现出 1858 年的政治图景。这两个假设都是在用 20 世纪的政治价值观去对先前的事情作判断，但这些价值观在那时还没有获得认可。

我们先来看第一个假设。去听林肯和道格拉斯辩论的那些人是现代社会所推崇的"精神饱满地去参与公共事务的公民"吗？对于 19 世纪中期普通民众的政治观点和政治价值观，我们知道的不多。以我们所知道的推导不出一个清晰的答案。只要谈及这个问题，大家都会去引述托克维尔，但托克维尔的描述中有惊人的矛盾。《论美国的民主》分两卷，上卷 1835 年出版，下卷 1840 年出版，上下两卷的观点大相径庭。在上卷中，托克维尔说，美国公民经常积极地过公共生活，例如参加选举、当陪审团团员、读报、加入关注公共事务的私立社团等。但在下卷，他又说公民沉溺于私人生活，说他们像是小商店老板，只对赚钱有兴趣，对社会思想、哲学、艺术和政治却退避三舍。[2]

上卷指出，选举使社会"陷入疯狂的境地"。美国人最关心的就是政治："为人民政府做事以及谈论人民政府是他最重要的事，可以说，这是他唯一的快乐源泉。"在美国，"对于乡镇事务、区县事务、全州的事务，每个男人都像对自己的事一样感兴趣"[3]。但在下卷中，人民又"觉得行使政治权利会带来麻烦，让人疲倦，使他们不能专注于生产。有人要求他们去选议员的时候，要求他们身体力行地支持当局的时候，或是要求他们聚集到一起讨论公共问题的时候，他们就说自己没有时间"。让人们关注公共事务绝非易事："让民主社会的居民倾听是非常难的，除非他们是在讲自己的问题。"平等可以使人们团结为一个整体，但也能让人们分散开来："若社会状况是平等的，每个人就都想过自己的生活，把自己当做中心，忘记了公众。"公民有"为了自己的蝇头小利着迷而不能自拔"的倾向。托克维尔总结说："我看见不计其数的人，个个相似，个个平等，不停地忙碌转悠，只为了找到一些浅薄和庸俗的快感，去填补自己的心灵。他们中的每一个人，都退缩到自己的狭小空间里，不关心其他人的命运。对于他来说，'人类'这个词指的只是他的孩子和朋友。至于其他公民同胞，虽然离得不远，但是他注意不到。他触碰到了他们，但什么也没感觉到。他只为自己而存在,虽然他可能还有家庭,但至少可以说,他没有祖国。"[4]

那么,真正的美国人请站出来!请你来说一说,托克维尔的话到底哪句是对哪句是错。托克维尔是在政治党派遍地开花之前,在林肯—道格拉斯大辩论二十多年前到访美国的,他所见到的美国人也许与林肯—道格拉斯大辩论时期的美国人确有不同,但我们还是把这种前后不能统一的描述放在一边吧。我们真的应该把林肯—道格拉斯大辩论看做美国民主历史中无与伦比的经典吗?这次辩论是民众的政治道德精神空前高涨的例证吗?

林肯—道格拉斯大辩论曾是19世纪美国政治辩论和政治参与的高潮。但在为当今社会见不到这种辩论而扼腕叹息之前,请先看看关于这次辩论的几个重要事实:

1. 林肯与道格拉斯大辩论的全部听众都没有参加参议员选举投票的资格。

林肯—道格拉斯的辩论在一个叫伊利诺伊的小镇展开,那是个炎热的夏日午后,民众听了三个小时的辩论,但没有一个人去给林肯或道格拉斯投票。这是因为,林肯和道格拉斯争夺的是参议员职位,而在1913年《宪法第十七修正案》生效之前,美国各州的参议员都还不是由民众直选产生的,而是由州立法机构选出的。我们不知道,立法区划中地方性问题对林肯与道格拉斯的选举竞争有多大影响。我也不知道,个人或是党派的支持在多大程度上左右了选举结果。我们也许永远也搞不清楚这些问题,因为19世纪中期的美国并没有一套完备的选举机制。那时候的美国还见不到选举产生职位的大量增多以及表决提案(ballot proposition)①等政治民主化的信号,这些东西在进步主义时代(Progressive Era)才出现。

2. 政治是一种娱乐。

去听辩论的民众对辩论者提出的政治观点可能没有太大兴趣。可以肯定,这次大辩论吸引了很多民众。第一场辩论:1858年8月21日,伊利诺伊州渥太华市(Ottawa),总人口数7 000,听辩论的人数在10 000至20 000之间。想象一下,在一个连麦克风都还没有被发明的年代,这么多人聚集到一起在户外听辩论是什么场景。风在吹,孩子在吵闹;衣服的摩擦声,昆虫的嗡嗡声,声声入耳。也许只有小部分或极小一部分听众能够

---

① 表决提案,即就某事举行选民直接投票表决或全民公决的提议,立法机构与公民均可提出。

听见有人在台上讲话,能听清他们在讲什么的人只会更少。

那人们为什么去那里?他们是去为斗士的胜利欢呼的。他们确实欢呼了,还欢笑了,鼓掌了,呐喊了。道格拉斯在渥太华的演讲一次又一次地被人们的喊叫打断,人们喊着:"接着揍他啊","攻击他啊","做得好","他是躲不开你的"……

这是这个小城镇里最好的演出。一位历史学家说,政治"给那些人丁不兴旺的地方提供的不只是对重要事务作决定的机会,还有参与大型娱乐活动的唯一机会。在那些没有任何消遣性活动的地方,政治能提供激动人心的戏剧表演和精神上的快乐"[5]。与林肯—道格拉斯辩论相比,现今的总统大选电视辩论是多么的严谨庄重。在1988年,总统大选电视辩论的主持人要求演播室内的观众不要因喜欢某个观点而鼓掌。在1858年,辩论的听众有没有受到政治教育,我们不能肯定;但有一点可以肯定,那就是他们玩得很开心。

下一章会讲到,19世纪晚期的改革家减少了政治的娱乐性,使政治在实践和理念层面上都变得更加严谨正统。在19世纪晚期,竞选游行、烧烤招待会、铜管乐队演奏等活动都减少了,政治舞台开始自觉地拒绝情感的干扰。现今的人们对于政治的虔诚是从镀金时代和进步主义时代的改革那里继承下来的东西,与野营聚会式的竞选活动和选举也许没有太大关联。19世纪末的改革极大地改变了美国政治的图景,那时的政治与19世纪中期的政治其实已不具可比性。

3. 辩论中鲜有高雅的、关注实质问题的理性话语。

林肯和道格拉斯发表的讲话,绝不像某些"神话"中说得那样高雅、理性。在辩论的过程中,林肯和道格拉斯二人的确都发表过细致、清晰、理由充分的演说,但他们也进行过人身攻击,毫无根据地指责对方在搞阴谋,力图使对方陷入尴尬境地。辩论中很多的时间都被两人用来"就一些转移注意力的东西作长篇大论的互相指责",而且辩论的焦点常常是彻底的个人问题,与政治要义毫不相干。[6]

林肯在第一场辩论中指责道格拉斯与前总统富兰克林·皮尔斯(Franklin Pierce)、总统詹姆斯·布坎南(James Buchanan)和首席大法官罗杰·托尼(Roger Taney)一起搞阴谋,想让全国都实行奴隶制。证据呢?林肯不需要证据。他承认,"我们不能肯定"全国都实行奴隶制会是"预先制订好的计划所产生的结果,但是我们见到了很多建好了的框架,很多工人在搭架子,例如史蒂芬①、富兰克林、罗杰和詹姆斯。他们搭的架子榫头都很好,木头长度也很好,一根不多一根不少……在这种情况下,我们不得不相信史蒂芬、富兰克林、罗杰和詹姆斯在一开始就是有默契的,而且在实施第一次攻击之前肯定在一起谋划"。

我们不得不佩服林肯在运用比喻性修辞手法方面的天赋,他用这种方式所作的关于道格拉斯阴谋论的论述足可以印满两页纸。接下来的法律推论非常微妙含蓄,不知道有几个听众能够听懂他的意思。

> 我反对那种指控——我放弃一切反对性意见,因为只有被告没有出席才能提起申诉,我现在是出于良心才反对那种指控。如果道格拉斯法官真的没有与首席大法官托尼或总统商谈策划过呢?即使真的没有商谈过,那他是不是就不能与同伙达成共识,还是仍可以达成共识呢?他若否认这样的指控,我是接受的,因为我不想听到他在衡平法院受审时的回应,那时他肯定会说他既不知道也不相信这种阴谋的存在。现在我问你们,如果他否认这种指控,但他又确实做了这事,那么我有没有权利去证明他做了这事呢?[8]

林肯在后来的日子里一次又一次地指控道格拉斯在搞阴谋,直到两个月后,在昆西市(Quincy)举办的第六次辩论上,他仍在用阴谋论的剑刺道格拉斯。这种阴谋论腔调并非由林肯首创。当时典型的共和党话语会把南方描述为想要剥夺北方人自由的贵族式"奴隶力量"。这种话语中没有对奴隶制的憎恨,有的只是对于南方势力增大的担心,害怕南方势力增大会引发共和党运动。这种担心不是完全没有根据,但是托词的成分也非常重。[9]

与此同时,道格拉斯也在向林肯泼脏水。林肯曾对墨西哥战争提出了一点反对意见。1848 年,任国会议员的林肯搞了一个"地点决议案"(Spot Resolutions),要求总统詹姆斯·波尔克向国会说明墨西哥人在那些地点入侵了美国。② 在 7 场辩论中有 5 场道格拉斯都抓住这事不放,对林肯冷嘲热讽。而且他跟林肯一样也用了阴谋论这一招,说一个共和党人的阴谋集团正在秘密筹划给林肯在参议院安排一个席位。

---

① 当是指史蒂芬·道格拉斯。
② 美国对墨西哥发动战争的根本原因是美国想抢夺墨西哥的土地。波尔克为了给战争正名就指责墨西哥先入侵了美国。林肯当时属于辉格党,而总统是民主党人。辉格党与民主党不和,所以林肯带头向总统发难。

刊登在报纸上的林肯与道格拉斯的辩论是编辑过的。最近,历史学家哈罗德·霍尔泽(Harold Holzer)比较了共和党和民主党报纸对林肯—道格拉斯大辩论的报道,希望能把两位候选人真实的发言拼出来。霍尔泽在比较后指出,共和党的候选人与共和党报纸的编辑之间的合作是很紧密的,做了很多的文字加工,使之适合刊登。民主党的候选人与民主党报纸的编辑之间亦是如此。但是民主党的报纸不会去加工共和党候选人的演说词,共和党的报纸也不会去加工民主党候选人的演说词,所以从两位候选人敌对派的报纸上找到的讲话稿是最接近真实的讲话内容的。[10]按照以前人们所知的演讲稿作判断的历史学家称,这场辩论"尽是让某人疲倦的重复和琐碎的争议"[11],但霍尔泽还原的讲话比以前的版本还要粗糙和乏味。

补充一点,19世纪的报纸一般是不报道竞选演讲的。总统候选人一般不发表竞选演讲,竞选较低的职位时,一般也不会有演讲。当林肯向道格拉斯发出辩论挑战的时候,他向道格拉斯解释说,在西部边疆州,站上讲台发表政治演讲是一种常见的活动。[12]报纸对林肯和道格拉斯的竞选演讲做了逐字逐句的报道,这在历史上还是头一回。[13]

辩论中偶尔也有讲明白话的时候。道格拉斯坦诚地提出了自己的观点:"我相信政府是以白人为基础而建立的……我支持公民权只属于白人男性,即只属于欧洲出生的和有欧洲血统的男性,黑人、印第安人以及其他低等种族不能拥有。"林肯支持非洲裔美国人的公民权利,但却不承认他们与白人拥有平等的社会地位,说这两个种族之间"身体上的差异"会"让他们永远不能获得同等的尊重,不能获得社会和政治上的平等。因此两个种族必须有一个是高于另一个的。我与道格拉斯法官一样,支持我所属的那个种族占据更高的地位。即便如此,我认为还是没有理由去否认黑人拥有独立宣言所说的'生活、自由以及追寻快乐'的权利,我主张他与白人男性一样拥有这种权利"[14]。

辩论中有机智的回应和清晰的说理,但这些实际上都是指名道姓的人身攻击。CBS新闻主持人丹·拉瑟在评论1992年克林顿—布什总统竞选辩论时曾说:"如果你去看林肯与道格拉斯辩论的演说词,你就会被他们观点的深度和实质性所震撼。辩论令人激动,让人着迷。"[15]我怀疑拉瑟也许根本就没有看过辩论的内容提要,更不要说真实完整的辩论稿。林肯和道格拉斯的才华都浪费在就毫无根据和无关要义的指控作回应上了。就奴隶制问题,一个人会在辩论中努力保持观点上的一致性,而另一个人就会一个劲地说对方的观点存在大大小小、这样那样的矛盾。他们的辩论有时恰好体现了爱默生所说的心胸狭隘之徒身上的令人讨厌之处。① 可以说,这场辩论有一种民主的曲调,但我们听见的歌词却是"嘿哟嘿"和"咿咿呀"。

当然,这些政治家也不过是凡人。他们在公众面前讨论的问题,是政党在几代人的时间里都力图遮盖的问题。从1812年战争到南北战争这段时间里,国家最重要的政治任务似乎就是努力去逃避奴隶制问题,不对它作决定。1852年,两个主要党派都在政策宣言中提出不讨论奴隶制的问题。文学家纳撒尼尔·霍桑(Nathaniel Hawthorne)在给1852年大选民主党候选人富兰克林·皮尔斯所作的传记中写道:"至少对于一个局外人而言,国家的两个大政党几乎已经合二为一了,因为它们在重大原则性问题上没有什么分歧,它们保持对抗状态只是因为他们分属两个有年头的组织体系。"16

当时的很多著名政治家都把废奴主义者贬斥为不文明的挑事者和不讲道理的人。也就是说,在1858年,"废奴主义者"仍是一个骂人的脏词。道格拉斯数次把这个词用在林肯身上,而林肯则努力把自己描绘成一个不走极端的人,以免被称作"黑人共和党员"。就如同1988年总统大选候选人杜卡斯(Dukakis)努力回避"自由主义者"这个词一样②,1858年的林肯只要一听到"废奴主义者"这个词,能跑多快就跑多快。

要知道,林肯和道格拉斯讨论的只有奴隶制这一个问题。这虽是一个对于美国民主很重要的问题,但他们是在是非已经较为清楚的背景下展开讨论的。换句话说,他们就奴隶制问题展开的公开辩论并不是开创性的,是一个老话题。这场辩论不像关于克林顿医疗改革计划这种新问题的辩论那样混乱不堪,而是与关于堕胎问题的辩论有几分类似。罗诉韦德案(Roe v. Wade)③的一锤定音并未终结关于堕胎问题的讨论,25年后,公共辩论仍以堕胎问题为焦点。1820年的《密苏里妥协案》(Missouri

---

① 美国文学家拉尔夫·沃尔多·埃默森在其经典名著《自立》一书中写道:"A foolish consistency is the hobgoblin of little minds, adored by little statesmen and philosophers and divines."(心胸狭隘之徒的讨厌之处是愚蠢地固执坚持,小政客、哲学家和牧师就喜欢如此。)

② 1988年总统大选中,老布什指责竞争对手迈克尔·杜卡斯搞过度的自由主义,因为杜卡斯曾让强奸犯获得假释,犯人在假释期间又犯下了新的罪行。

③ 1970年,珍妮·罗(化名)起诉代表当地法律的得克萨斯州达拉斯郡司法长官亨利·韦德,指控德州禁止堕胎的法律侵犯了她的隐私权。案子从地方法院一直打到了联邦法院,最后联邦法院的裁定是,德州禁止堕胎的地方法律违宪,珍妮·罗胜诉。

Compromise)①也未能让奴隶制问题尘埃落定,随之而来的是对奴隶制问题的细致深入的讨论。到了 1858 年,即林肯和道格拉斯展开辩论的时候,奴隶制问题实际上已被讨论了 38 年。

4. 林肯成为候选人意味着南北战争以前的政治失败了。

林肯之所以能激发政治热情,在一定程度上是因为人们厌倦了那种缺乏新意的政治体验。林肯代表的是第三个政党,这个名为共和党的小政党在两年之前才推出了第一位总统候选人。在那个年代,人们都在抱怨政党头头和"操纵者"绑架了民主政治。在 19 世纪 50 年代早期,一无所知党(美国人党)掀起了一场浩大的全国性运动,用共和党的论调对政党、腐败、庇护制度展开了攻击,把政客称作"一大群靠吸人民的血中饱私囊的政治蚂蟥"。一无所知党非常自豪地宣称,他们不会去问"这对政党有帮助吗?",而是会问"这是正确的吗?"一无所知党高举本土主义旗帜,反对外来移民带来的天主教,这其实也是对那些想赢得外来移民选票的政治家的回击。一无所知党依靠当时社会上强烈的反政党情绪发展壮大,共和党紧随其后,也对这种情绪加以利用。他们和一无所知党合作,支持一无所知党推出的候选人。作为回报,一无所知党则帮助共和党取得了参加总统选举的机会。到 19 世纪 50 年代晚期,一无所知党在竞选中的前景暗淡,很多成员于是加入了共和党。所以,林肯在 1858 年成功地向道格拉斯发出的挑战其实是第二个政党体系瓦解的信号。② 若以回溯的方式看,林肯上台也许称得上是建立政治秩序的伟大时刻,但那也是个政党更迭、党争不断的时刻,若详察细观,就不会对当时的主要政党抱有幻想。17

林肯—道格拉斯大辩论与政治传播中其他的所谓经典一样,常被看做彰显民族品格的伟大时刻,但这其实只是犯了恋旧的病。让我们看看

---

① 1820 年,南部蓄奴州议员同北部非蓄奴州议员在国会中就密苏里这个新成立的州是否实行奴隶制发生了争执。当时的美国,蓄奴州与非蓄奴州的数量是相等的,如果密苏里成为蓄奴州,那么蓄奴州的数量将会超过非蓄奴州。双方争执不下,国会最后通过了一个妥协性的议案,规定北纬 36°30′线作为非蓄奴的自由州和蓄奴州的分界线,允许密苏里成为蓄奴州,但同时也允许从马萨诸塞州划出的缅因地区作为非蓄奴州加入联邦,这样蓄奴州与非蓄奴州的数量就依然相同,平衡得以保持。

② 一般认为,美国先后有三个不同的政党体系。第一个由联邦党与杰斐逊领导的共和党构成,两党相互斗争,交替执政。第二个政党体系形成于 19 世纪 30 年代,这时候联邦党已经衰落,辉格党和民主党为主要党派。到 19 世纪 50 年代末,辉格党分崩离析,以林肯为代表的新的共和党取而代之,开始与民主党展开竞争。于是,美国第三个政党体系得以形成。这个政党体系一直延续至今,我们经常说的美国的"两党制",指的其实只是第三个政党体系。

间奏曲(一) 林肯与道格拉斯辩论中的公众世界

美国政治史上的几个经典事件:联邦党为争取新宪法获得批准而在纽约报刊上发表了才华横溢的《联邦党人文集》,但《文集》其实未能说服纽约州议员批准宪法;伍德罗·威尔逊总统为了向美国人"推销"他的国际联盟(League of Nations)而走访全国各地发表演讲,但即便是他在演讲中中风倒地,也未能说服美国民众;马丁·路德·金1963年在林肯纪念堂发表了著名的演讲,也未能让行动迟缓的国会开始商讨公民权利法案(最重要的人物其实是林登·约翰逊,是他用他的能力和决心在推动公民权利事业)。与上述的经典事件一样,林肯与支持奴隶制的道格拉斯展开了著名的大辩论,但最终落败的是林肯。两年之后,他成功入主白宫,但这并不是因为他对奴隶制持较为温和的态度,而是因为与他敌对的民主党分裂了,变成了三个派系。

另外,林肯和道格拉斯在辩论中的主要观点(例如,道格拉斯提出的种族主义观点和林肯提出道格拉斯与他人秘密推进奴隶制的阴谋论)其实与当时主流的政治话语并不合拍。在很长一段时间里,政治党派和政治系统都回避奴隶制问题,林肯和道格拉斯就奴隶制问题展开公开辩论,说明反奴隶制运动二十多年的斗争终于取得了一定的成效。如果说关于奴隶制的争论是一种意识形态之争,到19世纪70年代,历史的钟摆从"意识形态性"政治又摇回到了"组织性"政治上。[18] 在内战那个短暂的、血腥的时间间隙里,奴隶制被取消,一系列的宪法修正案出台,为新的联邦权力奠定了基础,也为公民权的宪法化奠定了基础。代价是惊人的,但收获也是巨大的。

我的目的不是要对林肯与道格拉斯的辩论加以嘲讽,也不是想完全否认它的意义。这次辩论是美国政治史上的一个美妙时刻,甚至可以说是惊人的时刻。一个刚刚建立小政党的代表与一个主要政党的领袖人物展开了面对面的对抗,且直入奴隶制这个主题,直言不讳地说奴隶制有违道义,还指出政府应在宪法层面上对其加以约束。

但是,与现代社会的辩论一样,我们不能因林肯与道格拉斯的辩论吸引了很多听众就说它的意义很大,也不能说这意味着公众在热情高涨地对重要问题展开讨论。这次辩论是政治家们长期逃避奴隶制的问题,最后无法逃避而爆发的结果。我们可以通过林肯与道格拉斯的辩论管中窥豹,了解19世纪50年代的政治景象,但是无法从它身上汲取可以为现代人所用的经验,更不能把它当做批评当今社会的依据,说现代社会人们的政治热情消失了,比不上以前的好时光。

第四章
美国公民权的第二次转型:1865—1920

引子

> 美国选举制度的独特之处和重要之处就是把投票定义为一种公民责任,而不是护党之举。[1]

对于19世纪晚期的政治,美国人知道得不多,而且也很少加以思考。为什么呢?因为当代主要的历史诠释者告诉我们,19世纪晚期是所谓的镀金时代,到处都是腐败,然后我们就深信不疑了。在林肯与西奥多·罗斯福之间那段很长的时间里,我们找不到一个有突出特征或功绩非凡、能让美国人记忆深刻的总统。没有太大野心、脚踏实地的人一般都是有益于社会的,但几代人之后,他们就会被遗忘。这个时间段内的几位总统,很快就从公众的视野中消失了,就像烟花中的哑弹,飞上了政治的天空却未绽放。小说家托马斯·沃尔夫(Thomas Wolfe)的父亲心目中的政治英雄是加菲尔德、亚瑟、哈里森和海斯①。为了纪念其中一位英雄哈里森,他给托马斯·沃尔夫的兄弟起名为本杰明·哈里森·沃尔夫。可是到了20世纪30年代,托马斯·沃尔夫却称这四位总统是"四个消失了的人"。"哈里森在哪里?海斯在哪里?谁下巴上有胡子?谁有络腮胡?管

---

① 加菲尔德、亚瑟、哈里森和海斯,均为19世纪末的美国总统,全名分别为:詹姆斯·艾布拉姆·加菲尔德、切斯特·阿伦·亚瑟、本杰明·哈里森、拉瑟福德·伯查德·海斯。

第四章 美国公民权的第二次转型:1865—1920

他谁是谁。"² 在 1870—1890 年间,南方重建(the Reconstruction)①以失败告终,为女性争取选举权的活动踪影难觅,国家的民主进步似乎停滞了。在 19 世纪 90 年代的美国,特别是美国的城市,许多社会改革和政治改革运动开始兴起,但没有任何一个产生了广泛影响。

最近,一些历史学家和政治家发现,从阿波马托克斯(Appomattox)②到 1900 年这段时间的历史其实是有价值的,甚至是值得称赞的。在那段时间,选举投票率达到了美国历史的最高点。那个年代的美国人喜欢政治。他们觉得政治既严肃又有趣,在思想和情感层面都能让人获得满足。为什么会这样?有什么他们知道的或他们拥有的,是我们不知道的和没有的?³

要找到答案,我们应该先看看前人对于镀金时代政治的诠释,其中最经典的非詹姆斯·布赖斯(James Bryce)的《美国联邦》(*American Commonwealth*)一书莫属。布赖斯于 1888 年出版了这本权威腔调十足的著作。他就像英国版的托克维尔,用流畅的笔调剖析了世纪末的美国。这本书可以说写得不错,生动、可读性强、有洞察力,但与托克维尔的《论美国的民主》相比缺少远见卓识,引述者也要少得多。与《论美国的民主》相比相形见绌,一方面是因为布赖斯没有托克维尔那么有才华,另一方面是因为这本书的内容本身没有太大的吸引力。

布赖斯写的是 19 世纪末的美国政治,平淡无奇,没有亮点。托克维尔写作的时候是杰克逊主义时代的开端,政治世界正开始急速扩张。布赖斯写作的时候是各项民主政治制度已经确立但看上去又不那么美好的时候。他试图了解当时的主要政治党派,"它们的原则是什么?宗旨是什么?倾向于什么?这些政党中哪一个支持自由贸易,支持公务员制度改革,支持积极的外交政策,支持立法管理电报,支持破产法,支持货币兑换,对其他二十多个与国民福祉密切相关的问题持什么态度?"问完之后他自己沮丧地回答:

---

① 所谓南方重建,指在南北战争结束后,为了在南方解决战争遗留问题,重新建立被战火摧毁的家园的尝试。在"重建时期",政治家就南方分离各州如何重返联邦、南方邦联领导人的公民地位以及黑人自由民的法律地位等问题展开了激烈的争吵,导致重建工作无法有效进行。到 19 世纪 70 年代晚期,重建未能在法律、政治、经济、社会等各个层面上确保黑人的平等地位,南方民主党白人政治家击败了共和党控制了南方的每一个州,重建也就随之结束。

② 阿波马托克斯,美国弗吉尼亚州中南部一城镇。1865 年 4 月 9 日,南方联邦将军罗伯特·李在此向联邦军投降,美国南北战争就此结束。

> 欧洲人总是会向睿智的共和党员或睿智的民主党员提这样的问题。他总是在问是因为他一直没有得到回答。答案其实会使他陷入茫然。几个月后,真相慢慢揭晓了。对这些问题,两个党都没有确切的意见,两个党都没有任何原则,也没有任何明晰的宗旨。[4]

19世纪末的政治确实就是这样,虽然选民甚众,政治热情高涨,但主要政党没有多少区别。19世纪末的政治世界有两个反差甚大的景象:一个是竞选活动如火如荼,政党不断强调政治忠诚的重要性;另一个是派系争斗、营私舞弊比比皆是,民族、种族和宗教的纷争随处可见,至于如何去实现公善的问题却鲜有人关心。政治被当做了一种团体性体育运动或社会团体之间的竞争游戏,这可以鼓励人们投身于公共领域,但是政治的要义却丧失了。

"谁投票"这个问题与"投票意味着什么"这个问题总是会有联系的。在北部,去给总统大选投票的选民为数众多,占合格选民总数的80%。如果他们热烈拥护的党派不是像布赖斯所说的那样以"取得或保持对政府的控制"为主要目标,如果他们曾经坚持过的那些政治原则不是都消失不见了,如果不是"什么都不再重要,重要的只是政府职位,以及对政府职位的欲望",那么这段时间就真是美国政治史上的黄金时代。[5]

有人对19世纪末的政治赞赏有加,但也有人嗤之以鼻。骑墙派[①]以及后来的进步主义者都憎恶当时那狂热的政党政治,于是创造出了一种新的公民身份,这使得做一个"好公民"变得更加困难了,同时也没有那么有趣了。骑墙派集中火力攻击政党和庇护制度,进步主义者则希望管束大资本家和政党领袖,还为骑墙派不可能认可的直接民主唱赞歌。虽然有些分歧,但这两代的改革家成功地把投票从一种社会行为改造成了一种公民行为。他们让选举行为变得有理性,让强制选民去投票的情况越来越少。[6]可以说,投票行为的意义转变了。我认为,读报行为与政治教育以及公民权与公民权理念的话语也相应地发生了转变。转变的结果是政治世界在很多层面上变得更加民主、包容性更强、更重视公众和集体的意

---

① "Mugwumps"一词来自印第安语,意为领导者、首领,后来被用来戏称自命不凡的小人物。在1884年的美国总统选举中,一些共和党人拒绝支持本党候选人吉姆·乔治·布莱恩(James G. Blaine),反而将选票投给了民主党候选人格罗弗·克利夫兰(Grover Cleveland)。《纽约太阳报》把他们称作"little mugwumps",一夜之间"mugwump"变成了"turncoat"(背叛者)的代名词。后来,"mugwump"开始指那些对重大问题立场不明的政治家,用通俗的话讲就是中立派或骑墙派。

向。但是，政治参与性也降低了。在进步主义时代接近尾声的时候，让人担心的事出现了——民主中的文化矛盾一览无余地展现在人们面前。

政党庇护制度和公务员制度改革

乔治·华盛顿·普伦基特(George Washington Plunkitt)①在著名的《坦慕尼系普伦基特语录》(*Plunkitt of Tammany Hall*,1905)一书中问道："如果年轻人为他们自己的政党工作了，而你又没有政府职位可以给他们，那你怎么能提起他们的兴趣呢？"在他那里，公务员制度改革是"对民族的诅咒"。由于公务员制度改革，坦慕尼系没有办法再给那些给他们做过选举工作的人安排职位。"这些人在不久前爱国心是满满的。他们期望为城市服务，但如果我们告诉他们我们不能给他们安排位子，你觉得他们的爱国心还能延续吗？"[7]

工作职位是19世纪末和20世纪初的政治的核心问题。在地方，如纽约市，政党安排工作的现象尤为明显。1897年，坦慕尼社团控制的带薪公职的数量是坦慕尼社团推出的市长候选人所获得选票总数的20%。在1913年这一比例高达36%。直到1920年之前，都不低于20%。当然，带薪公职并不是政治集团唯一的经济资源。政治集团还可以通过政府合同控制私人领域的就业，也可以对依靠于他们的公司加以"非官方形式"的庇护，然后收取费用。所以，上述的那些数字所反应的只是依靠政党的选民中的一部分，实际的数字只会更大。[8]

在国家层面上，政府同样忙于"分配"工作。可以说，主要的行政工作就是把职位分配给忠诚的党员。对于政党而言，分配工作比处理实际事务更加重要。不同政党确实在一些实际事务上有分歧。比如说共和党就支持联邦计划，特别是联邦军队退休金计划，以及非洲裔美国人权利保障计划(在南方重建结束后，他们支持非洲裔美国人权利的热情衰减了)。民主党则希望让个人而不是政府去解决经济和社会问题。在南部，不同背景和有不同利益需求的人都给民主党投票，这一方面是因为有这样的传统，另一方面是因为他们憎恨联邦政府给解放了的奴隶以权利。②在

---

① 乔治·华盛顿·普伦基特(1842—1924)，美国参议员，纽约州的著名政治家。他是纽约市的民主党组织坦慕尼系(又称坦慕尼厅)的一员。

② 在林肯之后的五位总统均为共和党人，均支持废奴，可以说，共和党在相当长的一段时间内控制着联邦政府。

西部,民主党是由反对联邦的个体结成的松散联盟,很多人加入民主党是因为他们有南方的背景。在北部,城市中的外国移民支持民主党,贫苦的农村选民相对来说则更支持共和党,但是他们的政治倾向性多变,有时候还是会给民主党投票。国家的重要政治问题主要是民族性和文化性问题,例如本土居民与外来移民的矛盾、新教徒与天主教徒的矛盾、禁酒运动的支持者与反对者的矛盾。政党一般都会回避这些可能造成文化分裂的问题,政策宣言与演讲的主要内容是强调对党忠诚,对对手的人身攻击和爱国主义的陈词滥调。在具体问题上,民主党和共和党一贯的主张几乎没有差别,因此无法用意见、主张作为区分两党的指标。[10] 政党是地方政治团体融合而成的,是意识形态不一致的人的联合体。

分派职位也是华盛顿政治的核心内容。当选总统之后,亚伯拉罕·林肯表示,他安排工作的政策将会"对任何人都公平"。他的意思是,对他上台有帮助的所有共和党派系都会得到联邦政府的工作。按这个政策去分配工作会很麻烦,但林肯还是这么做了。例如,加州的共和党分几个派系,每个派系都想得到关键性的职位(旧金山港收税官、旧金山铸币厂主管、旧金山邮政局长、旧金山副财务长)。有一个派系的头儿是林肯在伊利诺伊的好朋友爱德华·D. 贝克(Edward D. Baker)。贝克不仅在加州建立了共和党组织,还在俄勒冈建立了共和党组织,而且还当选为俄勒冈的国会参议员。贝克虽然取得了国会参议员这一要职,但还想在加州占个重要的位置。《旧金山公报》(San Francisco Bulletin)的编辑詹姆斯·W. 西蒙顿(James W. Simonton)领导着另一个加州共和党派系,他也想占据加州的重要政职。林肯于是给这两个派系都安排了政府职位。[11]

政党庇护事宜让林肯忙得不可开交。最困扰他的就是如何奖赏卡尔·舒尔茨(Carl Schurz)的问题。舒尔茨是威斯康星州共和党的重要人物,希望得到一个外交官职务,但是他出生于德国,而且还是个德国革命者,所以他当外交官会是个敏感问题。林肯同时也认识到,舒尔茨对德裔选民很有影响力,所以必须认真对待。舒尔茨的问题非常突出,以至于成为一个公开化的问题,《纽约先驱报》写道:"除了萨姆特堡(Fort Sumter)①这个难题以外,政府的另一个难题就是如对待卡尔·舒尔茨的

---

① 萨姆特堡是位于南卡罗来纳州查尔斯顿港的一个防御工事。1861 年 4 月 12 日,即林肯刚刚上台的时候,萨姆特堡遭到了南方军的炮轰。随后,美国总统亚伯拉罕·林肯对南方宣战,南北战争爆发。所以,这里所谓的萨姆特堡难题应指是否要与南方军队开战的问题。

问题,这个问题似乎是最难办的。"¹² 舒尔茨这个公务员制度改革的主要倡导者,最后得到了西班牙公使的职位。

林肯就职后,对1 520个由总统委任的官员职位中的1 195个职位进行了重新任命。但这只是个开始。在争取连任的斗争中,他依然在使用庇护的手段。1864年9月,纽约海关的一些反对林肯的雇员被解雇;10月,布鲁克林海军基地的一些反对林肯的工作人员被开除;11月,林肯在纽约获得了7 000张选票。¹³ 这位立誓保卫联邦的总统,第一次把共和党联合了起来,使之成为维护统治的力量。

在林肯之后直至世纪之交的每一位总统都抱怨过"寻求职位者"给他们带来的压力。总统詹姆斯·加菲尔德对寻求职位者"泛滥成灾"感到惊诧。"我的天,这职位到底有什么好,使人那么想得到它?"¹⁴ 切斯特·艾伦·阿瑟每周"只有"三天要接见寻求职位者。¹⁵ 格罗弗·克利夫兰在他的第二次就任演说中专门花时间去谴责了"道德败坏的疯狂分肥①",他甚至还劝人们远离政治中心华盛顿。¹⁶ 他希望在全面实行政党庇护制度和全面实行公务员制度改革之间寻找中间道路。他不同意"按政党的意图迅速解雇官员",但同时又说,"对于那些心胸狭隘的人,我无法苟同,他们一点也不认可党派工作和服务的意义,用傲慢的态度鄙视所有申请政府职务的人,就好像他们是在干罪恶勾当一样。"¹⁷

但这句话还不足以给分肥制度正名。对于政党庇护,克利夫兰并不完全排斥,而是比较谨慎地使用这种权力。记者弗兰克·卡朋特(Frank Carpenter)记录下了一位国会议员(未指名道姓)对克利夫兰的批评。这位议员说,公务员制度改革"是在政治领域中有史以来最愚蠢的尝试"。他还说,如果要进行公务员制度改革,克利夫兰应该跟即将卸任的总统切斯特·艾伦·阿瑟说:"阿瑟先生,人民确实是选择了我来接替你的位置。但是我认为,一个人在担任公职并干得不错的时候,他就不应该受到骚扰。每个人都说你是个好总统,所以我将回水牛城继续干我的法律工作,让您留在白宫。"¹⁸

全国各地的邮政局长是庇护系统中的关键职务。邮政局长既是一个政府职务,也是个政党职务。他们是政党报纸的代理人,也是政党机构的组织者;他们传播自己政党的宣传材料,同时扣留敌对党派的宣传信件;他们在邮局里张贴党派性的"让人恶心和厌恶的海报",还把这些海报指

---

① 分肥指政党执政后将无须选举产生的公职当做战利品瓜分,参见第三章"引子"。

给敌对党派的顾客看,以示嘲讽。[19]在那个时候,邮局工作人员常在邮局里搞募捐以筹措竞选资金。1887年,克利夫兰下达了禁止这种募捐活动的行政命令,但在此之后邮局仍经常被用于政治用途。[20]邮局的职位对于政党相当重要,因为邮局遍布全国,占据邮局职位意味着这个政党在全国各地都有势力。1896年,政党庇护下的邮局职位达到了78 500个。与在任总统同一个党派的普通国会议员的手中掌握着大约200个邮局职位,这个党派的参议员以及其他大人物则控制敌对党派所代表的地区的邮局职位。[21]

在当时的普通公民的眼中,邮局是联邦存在的重要象征。在军队解散①后,邮局甚至成为联邦存在的唯一象征。"除了极少数人去海关缴纳进口税,征收威士忌、烟草、火柴生产税,或带印花税票去银行兑现支票这些事以外,没听说过其他与联邦有关的活动。"路易斯·布朗洛(Louis Brownlow)②回忆他在密苏里小镇度过的童年时说。[22]

在19世纪70和80年代,联邦政府超过一半的收入来自于一个机构——纽约海关。这个机构的营业规模是国家最大的私营企业的5倍。它是规模最大的联邦机构,也是政党庇护体系之中最重要的机构,其雇员不是来自于纽约,而是来自全国各地。纽约海关是个正式的联邦机构,同时也是罗斯考·康克林(Roscoe Conkling)③的共和党组织的据点,"象征着政党和州的融合"[23]。

自1789年以来,纽约和其他地方的海关都在按"均分制度"(moiety system)分配罚金和罚没品。所谓均分制度,是指一半的罚金和罚没品上缴国库,另一半由举报者、海关收税官、海军军官和检察员瓜分。纽约海关官员用欺诈手段夺取费尔普斯—道奇进口公司财物事件东窗事发后,国会通过了《反均分法案》(Anti-Moiety Act, 1874)。于是,海关收税官、未来的总统切斯特·艾伦·阿瑟的年收入从56 000美元猛跌至12 000美元。[24]

政党的主要经济来源是靠政党庇护获得职位的人以及政党支持的候选人。政党会依据受其庇护的公职人员的工资,确定他们应缴纳的献金的额度。这种献金应该是自愿性的,也必须是自愿性的,因为总统拉瑟福德·海斯于1877年颁布了一个行政命令,要求切实执行1876年颁布的

---

① 当是指南北战争之后美国解散军队一事。
② 路易斯·布朗洛(1879—1963),美国著名政治学家。
③ 罗斯考·康克林(1829—1888),美国政治家、参议员。

一条削减政治献金的法律。但政治家们可以自己去解释什么叫"自愿"。1880年,纽约州共和党主席兼副总统候选人切斯特·艾伦·阿瑟亲自监督了"自愿捐款"。共和党州委员在选举之前寄送了12次催缴献金的通知,把所有的邮政局长、国内税局的所有在职人员、海关所有的雇员、联邦法官、在奥尔巴尼建造议会大厦的建筑商以及其他很多人都通知到了。在寄出的每一封通知信函上,州委员会让人写上他们期望收到的献金金额,一般是催缴对象工资的3%。如果雇员未对催缴信作出积极回应,那他就会收到更多的紧急催缴信函。[25] 公务员制度改革家多尔曼·伊顿(Dorman Eaton)指出,这些索要捐款信件的措辞是命令性的,好像是主子在跟奴仆讲话,不像是一个独立的公民在跟另一个独立的公民讲话。[26]

除了依靠政党获得公职的那些人,政治候选人也会给政党提供经济支持。候选人要获得政党的支持,必须给政党一笔数目不小的资金。1887年,公务员制度改革的支持者威廉·埃文斯(William Ivins)为纽约市的候选人算了一笔账:想要成为市议员候选人,一般需要按一个选区15美元的标准给政党付款,而纽约一共有812个选区,所以共需12 180美元。想要成为众议员或参议员候选人,则要按一个选区25美元的标准付款,共需20 300美元。想要成为法官的候选人,则需付出10 000美元。[27]

政党是规模巨大的组织。宾夕法尼亚共和党组织聘有大约20 000个固定工作者,比该州的大部分大型铁路公司的雇员还要多。[28] 在纽约市的812个选区中,每个选区至少有四个民主党的全职"雇员"。此外,总统选举期间政党也需要支付大量金钱。在纽约市,两个党派都必须在812个选区中的每一个聘用两个选举检查员和一个文书。这三个人需要工作五天,每天的薪水是7.5美元。也就是说,聘用这些人,每个政党必须支付将近100 000美元。当然,除了总统大选还会有其他各种选举,这就意味着政党还会聘用成千上万的工作人员并支付更多的工资。[29]

在19世纪80年代,按工资收入确定的政治献金仍然是政党的主要收入来源,但此后,这种收入减少了。1892年,共和党全国委员会主席詹姆斯·S.克拉克森(James S. Clarkson)称,征收政治献金是"过时的野蛮行径",政党不能向收入仅够养家的那些雇员或官员强行收取献金。他说,他宁可向生意人索要10 000美元,也不愿向公职人员索要1 000美元。[30] 克拉克森是共和党全国委员会的主席,他反对全国性的政党机构收取政治献金,但州和一些地方性的政党组织其实仍在收取。在地方,收取政治献金的制度在19世纪90年代还存在。在辛辛那提,共和党的低级公职人员需要把 2%—2.5% 的薪水捐给政党,有时候这笔钱直接从薪水中扣除了。政府部门主管以及其他高级公职人员则进行"自愿"捐献,希望获得某一政职的候选人亦然,那些与政府签订合同的商人就更不用说了。[31]

渐渐地,地方的政党组织也不再向底层公职人员收取政治献金了,而是只从少数重要人物那里获取大额资助。哈佛政治科学家威廉·B.芒罗(William B. Munro)在 1912 年写道:"纽约州曾有这样一段日子,那些在市政大厅辛苦劳动赚得几个美元的女清洁工也必须向政党的斗争基金库缴款,以保住自己的工作。这样的日子已经过去了。"[32] 其实,在 1912 年以后,一些地方性的政党组织仍以收取政治献金为主要的筹资渠道。[33] 尽管如此,从向普通公职人员那里收取小额政治献金到向少数人索取大额资助款项的转变还是有重要意义的。这个转变发生后,对于政党而言,普通公民不再重要。对于普通公民而言,政党也不再那么重要了。

在政府由政党控制,政党由庇护制度笼罩的时代,在政党向政府工作人员和候选人强行索取金钱的情况下,公务员制度改革的倡导者非常明白,自己占据了道德的制高点。1881 年,希望推进公务员制度改革的总统詹姆斯·加菲尔德被一个寻求政府职位未果的人刺杀身亡,这可以说是分肥制度造成的悲剧,也是道德危机的信号,使人们深切感受到了进行公务员制度改革的必要性。这场改革的道德意味明显。改革的领导者"就好像历史上的福音派传教士(也如同他们一般步步受阻)和十字军战士一样"。[34] 改革家乔治·威廉·柯蒂斯(George William Curtis)宣称,他的事业是"人民的事业、人民的改革"。他还预测说首届积极推行公务员制度改革的政府"将会得到仅次于救赎世人的自由联邦的荣耀"[35]。

公务员制度改革是一场世界性的运动。英国、普鲁士和加拿大分别于 1870 年、1873 年和 1882 年把主要的改革主张变成了法律条款。[36] 1877 年,纽约建立了纽约公务员制度改革联合会(the New York Civil Service Reform Association),此后不久它就发展成了全国性的组织。四年后,即 1881 年,国家公务员制度改革联盟(the National Civil Service Reform League)成立。这两个组织都十分积极地搞宣传。纽约公务员制度改革联合会在 1880—1882 年间散发了 50 万份宣传册和其他材料,还举办征文比赛、向国会请愿、在报刊上发表文章。[37] 在那个时候,全国性的企业越来越多,它们的生存和发展与邮局、海关这些公务机构有密切关联,所以商人们也大力支持公务机构的改革。[38]

改革看上去是无法阻挡的。总统詹姆斯·加菲尔德于 1881 年遭刺杀身亡后,切斯特·艾伦·阿瑟继任总统。他原本是庇护制度的执行者,可到了这个时候,就连他也宣称要推进公务员制度改革。后来他还签署了1883年《彭德尔顿法案》(Pendleton Act)①,并建立了监督公务员考试的公务员委员会(the Civil Service Commission)。与联邦公务员制度改革相比,州一级的公务员制度改革要迟缓一些。在19世纪80年代,只有纽约和马萨诸塞两个州进行了改革,伊利诺伊、印第安纳和威斯康星于1895年跟进。此后不久,很多州都进行了改革。与州相比,城市一级的公务员制度改革要更迟缓一些。[39]

在联邦层面上,公务员制度改革的相关法律颁布之后,改革缓慢地展开了。《彭德尔顿法案》要求实行公务员功绩制(merit system)②,政党为了保护自己的利益,首先给自己的人委以官职,然后再把这些官职变成功绩制之下的职位,这样敌对党派上台后就不能开除这些官员。西奥多·罗斯福在1908年对公务员职位的重新分类就是一个很好的例子。罗斯福是共和党人,他在任时把俄亥俄河以北到密西西比河东的所有的第四等邮政局长都列为公务员制度改革的对象,使之成为功绩制下的职位。这是因为,自1896年以来,这个范围内的各州都是支持共和党的,把这些州的邮政局长职位定为功绩制职位,一方面能使民主党难以插足,另一方面也能让他的接班人、下一任共和党总统威廉·霍华德·塔夫脱继续庇护这些邮政局长和控制这些邮局。[40]虽然在1883—1900年间,功绩制的范围不断拓展,但政党巧妙地利用功绩制谋求私利,同时联邦的职位也在不断增多,所以政党庇护制度依然在延续。1883年,《彭德尔顿法案》使131 000个联邦职位中的14 000个变成了功绩制职位。到1900年,功绩制职位达到了95 000个,但是政党庇护制下的职位总数仍有113 000个,在数量上与以前相比基本没有减少。[41]政党能够适应公务员制度改革,因为改革"没有让它们立即付出代价"。[42]

虽然两党在暗地里利用公务员制度改革谋私,但在表面上,它们还是摆出了支持改革的姿态。这就营造出了一种新的氛围,塑造了一个新的理想,也让官僚们更注重为联邦服务而不是为党派服务。这也许提升了邮局以及其他联邦机构的工作效率,但也有损于政党组织的团结,降低了

---

① 《彭德尔顿法案》,又译作《文官法》,是针对美国公务人员任职问题而制定的一系列法律条款。它的通过和实施,代表政党分肥制的终结和功绩制的开始。

② 功绩制是一种文官制度,主要内容包括:公开考试、机会均等、择优录用;按工作成绩决定升迁、奖励;实行统一工资和同工同酬;非因过失不得辞退等。

政党调动追随者的能力。在政党时代,庇护制度是政治传播的核心要素。

对于 19 世纪的政党而言,庇护制度说多重要有多重要,但公务员制度改革也很重要,因为它取消了庇护制度,开启了一个新的政治时代。若回忆一下庇护制度的时代,我们就会发现很多大文学家都生活在庇护制度的保护伞下。纳撒尼尔·霍桑在他那不朽的名著《红字》中提到了塞勒姆镇海关(Salem Customhouse),他自己其实就是靠政党任命在海关谋得了一个文书职位。赫尔曼·梅尔维尔也是一样,他在 1866—1885 年间任纽约海关的外勤检查员。还有沃尔特·惠特曼,1865 年在华盛顿的陆军薪水出纳办公室担任抄写员。[43]

庇护制度慢慢地走向了死亡,但美国民主的"肌肉"组织也开始萎缩,那些曾经能推动宪法的"肌肉",现在动不起来了。也许,如同改革者所言,要建立维护公共利益的真正的民主政府,必须踢开对职位如饥似渴的政党这个绊脚石。从组织和精神上削弱政党,也许可以让公共领域更加纯净,但也会让它失去吸引人的丰富色彩。

竞选活动:"查普·克拉克怎么了?他很好!!!"

19 世纪那些声势浩大的竞选活动主要在街头、户外开展。活动中会有很多精心准备的仪式,例如竖立高达 100 英尺的"自由柱"(liberty poles)。每个政党都会尽力升高自己的柱子,使之高过敌对政党的柱子,夜幕降临后还会派人去摧毁对手的柱子。[44] 与竖立"自由柱"一样,游行这种活动也是有竞争性的。如果一个政党让 272 个人参加了游行,"在后面凑热闹跟着走的小男孩不计数",另一个政党的游行队伍只有 251 个人,那么"全城的人都知道这意味着什么"[45]。就连音乐也是有竞争性的。1896 年,在印第安纳州沙利文郡,两个政党都组织了合唱团。共和党建造了一辆可以坐上 40 个歌手的巨型马车,有顶棚、窗帘、彩旗。在车夫的后面有一架小管风琴,车身围了一圈装满食物的餐桶,以便让旁观者记起麦金利①的竞选口号。这辆合唱团马车"只需"6 匹马就能拉动,但有的竞

---

① 当是指威廉·麦金利(1843—1901),美国第 25 任总统。他于 1897 年就任总统,执政四年中美国经济繁荣,因而被人称为"繁荣总统",1900 年竞选连任,并于 1901 年再次当选,后被刺杀身亡。麦金利在第一次竞选总统时使用的宣传口号为"爱国、保卫和繁荣"(Patriotism, Protection, and Prosperity);1900 年竞选连任时,他使用的宣传口号才是"装满食物的餐桶,再来四年"(Four more years of the full dinner pail)。"Dinner pail"指普通工人用来装午餐或晚餐的有盖圆柱形容器。麦金利用这个口号向选民说明他能让国民继续过四年好日子。

选宣传马车甚至需要 20 头骡子才能拉动。46

在 20 世纪晚期的人眼中,19 世纪的政治选举跟大学男生联谊会组织的选举一样幼稚和夸张。那个时期美国的政治选举可谓臭名远扬。法国小说家儒勒·凡尔纳(Jules Verne)让他笔下的英雄斐利亚·福克(Phleas Fogg)①一抵达旧金山就遇到了一次选举。游戏场先生和老男孩先生(Mr. Gamerfield and Mr. Mandiboy)正展开选举竞争。两人各有一拨支持者,两拨人之间发生了激烈的争吵,手杖棍棒开始挥舞。福克从一片混乱中脱身之后,问他的行李搬运工是什么引发这种混乱,搬运工告诉他这只是一次普通的政治集会。福克继续问:"那一定是在选大将军了?""不,先生,是在选太平绅士。"搬运工回答说。47

政治竞选活动包括在大选之前的很多先行集会。政党在提名最终候选人之前,一般会举行上百场会议、核心会议和先行选举。1880 年,纽约市的政党在决定候选人提名之前,举办了 72 场先行选举,召开了 111 次党众集会。1877 年,新泽西的民主党集会参与者有 1 000 人之多。1880 年,18 000 名共和党人赶往芝加哥参加了共和党全国会议。48 从全国性政党大会到州的政党会议再到小城镇的政党核心会议,这种犹如金字塔形状一样铺开的会议体系给公民提供了很多参与政治的机会。参与其中的公民会发现竞选活动十分有趣,有时还会有经济回报。在镀金时代,20% 参加选举的选民会从选举工作者那里得到不同形式的报偿。1880 年,纽黑文只有 62 000 名居民,但却为竞选建立了 42 个团体,组织了 64 次游行,吸引了城市中三分之一的合格选民参加。49

改革者有理由怀疑,这些活动是不是真的让公民参与到政治进程中去了。提名候选人的往往是参与者寥寥无几的政党核心会议,而且参与者的投票选择往往是一致的,都只选特定的一人作为候选人。这是因为,政党领袖不想出现意外。50 改革者威廉·埃文斯问道,如果选民"只是专业人士玩游戏时的筹码",那还有没有民主? 他还十分敏锐地观察到,1884 年纽约市举行的 1 002 个提名候选人会议中,有 719 个是在沙龙或沙龙隔壁②召开的。51

---

① 斐利亚·福克是凡尔纳的名著《八十天环游地球》的主人公,他从英国出发,用了八十天的时间环游了世界。

② 沙龙地方很小,能进去开会的人不多。这就间接说明参加提名会议的只是一小撮政治家。

著名的单一税倡导者亨利·乔治(Henry George)①在1886年参加了纽约市长竞选。这次选举开始之前,政党已在街头巷尾组织了上百次演讲集会。"常见的方式是,在公布的时间快要到了的时候,在街角停住一辆卡车,几位演讲人站在卡车的尾挡板处轮流向拥过来的人群发表演说。"这样的集会非常多,所以这次竞选被人们戏称为"尾挡板竞选"。演讲者一般会从一辆卡车换到另一辆卡车,在一个晚上发表2—6次演讲。52

一般来说,组织政治游行也是政党的工作。让亨利·乔治参加市长竞选的是劳工组织,他们没有政党所掌握的那些资源,但他们有威廉·麦凯布(William McCabe)。麦凯布是个熟练印刷匠,在1882年和1883年组织过劳动节游行,有经验,所以也可以帮助劳工组织组织游行。他担任了游行的总指挥,给各个劳工组织分派工作,让"乔治贸易联盟"(George Trades Legion)和区域组织等游行"分部"去指定地点集合。要求支持者在游行当晚"点亮自己的整个家或者自己占据的那一部分"。他向支持者呼吁:"这次游行是最终的劳工投票大游行的序曲。我们在周六游行,到了周二将去投票。那么,兄弟们,请都加入游行吧,为这场旨在建立诚信的市政府和让辛苦工作的人不被奴役的伟大政治运动壮大声势。这样,你们在周六晚上就可能提前让亨利·乔治当选。"53

游行当晚在下雨,但仍有大约30 000个支持者参与了游行。亨利·乔治在联合广场检阅游行队伍。他花了两个小时看着游行队伍鱼贯而过。游行者喊着口号:"嘿!嚯!吸血蚂蟥不能留";"乔治!乔治!大家选乔治!"乔治的支持者说,这场游行的参与者没有穿统一的制服,火炬也很少,所以可以显示出典型的政治游行所缺乏的那种"真诚"。"参与者的热情不是制造出来的,他们是在自发地表达意愿。"54

一些男性反对让女性享有投票权,理由是女性易受情绪感染。但是,竞选游行、政党大会以及其他各种政治集会活动也能让男性同胞情绪激动,所以他们提出的理由就有些站不住脚了。一些支持女性投票权的人如安娜·霍华德·肖(Anna Howard Shaw)对这种观点进行了嘲讽:"女性不应该有投票权,是因为她们是歇斯底里的和情绪化的……我听很多人讲过我们的情绪问题,所以我去巴尔的摩参加了最近一届民主党全国大会,去看看男性群体有多么沉着冷静。"她接着描述了与会男性丑态:他

---

① 亨利·乔治(1839—1897),美国19世纪末期的知名社会活动家和经济学家。他主张土地国有,征收单一地价税,废除一切其他税收,使社会财富趋于平均。

们乱喊乱叫,一起唱"猎犬之歌"①。他们会把自己的帽子丢上天,叫喊着:"查普·克拉克(Champ Clark)②怎么样了?"帽子落下之后,捡到的人重新将其抛起,并一起喊:"他很好!!!"这样的闹剧一直持续到凌晨5点才结束。安娜·霍华德·肖用讽刺的口吻总结道:"他们不是歇斯底里,这只是忠诚爱国,是伟大的男性在坚守原则。"[55]

推行公务员制度改革,并且努力使选举变得有教育意义、变得不那么狂热的改革家是一群自由主义者、独立人士,或者是在1884年背叛共和党转而支持民主党候选人克利夫兰的骑墙派。这些人主要是东北部城市的白人男性,大都有盎格鲁—撒克逊血统并信奉新教,一般是经商人士或有专门职业,所以身上带着上流社会的高尚气味,并且认为自己的目的也很高尚。他们的声音最洪亮的代言人——记者E. L. 古德金(E. L. Godkin)发出了几个呼吁:阻止东欧和南欧的人移民到美国;对选民进行文化和智力测试,黑人选民还要进行"道德"测试;制定禁止移民投票的归化法,让富人掌握更多选票。(他反对给予女性选举权,因为他认为这样女仆会用选票压倒女主人。)[56]古德金坚定不移地认为,盎格鲁—撒克逊人是文明的脊梁[57],外国人则缺乏"盎格鲁—撒克逊人那种对于规则和法律传统的尊敬"。他发表这个观点后,其他改革家经常随声附和。[58]古德金还认为,如果黑人通过了道德以及教育测试,还是可以有投票权的。他在奴隶解放后十年左右就开始提出让黑人参加道德测试,目的是想知道在奴隶制下长大的黑人有没有从事普通工作养活自己的能力。教育测试则是考察黑人有没有阅读"选举日的早报的一篇文章"的能力。[59]他认为美国人太过关注人的自然权利,却不重视"教育、培训和文化的价值"[60]。

改革者对于政党的批评以及他们反民主的论调没有被所有人欣然接受,有人开始了反击。纽约州参议员罗斯考·康克林在1874年对他的共和党同伴说:"要让大多数人的意志成为法律,让公众发出声音,政党是最好和最安全的渠道。"[61]《明尼阿波利斯论坛报》(*Minneapolis Tribune*)嘲笑骑墙派领袖,说他们全都有中间名,而且全都把自己的中间名完整地拼写出来(如 Thomas Wentworth Higginson, F. Winthrop White, James

---

① 即 the Hound Dog song。在1912年的总统大选中,查普·克拉克的支持者经常唱这首歌。

② 查普·克拉克(1850—1921),全名为 James Beauchamp Clark,美国著名政治家,民主党人,曾任众议院议长等职。1912年,他为了能够参加总统大选而四处游说,但未能获得民主党的总统候选人提名。民主党最终提名伍德罗·威尔逊参加总统大选。

Freeman Clarke)是在装腔作势。① 《纽约论坛报》则用了一首诗来嘲笑骑墙派：

> 噢，我们是社会的中坚，
> 也是人们的选择，
> 我们全都是有价值的人，
> 而且比你们要好得多！[62]

改革者并不想完全消灭政党或派系，他们认为党派的存在是有必要的，但党派控制一切、选民对党派愚忠则是不可取的。他们呼吁：不要盲从政党，让政党坚持自己的原则，确保候选人是德行高尚的人，而不只是个党棍。改革者秉持着一种"政治上的新教主义"[63]，希望让美国的选民变成在政治上独立的人。他们集中火力攻击的是对于党派的顽固忠诚：

> 大多数人是那么地遵从过去的传统和习俗，政党的名称、信条和领袖，他们奉若神明。就好像印度教教徒，甘愿死于载有克利须那神像的巨车轮下，却不愿意用自己的明智的选票打造和驾驭文明之辕轭。[64]

骑墙派对民主的疑忌颇多。他们认为，从党员人数多就能控制政府的杰克逊主义年代开始[65]，事情就不对头了。他们试图用多种手段限制政党发挥其影响。公务员制度改革是一个重要手段，但是推进改革的组织和媒体也十分重要。他们在政党之外建立了协会组织，去推进教育、自由贸易、公务员制度改革、关税改革和市政改革。

在那些年，志愿性的全国团体急剧增多。农民在1867建立了格兰其农民协会（The Grange），在1874年和1886年两度建立了农民联盟（the Farmers' Alliance）；工人于1869年建立了工人骑士会（Knights of Labor），于1886年建立了美国工人联合会（American Federation of Labor）；退伍军人在1866年成立了共和国荣军团（Grand Army of the Republic）；女性选举权的支持者于1869年建立了美国女性选举权促进会

---

① 英语姓名一般分三部分：名、中间名、姓。在英国，最早使用中间名的大都是贵族。在美国建国之初，中间名并不多见。在19世纪晚期，中间名才开始流行。而且，美国人在称呼一个人的时候，中间名一般会被忽略。例如，美国总统奥巴马的全名是巴拉克·侯赛因·奥巴马二世（Barack Hussein Obama II）。人们一般称其为巴拉克·奥巴马。若使用中间名，目的一般是让两个同名的人区别开来，而且这个时候使用中间名的首字母也就够了。

(American Woman Suffrage Association)和全国女性选举权促进会(National Woman Suffrage Association),女性其他权益的支持者和禁酒运动的支持者于 1890 年组建了女性俱乐部大联盟(General Federation of Women's Clubs),于 1874 年建立了女性基督教禁酒协会(Women's Christian Temperance Union),于 1894 年建立了反沙龙同盟会(Anti-Saloon League)①。在这些兄弟会组织(fraternal orders)②不断发展的同时,贸易组织和商业游说团体也在发展。1895 年,全国制造商联合会(National Association of Manufacturers)成立。法院在大体上允许这些组织自由建立,也不干预它们的内部事务,但有一些保守的司法机构不允许这些组织罢工、示威抗议和抵制。66

最近有学者提出,女性是组建利益团体的先锋模范。按照这个观点,我们似乎就能把从政党到压力团体的转变称作政治领域的女性化转变。女性的确是建立利益团体的先锋模范,因为她们无法直接参与政党政治,但是那时的男性组织其实也不比女性组织逊色,例如成员主要是男性的公务员制度改革组织以及成员必须为男性的退伍军人组织。共和国荣军团坚持自己的立场,对公务员制度改革、关税改革以及当时的其他重要事务施加影响。在 19 世纪 80 和 90 年代,该组织为养老金问题而进行的游说取得了相当大的成功。一位历史学家称,是退伍军人"造就了福利国家"67。

虽然这些团体独立于政党之外,但也不是跟政党没有关联。它们会把手中的选票当做筹码,让政党帮其实现政治目的。政治从一大群人向传统的政党组织效忠转变成为个人选择坚持原则的领袖的活动。这对政党以及政党的竞选活动产生了影响。政党开始迎合改革者的要求,以一种比较收敛的方式开展竞选活动。两党的领袖都开始鼓吹"有教育意义"的竞选,并不再大力支持竞选游行,而是致力于制作宣传册和传单。在 1888 年的总统大选中,寻求连任的民主党候选人克利夫兰败北,但民主党人仍然骄傲地称他们搞的竞选活动有教育意义,并以高兴的口气说"竞选赞助公司"的财产损失很大。从游行到宣传册的转变让政党组织把权力集中到了中央,中央宣传局、电报局以及负责安排演讲的中央演讲部门

---

① 反沙龙同盟会,一个禁酒组织。
② 兄弟会,或称 fraternal society。在过去,兄弟会一般是带有某种目标且能培养成员间情感的民间社团组织。在现代美国,兄弟会或姊妹会(sororial society)常见于大学,是一种学生联谊组织。

获得了更多的权力。渐渐地,声势浩大的竞选活动踪影难觅。到了1892年,全国和地方的政党领袖已不再愿为游行和展示活动提供大笔的资金支持。[68] 1896 年,共和党宣传局局长佩里·西斯(Perry Heath)宣称,他制作的宣传册上没有"任何政党曾用过的侮辱性词汇,或竞选中常用的脏词",而且确实"不具任何的党派性特征,以至于没有任何读者能够分辨出是谁制作了它,虽然它其实来自于对现实的钞票感兴趣的某些人"[69]。

政治游行在 1900 年和 1904 年仍能见到,但后来迅速消失了。合唱团和唱歌活动越来越少,在晚间举着火炬行进的活动亦然。[70]党徒们不再为他们心目中的政治英雄点亮自己的家和营业场所。1908 年,《纽约世界报》(New York's World)观察到:"现在人们不再重视游行了。"这位社论作者用淡定的笔调写道:"偶见的游行只能招来好奇的看客,只是对过去的日子的苍白纪念。"[71]

在政党核心会议、烧烤晚会、游行和竖立自由柱仪式结束后,选举日终于到来了。去投票点投票曾经是男人们的消遣活动。这会是吵吵嚷嚷的一天,忠于某个政治寡头的团体或派系把持着一切,地方的政党机构会派人像赶羊一样把对投票没多大兴趣的公民赶去投票。暴力事件稀松平常,掏出手枪开火也绝非罕见,逮捕捣乱分子的场景时常出现。[72]到处都可以见到这个人给那个人递钱。1870 年,罗德岛选举活动的目击者告诉美国参议院调查团:"如果没有钱……罗德岛就一次选举也办不了,就好像是没尸体就办不了葬礼。"[73]政党花钱雇来一些人,让他们到处去游说,在选举日之前找到那些可以拉拢的选民。在选举日,政党又雇来了一堆走卒,让他们劝诱选民,给选民发事先印制好的选票,选民什么都不用填就可以把它投进票箱。[74]在纽约市,有个被称作"盒罩选区"的活动,即为政党工作的人会置身于投票点附近,带着用雪茄盒装着的选票分发给选民。花钱雇人发选票是最基本的竞选开销。[75]政党知道有的选票会被浪费掉,所以会按一个选民五张的比例去印制选票。[76]在旧金山,手上攒着一大沓选票准备发的人把投票点围了个水泄不通,选民必须要拨开这些人才能挤到投票箱跟前。[77]选举日属于政党。选举本身可以说是公共活动,但却由私人组建的政治党派操控。就好比今天的州政府可以与私营公司签订合同,让他们去运营管理州内的彩票抽奖,甚至是州立监狱或公立学校,19 世纪的民主选举也被委托给两个运营商管理。这两个运营商一个叫民主党,一个叫共和党。各州的法律基本上都没有对选举中的行为作出规定。1887 年之前的新泽西的法律只是圈出了选举管理官员、规定了选票的样式以及投票点的位置。[78]政党掌握着 19 世纪的政治,这基

第四章 美国公民权的第二次转型:1865—1920

本是事实。

在选举日,党派会给很多选民发钱,投票成了给政党打零工。新泽西的选民投出手上的一票一般可以获得1—3美元的收入。在选举日,五分之一到三分之一的选民可以得到报偿。在某种程度上,"购买"选票是19世纪80年代政党主要的竞选开销。[79]购买选票的行为绝不同于殖民地时代的"招待"活动。招待是由绅士举办的,象征着一种社会关系,即下等人对绅士恭顺。它是在投票之后而非投票的过程中举办的;是公开的而不是鬼鬼祟祟的。购买选票的活动则是由政党一手操办的,目的是收买那些没有社会地位的人,而且买卖双方讨价还价的情况时有发生。1888年,在纽华克市,政党雇员与选民就选票讨价还价,双方说定价格后,政党雇员会给选民几个黄铜代币,选民可以拿代币到附近一个沙龙的后屋去兑现。[80]改革者视购买选票为政治腐败,但实际做这事的人认为这不过是政治分肥制度的衍生物。如历史学家约翰·雷诺兹(John Reynolds)所言:"19世纪以金钱为基础的选举制度,混淆了按劳付酬和贿赂之间的界限,使这两者难以被区别开来。如果政党可以在选举日付钱雇马车拉公民去投票,那么驾车带着自己的工人和邻居去投票的农夫为什么就不能指望获得报偿呢?如果卖选票的贩夫走卒可以得到回报,投票者为什么就不能呢?"[81]

选举中还有明显的舞弊行为。工人骑士会的领袖特伦斯·鲍德利(Terence Powderly)的记忆中就有一段关于选举舞弊的故事。1876年,他担任宾夕法尼亚州卢塞恩郡(Luzerne County)绿背工人俱乐部(Greenback-Labor Club)的主席。在选举之后他发现,三百多个俱乐部成员中只有三个人给自己俱乐部提名的候选人投了票。这到底是怎么一回事?一个选举委员会的成员向他解释说,这是因为他没有安排绿背工人俱乐部的人去选举委员会当点票员。选举委员会认为该地"天生就是民主党的"地盘,于是就把投给绿背工人俱乐部候选人的选票记在了民主党的候选人名下,以免造成选票的"浪费"。

在俄亥俄,选票既可以买又可以卖。在印第安纳,政治家在1888年为了一张选票付出的钞票金额高达15美元。在密歇根和印第安纳,选举管理官员发布虚假的选举公报。[82]当然,竞选失败的人会成天抱怨,说他人舞弊造假,但是真假难以分辨。竞选的胜利者则会尽力不让公众知道自己获胜的方法。1880年,副总统候选人切斯特·艾伦·阿瑟在大选中获胜。就任前夕,他在联盟俱乐部(Union League Club)①的晚宴上说:"我觉得还是不要讲我所知道的那些竞选中的小秘密比较好,因为我看见有记者在场,他们会把什么都记下来……我简单说一下,在竞选中大家都是兴致勃勃的,把宣传单和政治文件散发到了全国各地……要不是因为有记者,我就跟你们讲真话了,因为我知道你们是我亲密的朋友,也是共和党的忠实拥护者。"[83]

在某一个州的选举投票将决定总统选举的结果(常常是纽约州或印第安纳州),并且两党在该州势均力敌的时候,舞弊就是一个可以决定胜负的手段。当然,当代学者对于那个年代选举舞弊的描述有点过于夸张。1889年泽西城(Jersey City)的选举可谓臭名昭著,因为有人称选举中有1万张选票都是假的。但是,有人调查后发现,仅仅只有1500张假选票。这意味着,在所有选票中,只有5.5%是有问题的。这一数字改变不了当时的选举结果。[84]

从描述选举活动所使用的词汇,我们就能管窥选举过程。在选民抵达投票点的时候,政党走卒会把"滑入票"(slip ticket)交给他们,然后一直跟着他们,直到看见他们把选票投入票箱。如果选民想改变政党提供的"一致票"(straight ticket)②上面的名字,他就会"划掉"(scratch)上面的名字然后写上别的名字。有一些政党走卒提供可遮盖住印刷在选票上的名字的粘贴纸,俗称"贴纸"(paster)或"胶条"(sticker)。詹姆士·布赖斯观察到,因为候选人的数量常常很多,普通公民对于政治的了解又常常很少,所以那些意欲"刮除"或"粘贴"的选民,最后其实也是乱蒙乱撞,找不到选择的依据。尤其是在大城市,他们会陷入绝望,最终投出的仍是政党事先准备好了的选票。[85]

不同的政党使用不同大小的选票,所以投票是一种完全公开的行为。[86]选民将要给哪个党投票,一看他手握选票的大小便知。有些选民会将选票装到大衣口袋里不让人看见,但只有极少数人会这么做。"对于大多数的公民而言,所谓投票曾经就是与其他党众站在一起等别人来点数。"[87]

那个时候的美国仍是一个农业国家。对于住在农村的选民而言,参加选举意味着抽出半天的工作时间赶路进城,去见朋友和处理各种事务,投票只是其中之一。对于农村人而言,选举日是一个节日。这不是因为

---

① 联盟俱乐部,一个政治家常去的高级会所。
② 一致票,指所选的候选人全属于某一个政党的选票。

第四章 美国公民权的第二次转型:1865—1920

农村人很关心某个政治问题或某个候选人,而是因为选举日属于"一年之中仅有的那几天,所有人都能去最近的村庄聚会"88。

即使投票已经结束,选举仪式也会继续举行,例如清点选票。在纽约市,选票的数量首先是在报社汇总的,所以选举日当晚报社异常忙碌。纽约的一位新闻编辑朱利安·拉尔夫(Julian Ralph)回忆称,投票结束后,记者的一个主要任务就是处理选票数据。数据"这一点那一点地传过来,必须像佛罗伦萨人拼马赛克一样把它们拼起来"。由于最先知道选举结果的是报社,于是就有很多人会聚集到报社门外打探消息。"开始只有几小撮人。一撮在《新闻报》门口,一撮在《时报》门口。在《太阳报》《世界报》《论坛报》以及其他报纸门口,也会有人聚集。后来人变得越来越多,公园大道(Park Row)被人群堵塞,市政厅公园(City Hall Park)里也都是人。人的数量多如牛毛,他们在耐心等待,一片欢声笑语……"89

然后一切就都结束了?还没有。对选举结果打赌赢了的人现在要去领钱了。有人会发表庆祝竞选胜利的演说,然后有人就会发表反唇相讥的演说。在委任状到来的时候,胜利者欢呼雀跃,失败者则会痛责对方营私舞弊。

政治竞选风格发生了转变是因为政治有了新的内涵,同时,这种转变也赋予政治新的内涵。政党不再认真培养忠实的党徒,转而去努力劝服"漂浮不定者",即那些不依附于政党的选民。这就为以政策为导向的政治打下了铺垫。如果国庆日的演说、传统、对职位的许诺和选举日上施加的压力已不足以培育出忠实的党徒,那么在新时代,政党想要取得胜利就必须依靠新的手段——承诺将施行某些政策。

1870—1900年间的政党不是什么政策立场都没有,只是他们的立场改变得太快,缺乏连贯一致性。关税问题就是个很好的例子。政党常常通过收关税来筹集竞选资金,所以关税政策怎么对自己有利就怎么改。1880年,民主党候选人温菲尔德·S.汉考克(Winfield S. Hancock)宣称收关税是"地方"的事务,应由地方自己来管。他肯定是正确的。但是,支持贸易保护主义的一般是共和党,汉考克所属的民主党一般支持自由贸易。这也就是说,为了维护某些特殊利益,自己党派的原则也是可以改变的。还有一个类似的例子:在19世纪80和90年代,共和党和民主党就金银货币问题发生了激烈的争执。① 金银货币不是一个单纯的经济问

---

① 主要就是否废除以黄金为本位币的货币制度和白银自由化问题而展开的争论。

题,它带有象征性意义——银子是普通民众的财富,金子是商人的保障。政党既想迎合商人,又想迎合普通民众,于是不断改变自己在货币政策上的立场和原则。[90]

竞选与其说是因为两党在某些问题上有分歧而展开的活动,不如说是制造问题的活动。随着时间的推移,政党在竞选时慢慢放弃了游行转而分发宣传册,于是,为了展现自己的身份特征,它们不得不清晰地表达并坚持自己对于某一问题所持的立场和原则。同时,教育、看管罪犯、照料精神病人、医疗卫生和经济管理等问题越来越受到重视,各州在这些方面的公共支出越来越大,这意味着政党可以对很多现实问题表明自己的立场,不用一次又一次地发表不着边际、空洞无物的演说。[91]政治竞选活动开始变得有教育意义,政府对于经济的影响也越来越大。于是,各种"问题"(issues)就被推到了政治战争的前线。

政治文化发生了彻底的转变,这是多种改革和多种社会变革合力的结果,竞选改革只是诸多改革中的一个。其他的改革,尤其是在 1900 年之后的改革,借大众民主之名或科学、效率之名对政党发起了攻击。在提名候选人的方式上,大众参与的预选(primary)①正式取代了秘密提名候选人的政党核心会议。在 1900—1920 年间,各州一个接一个地颁布了举行预选的规定。到 1917 年,除了 5 个州以外的其他各州都有了大众直接参与的预选,而且,其中的 32 个州规定,所有州政府职位都必须经过大众直接参与的预选才能产生。1916 年,已有 26 个州实行总统大选预选,政党对于候选人提名的控制越来越少。《宪法第十七修正案》(1913)规定,参议员必须由民众直选产生。民众直选加上政党预选,割断了参议员职位与州内政党组织的关联。[92]立法提案权、全民公决权、投票罢免权给各州,尤其是全面认可这些权利的西部各州,带来了一种新式的直接民主。

以"科学"之名进行的改革主要包括:减少选举产生的城市官员的数量、弱化市政委员会制约市长的权力。简化各行政委员会与官员参与市府行政的程序。加尔维斯敦(Galveston)市政府于 1901 年首开先河实行了市政委员会制度(city commission systems),到 1920 年,全美执行这种制度的城市差不多有 500 个。[93]政府的统计工作不断进步,并开始设立立法调研机构,市政改革者也不断鼓吹政治科学的作用。这一切其实都在强调,应该把"情报"和"商业方法"引入政治生活。政治生活的"科学化"

---

① 某一政党已登记的选民为提名候选人而举行的会议。

第四章 美国公民权的第二次转型:1865—1920

与州政府职责的增多以及城市中行政工作的复杂化是分不开的。市政府只负责收税和清扫大街的年代过去了,他们现在要负责发展教育,建立公园,还要经营管理公共交通、水利电力、城市照明、垃圾处理。于是,有人提出,市政府曾经是现在也应该是一种"生意",因而应该"科学地"管理。这是一个上一代人未曾提出过的新观点,在现在的环境下,它开始流行并获得了官方的认可。

这几十年的社会变革迫使政府特别是立法部门开始积极行动(法院曾在一段时间干预过经济事务)。1887年跨州贸易委员会(the Interstate Commerce Commission)的成立"标志着国会开始全面、积极地行使权力"。1890年的《谢尔曼法案》(Sherman Act)①在反托拉斯方面并不是十分有效,不过它明确地指出法律部门有保护贸易自由竞争的"义务"。与跨州贸易委员会(ICC)的要求一样,该法案要求联邦政府在保护自由市场经济方面承担起宽泛的"道义责任和政治责任"。随着时间的推移,社会的整体性提高了,同时也变得来越依赖通讯和交通基础设施。相应地,政府管理社会的作用也越来越大。在全国层面上,政府要管理铁路,还要管理联合公司和托拉斯,或者至少得摆出要去管理的姿态。在城市中,政府则要管理工业生产。人们感受到了一位历史学家所说的"更有秩序的生活方式"带来的好处,于是也就能够接受政府对诸多事务指手画脚。[94]

在所有这些改革和社会变革之中,有一个革新常常被人忽略,这就是澳大利亚式投票法(Australian ballot)。② 一般公民通过投票等活动了解政治,投票法的改变无疑有重要意义。从1888年开始至1896年,澳大利亚式投票法的风暴横扫全国,而且几乎听不到反对的声音。这种投票方式有助于在州与政党之间建立新的关系;同时,它完美地展现了此后一直占据着美国政治的想象空间的一个理想——"独立的公民"(independent citizen)。

---

① 《谢尔曼法案》,美国国会制定的第一部反托拉斯法,也是美国历史上第一个授权联邦政府控制、干预经济的法案。

② 澳大利亚式投票法,或称无记名投票或秘密投票法,因为澳大利亚最先采用而得名。具体方式是,选票全部由政府制作,格式样式统一,上面印有所有候选人的名字,选民圈出自己想选的候选人即可。有时政府还会提供密封袋,选民可以把自己的选票装入密封袋,然后投入选票箱。这样政党就无法得知选民把票投给了哪个候选人。

选举日与选票

> 美国人民得到了一个方舟,他们用它来放人类最神圣的东西,即自由人的选票。我们应该确保只有那些获得法律授权了的人才能接近这个方舟,任何妄图用脏手去触碰方舟的人都将被自由人民的怒火吞噬。这怒火与耶和华的闪电一样无坚不摧。[95]

在19世纪40年代的英国,宪章派在一群激进人士和自由主义者的领导下推行政治改革。这场改革的一项内容就是推行秘密投票法(secret ballot)。有一些人对此表示反对,约翰·斯图亚特·密尔是他们中的一员。他提出,选举不是一种权利,而是一种义务,一种选民应该公开地依据公善而非私利去履行的义务。简言之,他反对把投票从一种特权或一种托付变成一种个人权利。

密尔的观点值得我们掂量。他的理由是:在过去,雇主或地主对于选民的制约、影响很大,在这种情况下若采用秘密投票法就能有很大的作用。但是随着时间的推移,社会环境已经发生了变化。劳动阶层已经不再屈从于中产阶层,中产阶层已经不再屈从于上等阶层。在这种情况下,各阶层的选民可能会有一种倾向,那就是只关注自己的利益,置公共利益于不顾。秘密投票会使这种不良倾向加剧,因为非公开的投票方式其实是在向选民暗示,选票是自己的私人所有物。据此,密尔指出,公开、透明的投票方式是更加合理的。"即使只是要求他们对自己的行为有所交代,也能强有力地敦促他们做出至少某些地方值得称赞的举动。"[96]

密尔认为,雇主和地主对选民影响颇大的情况是明日黄花,已不复存在。这也许有点言之过早,对于美国而言肯定是言之过早了。工会领袖特伦斯·鲍德利称,自己决定从政是因为有件事看不过去:若接受了自己老板不支持的那个党派的走卒发的选票,一个"要养家糊口的男人"就要遭到责难。因此,鲍德利为推行秘密投票法努力抗争。[97]骑墙派非常支持投票改革,劳工团体亦然。例如,亨利·乔治及其追随者就曾大力支持施行澳大利亚式投票法。1883年,乔治称澳大利亚式投票法为清洁美国政治所需的"最伟大的单项改革"[98]。乔治在1886年的纽约市长竞选中出尽风头(但是他竞选失败了)。竞选结束几天之后,他就向各党派发出呼吁,要求他们联合起来推行澳大利亚式投票法。"别人不从你那里拿选票,你就无法贿赂他。你不能控制他把选票投给谁,也就无法恐吓他。印制选票和兜售选票这样的事都应该结束了。这是我们应该推行的改革。"[99] 第一个支持投票改革的全国性政党是为了支持乔治竞选市长而建立的联合劳工党(the United Labor Party)。[100]

虽然劳工团体和民粹主义者大力支持投票改革,但是第一个澳大利亚式投票法法案是由骑墙派推出的。1888 年,在典型的骑墙派政治家理查德·亨利·达纳三世(Richard Henry Dana Ⅲ)的努力下,马萨诸塞州率先颁布了要求实行澳大利亚式投票法的法案。[101] 到 1889 年,已有 9 个州跟随马萨诸塞州的脚步颁布了类似法律。到 1896 年,已有 39 个州颁布了类似法律。一般来说,澳大利亚式投票法意味着选票的制作经费由公共财政支出,选举管理官员在投票点分发选票(因此被称为"专门"或"官方"选票),所有按时提交的候选人的名字都会被列在选票上(因此被称为"汇总选票")。1889 年开始实行的印第安纳投票法会把候选人的名字按其所属政党分列在选票上,并在分列的名字前面印上政党徽章,让选民一目了然。选民只需先看政党徽章,然后再找寻想选的候选人的名字并画上一个圈即可。马萨诸塞的投票法规定,候选人应按他们的目标职位分类,选票上先印上职位,然后在职位下方印上候选人名单。马萨诸塞投票法的支持者不认可在选票上按党派分列候选人的方式,说这样会带来"如同羊群一样的整齐划一性"。在 1910 年,有 29 个州按印第安纳投票法印制了按党派分列候选人的选票;12 个州按马萨诸塞的方法印制了按职位分列候选人的选票;5 个州依据某些妥协性方案或自己的方式印制选票;2 个州仍未施行澳大利亚式投票法。[102]

澳大利亚式选票的新颖之处不在于它是印制的,而在于它是由州政府印制的。[103] 在以前,政党要在选票上花不少经费,因为选票由政党印制,政党还要雇人去分发选票。现在,一切都由州政府出面承担,政党不得不往后退一步。[104] 选民现在必须在选票上对候选人做出选择,而不只是从政党那里接过选票,然后随手投入票箱,因此,政治的重心就从政党那里转移到了选民身上。正如约翰·斯图亚特·密尔所担心的那样,新投票法把投票从一种社会责任和公共责任转变成为一种个人权利。在投票改革后,政党对于投票行为的控制减少,个人的是非判断决定着选票的去向。体现依附关系和伙伴情谊的政党预制选票不见了,取而代之的是有助于让个人对政策做出理性选择的新式选票。

很多改革者都支持采用新式投票法,以避免选民受到威逼和社会压力的影响而改变初衷。后来出台的相关法律禁止政党花钱雇人去投票点发选票,限制政党委派的投票观察员的数量,还规定政党走卒距离投票点

的距离不得少于若干英尺。¹⁰⁵

"冰冻三尺,非一日之寒",新式投票法不可能在一夜之间就创造出独立的选民。起先,投"分票"(split ticket)①的选民少之又少。1892年,采用澳大利亚投票制的州投出的所有选票中,分票只占1.2%。到1896年,也只占2.9%。对于分票,新投票制度允许但不鼓励。¹⁰⁶甚至可以说,新投票制度在某些方面是不利于分票的。在19世纪80年代,一般是有第三个政党出现并联合其他政党参加竞选的时候才会出现分票的情况。这是因为,第三党会把自己候选人的名字与联盟政党候选人的名字混在一起印在选票上¹⁰⁷,选民一不小心就会选择两个不同政党的候选人。后来,澳大利亚式投票法开始流行,选票由州政府印制,各州政府对政党候选人的资格做了一系列限制性规定,符合规定的才能将其名字印在选票上。这对于羽翼未丰的新建党派而言无疑是件难事。第三党难以让自己候选人的名字印在选票上,选票上总是只有两个党的候选人,那么分票的可能性也就降低了。另外,按所属政党分列候选人名单的选票远比按目标职位分列候选人的选票更加常见,这无疑有助于选民投出"一致票"。

对于初次尝试者而言,澳大利亚式投票法还是有一定难度的。于是,1896年,纽约的政党兴办了选民"学校",为不熟悉这种选举方式的选民提供指导。《纽约时报》在头版上刊登了澳大利亚式选票的摹本,并用一个专栏指导选民按澳大利亚的方式投票。¹⁰⁸《洛杉矶时报》甚至到了1928年还在做与《纽约时报》类似的事——在选举即将进行之前,用星期日头版的大部分版面刊登名为《下周二如何填涂选票》的专门文章。《时报》登出了一整张填涂好了的选票样本,还建议读者剪下报纸上的选票,带着它去投票现场。

对于拿着一张印有21条州宪法修正案、立法提案(initiatives)②、全民公决提案(referenda)以及21条市政府提案(municipal propositions)和2条郡政府提案(county propositions)的选票的选民而言,《纽约时报》刊登的文章很有帮助。¹⁰⁹新式选票对于选民认知能力的要求大大高于以前。市政改革家兼政治科学家威廉·B.芒罗观察到,美国选民参加市政选举的频率为一年一次,法国选民为四年一次,普鲁士选民则为六年一次。在

---

① 所谓"分票",是指某一职位选择了某一个政党的候选人,其他职位又选了其他政党候选人的选票。选民投出这样的选票,说明他选择的依据是自己对候选人的判断,而不是对某个政党的忠诚。

② 指公民通过请愿的方式向选举人团提出的立法提案。

每一张选票上,美国选民要选择的职位比欧洲选民多,每个职位下的候选人数量也要多一些。1900 年之后的进步主义改革使美国选民更加忙碌了,不仅要参加常规选举,还要参加提名候选人的预选,但是欧洲的各国选民都不需要这么做。

后来,有一个对于选举改革的改革——简易选票(short ballot)。芒罗为这种选票高唱赞歌。他举出一些反面例证:一些印有 300 或 400 个候选人名字的选票,以及一张竟然印着 835 个候选人名字的纽约州选票。"如果 100 000 个选民中没有一个愿意去满足选举制度的要求,那么这个选举制度肯定有问题。"人称"汇总选票"的东西实际上是一种对人民主权的嘲弄。[110] 这种选票的尺寸实在是太大了。1904 年,威斯康星州州府选举的选票尺寸是 34 乘 24 英寸。1920 年,纽约州总统选举人的选票尺寸是 19 乘 19 英寸,州政府职位的选票尺寸是 17 乘 18 英寸,州宪法修正案的选票尺寸是 8 乘 7 英寸。同样是在这一年,俄勒冈州波特兰市的选票尺寸是 40 乘 14 英寸,上面印有 11 个州立法提案和 7 个市立法提案和公民公决提案,以及参与竞选 52 个职位的 91 个候选人的名字。就此,另一位当代政治科学家称:"普通公民,只要不是超凡的公民,都不得不承认他的选票是乱投的,因为候选人名单和候选职位列表可能长达 9 英寸。"[111]

对于简易选票的推行,纽约商人兼市政改革家理查德·S. 蔡尔兹(Richard S. Childs)功不可没。1903 年,他第一次去参加投票。他进入投票棚,展开自己的选票,然后就震惊了:"我感到很懊恼,因为我完全没有准备。在顶部有 4 个主要候选人的名字……但是下面的候选官员还有 15 个……在这些名字后面……没有补充信息……我很窘迫,只好去找那 15 个竞争者的信息中有没有'共和党'这三个字,只要看到有,当然也不会去仔细研究这些政党领袖的提议如何,就给他们投票了。他们肯定预计到我会这么做。"[112]

蔡尔兹推行简易选票的主张获得了很多大人物的支持,伍德罗·威尔逊便是其中之一。威尔逊积极推行简易选票,他在 1909 年的一次演讲中说:"我认为,要使政府重归民治,简易选票是个关键。"[113] 纽约州州长查尔斯·埃文斯·休斯(Charles Evans Hughes)在 1910 年呼吁立法机构减少须由选举产生的州官人数。"最能实现民主的目标的手段就是让选民把注意力集中在较少的几个职位上,这样在这些职位上官员就会认真负责地执政。"[114] 1912 年,民主党和进步党都表示支持简化选票。[115] 在这个时候,进步党人似乎调整了心态,承认更多的民主其实意味着更少的民主,更少的民主现在却能赢得更多的民主。

到了1912年,6个主要的大城市以及150个小一点的城市都已经进行了简易选票改革。[116]但这并未减少由选举产生的官员数量(至今也没见少)。与其他民主国家相比,美国官员的任期更短,所以举办选举的次数更多。进步党努力推行旨在让行政变得简单的改革,但它所推行的其他改革却让政治参与变得更加复杂。美国有了选举登记制度,又有了政党预选、立法提案、公民公决和投票罢免,选举产生的职位也大幅增多。到20世纪20年代,一些观察家开始对这些复杂的民主实现手段产生了怀疑,怀疑它们是否确实可行。政治科学家罗伯特·C. 布鲁克斯(Robert C. Brooks)写道:"一般男人要用大部分的精力养家糊口,一般女人也会有大量的家务活要做。每一年,选民要登记一次,还要拿着长长的、复杂的选票去参与一两次政党预选和选举,于是,若没有特别让人兴奋的选举竞争,很多人都会选择远离政治。"[117]

进步主义时代的改革创造出了一种新的政治表演方式,也给参与政治的公民以新的政治体验。在19世纪,本地的政党组织与社群是一个共同体,投票是在社群与本地政党相融合的环境中的演出。相比之下,州和全国性的政党组织则是不一样的。它们不代表社群,也不代表经济、种族、地方主义的诉求,它们只是为了配合国家的政治竞争制度而存在的象征。在某种意义上,政党就是一个国家主义的工具,使国家事务和国民身份成为公众关注的焦点。

20世纪的投票则是以国家为参照的个人主义的演出,不是以地方政治文化为导向的社群的演出。19世纪的选民通过对党派的忠诚以及维系他最容易感知到的地方同仁之间的情感证明其公民身份。20世纪的选民则不得不去做前所未有的尝试——通过使自己成为知情的选民获得公民身份。诚然,选民无论是使用政党提供的选票,还是使用州政府提供的选票,都可以决定谁获得职位。但前一种情况可以说是政党在动员其党众,动员的党众越多,其候选人当选的可能性就越大。后一种情况则是个人在按自己的偏好作出选择,当选是因为很多个体选民都欣赏这位候选人。澳大利亚式投票法的实行意味着人们对政治有了新的认识,并且标志着新政治时代的到来。

机械点票机淋漓尽致地展现出了进步主义时代对于民主的期望。选举那么多,清点选票成为一项繁重的工作,能不能用机器自动清点选票呢?这激发了美国人的聪明才智。1869年,托马斯·爱迪生获得了人生中第一个发明专利,专利产品就是为国会清点议员选票而发明的电示投票记录仪(Electrographic Vote Recorder)。但点票机真正用于一般的选举实践是 19 世纪 90 年代的事。1892 年,纽约州洛克港市(Lockport)首先开始使用点票机。后来,纽约州詹姆斯敦市(Jamestown)的合众国投票公司(United States Voting Company)对点票机进行了改进,使其更加实用。于是,在 1900 年之后,越来越多的州开始使用点票机。[118] 到 1920 年,已有 14 个州批准使用点票机。[119] 1910 年,存在至今的美国点票机公司(American Voting Machine Company)在其发行股票的说明书上这样赞美自己的产品:"它就像人类一样完美,同时又是不会犯错的可靠机械。"点票机"是一个冰冷无情的机器,不会偏袒任何一个候选人或政党"。它可以节省金钱、防止舞弊,还能捍卫"让投票完全保密的权利"[120]。很明显,这个说明书的作者已经敏锐地察觉到了美国主流政治文化的转变。

社会变革和政治变革

让我们先来看看庇护制度与消防之间的有趣关系。在 19 世纪,火灾是城市的顽疾。那时城市里的房屋是木质的,建筑质量不高,而且一幢挨着一幢。工业区与居民区之间也没有分隔。消防工作由志愿性的团体承担。到了 19 世纪中期,很多人开始抱怨这些志愿性的消防团体效率低下且开销过高。与此同时,消防设备也有了技术进步,蒸汽驱动的抽水消防马车取代了水桶,也就没必要像以前一样召集一大堆志愿者提着水桶去灭火了。于是,辛辛那提、圣路易斯、巴尔的摩和波士顿都建立了需要付费的专业消防公司。纽约也是一个人口密集的大城市,按道理肯定也需要这样的公司。的确,纽约于 1865 年进行了消防改革,用专业消防公司取代了志愿性的消防公司。

但是,纽约之所以这么做,并不仅仅是出于城市的需要,而是政治斗争的结果。纽约的共和党努力推动消防改革,提出要用专业的消防公司取代志愿性的组织。这是因为,志愿性的消防团体位于民主党的翅膀之下。对于民主党而言,消防是上百万美元的庇护金。市政府给志愿性的消防团体提供消防设备、消防站和制服,同时这些团体又处于政党的管辖之下。政党会奖励那些做出贡献的人,给他们在公家掏钱维护的消防站安排"铺位",让他们免费住宿一年。专业的消防公司取代了提水桶的志愿者灭火队之后,由庇护制度连接在一起的政党、社群和邻里的共生体也就开始瓦解了。[121]

城市医疗、教育和福利事业的改革阻挡了政党伸向社会的触手,削弱了政党利用庇护制度去培育忠诚选民的能力。上述的消防改革就是个很好的例证。在19世纪晚期,支撑政党、给予政党政治以活力的社群在快速变化,人们参与民主政治的方式也发生了变化。声势浩大的竞选活动没有因为一群上流社会的改革家希望它消失就消失,但开始减少,因为支撑这种活动的社会发生了改变。惨痛的内战结束之后,国民逐渐清醒。到了世纪之交,带着尚武意味的游行和军队风格的合唱团不再让人趋之若鹜。乐团、游行和政治伙伴所反映出来的社会各阶层之间的亲密关系已经消失不见了。[122]本地的绅士为何人?普通民众已经是一无所知。

其实,绅士已经不再是一个地方性的概念。富足的家庭自19世纪80年代开始向郊区迁移。他们送孩子去寄宿学校,在新建立的乡村俱乐部搞社交活动,去专属的度假村度假。J. P. 摩根(J. P. Morgan)就此评论说:"你可以跟任何人做生意,但只跟绅士一起去驾船。"[123]富裕阶层的人与普通阶层的人的社会交往逐渐减少,但是他们与其他地区的富裕人士之间的联系却变得越来越紧密。历史学家罗伯特·韦比(Robert Wiebe)笔下的19世纪末的"岛屿社群",不是指岛屿,也不是指与世隔绝的社群,而是指数量不断增多并由铁路、报纸、电报、邮件、旅行、旅游和商业联系在一起的中产阶级。阶层分化现象使国民的分层标准开始受到关注。由社会科学家和上流社会的改革家于1894年组建的全国大都会联盟(the National Municipal League)致力于在城市中推广统一的收入统计方式。1900年之后,国家人口普查局开始采用他们的方式来统计。于是,各城市就能查看其他城市的情况,进而对自己做出准确的定位。[124]

休闲活动开始变得商业化,同时也开始阶级化,不同阶级的人参与不同的休闲活动。在罗德岛普罗维登斯市(Providence),新教教堂曾让雇主和雇员汇聚一堂,但在19世纪晚期的城市人口异质化过程中,信奉天主教的工人阶级开始与信奉新教的中产阶级分道扬镳。在1865年,普罗维登斯连一个成形的社交或体育俱乐部也没有。但到了1886年,共济会(Masons)、同行互助会(odd fellows)、皮提亚会(Pythians)等兄弟会组织已经招揽了成千上万个会员。女性则加入了网球、自行车俱乐部和文学俱乐部。在南北战争之前,普罗维登斯的禁酒组织和艺术协会接纳任何愿意加入的白人男性(也常常接纳白人女性)。在南北战争结束之后。各俱乐部和兄弟会的大门只向特定人群敞开,并开始征收入会费、年费。[125]在19世纪70年代,其他地方的兄弟会组织相当多元化,组织的全国总部还同意让各分会使用除英语之外的其他语言。但在19世纪80年代,情况发生了改变,因为本土主义者开始抵制来自于南欧和东欧的移民。[126]

整个国家被铁路和电报交织在了一起,个人对于自己所在位置的认知发生了改变,本地的时间和空间不再是他生活的全部,其他地方和其他地方的时间也开始影响他的生活。在19世纪70年代,火车一般只在某个区间运行,而且运行遵照某一个城市的时间或某一个地区的天文台提供的时间。到了19世纪80年代,使用时区、标准时间的人和组织仍然很少,但是全国的铁路都开始按照不同时区的标准时间运作,于是地方时间很快就被弃之不用了。对于标准时间,《纽约先驱报》的评述是:"它已不只是人们的一种公共性追求,它进入到了人们的私生活之中,变成了他们的一部分。"[127]

在国内市场的推动下,私营信用报告机构开始出现,包装好了、印有品名和广告的商品越来越多。在城市中,新的百货商店取代了小干货店铺,掌控着零售业。全国性的杂志、通讯社、全国性的职业协会、人口统计局公布的标准化的可供比较的市政统计数据,这一切都能让官僚、政治家和改革家更加清楚地了解自己的城市和其他城市的状况。[128] 就连最偏远的小山村也与其他地方连接起来了。19世纪90年代,农村免费邮政投递运动开始兴起。① 到了1906年,美国一般邮政服务的范围已经覆盖全国。历史学家丹尼尔·布尔斯廷(Daniel Boorstin)称之为"美国历史上最重要的通讯革命"[129]。

除了上述的那些东西,商业娱乐活动也在改变社群生活。在19世纪中期,人们热衷于参与政治活动,因为对他们而言那是最好的娱乐活动。到了20世纪初,政治游行有了强大的竞争对手——杂耍、游乐园、职业棒球赛、拳击赛和橄榄球赛。人们还痴迷于自行车、留声机和五分钱影院(Nickelodeons)。以前人们会在日历上把马戏团来的那天做上醒目标记,现在大型娱乐活动全年不断。

在商业化的浪潮中,报纸的改变可谓巨大。以前报纸是政党的喉舌,现在商业化的程度越来越高,同时也变得越来越独立。日报和周报都在为了商业利益而拼命采集新闻,不再心甘情愿地给政党当吹鼓手。但是这种转变不是一日之间发生的,大部分的报纸直至19世纪末还在宣称自己效忠于某个政党。在某些方面,报纸的党派性还提升了。例如在印第安纳,一些城市有两家相互对抗的报纸,效忠于不同的政党。这样的城市的数量在1880年是11个,1910年增至46个。[130] 这是因为,有很多小城市扩张了,城市的异质化程度也提高了,受此影响,当地平静的、无关政治的

---

① 在19世纪90年代以前,美国邮局一般不往农村送信,农村居民需要跋山涉水前往距离遥远的邮局取自己的信件。

报业格局也就发生了改变。

阿道夫·奥克斯(Adolph Ochs)在接手快要倒闭的《纽约时报》后发表的政治独立宣言是报业寻求独立的信号。《时报》是按便士报的模式创办的,创办后不久就跟对共和党建党有功的反奴隶制的势力站到了一起。《时报》后来成为共和党的一面旗帜,因在 1871 年揭发了"特威德老板"(Boss Tweed)①贪污案和在 1881 年揭发了邮局徇私舞弊案而名噪一时。1884 年,该报帮助民主党总统候选人格罗弗·克利夫兰击败了骑墙派。在那个年代,作为一份共和党的报纸,《时报》的这种行为可谓叛变。于是它受到了惩罚,经济损失不小。在 19 世纪 80 年代末,报社的状况有所好转,但因报社新办公楼耗资不菲,所以还是不能收支平衡。1893 年,经营状况不佳的《时报》被卖给了该报的编辑查尔斯·米勒(Charles Miller)及其商业伙伴。后来米勒也不愿意继续经营,于是《时报》再度挂牌出售。奥克斯买下了这份报纸,在发刊词中做了三段声明,主要内容是:第一,他将努力依据该报"追寻正义的光荣历史"行事。第二,他将致力于提供"无偏见"的新闻。第三,为了保留现有的编辑部成员,他也会让报纸遵从某些特定的政治原则。

美国主流的新闻教科书一般只引用了上述三段话中的第二段。[131] 不得不承认,这段话写得很好,把报纸的目标定为:"报道新闻,报道所有的新闻,用简洁和生动的形式,用严肃庄重的语言,而且要尽可能早地报道。如果其他可信赖的媒体比我们先报道了,那我们就做无偏见的报道,无惧亦无私,置任何政党、派系或利益于不顾,把《纽约时报》的各个栏目变成讨论重要公共事务的论坛,并欢迎持各种意见的人加入,展开睿智的讨论。"

但是,第三段话也很重要。在这一段,奥克斯一边强调该报是一份"非党派性的报纸",一边又宣称要致力于"推进硬通货(sound money)改革和关税改革事业,反对公共行政中浪费和侵吞公款的行为,支持最低额度征税的好政府,要求政府除了保护国民、捍卫个人权利和法定的权利、让良知自由传播之外,什么都不要管。"[132] 这些可不只是奥克斯停留在口头上的宣示。为了宣传这些主张,他带着报社的高级编辑走上了街头,加

---

① 特威德老板,指纽约民主党政治家威廉·马西·特威德(William Marcy Tweed,1823—1878),他掌控着民主党在纽约的组织坦慕尼系,因而被称为"老板"。他因贪污巨额公款锒铛入狱,最后死于狱中。

入了支持"黄金民主党"候选人帕尔默和巴克纳①的游行。[133] 按《纽约时报》内部的历史学家②的话来说,该报致力于成为"独立的民主党报纸",用见到政党二字就假装害羞的阿道夫·奥克斯的话来说,该报努力使自己成为"独立的保守派报纸"。在发现布赖恩③已经无望之后,《时报》开始不断改换门庭,见风使舵。在1900年,该报支持共和党候选人威廉·麦金利;1904年,支持民主党候选人奥尔顿·帕克(Alton Parker);1908年,又放弃了布赖恩,转而支持共和党候选人威廉·霍华德·塔夫脱;1912年和1916年,两度支持民主党候选人伍德罗·威尔逊。[134]

很多美国新闻史著作都说,报纸受到经济利益的驱动,为了赢得广告商的青睐而放弃了党派性原则,因为这样才能迎合最广泛的读者需要,拓展读者群。实际上,报纸脱离党派反而常常会有经济损失。[135] 被人们当做典型的两份商业性报纸,即约瑟夫·普利策的《纽约世界报》和威廉·伦道夫·赫斯特的《纽约新闻报》(*New York Journal*),都毫不遮掩地支持民主党。普利策为了帮助他的政党,曾在密苏里立法机构短暂任职。赫斯特则当了两届国会议员,还在1904年为了成为民主党的总统候选人而奋力一搏。

尽管商业报纸仍有党派性,但是新新闻业最显著的特征并不是报纸上忽暗忽明地展现出政治倾向性和政治偏见。大体上看,后面发生的是报业巨头难以控制的事——新闻在商业化的同时也职业化了。同时,一个新的新闻模式在报纸的报道中展现出来,新闻写作的形式开始改变。报纸从编辑用剪刀糨糊剪贴出来的给所见略同之辈看的东西变成了一个专门组织生产的产品。可以用几个新闻业的创新来阐释这种新变化。

最引人注目的创新就是采访。采访这种活动的流行,说明新闻界没有把读者看做只喜欢看支持自己政党的文章的党棍,而是看做获准"偷听"采访谈话的"见证人",竖起耳朵听那些尽人皆知的"秘密"。早先的报

---

① 在1896年,民主党提名威廉·詹宁斯·布赖恩为总统候选人,并发布了支持银币自由制造的政策宣言。有一些民主党人更相信由黄金支持的货币,不认可布赖恩和银币政策,害怕这样会伤害美国经济。于是他们成立了"国家民主党",或称"黄金民主党",并推举担任过联邦军队将军的约翰·帕尔默(John Palmer)为总统候选人,担任过肯塔基州州长的西蒙·玻利瓦尔·巴克纳(Simon Bolivar Buckner)为副总统候选人。

② 作者引述自《纽约时报》记者所作的、《纽约时报》出版的公司历史记录《纽约时报的历史1851—1921》。

③ 威廉·詹宁斯·布赖恩(William Jennings Bryan,1860—1925),民主党政治家。他于1896、1900、1908年三度参加总统竞选,但都以失败告终。

纸只是翻印政府公文和立法机构辩论记录,读者不过是在读二手文件,现在报纸上越来越多的是为迎合读者口味而进行文学创作。但是,特地和专门为报纸读者而作的"采访",即记者与公众人物之间的对话记录,是一种全新的文学形式。在内战之前,采访是什么,人们基本不知道。但在后来,采访活动迅速普及。虽然采访被很多人怒斥为野蛮行径,但是安德鲁·约翰逊还是同意接受,成为第一位接受采访的总统。后来,越来越多的新闻界人士开始采访。到了1880年,采访已经成为美国新闻界的家常便饭。到访美国的欧洲人为之惊讶,称其为美国人对于新闻业的特殊贡献。采访显现出的是对受众的恭敬,是对由消费者而不是党徒组成的"公众"的屈从。[136]

公开场合发表的演讲和立法辩论是传统的新闻议题,与之相关的报道的写作方式也开始发生改变。在19世纪中期,新闻所写的内容往往是按时间排序的。纽约和芝加哥的记者在报道国会新闻时,首先会描述一下走向议会大厦时天气如何,然后会写写会议开场是如何要求肃静的,牧师是如何祈祷的,接下来按时间顺序记录下议会的各个议事项目。根据路易斯·布朗洛对于《纳什维尔旗帜报》(Nashville Banner)的回忆,这是标准的新闻写作顺序。在世纪之交,该报记者在报道立法新闻时,无一例外地提及了牧师的祈祷。[137]在进入新世纪后,越来越多的新闻记者会先写下一个导语,对事件做一个概括性的描述。例如,对于总统给国会的年度致辞,19世纪中期的记者只会在对国会议事过程做"顺时针"的报道时顺便说一说,但不会提及致辞的具体内容(诚然,总统的年度致辞一般印在后面,对此事非常关心的读者可以翻过报道页找到致辞原文认真地阅读)。1900年之后的新闻报道,则都会在开头时就用一两个句子去阐述总统致辞中的重要内容。

与新闻采访一样,"总结式导语"把记者安插在了读者和政府之间,而且并未显现出报纸的党派倾向。这不仅显现出记者对于职业属性的清醒认识,也显现出对于政治的一种新的认知,那就是政治是一种管理科学,而不是对于政党的忠诚。

这些革新让记者意识到他们成为一个新的职业群体。在19世纪80和90年代,记者的收入增加了不少。新时代的记者们有了稳定的工资,不再为由"版面尺寸"决定的薪水(即按报纸上记者文章所占的平方英寸数决定的工资)而工作。他们开始筹建行业组织。1873年,第一个新闻记者俱乐部在纽约成立。到19世纪80年代,芝加哥、明尼阿波利斯、密尔沃基、波士顿、圣保罗(St. Paul)和旧金山也都成立了新闻记者俱乐部。

第四章 美国公民权的第二次转型:1865—1920

在华盛顿特区,记者们先后于 1865 年、1885 年(格子俱乐部[the Gridiron Club])、1891 年、1908 年(全国新闻界俱乐部[the National Press Club])组建了新闻俱乐部。1890 年,E. L. 古德金自信满满地称新闻已经成为"一个新的和重要的职业"[138]。当然,这也是个著名新闻记者辈出的年代。著名的记者有尼利·布莱(Nellie Bly)、亨利·莫顿·斯坦利(Henry Morton Stanley)、西尔维斯特·司考沃(Sylvester Scovel),以及吸引年轻男女加入新闻行业的偶像理查德·哈丁·戴维斯(Richard Harding Davis)。[139]

新闻业曾长期与政治脱不了干系,现在开始与之划清界限。在华盛顿,新闻界曾经与政界纠缠不清——记者与政治家常常住在相同的寄宿公寓。因为记者薪水微薄,所以就算是最有名的华盛顿新闻记者,也常常要在众议院或参议院做文书,多赚点钱补贴家用。一般来说,国会开会的时间有几个月,报社就付给华盛顿通讯记者几个月的薪水(这也从一个侧面说明总统的重要性不及国会),所以记者不得不通过别的方式赚钱。在做国会下属委员会的文书时,一些记者会靠出卖工作中得知的秘密赚钱。还有一些记者靠当政治说客赚钱。一直到 20 世纪初期,还有记者在兼任文书。但是,记者当政治说客在 19 世纪末就已经被视为不合时宜的行为。1879 年,通讯记者中的领军人物制定了记者资格认定要求:若当记者,就不能当政治说客,而且其主要收入必须是给日报发电报消息赚得的钱。这样一来,黑人记者和女性记者就被挡在了门外。首先,几乎所有的黑人记者和女性记者都只为周报和杂志写稿。其次,电报费用很高,为了省钱他们不会发电报,而是用邮寄信件的方式传递消息。[140]

我们可以看到,报纸出版商开始拒绝接受政党的资助,一些记者的思想观念也改变了,不再过嗜酒如命的下等生活,转而去上大学,追求更高尚的东西。但这都未能使新闻业变得更加独立。新闻业不是置身于政治文化之外的独立之物,它只是政治和社会生活正在发生改变的世界的一部分。历史学家罗伯特·韦比说,19 世纪晚期美国社会转型过程可以被称作一个"寻找秩序"的过程。[141]新闻职业组织的发展和记者职业意识的增长是这个过程中的一个片段。其他人给这个复杂的社会的转型过程起了别的名字,如职业化、工业化、城市化、商业化,或者称之为专业管理阶层(professional-managerial class)的兴起。这里的任何一个名称都不足以概括这场社会转型中的所有重要变革。农场变成了工厂,小镇变成了城市,城市又衍生出了城郊。一个地域观念和宗教观念很强的社会变成了一个由不同阶层和不同种族的人组成的社会。以前,休闲与工作有点难以区分,而且休闲活动主要由某一地方的民众一起开展,现在,大规模的、商业化的娱乐场所随处可见,而且工作、家庭、休闲和政治被理所当然地区分了开来。无论是过去还是当下,想要理解、看清这些转变中的任何一个都绝非易事,但正是在这些复杂转变发生的背景下,美国公民权的二次转型出现了。

公民权的净化

进步主义时代的政治话语告诉人民,一个公民应该是有智慧和理性的,而不是激情澎湃的。公民的政治参与以前体现出的是他与政党和社群之间的关联,现在体现出的是他与国家和原则、具体事务之间的关联。那些经常读报的选民,不再嗜读为政党歌功颂德的文章,而是开始关注公共事务、政治家、政党、体育等各种主题的报道,以及感人故事和占据的版面空间越来越大的广告。

新的公民权模式要求选民按自己的知识而非对党派的忠诚进行投票。这就把人们从政党那里解放了出来,但同时也把一些知识水平不高的人挡在了投票站门外。在1890—1902年间,所有的南部州都要求必须纳税才能成为选民,而且还时常要求选民必须通过文化水平测试。[142] 文化水平测试一般测试的是英语的识字水平。这个测试使南方绝大部分的黑人和很多穷苦的白人丧失了投票权。除了南部州,其他一些地方也有对选举权的限制。在1890—1908年间,有七个南部州要求选民进行文化水平测试,但第一个要求进行该项测试的州不是南部州。早在1856年,东北部的康涅狄格州就率先颁布了文化水平测试的规定。1858年,马萨诸塞也颁布了同类规定。1890年,怀俄明州颁布了专门的法律,规定选民必须通过文化水平测试。加利福尼亚于1896年,华盛顿和特拉华于1898年,新罕布什尔于1906年,亚利桑那于1912年也都颁布了这样的法律。纽约和俄勒冈要晚一些,分别于1922年和1926年对选民提出了文化水平测试的要求。[143] 就算是在那些没有文化水平测试的要求的地方,冗长复杂、写满了字的澳大利亚式选票其实也就是对选民文化水平的测试。

公民身份也变成了一种投票的限制条件。在很多州,移民曾经只要公开宣称自己希望成为公民就可以参加投票。从19世纪中期的某一时间直至90年代,有19个州同意给予移民投票权,只要他们宣称自己愿意成为公民。但是在20世纪20年代,这19个州统统废除了以前的规定。¹⁴⁴ 1894 年，在反移民的浪潮和经济衰退的影响下，密歇根取消了外国移民的选举权。而且，这项决议获得了绝大部分选民的同意，高票通过，成为一条州宪法修正案。¹⁴⁵ 怀俄明于 1894 年（该州在 1890 年才给予外国人选举权），明尼苏达于 1896 年，北达科他于 1898 年，科罗拉多于 1902 年，威斯康星于 1910 年，俄勒冈于 1914 年，南达科他、堪萨斯、得克萨斯、密苏里、印第安纳、阿肯色于 1925 年先后取消了外国人的选举权。¹⁴⁶ 在大多数州，外国人只占选民总数的很小一部分（北达科他与威斯康星除外），因此影响不大，但这是个有象征意义的举措，意味着成为公民的门槛升高了。¹⁴⁷ E. L. 古德金已在《国家》（*The Nation*）杂志工作了 30 年，但还在宣扬排外的观点，他说："在我们系统中的每一个角落，都可以看见冲动无知的外国选民像白蚁一样啃食政治的结构框架，还有一群凌驾于他之上的土著居民在鼓励他。"¹⁴⁸

对移民权利最严苛的限制是针对中国人而设的法律。自 19 世纪中期以来，加利福尼亚的反华势力一直很强大。1870 年，《宪法第十五修正案》①未能在加州获得通过，其实主要就是因为反华势力从中作梗。¹⁴⁹ 在 12 年后，国会也步加州之后尘推出了 1882 年《排华法案》（Exclusion Act）。这个法案不仅禁止中国人移民美国，还禁止已在美国居住的中国人归化，法案的有效期还在 1892 年和 1902 年两度获得了延长。根据《宪法第十五修正案》的规定，黑人可以归化，但亚洲人一直到 20 世纪 40 年代都还没有获得这项权利。

不要看到南方的民主党人曾经致力于剥夺黑人的选举权，就以为只有这拨人在给选举权加限制条件。20 世纪初的改革家们也希望在所有人中圈出那些有资格参加选举的人，他们主张参加选举的人必须具备一定的英语水平。威廉·B. 芒罗便是其中一员，他发出呼吁说全国所有的州都应举办文化水平测试。"人若要对自由政府作出贡献，就必须依靠智慧和独立的理性去使用选票。但若没有通过报纸等普通渠道获得信息的能力，那他们就很难完成这个任务。"¹⁵⁰ 马里兰于 1901 年颁布的一条法律规定，禁止给文盲选民提供投票协助。这样，大量的黑人就丧失了选举权，因为该州已到投票年龄的黑人中，有 40% 为文盲。后来还有一些比这条法律更加彻底地排除文盲选民的立法提案，但未获通过。具有讽刺

---

① 其主要内容是给予有色人种以选举权。

意味的是,支持规范公共设施管理和纯净食品法(pure food law)①等社会公益事业的改革团体,竟也同意剥夺黑人的选举权,还认为这是一种"进步主义改革"[151]。

到处都可以听到支持以文化水平作为选举权限制标准的声音,这说明普选权(universal suffrage)②的观念已经丧失了统治地位。[152]南方州害怕黑人,北方州害怕外国人和移民,西部海岸各州害怕亚洲人,于是他们就以担心文化水平不高的选民会"盲目投票"为借口,推出了限制选举权的法案。[153]约瑟夫斯·丹尼尔斯(Josephus Daniels)1941年出版的回忆录可以让我们对那个时代有个清醒的认识。丹尼尔斯是《罗利新闻和观察者报》(Raleigh News and Observer)的编辑,同时也是坚定支持伍德罗·威尔逊的进步主义民主党人。他在回忆录中毫无悔意地描述了他在19世纪90年代试图通过修改宪法"净化"选票的"光辉事迹",即尽其所能地将所有黑人赶出投票站。为了实现目标,丹尼尔斯前往路易斯安那,亲自去检查祖父条款(Grandfather Clause)的执行情况。祖父条款规定,如果一个选民的祖先没有在1868年之前投过票,那么这个选民就必须参加文化水平测试。虽然这个条款没有提及种族,但大家都明白,很多白人文盲都不用参加测试,因为他们的祖先投过票。黑人则没有这么幸运,在1868年之前他们的祖先大都是奴隶,根本没有投票资格。[154]

所以,这个年代的选举改革绝不可能是仅由自由主义思潮推动的,它也是由一位学者所说的"种族文化性的美国主义"(ethnocultural Americanism)力量推动的。很多改革者一边为美国公民的权利和自由唱赞歌,一边又鼓吹盎格鲁—撒克逊人拥有独特的基督教美德。[155]在以前,要做一个去投票的好公民,你必须要拥有土地,因为土地能带来美德。现在一个公民要去投票,必须满足很多先决条件,比如有法律认可的公民身份、能识字、有缴纳选举权所需的税款的能力和意愿、有做选民登记的能力和意愿等等。这些改变若以一言蔽之,即"美国化"(Americanization)。在改革后,一个模范的公民应该是这样:他遵守规范会去做选民登记;受过教育能够阅读;没有政党的指导也能投出明智的一票;十分顺从,会把自己不该管的事交给专家处理。

① 纯净食品法,指提升食品质量,处罚掺假行为的法律。美国进步主义改革的一项成果就是让国会颁布了1906年《纯净食品和药品法案》(Pure Food and Drug Act)。

② 只要是已到法律规定年龄的成年人,无论其性别、年龄、种族、信仰、经济状况和社会地位如何,都有参加选举的权利。

从总体上看，新的政治模式增加了对公民的要求。与 19 世纪忠于政党的选民相比，现在的选民需要更多的信息才能投出一票。他们也需要更多投票动力，因为能够鼓励他们去投票的饱含兄弟情谊的社会生活在逐渐消失。政治的基础原来是情感，现在是利益。政治生活的首要中介原本是政党，现在，利益团体在一定程度上已取而代之。

可是，就在公民理应毫无遮掩地算计好自己的利益再去参与政治活动之时，利益与政治之间的关系却似乎发生了断裂。首先，选举产生的官员越来越少，选民难以按照自己的利益选出官员进而影响行政，于是政府机构和官僚制度对于行政工作的控制就越来越多。其次，公务员制度改革和竞选活动改革让参与政治活动的普通公民得不到利益回报，于是他们参与政治活动的兴趣也降低了。19 世纪的人们可以嗅到、尝到政治给予的物质利益，到了 20 世纪，对于政治感兴趣的人越来越少，"天生政治的动物"成为一种幻想。后来，只有新政扭转了这种局面，但是只是一时，而且采取的方法只有两个：一是推行过去已经屡试不爽的庇护制度；二是一个新的权宜之计——增强政府的社会服务功能和大力推行官僚制度。

结论：政党制度陷入四面楚歌之境

一本 1888 年出版的本杰明·哈里逊竞选传记宣称："政党的存在是人民拥有真正自由的最好证明。"[156] 十几年后，战争部长威廉·霍华德·塔夫脱在一所大学发表关于公民义务的演讲。这个时候，情况已经发生了变化，他被迫为政党作了辩护：

> 我知道，有一些生来自由的美国毕业生非常崇尚独立思想，也非常希望一直能够独立行事。他们希望抛开政党制度，自己去寻找最好的人并给他投票。这提醒政党组织，一定要注意到独立选民的影响。

然而，塔夫脱又说，这些有独立思想的家伙"不久之后就将发现，如果不走极端的话，政党制度还是有很多值得称赞的地方"[157]。

又过了几年，即到了 1912 年，耶鲁大学政治经济学教授亨利·克罗斯比·埃默里（Henry Crosby Emery）在耶鲁的谢菲尔德科学学院（Sheffield Scientific school）也发表了支持政党制度的系列演说，但到了这个时候，他的辩护已如强弩之末。他说他观察到了两个情况：一是人们常常说

"自己总是会把票投给'最好的人',不管他属于哪个党派";二是一些大思想家要求选民关注"措施,而不是人"。在埃默里看来,这两者其实都是在鼓吹选民应独立地投票,但却忽略了一个现实——行政政策由政党决定,而政党又由少数的几个领导人物掌控。他认为,国会里的议员其实并不重要,重要的是政党支持什么、反对什么。若非特殊情况,选民若在支持一个政党的人当总统的同时又支持另一个政党赢得国会职位,那就是在干不负责任的事。因为一个政党赢得了总统选举而国会却由敌对政党掌控的情况会降低政府的"效率"。他接着说:"我不是说,分别给两个政党投票的行为永远都是不合理的。我是想说,只是在非常特殊的情况下,而且是在经过了深思熟虑的情况下,你才可以这么干。"[158]民主党和共和党之间的分歧与差异到底是什么?埃默里承认,这是一个很难回答的问题,而且"对于15或20年前的选民而言,政党的问题差不多就是这个党应该上台或者那个党应该下台的问题"。但是,他还是坚称两个政党之间存在差异和分歧,不是因为它们代表了不同的阶层或派系,而是因为它们"对于政府应该拥有哪些权力,何种行政政策最能保障民生福祉的问题持截然不同的意见"[159]。

埃默里的这一番话,其实是在拐弯抹角地说公民应像以前一样忠于政党。其实,与在早些年发表演讲的塔夫脱一样,埃默里心里也知道,自己面对的这一群大学生,已不愿意继承过去的政党传统,他们就是那种"凭当时所掌握的不充分的信息形成的判断"就投出选票并认为这样就履行了公民义务的人。[160]在1900年之后,为政党政治所作的辩护变成了与政治氛围不协调的声音。

反政党的话语越来越流行。你可以听一听 E. L. 古德金在1867年对政党政治发起的控诉。他说,各党派的政治家乃一丘之貉,无论持有怎样的政见,"都会联合在一起准备强取豪夺"[161]。你也可以看一看威廉·艾伦·怀特(William Allen White)① 在1912年回忆政党政治时写下的句子:"政党体系曾经统治着我们,它由贪欲驱动,由贵族阶层控制,要民主就得摧毁这个贵族阶层。"[162]实质性的政治改革和犹如潮水一般的批评"埋葬"了忠于政党的传统。但共和党和民主党没有因此消失,反而变得更加强大了,成为法律认可的全国性组织。它们通过筹措资金的活动与商界精英建立起了紧密联系,而且还开始稳固自己的政策立场。政治改

---

① 威廉·艾伦·怀特(1868—1944),美国报人、政治家,进步主义运动的领军人物。

革带来了压力,城市化带来了兴建基础设施和加强社会服务的需求,刚刚获得独立的新闻界不再为政党唱赞歌而是反反复复地念叨"公众"二字,这一切都迫使政党更加认真地考虑其政策。可是,就在培育理性和积极的公民的条件似乎已经具备之时,公民们却开始远离政治活动,投票率大幅下跌,民主的前景被阴影笼罩。

第五章
民主的救星？公民宗教、领导权、专长和更多的民主

引子

在我看来，全能的、自治的公民是一个虚幻的理想。这个理想是无法实现的。追寻这个理想会使人误入歧途。在发现这个理想无法实现之后，现在的人们才开始清醒。[1]

到 20 世纪 20 年代，喧闹嘈杂的选举日已成为历史。市政改革、公务员制度改革、反贪污法、总统大选预选、立法提案、全民公决提案、罢免投票（recall）、文化水平测试和澳大利亚式投票法净化了政治世界。[2]以前政党会主动送选民去投票点，现在这种行为已被禁止。[3]以前政党的人会给选民发政党自己制作的选票，现在选民排队从州府任命的官员那里领取官方制作的选票。以前政党会花钱雇一大队人马去拉票，现在这种行为是违法的。[4]以前政党的走卒会一直跟着选民直到看见他把票投进票箱，现在新的投票规则规定政党派来拉票的人不能接近投票点。[5]政治变得科学、有效率了，也纯洁了。

在不断变迁、日趋复杂的社会中，改革者想把投票点变成一个理性的"孤岛"。在工业化的城市里，取代分选区投票的全民投票（at-large election)和市政经理政府(city manager government)①削弱了移民的权力。在南方,改革者致力于让选举变"白",打扫清洁者眼中容不下的不洁之物。

这些改革都不能让政治世界保持稳定。现代生活带来了一波又一波的巨浪,有吞噬一切的趋势。各地的人们都发现,人类的事情变得越来越复杂。有多复杂,他们无法测量,甚至找不到恰当的词汇去概括这种复杂性。为了描述社会的变迁,英国学者格雷厄姆·沃拉斯(Graham Wallas)发明了一个词——"伟大社会"(the Great Society)。[6]这一术语旨在描述社会的复杂性、密集性、融合性,也是在试图说明19世纪的地方的小社群已经消失,取而代之的是突破了地域性的大社群。约翰·杜威和沃拉斯在哈佛的学生沃尔特·李普曼都用过这个词去描述工业化现代社会或发达资本主义社会。

1912年,总统候选人伍德罗·威尔逊也对现代社会进行了描述。他说,自由已经不是一个单独的概念,现代的自由是一整部机器的自由,只有所有的部件"都安装、调配好了,把摩擦减小到最低程度",机器才能自由运转。在现代,自由意味着"人类兴趣、人类活动和人类精力的完美调和"。在这个世界中,最好的政府并不是管得最少的政府。威尔逊想起了托马斯·杰斐逊:

> 如果杰斐逊生活在我们的时代,他就能看见:个人被各种错综复杂的环境搞得无所适从,对他不管不问就等于让他陷入无助境地,独自去面对那些他自己无法克服的障碍。因此,当今的法律必须能帮助他,让他得到公平的对待。能做到这样已经足够,但要做到这样并非易事。[7]

认可威尔逊"机器自由说"的人并不多。[8]在他的时代,人们在处理民主制中的问题时,不愿意把问题看得很复杂,而是倾向于把问题简单化。在人民意志高于一切的话语笼罩下,很多事情被贴上了"歪曲"人民意愿的标签。在人们眼中,"歪曲"人民意愿的主要组织仍是政党,但在20世纪20年代,政党的势力逐渐衰弱,其他"歪曲"力量开始出现,如宣传、压力集团和金钱利益。于是,竞选改革运动设立了新的目标——管束政党、

---

① 市政经理政府指一种政府管理形式,即像管理企业一样管理政府,市政府会任命市政经理管理城市。1914年,美国八个城市的市政经理一起成立了市政经理联合会。

压力集团、金钱和宣传，防止它们操控选举。

同时，"知情的公民"这一理念也开始受到怀疑。即便是那些最认可新公民身份的人，也开始质疑公民是否真的存在，或是否可以继续存在。在一战期间和一战之后，找不到出路的自由主义改革者、支持政府者以及批评政党者甚至开始欢迎社会主义。民主的公民权还有可能实现吗？

让人们对民主的公民权失去信心的一个重要原因就是选民投票率的下跌。1920年和1924年的总统大选投票率比19世纪30年代以来的任何一次大选投票率都要低（比1988年以前的任何一次大选的投票率也要低）。1924年，阿瑟·M.施莱辛格（Arthur M. Schlesinger）和埃里克·M.埃里克森（Erik M. Eriksson）在《新共和》杂志（The New Republic）上发文称选民正在消失。他们发现了一个具有讽刺意味的事实，在选举权普及的范围越来越广、选民投票所受的外在干扰越来越小的情况下，去投票的选民却越来越少。"这个曾被人们看做政治权利而去争取的东西，现在却无法引起兴趣，人们不把它当做一种公民责任，甚至也不把它当做公民的机会。"他们把这种情况归因于"政党之间的差别的减少"和"现代生活复杂性的增强"，并用悲怆的语气说，现在的世界已经变成了一个"疯狂的、过于秩序化的、壮观的、城市化的和由机器驱动的世界"[9]。

弗洛伊德、行为主义者、群体心理学家以及其他人对于人类的非理性层面的研究表明，所谓的民主的理想是难以企及的。在一战以前，著名记者兼政论作家沃尔特·李普曼对于民主信心满满。1922年，他却在《舆论学》（Public Opinion）一书中指出，民主不能指望公民无所不能。他发现，公民由于受到一些外在因素的制约，再加上缺乏了解政治的内在动力与兴趣，丧失了对政治世界做出准确判断的能力。在那个年代，公民在投票站是有自治权的，他可以独立自主地投票，但是"自治"的主张却失去了理据。弗洛伊德告诉大家，人类是由欲望驱动的动物。新兴的社会心理学告诉大家，人类也是社会的动物，各种社会力量都在他们心中沉淀，对他们产生影响。人类绝不是理性的和自治的个体的集合。

人类非理性的弱点以及不断膨胀的特殊利益需求变得越来越明显，成为民主的阻碍，而政党已不再被人看做民主的敌人。美国政治史上的"政党时代"已近尾声，而且人们对这个时代的结束感到高兴。当时的人们认为，针对民主问题而进行的改革的目标不应是复兴乡镇集会的传统，而是解决现实问题。所以，人们就让专家管理市政，建立市政经理政府，去"消灭分肥政治和隐藏势力"[10]。学术界和商界的领袖则通过建立智囊团和基金会与政党抗争。[11]可以说，政党在公共生活中依然扮演着比较重要的角色,但批评家把他们看做民主的毒瘤。沃尔特·李普曼指出,在"一夫多妻制、缠足或巫毒教"等各种问题上,政党追求的都是短期收益,见好就收。政党"试图转移人们的视线,不让人关注现实的美国生活"。于是"选民觉得政治只是个精心策划的游戏,不可能带来重大的和直接的后果"[12]。政治党派并没有被彻底埋葬,但在改革者和知识分子的心目中,它们似乎已经灭亡、消失了。

在这样一种氛围中,民主的拥趸觉得,必须要找到挽救民主之道。他们认为可行的方案有:恢复对于宪法和美国政治传统的尊重;让领导人(特别是总统)发挥其作用;让专业人士"科学"地管理公共事务;开展科学的民意调查,准确把握民意;在小城镇和居民社区召开公众集会,复兴乡镇集会的民主传统。

上述几个方案中,除了最后一个,其他方案其实都有相同的前提假设,那就是公民不是积极主动的而是被动的。李普曼对于那些不喜欢民主政治的现代大众的描述十分有影响力,让人对民主的前途感到忧心忡忡。但是当时的大哲学家约翰·杜威依然相信民主,他不认同李普曼的观点,于是与李普曼展开了论战。这次论战可谓精彩,但论战的双方都未能阐明公众的问题和出路。李普曼指出公众在心理上有缺陷,杜威未能作出反驳。若与激动人心的罗斯福新政和民权运动相比,他们的论战就有些抽象和乏味。但二人提出了一个很有价值的问题,即专家在民主政治中应该扮演什么角色。直到今天,无论是民主的理论还是实践都未能给出这个问题的答案。我们将在后面加以详述。

宣传与对自治公民的批评

格雷厄姆·沃拉斯在 1908 年写道:"有一天,'意见'这个词将被用来指代最危险的邪恶政治力量。"[13] 这一天来得比沃拉斯预计得要早。在一战之前,"宣传"只是一个晦涩难懂的词汇。在一战期间以及一战之后,它却成为一个相当热门的公共议题。引发对于宣传的讨论的事件是美国参战和公共信息委员会(the Committee on Public Information)① 的建立。

---

① 公共信息委员会是一战时威尔逊总统建立的传播机构,其主要任务是战争宣传和新闻审查。

公共信息委员会的头头是扒粪者(muckaker)①乔治·克里尔(George Creel),成员有来自新闻界的沃尔特·李普曼和来自公共关系界的爱德华·伯奈斯(Edward Bernays)等。到了二战的时候,对于宣传的讨论开始减少。可以说,第二次世界大战终结了或者可以说完全终结了对于宣传的讨论,因为二战中的美国政府又一次拿起了宣传这个武器参加战斗,说三道四已是枉然。

"把消息公之于众的媒介可能是我们现在的社会生活的最显著象征。有一些人会抵制这些媒介,但是,至少是在一段时间里,大众传播的方式可以为任何人或事制造观点。"14 大哲学家杜威这段夸张的话显示出,意见是多么不值得信任。杜威不相信民众意见,不是因为他身上有鄙夷民众的精英气质,而是因为民众的处境让他感到不安。在"伟大社会"里,信息对于民众而言是必不可少的,但民众仅凭自己的常识无法判断信息的真伪,于是他们被误导的可能性就无限地增大。

能与政党、政党的领导集团和政治寡头抗争固然是好的,但抗争的武器是什么?改革家的回答似乎是"信息",那些能让公民对自己的利益和公共利益作出独立判断的信息。但这到底是什么样的信息?谁提供这些信息?报纸以前是为政党服务,现在却有取代政党之势。1914年,政治科学家、耶鲁大学校长阿瑟·T.哈德利(Arthur T. Hadley)说:"使人获得候选人提名的和使法律得以通过的,不是旧的政党制度中的那个要素——个人的影响。真正有影响力的是印刷出来的纸张,它可以让控制它的人控制成千上万的选票,无论他有何居心。"15

哈德利的头脑中浮现出来的人物也许是威廉·伦道夫·赫斯特,因为此人不但善于制造轰动性新闻,也善于制造轰动性政治事件。赫斯特先是在旧金山创立了自己的事业,然后去了纽约,于 1885 年买下了《纽约新闻报》并宣告进军全国。应威廉·詹宁斯·布赖恩的要求,他于 1900 年 7 月创办了《芝加哥美国人报》(Chicago American),为布赖恩竞选总统提供支持。这份报纸对共和党进行了恶毒的攻击,典型的赫斯特式的咒骂充斥着版面。16 赫斯特自己也有当总统的欲望,于是在 1904 年参加了总统竞选。可惜的是,他的政党提名的总统候选人不是他,但他仍很有势力,操控着民主党的事务。有例为证:1912 年,伍德罗·威尔逊想要竞

---

① 19 世纪末,一些新闻记者对于垄断企业只顾赚钱、不管公共利益的行径感到不满,于是发起了"揭丑运动",写了两千多篇揭露丑闻的文章。罗斯福总统曾把这种记者称为"扒粪者",故此运动又称"扒粪运动"。

第五章 民主的救星？公民宗教、领导权、专长和更多的民主

选总统。赫斯特则为反对威尔逊的势力提供帮助，力图阻止威尔逊获得总统候选人提名。当然，他最终没有得逞。[17]

报纸和报纸出版商并不是唯一能够操控舆论的。除了记者以外，还有一个新兴的职业以贩卖信息为生，这就是公共关系专家。在一战以前，公共信息专家已经崭露头角，在一战以后，此类人士已是多如牛毛。1927年，塞拉斯·本特（Silas Bent）①抱怨称，在纽约，公关专员多达5000个，在华盛顿还有2000个。[18]根据《纽约先锋论坛报》（*New York Herald Tribune*）编辑的估算，全美报刊上60%的新闻源自公关机构散发的材料。本特对于《纽约时报》的调研也证实了这个结论。在他查阅的那一期《纽约时报》上，依据公关机构散发的材料而作的报道占报道总数的60%。政治科学家彼得·奥迪加德（Peter Odegard）称，50%的新闻报道源自公关机构，"当今有很多记者不过是有文化的乞丐，向各个公关机构或新闻办公室讨要'通稿'"[19]。E. 彭德尔顿·赫林（E. Pendleton Herring）也对此有所认识，他于1927—1928年间撰写的博士论文称，华盛顿是"宣传的圣地和新闻专员的天堂"。除了公关机构，政府也会倒腾出"以吨计算的新闻素材和大量制造出来的新闻报道"。赫林指出，要分辨公关机构的作品和记者的作品绝非易事，"哪个是新闻，哪个是宣传。这很难区分。不过两者都是将事情公之于众的方式"[20]。

看到政府在战时所作的宣传，产业大亨也开始效仿。例如，在战争期间，芝加哥电力大亨塞缪尔·英萨尔（Samuel Insull）利用英国宣传办公室在美国的分支机构向美国报纸传递了很多带偏见的信息，而且还把持着伊利诺伊州的国防委员会。战后，他成立了伊利诺伊公共事业信息委员会（Illinois Public Utility Information Committee），为其麾下的公共事业公司开展了大量公关，使公共事业成为热点议题。[21]

在政治竞选中，宣传无疑是举足轻重的。人们开始关注后来被称为形象管理的那个活动。1920年，沃伦·G. 哈定在家乡俄亥俄州马里恩市（Marion）搞留守竞选（front porch campaign）②。他聘任了前《纽约太阳报》通讯员贾德森·C. 韦里沃（Judson C. Welliver）管理新闻宣传。选举结束后，哈定让韦里沃留下来给自己写演讲稿。为哈定助选的不止韦里沃一人。先前是芝加哥著名的广告商，1918年之后当上共和党国家委员

---

① 塞拉斯·本特（1882—1945），美国知名记者、自由撰稿人。
② 留守竞选，一种竞选方式。候选人不远离家乡，不去各地巡回演讲拉票，只在家门口接见到访的支持者。

会宣传主管的艾伯特·D. 拉斯克（Albert D. Lasker）也加入了这一阵营。在竞选运动的初期，哈定的顾问劝他别打高尔夫球，因为这会让人觉得他喜欢"富人的游戏"。在哈定正在考虑怎么处理此事的时候，拉斯克为他安排了一场演出。拉斯克是个宣传专家，但碰巧也是芝加哥小熊棒球队（Chicago Cubs）的老板之一。他安排小熊队到马里恩市比赛，让哈定上场作秀。在这场比赛中，小熊队的对手克里根猛士队（Kerrigan Tailors）是个弱队，所以拉斯克敢让哈定上场当投手。哈定投出了最先的三个球，然后发表了名为"团队精神"的演说，借用棒球语言对威尔逊在国际联盟问题上的立场①进行了恶毒的攻击。²²

为了能让自己登上报纸的头条，哈定在每一个节日都会搞一点噱头，例如妇女节、有色人种节、外籍选民日等等。他甚至还搞了一个"马里恩市外来推销员日"，这是因为，他的竞争对手詹姆斯·考克斯的《代顿每日新闻报》（Dayton Daily News）在六年前曾把行走各地的推销员称为"十足的讨厌鬼"。为了给哈定搞的推销员日助阵，共和党全国委员会出资成立了一个大规模的组织，名为"哈定和柯立芝②商务旅行者联盟"。

拉斯克的贡献之一是设计了一个竞选口号："我们不要再摇摆不定了。"他让哈定在8月底的一次演讲中提出这个口号。为了让这个口号起到好的作用，他给韦里沃写了备忘录，要求韦里沃确保这个口号"只能是一个一带而过的插入语，但……得有感染力，听上去是有感而发的"。这个口号成为宣传工作的要点，通过广告牌、漫画等宣传介质很快地传递了出去。²³

这个年代的每一位总统身上都背负着操控宣传的恶名。哈定去世后，卡尔文·柯立芝继任总统。《新共和》杂志挖苦他说："历史上任何一个统治者都没有像柯立芝先生那样掌控着那么宏大的宣传机器，而且肯定没有人能比他更积极勤勉地去使用这个机器……柯立芝先生是第一位利用宣传搞行政并获得真正成功的人。"²⁴ 沃尔特·李普曼对柯立芝的继任者赫伯特·胡佛的看法是，他登上总统宝座"是经过了缜密策划的，而且一直在用最新的手段做大力宣传。他的确是第一位通过现代宣传机器展现整个政治生涯的总统"²⁵。当然，富兰克林·D. 罗斯福也不例外，无论是他的批评者还是支持者，都把他称作表演大师。他身边的那些人也

---

① 威尔逊主张建立一个调解国际纠纷的机构，即国际联盟。一战结束后，他为建立这个联盟而四处奔走。

② 柯立芝，即哈定的竞选伙伴、副总统候选人卡尔文·柯立芝。

第五章　民主的救星？公民宗教、领导权、专长和更多的民主　　167

是宣传高手,例如查尔斯·米切尔森(Charles Michelson)。在1932年,米切尔森负责民主党全国委员会的宣传工作,被授予了相当大的权力。记者威尔·欧文(Will Irwin)认为米切尔森的工作对于竞选没有起到多大作用,但他又说:"在幕后策划者的指挥下开展持续的宣传,这个策略确实让敌人溃不成军。"26 他还说,米切尔森这个宣传专家在竞选中搞了两套连环把戏,首先为搞戏剧性的表演打造一个背景,作为铺垫,然后就开始制造吸引人的新闻事件。这让有敌意的报纸也难以拒绝诱惑,不得不帮他们报道这些事。27

"有敌意的报纸"这个词汇的意涵发生了变化。政治活动从户外挪到了室内,理智判断取代了情感依附,积极参与竞选的忠诚党徒变成了难以调动的独立的选民,投票从一种狂欢变成了个人的决策。在这个背景下,新闻界也发生了变化——从政党的吹鼓手变成了报道新闻的专业组织。新闻界变化得比较缓慢,但变化的方向是确定的。记者开始用"客观性"这个概念来讲述新闻职业的道德。新闻学院的数量不断增多,普利策奖(1917年第一次颁发)使新闻这个职业的吸引力不断增强。记者和编辑致力于提供不含价值观的、可以为其他报纸所用的信息,并按自己的专业主义思维而不是出版商的政治偏好处理新闻。这样的新闻界植根于希望公民能够理性地筛选出事实真相的政治思维。按这个思维逻辑,记者须在发掘事实时保持客观显然是一个合理的要求,而且,也应该要求政府为公民提供中立的或无党派倾向的信息。到20世纪20年代,已有11个州规定,政府必须将提交投票表决的提案的内容以及相关的正反意见印刷成册并向公众散发。1907年,蒙大拿和俄勒冈率先提出了这样的要求。其他州随即跟进。到1918年,俄克拉荷马、加利福尼亚、亚利桑那、内布拉斯加、俄亥俄、华盛顿、犹他、马萨诸塞和北达科他都颁布了这种规定。28

在20世纪早期,信息变成了一种商品,可以买卖,可以与价值观、信念、信仰相分离或相区分,甚至也可以与叙事分离。在科学中的客观理念和政治行政中的效率理念的助推下,客观信息的理念也获得了认同并有了耀眼的光芒。有少数人提出了异议。例如,下议院议长乔·坎农(Joe Cannon)提出,让新闻界与政党分离会使娱乐新闻大行其道。"与国会议员在辩论中的发言相比,他的胡须和他的衣服是更能吸引人的报道话题。"29 其他一些人,例如女性选民联盟(League of Women Voters)的成员,则相信中立客观的信息是有益的。

女性选民联盟建立于1920年,其前身是全国女性选举权促进会(National Woman Suffrage Association)。联盟建立后,其成员在联盟与政党关系的问题上产生了分歧。起先,联盟大力鼓励女性参与政党政治。但是,联盟以其独立性著称,此举会损害联盟得之不易的名声。此外,即便参与了政党政治,女性也很少能在政党内部获得重要职位。这一事实也让联盟感觉到,应该脱离政党自行其是。[30] 在联盟中,有一些领袖人物还是希望参与政党政治。新泽西的莉莲·费克特(Lillian Feickert)指出:脱离政党政治会把女性带回到"幼稚园年代";搞独立政治是"一种非直接性的方案",应该被抛弃。在当今时代,只要能赢得选票就是胜利;女性应该成为"政治工作者"。即便有费克特这样的人,但到 20 世纪中期,联盟还是放弃了政党政治,坚定了用理性辩论取代党派性狂热的决心。手攥选票的时候,女性认为自己就是新时代教科书上的模范公民,独立、知情、富于公共精神并超越了党派性。

信息还在竞选资金的筹措方式的改革中扮演了重要角色。在 19 世纪,很多经济腐败案件之所以能够发生,主要就是因为政党在筹措资金时用的是不正当的方式,导致有空可钻。与政党的斗争(如公务员制度改革)胜利后,政党就不再向寻求职位者和在政府任职者索要政治献金,而是把眼光转向了那些富得流油的人,一般来说,就是大公司的老板。从 1896 年开始,参加竞选的两党都会相互揭丑,说对方的资金是由银行和大公司提供的。1932 年,路易丝·奥弗拉克(Louise Overacker)出版了第一本研究竞选资金的学术著作。她在这本重要著作中指出,越来越多的人开始担心民主的前途,害怕民主"终将变成富豪做主"[31]。

那应该做些什么?各州相继出台了管束竞选献金和竞选支出的法律,但因执行力度低下而收效甚微。联邦政府早期的竞选资金管控措施只有一条,即禁止从政府工作人员那里索取政治献金。但在 1905 年,西奥多·罗斯福总统在年度致辞中呼吁:通过立法禁止大公司给政党提供竞选资金。然后有人发现,1904 年竞选总统的时候,罗斯福自己就收取了公司提供的政治献金。1907 年,在这条可笑的丑闻推动下,禁止大公司提供竞选资金的法律得以通过,但它似乎没有获得重视。1904 年大选之后的改革活动促使联邦政府开始制定"公开"法案。以各州制定的要求公开竞选献金来源的法律为原型,联邦制定了《联邦反腐败行为法案》(Federal Corrupt Practices Act),并于 1910 年颁布实施。法案规定,凡是竞选捐款等于或超过 100 美元的个人或公司,或捐款等于或超过 10 美元的个人,其名字、名称以及捐款的理由都必须公示。1911 年,联邦立法机构对该法案进行了修改,增加了限制国会议员竞选花费的条款。但是,

第五章　民主的救星？公民宗教、领导权、专长和更多的民主 | 169

虽有法可依，却没有人去执法。选举中的经济腐败成为国会年复一年的议题。民主党在竞选时发布的政策宣言经常提到这个问题（1908、1912、1920、1924、1928、1932 年），共和党的政策宣言也偶有涉及（1912、1928年）。可以说，它成为竞选时用来攻击或反击的常规武器。[32]

1918 年，密歇根的一位政治家杜鲁门·纽伯里（Truman Newberry）成为争论的焦点。他在参与密歇根参议员预选时花费了 17 600 美元。但是，按照州以及联邦的法律，竞选的花费应在 17 000 美元以内。于是，他与一群竞选工作者遭到了起诉，并被判定违反了竞选法。最高法院于 1921 年推翻了先前的有罪判决，理由是纽伯里是在预选中花费了这么多钱，而联邦法律不适用于预选。无论如何，这个案件引起了全国的关注，参议院也就此展开了历时长久的调查。民主党于 1924 年发布的政策宣言称，须"防止纽伯里主义"[33]。1925 年，联邦针对政党资金问题颁布了新的法律。但是，有法可依、执法不严的情况再度出现。1927 年以后，没有任何人因违反该法而受审。[34]

提供竞选资金只是企业控制政治进程的一种方式。还有一种方式是游说。在 20 世纪 20 年代，游说绝不是一个新鲜的招数，但游说活动中出现了新的变化。在以前，游说国会议员的方式是，搞私人交换、贿赂、投其所好提供红酒或女人。E. 彭德尔顿·赫林观察到，新一代的游说人员则成为"国会中的第三个议院""助理统治者""看不见的政府"。赫林说："这群人公开行事，他们没有什么好隐藏的。他们知道自己想要什么，并且知道如何得到。他们目标清晰，工作效率很高。"[35] 如果他们真没什么好隐藏的，那么别人也不会说三道四。反沙龙联盟（Anti-Salon League）和美国退伍军人总会（American Legion）对游说活动进行了公开批评。联邦贸易委员会（Federal Trade Commission）在 20 世纪 20 年代对为公共事业而发起的宣传和游说活动进行了调查。随后，参议院也对此展开了调查。1929 年，参议员雨果·布莱克（Hugo Black）提出了一个要求游说者向参众两院汇报姓名、目标和花费的议案。1935 年，他还发起了一场针对游说者的、争议颇多的调查。尽管如此，一直到 1946 年也没有任何管理游说者的法律出台。[36]

公关也许已经是一种常见的活动，但还不是一项获得了普遍认可的活动。公关专家觉得，有必要为自己的工作正名。1924 年，柯立芝总统对宣传活动作了批评，小约翰·戴维森·洛克菲勒的公关专家艾维·李（Ivy Lee）则予以反驳。柯立芝说："宣传就是仅呈现一方面的事实，并扰乱事实之间的关系，在未对所有的事实做全面、公正的调查的情况下，就强塞给人一个结论。"李的回应很简单:"不管对何种问题,都不可能有对所有事实全面、公正的调查,这是人不可能完成的任务。"为了给自己的观点提供依据,他(准确地)引用了沃尔特·李普曼的话:"试图说出绝对的事实,其实就是在尝试着做人类不可能做到的事。我所能做的,仅是告诉你我自己对事实的解释。"37

与艾维·李相比,爱德华·伯奈斯对宣传的热情似乎更高。为了提升公关人士的社会地位,他与他的妻子多丽丝·弗莱希曼(Doris Fleischman)拒绝"新闻专员"(press agent)这个词汇,开始用"公共关系顾问"这一好听的名称指代自己和同行。可是这个名称没有流行起来。伯奈斯发现他"一个人为公共关系行业而做的困难抗争"失败了。1923年,伯奈斯出版了《舆论透析》(Crystallizing Public Opinion)一书。有人在书评中指出,伯奈斯给自己安排了一个过于困难的任务。《纽约时报》讽刺道:"如果改变一个名字就能改变新闻专员的道德和行为,人们就会乐于称其为公共关系顾问,也可以叫他们小甜心或其他任何名字。"在私企之中,公关人士逐渐有了一定地位,但新闻界对他们完全"不感冒"。一位批评家在《北美评论》(North American Review)上发文称,在公关行业的冲击下,记者变成了"一个只会兜售现成消息的群体",报纸则"越来越注重发行,真正的新闻越来越少,按新闻的模样制作的东西越来越多"38。一些记者发出了抵制公关专员的呼吁。艾维·李回应称,记者的批评"就跟我老婆抱怨梅西百货在货架上放了太多好看的东西一样符合逻辑"39。公共关系已经是美国生活的一部分,但同时也是人们不信任的那一部分。

在20世纪30年代,关于宣传的争论终于有了一个圆满的句号。终结争议的是对于美国参加一战的反思。C. 哈特利·格拉顿(C. Hartley Grattan)的《我们为何而战》(Why We Fought, 1929)、沃尔特·米利斯(Walter Millis)的畅销书《通向战争之路》(Road to War, 1935)、查尔斯·比尔德(Charles Beard)的《战争的罪恶理论》(Devil Theory of War, 1936)、C. C. 坦西尔(C. C. Tansill)的《美国参战》(America Goes to War, 1938)、H. C. 彼得森(H. C. Peterson)的《战争宣传》(Propaganda for War)、埃德温·博查德(Edwin Borchard)与 W. P. 拉格(W. P. Lage)的《美国的中立策略》(Neutrality for the United States, 1940)以及其他一些著述,统统在讲述一个观点:美国参加一战是一个悲剧性的错误。40这些著作中的一部分(不是全部)认为,美国之所以会犯这个错误,是因为英国制造的宣传蒙蔽了美国公众的双眼,使美国放弃了中立,拿起武器去支持同盟国。例如,彼得森就觉得,英国的宣传"影响到了美国生

第五章 民主的救星？公民宗教、领导权、专长和更多的民主

活的每一个方面"。他写道:"新闻、金钱和政治压力都在发挥影响。战争不仅在伦敦、纽约和华盛顿进行,还在美国的教室、牧师的讲道坛、工厂和办公室进行。这是一场政治运动,目标是在美国人中培育亲英国的思想倾向,赢得美国人的同情,激发他们的兴趣,让他们不可能保持中立,只能加入欧洲战局。"[41]彼得森认为,这就是美国参战的"最重要的"原因。[42]

这些著作全部误以为纽约的新闻界即等于全国新闻界,又误以为纽约的媒体都是亲英国的媒体。作者们没有看到,那些依赖英国消息源的报纸,其实也依赖德国的消息源,很多关于德国的报道都来自德国。他们最大的失误在于,过于强调宣传的力量,忽略了事件本身的说服力。与这些作者同时代的一些人也认为宣传的力量被夸大了。1935年,外交官查尔斯·西摩(Charles Seymour)写道,使美国人产生了仇视德国倾向的"主要是战争的进程,而不是宣传家的活动"[43]。但是,宣传在美国已是司空见惯,人们已经熟悉宣传这种活动,所以这些作者很容易就引起了共鸣。战后,对威尔逊的公共信息委员会的非议不断增多。查尔斯·比尔德和玛丽·比尔德(Mary Beard)在他们的畅销书《美国文明的崛起》(*The Rise of American Civilization*)中写道:"整个学校系统十分容易就屈从了,如机器一样严格按规则运转,依照官方的方式讲述战争的源起和荣誉,控制幼小孩子的思维。"他们认为政府对于传播的控制是史无前例的。"直到今天美国公民才透彻地认识到,现代政府是多么想把自己的想法强加在全体民众身上。他们发起了潮水一般的宣传攻势,用声明、断言、官方说法和反复强调扼杀异议。"查尔斯·比尔德和玛丽·比尔德忧伤地写道,公共信息委员会"在一片反对声中获得了成功",成功地将战争"贩卖"给了美国公众。[44]

不计其数的思想家把宣传的存在当做宣传有效果的证明。如果他们没错,那么这个判断也就没错:政府和大公司之所以搞宣传,是因为他们认为自己能够控制也必须控制公民的思想。按照这个逻辑接着推演,滑稽的事出现了,宣传似乎有了一点民主的意味——精英们搞宣传是被迫的。当然,让人们感到反感的,是宣传的操控意图,而不是其民主意味:宣传认定人类有缺乏理性的缺陷,于是就想利用这种缺陷。宣传没有把人当做公民,而是当做笨蛋,奉承他、恐吓他、哄骗他,用尽一切方法,只要能达到目的。

20世纪20年代既是一个觉醒的年代,也是一个重建的年代。人们提出了各种各样的解决民主问题的方案:建立以宪法和美国历史为核心

的公民宗教;用专家政治取代党派依附政治;用科学的方法调查民意;依托公立学校和其他社群组织开展面对面的政治讨论;提升政治领袖的地位,特别是总统的地位,使之成为民主不可或缺的要素。下面的文字将向您展示,上述的改革方案是如何改造"伟大社会"里的公共生活的。

笃信宪法[45]

在一战与二战之间,宪法主义(constitutionalism)"在美国文化中的地位比以前任何时候都要高"[46]。的确,宪法主义就如同一个邪教,身上带了很多象征物,其中最明显的一个就是最高法院的办公建筑。早先的时候,最高法院在国会大厦的地下室办公。1860年,参议院搬到一个新办公地点,也就是今天的所在地,于是最高法院就搬家去了旧的参议院议事厅。直到1929年,国会才拨款给最高法院盖办公楼,即所谓的"正义殿堂"[47]。为了给最高法院争取自己的办公楼,首席大法官威廉·霍华德·塔夫脱发起了一场运动。1928年,国会批准了他的请求,并委任他为法院建筑规划委员会主席。1935年,最高法院终于有了自己的办公楼,现在仍在那里办公。

自建国之父的年代以来,宪法的头顶上一直有神圣的光环,节日中常见的赞美宪法的政治话语就是一个证明。在20世纪20年代,出现了大量与宪法相关的活动,使宪法头上的光环更加耀眼。1916年,一场旨在把9月17日定为宪法日的运动开始。到20世纪20年代,运动取得了相当大的成功。这场运动得到了美国律师协会(the American Bar Association)的积极响应,全国教育协会(National Education Association)也通力配合,战争部则要求所有的驻军点开展相应的节日庆祝活动。到1923年,有23个州规定公立学校应开展宪法教育。对于无政府主义、社会主义和布尔什维克主义的惧怕,以及归化移民的需求,促使越来越多的州颁布此类规定。[48]到1931年,有此规定的州的数量上升为31个。私立大学也开始出资举办宪法讲座。1924年,国家演讲比赛①如火如荼,吸引了数以百万计的参与者。

这一系列对宪法表示尊敬的活动起到了什么作用,我们并不清楚。我们可以肯定的是,法院和宪法的事例意味着人们正在努力解决民主的

---

① 国家演讲比赛的全称为美利坚合众国宪法全国演讲比赛(National Oratorical Contest on the Constitution of the United State),主题是美国宪法。

问题。渐渐地,法院和宪法在人民心中的地位提升了。罗斯福的"填塞法院"计划(court-packing Proposal)①不但未能奏效,而且还起到了反作用,让最高法院成为一个独立的、经常挑刺的、顽固不化地捍卫宪法传统的机构,就连在任总统也不放在眼里。

在 19 世纪 20、30 年代,华盛顿特区成为一种国家象征。1922 年,林肯纪念堂落成。1943 年,杰斐逊纪念堂落成。1939 年,富兰克林·罗斯福总统在为杰斐逊纪念堂奠基时特意强调,杰斐逊留下了宝贵的政治哲学遗产。"应该让自立为王或自封为官的少数几个人统治,还是由全体选民和按多数人同意原则统治?他与我们一样,都生活在这两者之间的斗争之中。他与我们一样,都相信普通人的意志终将高于那些自立为王的独裁者的意志。"[49]罗斯福给杰斐逊纪念堂奠基是为了表现他自己对民主的尊重。

以前,政府是偶尔留存档案。1934 年,政府建立了一个巨型的档案保存机构——国家档案馆。1920 年,宪法和独立宣言原件从国务院保险库中移出,并于 1924 年送到国会图书馆公开展出。电影人摄录了这两份文件,全国各地的人都可以去电影院观看。[50]与此同时,在卡尔文·柯立芝总统的鼓励下,雕塑大师格曾·博格勒姆(Gutzon Borglum)正在南达科他州的一座山峰上雕刻乔治·华盛顿、托马斯·杰斐逊、亚伯拉罕·林肯、西奥多·罗斯福的头像。1930 年 7 月 4 日,华盛顿的头像的面纱被揭开。1936 年,罗斯福总统为杰斐逊头像揭幕。林肯的头像于 1937 年的宪法日揭幕。1939 年,南达科他州建州 50 周年纪念日,罗斯福头像揭幕。[51]这些头像不是普通的雕塑,它们是圣地里的神龛,是美国公民宗教的组成部分。有人提议把拉什莫尔山称作"民主之圣地"。福吉谷(Valley Forge)②、詹姆斯敦(Jamestown)③、蒙蒂塞洛(Monticello)、罗伯特·E.李(Robert E. Lee)④的出生地斯特拉特福庄园(Stratford Hall)也开始被人称作"圣地"。[52]杰斐逊尤其受重视。1923 年,人们为了重建杰斐逊的故居蒙蒂塞洛专门建立了托马斯·杰斐逊的纪念基金会。基金会向美国的儿童筹款,各地儿童踊跃捐款,基金会收到了上百万的硬币。在了解到

---

① "填塞法院"计划是罗斯福为推行新政扫清障碍而提出的计划。其主要内容是,总统可以提名另一名法官取代任何年龄超过 70 岁的联邦法官,包括最高法院法官。

② 福吉谷,美国宾夕法尼亚州切斯特郡的一个国家公园,是美国的革命圣地。1777—1778 年为华盛顿军队冬季驻军总部。

③ 詹姆斯敦,北美第一个英国永久殖民地,被誉为美国诞生地。

④ 罗伯特·E. 李,美国南北战争时南方军的统帅。

杰斐逊很受欢迎之后,共和党和民主党都开始为重建杰斐逊故居提供帮助。

大资本家也为建立这种公民宗教贡献了力量。亨利·福特的绿野村(Greenfield Village)①于 20 世纪 20 年代破土动工。到 1931 年,建造出了仿古的房屋和街道。小约翰·戴维森·洛克菲勒也在行动。他在弗吉尼亚的威廉斯堡(Williamsburg)买下了一大块土地,尝试着去实现他重建"殖民地时期的威廉斯堡"的梦想。② 1933 年,罗利客栈(Raleigh tavern)重建工程完成。1934 年,总督府重建工程完工。罗斯福总统亲自去为重建的格洛斯特公爵街(Duke of Gloucester Street)揭幕,并称之为"全美最有历史意义的街道"[53]。

还有一些可以展现民族身份的东西,不如上述的东西那么耀眼,但却十分有影响也十分有说服力,例如由 1913 年的宪法修正案批准的联邦所得税。在此之前,公民与联邦政府没有直接的经济联系,在此之后,"纳税人"成为公民的代名词。

另一个在国家与公民之间建立起联系的东西是统一货币。在 19 世纪,除了银行以外,宾馆、零售商店甚至妓院都发行自己的货币。1863 年,《国家银行法案》(National Bank Act)颁布,统一货币的进程开始。国家发行了新钞票,但在 19 世纪晚期,银行发行的钞票也一起在流通。19 世纪晚期有一个习俗,人们会在硬币上刻上"爱心象征"(love token)几个字。后来,法院把此举判定为"损伤"货币的行为。换句话说,国家货币开始有了一种神圣的光环。1909 年,国会终于宣布禁止私人发行货币。[54]

领袖民主

当时,很多人观察到的情况是,在社会变得越来越复杂的同时,新闻大亨和特殊利益集团越来越强大,操控着公共信息。政治改革让普通公民有了更多参与政治进程的机会(有更多的官员由民众选出),而且参与的事也变得越来越复杂(立法提案、全民公决提案,都需要民众去表决),

---

① 亨利·福特(Henry Ford,1863—1947),美国汽车工程师与企业家,福特汽车公司的建立者。绿野村位于底特律,通过一些仿古的建筑,如教堂、磨坊、火车站,展现了几个世纪的美国生活。

② 在殖民地时期,威廉斯堡是弗吉尼亚的首府。后来首府移至里士满,威廉斯堡则逐渐衰败。小洛克菲勒在原址上新建了很多仿古建筑,如下文所述的罗利客栈、总督府、格洛斯特公爵街等,使之成为一个旅游中心。

第五章 民主的救星？公民宗教、领导权、专长和更多的民主

于是，普通公民面临对其认知能力的巨大挑战。在这种情况下，政府应该如何让自己的决策与公民的利益保持一种恰当的关联呢？

为了解决这个问题，不少人提出应该依靠领袖，特别是总统。从一开始，这就不是一个让人感到满意的解决方案。它是在试图解决民主的问题，但似乎又有违民主精神，否定了普通公民的自治能力。无论如何，总统的权力确实增长了不少，原因如下：

第一，联邦政府变成了一个管理和再分配机构，与个体公民建立了一种"直接和强制性的关联"[55]。例如，以前执法工作主要由州政府和地方政府承担。现在，联邦政府的警察力量和其他联邦执法力量增加了不少，移民和边境管理局、印第安人事务局、酒类税务司、邮政局、国内税务局、国家公园管理局以及联邦调查局等执法机构变成了联邦政府不可或缺的组成部分。[56]建立跨州贸易委员会、立法反托拉斯、组建联邦贸易委员会、颁布《纯净食品和药品法案》、立法保护环境、征收联邦收入税、资助职业教育、依据1921年的《谢泼德—托纳法案》(Sheppard-Towner Act)插手孕妇和儿童的健康事务，联邦政府把自己的触角伸向了全国各地。在19世纪，一位学者说我们的主要行政管理官员"管理很少的事或基本上不管事"[57]。现在，他的说法已与事实不符。

第二，在理论以及实践层面上，政府越来越以总统为中心，而不是以国会为中心。相对于州和地方政府，联邦政府的权力增大了；相对于联邦政府内的国会，总统的权力增加了，而且总统的"领袖身份"成为一个庄严的东西，成为美国政治中一种统治性的意识形态。[58]从威廉·麦金利和西奥多·罗斯福开始，总统的个人权力开始增长。在19世纪，总统候选人一般会把自己竞选获胜看做他获得了人民的首肯，可以获得宪法上所规定的那个总统职位了。他不会认为自己竞选获胜意味着选民认可了他的特定的政策主张或政治倾向。简言之，选举获胜意味着人民给自己颁发了"委任状"。这种观念在麦金利当总统之前就已出现，但是在麦金利于1896年竞选获胜之时才得到了全面的认可。当时的新闻界对这种观念表示认同，麦金利则在就某些问题（特别是货币问题）提出主张时，强调自己当选是"人民作出的命令性判决"[59]。与前任的那些总统相比，麦金利与他后面的罗斯福都更加积极地干预政治事件。例如，在1902年，煤矿罢工延续了几个月。罗斯福单凭自己手上的权力就平息了纠纷。虽然罗斯福承认自己"没有权利和义务去用法律或我自己在此事中的官方影响施加干预"，但他还是插手了，而且成功地利用这次机会向人民表明，总统是受人民之托维护国民福祉的人，在国内有重大危机发生的时候绝不会

袖手旁观。⁶⁰

1921年《预算与会计法案》(Budget and Accounting Act)①的颁布使总统对于立法议程的影响显著增强。这个法案其实是妥协的结果。从一个方面来说,该法案的通过显示出这样一种社会认知:在现代社会,要管理政府,就需要制定行政预算方案。从另一个方面来说,该法案也显示出了美国人不信任中央集权的传统,对总统在预算上的控制权做了限制,例如取消了总统对预算案的部分否决权(line-item Veto)②(在此之前,国会通过了一个预算法案。其中一个条款规定,预算主管的任命权由国会掌握。威尔逊总统否决了这个条款)。⁶¹无论如何,该法案是总统权力加强过程中的一个关键节点,使总统成为影响联邦政府开支的核心力量。后来,富兰克林·罗斯福及其继任者扩大了总统办公室的规模和职权范围,使总统的权力再度增强。

地位的提升让总统在与国会讨价还价时有了更多的筹码,也让总统"面向公众",绕过国会直接面对人民,以便让自己的行动获得更多的支持。在电视时代,直接面对公众是总统们经常使用的策略,但在电视时代到来的一个世纪以前,这种策略的种子已经播下。⁶²

第三,面向公众的策略使总统成为全国关注的象征性焦点,所以总统能够获得更多的权力。特迪·罗斯福③成功地把总统这个宪法职位染上了个人化色彩。也就是说,把总统看做一个由宪法确立和约束的行政职位的人越来越少,把总统看做政策制定者和国家领袖的人越来越多。1907年,罗斯福人所周知的继承人威廉·霍华德·塔夫脱宣称,他赞同"罗斯福那些广为人知的政策"。这段话的新颖之处在于,塔夫脱没有说要去推进自己所代表的政党的事业,而是说要去追随总统个人。⁶³由于经常在讲话中用"我的政策"这种词汇,罗斯福遭到一些人的批评。但亨利·克罗斯比·埃默里1912年在耶鲁大学讲座时说:"人们并不觉得那些提及了'我的政策'的讲话有什么不好,因为他们现在希望总统有自己的政策。"在过去,确实有少数几位强有力的总统,例如杰克逊和林肯,曾明确表明过自己的政策立场。但希望每一个总统都有自己独特的政策立场是一个新出现的状况。埃默里认为这个状况将延续下去:"因为我们已经在说罗斯福的政策或塔夫脱的政策,所以将来我们在谈及某些立法项

---

① 该法案规定,政府预算由政府来执行,但预算方案必须交由国会审核。
② 即不完全否决提案,只否决提案中的部分条款的权力。
③ 即西奥多·罗斯福。特迪(Teddy)为西奥多(Theodore)这个名字的缩略昵称。

目时,也会在前面加上未来总统的名字。"⁶⁴

西奥多·罗斯福不仅积极地推行其政策,而且还频繁与公众直接交流。很明显,罗斯福很受美国大众的广泛欢迎,但使政治家与公众直接交流制度化的不止罗斯福一人。罗斯福经常与公众交流看上去似乎是因为他天生有这种能力,伍德罗·威尔逊坚持与公众交流则是因为他已经接纳了一种理论观点,即与公众交流是巩固领导权所必需的活动。1885年,威尔逊写了《国会政体》(Congressional Government)一书,提出在民主体系中立法机构必然是高于一切的。在登上总统宝座之后,他却做了一个大反转,开始排挤国会并试图集整个国家权力于一身。到了这个时候,他就改变了语调,说国会拥有的权力实在太多,而且其权力受到的公众审查实在太少。相对于国会,总统应该拥有更多的权力,而且应该靠经常与公众的交流来保持住这些权力。以前的总统只是每年给国会送去一个书面致辞,威尔逊则本着实用主义的精神发起了一个20世纪的总统都乐于参与的活动——向广大群众发表演讲。除了对公众发表演讲,威尔逊也对国会做演讲,直面国会里大量的听众。也就是说,他复兴了华盛顿和亚当斯亲自向国会做国情咨文报告(而不是让秘书代为宣读)的传统。

与罗斯福一样,威尔逊为了竞选总统而四处发表演讲。当然,他也不只是为了竞选才发表演讲。1919年,为了说服美国民众,让美国加入国际联盟,他前往西部几个州做了巡回演讲。1911年,为了让立法机构同意他的改革计划,他在新泽西发表演讲。1916年,为了推行扩军计划,他也四处发表演说。尽管所有人都说他是个刻板的、不知变通的政治家,不是一个和蔼可亲的人,但他自己表示喜欢与普通市民交流。1919年,他在北达科他的一辆火车上对听众说:"我很高兴能出来见见真正的乡亲,很高兴能与他们握手。"他还在《新自由》(The New Freedom)一书中提到,他喜欢对"普通人"发表演讲,因为他们"与我在大学的讲座对象相比,能更快地抓住要点、理解观点、发现趋势和掌握原则"⁶⁵。

可以说,总统与总统候选人对于公众的情绪十分敏感,但到了20世纪初,对于公众的情绪敏感的人已不只限于总统和总统候选人。进步主义时代的改革让其他的政治家也开始关注民意。1913年颁布的《宪法第十七修正案》规定,美国参议员必须由民选产生。1916年,威尔逊做了一件极有可能引发争议的事——提名路易斯·布兰代斯(Louis Brandeis)①

---

① 布兰代斯是个犹太裔法官,在政治上比较激进,在政界有不少反对者。

为最高法院法官。的确,这一举动引发大量的公共辩论,数量之多可谓前所未有。这些辩论显示,布兰代斯颇受民众欢迎,于是,几个先前反对布兰代斯的排犹参议员改变了态度,转而支持这位激进的法官。反对的声音变小后,参议院批准了威尔逊的提名,布兰代斯成功入主最高法院。[66]

第四,总统的权力越来越大也是因为,从西奥多·罗斯福执政之日一直到二战这段时间里,美国逐步成为世界舞台的主角。渐渐地,外交成为政府的工作重点。鉴于总统在外交事务上的法定权力要大于其在国内事务上的法定权力,外交工作重要性的增加也就意味着总统权力的增加。鉴于外交中的核心政策是军事政策和防御政策,外交工作重要性的增加也就意味着总统对于公共信息的控制权力有所增加,因为,根据国内政策,总统不能封锁消息,但若涉及军事问题,总统即可实施消息封锁。

最后,以大众为基础的政治竞争模式取代了以政党为基础的政治竞争模式。总统不仅从国会那里夺取了一些权力,也从政党那里取得了一些权力。与政党相比,总统在影响立法、为公共生活定调和引领人民方面起到的作用更大。我们会在本章末尾对罗斯福新政的研究中,更加仔细地探讨这个问题。

总统怎样行使其领导权?在一战和二战之间最受欢迎的领导权模式是一种类似于商业管理的模式。从查尔斯·G. 道斯(Charles G. Dawes)的文字中我们可以一窥端倪。道斯是预算局的第一位负责人,他于1921年6月29日参加了一次会议,与会的是政府的"整个商业管理班子",成员包括总统、行政部门主管、相关的国会议员、高级文书、政府机关的主管与副主管。总统哈定先向与会者介绍了道斯,然后道斯向与会者说:

> 对我而言这不是演讲,我是作为一个商业人士在跟你们讲话,我属于商业管理班子的一员,班子将第一次在商业公司总裁的领导下开始运作,这个总裁同时也是合众国的总统。

道斯把总统称作"合众国政府的商业主管"[67]。他其实是说,管政府就像管生意。

> ……总统让这个国家进入了一种前所未有的模式,即银行、制造企业或任何企业都有的那种模式。企业的总裁要对整个企业负责,同时他也有权去企业中任何他想要去的地方收集信息,有权从企业中任何的消息源那里得到信息,无论这个消息源是擦地板的女清洁

工还是首席副总裁。[68]

赫伯特·胡佛的身上也有企业总裁的影子,他把自己塑造成了一位专家型总统。直到20世纪30年代,还有人这样称赞胡佛:"我们有了历史上第一位掌握了商业领导者所需的技术能力、工程学造诣、内阁经验和经济学基础知识的总统。"[69]

商业领袖或专家领袖治国的观念十分流行,但商业领袖、专家式的总统以及这种治国模式能够带来的东西,不是民主,而是弗雷德里克·泰勒(Frederick Taylor)[①]所说的"效率",这一术语后来成为商界人士和行政改革家的座右铭;或者是比"效率"更容易理解的东西,即社会学家埃米尔·涂尔干所说的社会所需的"道德团结"(moral solidarity)。赫伯特·克罗利(Herbert Croly)[②]说:"寻找伟大领袖已经成为一种精神强迫症。"[70]对于很多人而言,一个领袖必须成为人们的梦想与希望的投射。李普曼在他的《政治学序论》(A Preface to Politics)中提出,希望找到这样的领袖:具有"创造性的思想和远见卓识",行事的依据不是理性,而是能了解社会变化的那种直觉;能通过一种指引性的、振奋人心的"神话"去表达自己的观点。[71]在进步主义年代,人们希望寻找到能够展现自己的愿望的强大领袖,让他来实现民主的理想,但这一浪漫的设想并非民主问题的唯一解决方案,其竞争对手是科学、效率和专长。

专家民主

1927年,政治科学家伦纳德·D.怀特(Leonard D. White)宣称,整个世界都在见证"专家政府的出现",而且他明显认同这种发展趋势。他写道:"我们是否应该强迫自己去把美国的政府重新定义为一种利用专家的服务去实现民主目标的机构?这是一个很好的问题。"[72]对于怀特而言,专家能够为民主效力,还能在一定程度上替代民主,而且这样会更好。"美国人的经验已经清楚地表明,我们不能指望选举产生官员的行政能力都能达到标准。"那些"行政首脑"不会容忍"政治竞选陷入窘境",也不会容忍一些人占据某个政职不放。也就是说,在政府中给专家挪出位置,将有助于抵制"分肥政治"和"潜在的影响"。

---

① 弗雷德里克·泰勒(1856—1915),美国发明家、工程师和效率专家。
② 赫伯特·克罗利(1869—1930),美国政论家、新闻记者。

怀特排斥政党民主，而且还懒得说明排斥的理由。沃尔特·李普曼则在《舆论学》中对专家民主做了详细和严密的论证。在20世纪早期关于公众和舆论的著述中，这本书最为重要，影响持续的时间也最长。但就书本身而言，完全原创性的东西很少。与格雷厄姆·沃拉斯、杜威、公共关系与广告的实践者和理论家一样，李普曼深深地感受到了"社会群体"的复杂性和力量。《舆论学》的贡献在于，令人信服地剖析了那时刚刚兴起社会学和社会心理学研究的结论——人类关注的东西是有限的；在特殊的时候，他们也许会把视线从身边的、个人的世界上挪开，但这时候他们又不受理性的支配，而是受到情感、不断变化的环境和情绪的支配；新出现的、巨型的、用于劝服民众的机器正在虎视眈眈，非常愿意也绝对有能力利用这种情况为自己谋利。

李普曼对此所作的分析比其他人的都透彻。另外，他还通过分析得出了清醒的结论：民主主义者必须放弃对全面民主的幻想，以便能够保留住一个虽单薄一点但有价值的民主形式。

早在1915年，李普曼就开始关注民意问题。在这一年，纽约的选民否决了进步主义的新宪法①，李普曼希望找到他们否决的原因。李普曼研究发现，局内人支持新宪法，因为他们可以直接从政府人士那里获取消息，而一般公众只能从新闻界那里得知消息。所以，局内人"看到的不只是公共生活的表象"。他认为，局内人是一个特权群体，他们亲自直接处理事务，而不是通过官方渠道间接处理。[73] 在战争期间，李普曼自己就成为局内人，因为他与威尔逊当局建立了亲密关系。1917年，他给威尔逊的助手豪斯上校（Colonel House）②拟出了一份筹建"宣传局"的草案，这个"宣传局"也就是后来建立的公共信息委员会。[74] 战争结束之后，李普曼重操旧业干起了新闻工作，但同时还在做副业，即当新闻批评家。他与查尔斯·梅尔茨（Charles Merz）一起发表了一篇文章，对《纽约时报》关于俄国革命的报道做了认真的批评。后来他还出版了一本批评新闻界的书——《自由与新闻》（Liberty and News）。书中指出，现代社会中很糟糕的一个问题就是人们得到的信息永远都是二手的，而且"当下西方的民主危机就是新闻业的危机"[75]。

---

① 在进步主义运动时期，美国增加了一些宪法修正案，例如第十七修正案、第十九修正案等。

② 豪斯上校，本名爱德华·豪斯（Edward House，1858—1938），美国外交家，威尔逊的智囊。

第五章 民主的救星？公民宗教、领导权、专长和更多的民主

如果"制造共识是一种不被约束的私人活动",那还能有民主吗?[76]李普曼未能给出一个底气十足的回答。他希望建立一个专业化和科学化的新闻界,能通过统一的方法和严格的实验去确定自己的方向,而不是为了实现某个目的而自行其是。[77]他希望新闻专业化,希望受过新闻专业教育成为入行的必备条件,但立刻又说此事需要三思,因为专业主义也可能带来问题。他说,至少应该让新闻成为一个有尊严的职业并开展视客观性为原则的职业培训。他希望建立"政治观测站",让大学和私立学院在里面做对新闻记者有用的研究。他还提议建立非党派性的国际新闻机构。[78]

顺着这个思路,李普曼在《舆论学》一书中做了新的探讨。在这本书中,他对民主问题的剖析可谓入木三分。他指出,人们不再对自己的"环境"做出反应,他们只是对"拟态环境"(pseudo-environment)做出反应。所谓拟态环境,就是新闻媒介给人们塑造的外部世界的非真实景象。但仅归咎于新闻界是不对的,问题也在于人类自身。我们无法得知真相不只是因为新闻界没有提供真相,还因为我们自己无法看到真相。人们依据自己的"刻板印象"(stereotypes)去理解这个世界。也就是说,我们看到的世界只是我们想看到的世界,由我们自己的刻板印象建构的世界。到了这里,书中一个重要的转折出现了——不再只着眼于外部因素对人的影响,转而关注人的理性能力这样的内在问题。或者说,李普曼否定了传统的民主理论或任何以公民的理性为前提的理论。约翰·杜威在《新共和国》杂志上发表的评论称,李普曼的这本书"可能是现代思想家对民主所做的最有强有力的指控"[79]。

就在几年以前,李普曼还希望让新闻业科学化,以便推进民主。现在他认为新闻业无可救药。在他眼中,记者仅能对那些有精确的"机械记录"的新闻做准确、可靠的报道。换句话说,记者能够准确报道的是股票市场行情、棒球比赛比分以及其他本来就有精确记录的东西。对于其他的事情,他们的报道就不值得信任。对此,李普曼认为最好的解决方案就是建立情报机构,也就是他先前所说的"政治气象站"。他希望让现在被称为智囊的那些人开展科学研究和监视政治世界,成为给记者提供信息的专家。专家之所以是专家,不是因为他有高学历,而是因为他的求知欲更强,希望去了解的事比一般人更多,并能控制自己的欲望。[80]而且,专家执政也是民主的最佳"自救"方式。

并非人人都认同李普曼的这个结论。1926 年,约翰·杜威对李普曼做出了回应。他在凯尼恩学院(Kenyon College)做了一系列的讲座,并

于一年后把讲稿编辑成册出版,名为《公众及其问题》(The Public and Its Problem)。在最近这些年,这本书获得的赞誉不少,因为它与"公共领域"和"公共知识分子"的命运有关联。但是,与杜威的大多数著述一样,此书中尽是让人抓狂的车轱辘话,提出的建议抽象无比,虽然不同意对方的观点,但又未能给出探索社会的实际可行方案。杜威大体上认同李普曼对公众问题的分析,但他提供的解决方案与李普曼的大不相同。他写道:"在大多数的人际圈中,让人们对政治性问题展开讨论是件很困难的事。即便开始讨论,马上就有人会打哈欠,让讨论无法继续。"[81]另外,在专家的作用问题上,杜威与李普曼的看法其实大同小异。杜威不认可专家统治,因为专家阶层肯定会像任何的统治阶层一样,只顾自己的私利,无视公共利益。只要"大众没有把自己的需要告知专家的机会",那么专家统治就仍是一种寡头统治。要解决"公众的问题",不是要把专家赶下台,而是要加强专家与公众之间的交流。在杜威那里,"探索的确是一项应该移交给专家的工作",专家的任务不是"制定和执行政策",而是"寻找和揭示前者所需的事实"。一般大众不需掌握开展社会探索的技能,只需"有能力分辨那些由他人提供的、有关民众福祉的知识的良莠"[82]。

在后面的文字中,杜威指出,要在现代社会实现民主,就必须让地方的、人们之间可以面对面交流的社群延续下去。"现代生活中的显著事实"是,现代社会那巨大的非人性化力量,把人与地方的情感依附击得粉碎。我们必须使之得以重建。杜威总结说:"近距离、直接交流和情感依附所拥有的活力和深刻性是无可取代的。"在一段满是溢美之词的文字中,他称"地方是终极宇宙,就如同存在那样是绝对的"[83]。

这能算得上是对李普曼的有力回应吗?李普曼一直没有忘记"现代生活中的显著事实"——以前的那种地方社群已经分崩离析。杜威对于人们可面对面交流的地方社群赞美不断,却忘记这种社群常常会阻碍他极力推崇的东西,或者说他心中的另一个"绝对"之物——自由的社会探索。杜威一次又一次地强调在政治进程中"统筹智慧"(organized intelligence)和"科学方法"的重要性。他大力赞扬并试图展现那些自由主义观念,其实是"以科学的头脑处理社会事务的习惯已经形成的表征"[84]。如何在"伟大社会"中复兴过去的那种社群?即便可以,那它又如何与现代性、科学和自由主义相协调?《公众及其问题》都未能给出清晰的回答。

对于专家在民主社会中应该扮演什么角色的问题,李普曼和杜威做了探讨,但对于专家已经在扮演的那些角色,两人都言之寥寥。在20世纪20年代,已经有专家参政,有些还直接参与公共政策的制定。越来越

第五章 民主的救星？公民宗教、领导权、专长和更多的民主

多的学者靠着从美国或欧洲大学拿到的博士文凭，就把自己称作某一个社会科学学科的专家。当然，靠受教育变身社会科学专家在那时还是不常见的，因为很多社会科学学科才刚刚建立。在1890年，美国基本没有人知道社会学是个什么东西。但是到1901年，美国就有132所大学开设了社会学课程。到1910年，开设社会学课程的大学已达三百多所。社会学的变化不只是数量上的变化。起先，社会学是改革家面向大众讲述的东西。后来，它成为专业人士之间的对话，专家面对的是大学、基金会和政府里的其他专家。[85]

政治科学的研究生教育始于1880年（哥伦比亚大学），但此学科在1900年以后才开始迅速发展。威斯康星大学和哈佛大学先后于1901年和1909年建立了政治科学系。到1914年，美国高校中的政治科学系已达40个。[86] 1903年，美国政治科学协会（American Political Science Association）成立。1908年，亚瑟·F.本特利（Arthur F. Bentley）出版了标志性的著作《政府过程》（The Process of Government），把政治学确立为一门以经验主义为中心的学科。[87] 经济学在大学中确立其学科地位的时间要早一些，但也是在这个时期才开始用定量研究证明自己对政府有用。

到20世纪20年代，大学的经验研究已有了长足的发展，能够培养和认证政策专家。为这些专家提供支持的不只是大学，还有私立的基金会。1921年，私立基金会为社会科学和历史学的研究和培训提供了18万美元的资金。到1927年，资金数额已接近800万元。[88] 1909年，拉塞尔·塞奇基金会（Russell Sage Foundation）资助了匹兹堡调查①。此后，社会调查遍地开花。到1928年，美国已开展了2 700项社会调查，内容涉及健康、住房、教育、工资、工作时间等众多与州和联邦政府有直接关联的问题。[89]

新兴的独立研究机构也给政策专家提供了帮助。这些机构关注公共政策，直接聘用社会科学家为其服务，还影响立法。布鲁金斯学会（Brookings Institution）成立于1916年，在1927年成为一个组织完备的机构，并开始产生全国性的影响。这个学会的成立有赖于联邦政府，是塔夫脱总统的经济和效率委员会（Commission of Economy and Efficiency）给了它初始的推动力。委员会的主席弗雷德里克·克利夫兰（Frederick Cleveland）曾经管理过独立的政策研究机构，他有意建立一个全国性的

---

① 1909年，在宾夕法尼亚州匹兹堡市进行了一项关于工人生活和工作条件的大规模调查。

独立政策研究机构,于是布鲁金斯学会应运而生。

市政研究机构首先在纽约、巴尔的摩、费城和芝加哥这些大城市出现。到1916年,密尔沃基、罗彻斯特、底特律、克利夫兰、阿克伦、托莱多和旧金山也都有市政研究机构建立。这些私立的"效率"研究机构监督和调查政府的行政工作,推行企业化的政府管理模式。[90] 在州的层面上,政治科学家查尔斯·麦卡锡(Charles McCarthy)建立的威斯康星州立法研究局(Wisconsin Legislative Research Bureau)颇受关注。改革家弗雷德里克·C.豪(Frederic C. Howe)非常欣赏麦卡锡的工作,他为之写了一本书,目的是向全国推广"威斯康星模式"。他在书中称,威斯康星大学是"州研究实验室",社会科学的研究生在里面展开"对州的问题的细致研究"。他还宣称,如果麦迪逊市的州立大道①的一头没有对问题做过仔细的研究,那么另一头就基本不会有法律通过。[91]

在《舆论学》中,李普曼并未提及这些研究机构,但这样的研究机构即他建议建立的"政治观测站"其实已经四处开花。社会研究的发展与政府不无关系。早在1902年,人口统计局就成为联邦政府的一个固定机构。20世纪20年代,政府又成立了农业经济调查局(Bureau of Agricultural Economics),让其展开农业政策研究。当然,除了政府下属的研究机构,开展社会研究的还有独立的研究机构和研究协会,如成立于1920年的国家经济研究社(National Bureau of Economic Research),成立于1923年的社会科学研究理事会(Social Science Research Council),以及上文提到的那些组织。[92] 基金会对社会研究也有巨大的推动作用。1907年,拉塞尔·塞奇基金会成立。1913年,洛克菲勒基金会成立。这两个基金会的目标基本一致,那就是推进社会、经济、政治改革。基金会推进改革的策略是,先对相关问题进行研究,然后对外公布研究结论。换句话说,对于有意推进改革的基金会而言,社会研究技能的重要性不言而喻。看到制定政策而开展的社会研究发展迅速,一位历史学家评论说,已经有了一种"新的政治进程范式,即基于政策而不是政治的范式"[93]。

到20世纪20年代,专家治国已经成为一种主导性的理念。这种理念盛行的一个重要原因是公务员制度改革。这场改革力图取消政党对公务员职位的控制,并推行公务员功绩制,要求寻求公务员职位者参加有竞争性的考试,以证明自己掌握相关政府工作所需的知识与技能。在一些

---

① 麦迪逊为威斯康星州州府所在地,州立大道的一头是威斯康星大学,另一头是州议会大厦。

州,公立大学很自觉地使自己成为公务员技能培训基地。

科学专家成为"所有行政人员的原型"。科学管理的鼻祖人物弗雷德里克·泰勒在一篇关于"政府效率"的文章(发表于1916年,即他去世后不久)中发出了呼吁,希望政府给效率专家以内阁职位,以便提升整个政府的效率。在战争开始前,泰勒的追随者莫里斯·L.库克(Morris L. Cooke)当上了费城的公共工程主管,然后就弄了两个词当自己的口号。一个是"专家主义"(expertism),一个是"民主"。他后来做了很多关于市政办公效率的讲座且颇受欢迎。他认为,让专家执政更有利于民主,所以应减少由民众投票决定的事项。民众只用对"宏大的问题"作出投票选择,具体的行政事务应交由专家处理。[94]

尽管杜威对专家提出了尖锐的批评,但专家掌权还是成为民主的不二选择。弗雷德里克·豪在赞美进步主义运动在威斯康星取得胜利的时候说:"民主不仅制造专家,还提拔专家让其执政。"[95] 1914年,阿瑟·T.哈德利做了关于美国政治的系列讲座。他在讲座结束时总结指出,可以也必须将民主与专长结合起来。"人民作为一个整体必须承担两种责任,一是对于那些民意可决断的事务作出明智的选票,二是把只有专业人士能处理的事务交由专业人士处理……"他说,美国要实现民主,有两件事是必需的:"人民主权和有效率的政府。"人民自己就可以实现人民主权,但要建立有效率的政府,人民就一定要听专家的。[96]在初中教育已经普及、高中教育也不断发展的情况下,与获取政党职位和政党精英身份一样,获取专家身份的过程是开放的,而且更注重"功绩基础"。诚然,专家统治只是一个选择,另一个选择不是民众统治,而是政党统治。

若以上述情况为背景,我们就可以说,李普曼与杜威二人之间的对话其实只是一场关乎民主前途的大讨论中的一个插曲。虽然胡佛当局那糟糕的政绩①可能意味着专家的作用有限,但在胡佛的继任者那里,专家的地位却提升了。富兰克林·德拉诺·罗斯福绝没有想复兴杜威所说的地方的、可面对面交流的社群。相反,他把专家统治提升到了一个前所未有的程度。到1938年,联邦政府聘用的社会科学家人数已接近8 000,仅经济学家就有500多位。[97] 1939年,总统行政办公室成立,而且原属于财政部的预算局也划归总统行政办公室管辖,于是总统的权力变得比以前任何时候都大。[98]国家的经济危机和国际战争的阴影笼罩着地方社群。国

---

① 胡佛任期内美国爆发了经济危机。

家若崩溃,地方社群也不会再像以前那样能够幸免于难。若如杜威所言,地方是"终极宇宙",那么非常不幸的是,到20世纪30和40年代,"终极宇宙"已经基本消失。到二战时,领袖统治已经与李普曼推崇的专家统治合为一体,被华盛顿欣然接纳。杜威那复兴可面对面交流的社群,使之再度成为民主根基的愿望已经遥不可及。当然,小城镇与民主之间的紧密关联不会这么轻易就被人忘记。

小范围民主

在20世纪20和30年代,曾有人做过重建可面对面交流的地方社群的努力。即便忽略了在全国范围内复兴这种社群的可行性,他们的努力仍有助于保持民主的想象力。

重建地方社群的努力始于一战以前。在这个时期,玛丽·福莱特(Mary Follett)①以及其他一些人呼吁对居民社区做重新规划,并让公立学校成为社区的中心。[99]他们参与了定居房运动(settlement house movement)②,希望通过建立"定居房"将附近的社区居民联系起来。到1910年,公立学校在定居工作者的助力下成为社区中心。在波士顿,福莱特把一些学校打造成了娱乐和社区中心。在纽约州的罗切斯特,曾当过长老会牧师的爱德华·沃德(Edward Ward)发起了变学校为社区中心的活动,让学校成为公共图书馆、公共澡堂、剧院和会议中心,希望借此在城市的生活环境中重建"社区精神,即我们在进入城市之前所知的那种民主"。[100]沃德后来又去威斯康星州继续他的事业,把该州各地的很多学校改造成了社区中心,并于1912年创立了全国社区中心协会(National Community Center Association)。也是在1912年,总统候选人威尔逊、塔夫脱、罗斯福都表示支持变学校为社区中心的活动。威尔逊在《新自由》一书中指出:"这些建筑是属于公众的。为什么不把它们用于开展讨论活动呢?就像以前用于开乡镇集会的场所那样,大家都会去,而且还能叫任何一个官员过来问话。"[101]除了公立学校,有一些公立图书馆和公园

---

① 玛丽·福莱特(1868—1933),社会活动家,学者,被誉为"管理理论之母"。
② 定居房运动是一场始于19世纪80年代,在20世纪20年代达到顶峰的社会运动。主要活动是在城市中相对贫苦的区域建"定居房",让中产阶级入住。运动的组织者希望,中产阶级能给贫困社区带来文化和知识,从而改善贫民的生存状况。但后来,所谓的"定居房"其实变成了社区服务中心,由慈善组织管理,给穷人和移民提供服务,如让穷人到定居房做饭、洗澡、上文化课,还收容无家可归人员。

第五章 民主的救星？公民宗教、领导权、专长和更多的民主　187

也被人改造成了社区中心。很多改革家认为，这些社区中心比沙龙积极向上，可以取代沙龙，成为过社区生活和开展政治讨论的场所。[102]

威尔逊认为公民若只阅读报纸新闻并作出回应，还算不上参与了民意的制造。"他根本算不上发表了民意，除非他对自己的邻居敞开心扉，与他们一起讨论时事和时局。"也就是说，让邻居们聚集到一起可以使美国政治重获生命力。他在纽约库珀学院做了一次演讲，语气中带着几分虚伪，又带有明显的真诚。他说，有些最好的问题来自"那些穿得最寒酸的听众……普通人……每天要为生计去拼搏的人"。威尔逊接着说，自己之所以支持把学校打造成社区中心的主张，是因为在社区中心"普通人可以得到自己的机会、提出自己的问题、表达自己的意见，还可以向那些没有意识到美国充满活力的人证明，美国的活力在每一个真正的美国人的血液里流淌，而唯一能够找到真正的美国人的地方，就是这个民主意见的交换中心"。[103]

要实现民主就必须往小处着眼的观念在20世纪30年代流行了起来。这个观念的流行与成人教育的发展不无关系。在卡内基基金会和美国成人教育协会（American Association for Adult Education）的帮助下，得梅因市（Des Moines）开始了一场实验——组建成人讨论小组。负责人为市学校教育主管约翰·斯多德巴克尔（John Studebaker），即后来的美国教育长官（U. S. Commissioner of Education）。1933年，得梅因市举办了上百场的讨论会，与会者就当时的政治、经济和社会问题展开了讨论。为什么要搞这个实验？斯多德巴克尔给出了一个常见的理由：因为现代社会变得越来越复杂。他写道，民主受到挑战的主要原因是"公共问题现在变得越来越复杂，普通市民无法理解这些问题，更没有能力去处理这些问题，无法履行自己的责任，于是开始陷入绝望"。[104] 他认为政治团体也起不了多大作用："政治集会主要是让与会者对先前已经有定论的事产生热情，而不是仔细研究时事。"政党只会讨论有党派性的问题，还会避开那些可能疏远某些选民团体的问题。[105]

在得梅因，有六分之一的成年人参加了斯多德巴克尔组织的论坛。人数虽多，但实际情况并不怎么美好。在每一次举办论坛时，组织者都花钱雇一个负责人去维持秩序。斯多德巴克尔自己也说："幼稚的观念、无知的意见、不着边际的闲谈，我们已经听了太多。我们现在得让专家和无私的领导者加入公共讨论。"[106]

斯多德巴克尔的愿望是，向全国推广得梅因组织的这种公共论坛，让"知晓行政问题和社会问题在美国成为一种'时尚'"。他提出，公民的主要责任"就是知晓公共问题"[107]。可以说,他的愿望有一部分确实实现了。全国各地出现了社区论坛,公共事业振兴署(Works Projects Administration)①也参与了进来,开始组织公众讨论。到1937年,全国社区论坛项目的数量已达1 500个。到1939年,教育办公室(Office of Education)②已向六百多个社区做了推广公共论坛的宣传。[108]

如果可以在城市中的社区复兴乡镇集会的传统,那么在小城镇中一样也可以。20世纪40年代,在一些知识分子中出现了一种观念——小城镇代表的是真正的民主精神。当然,这里的知识分子不是指辛克莱·刘易斯(Sinclair Lewis)③或舍伍德·安德森(Sherwood Anderson)④,而是指背景迥异的一群人。共产党知识分子兼文学批评家格兰威尔·希克斯(Granville Hicks)用笔歌颂了纽约州的格拉夫顿镇,即他居住的那个小社区。在他的女儿长大去上学之后,他的妻子加入了家长教师协会,并开始监管一个名为"快乐少女"的女孩社交俱乐部。受到妻子的影响,希克斯开始管理一个男孩社交俱乐部。后来战争爆发,希克斯夫妇加入了格拉夫顿国防委员会,这使得他们与社群的接触进一步增多。[109]政治理论家卡尔·J. 弗里德里希(Carl J. Friedrich)对希克斯的《小镇》(*Small Town*)一书给出了积极的评价。弗里德里希尤其赞赏的是希克斯把小镇看做"注意实效的民主学校"并加以保护。他认为,希克斯的书中显现出这样一种观念:有一些人在邻里之间拥有知名度,为人所信赖。在小社群中,他们的政治影响力之大,绝非广播新闻评论员或报纸的新闻评论员能够企及的。他们展现出的是一种积极的、绝无浪漫主义色彩的"普通人的形象"。[110]

当然,不是所有人都与希克斯一样否认广播对于民主的作用。在城市中,有人试图通过广播开展政治讨论和复兴小城镇的政治生活。纽约市政治教育联盟(League for Political Education)的主席兼纽约城市大礼堂主管小乔治·V. 丹尼(George V. Denny, Jr.)是这方面的先驱。1935年,NBC电台开办了一档名为"美国空中乡镇集会"的节目,丹尼担任主持人。他邀请了一些知名人物就重要的时事展开讨论,受到了听众的欢

---

① 公共事业振兴署是罗斯福在推行新政时期建立的一个机构,主要任务是解决失业问题。该机构花费了数十亿美元雇用了大量无专门技能的工人建设公共建筑和公路,还推广成人教育。
② 即后来的美国教育部,当时只是隶属于国内事务部的一个小机构。
③ 辛克莱·刘易斯(1885—1951),美国作家。他的作品歌颂了中西部小城镇的生活。
④ 舍伍德·安德森(1876—1941),美国作家。他厌恶资本主义现代文明,留恋小乡镇的生活。

第五章 民主的救星？公民宗教、领导权、专长和更多的民主 | 189

迎。丹尼认为，在新英格兰乡镇集会这个代议制民主的基础被抛弃之后，美国人就丧失了"在一起进行理性讨论的能力"。但是，"通过广播的奇迹"，这个国家就能重新走上正轨。[111]

1936年，纽约城市大礼堂①在华盛顿特区与纽约州罗切斯特市之间建起桥梁。在罗切斯特的女性选民联盟成员通过广播提出问题，在华盛顿的教育长官斯多德巴克尔与其他一些官员则通过广播回答她们的问题。在纽约城市大礼堂的帮助下，全国各地建立了1 300多个听众团体。为了指导地方社群开展公共讨论，这个广播节目组散发了很多乡镇集会会议公报、公众讨论组织者手册，还就如何宣传、筹款和如何在本地招募演讲者等问题提出了建议。节目受到了很多听众的欢迎，节目组每周都能收到约2 400封听众来信。乡镇集会的支持者赞扬这个节目的听众，说他们没有固执地支持某个政治党派，而是用文明和包容的态度去聆听各种不同的声音。[112]丹尼说："我不认为政党有什么不好"，但他又认为应把乡镇集会当做政党体系的补充："这一大群不从属于政党的选民希望听到各方观点，权衡证据，研究问题，然后在选举日投出理智的选票。"[113]他认为，教育可以保卫美国的民主制度，使美国与避免席卷欧洲的独裁主义保持距离；能给民主以活力和"找回乡镇集会精神"的，不是政党，也不是压力集团这种"病毒"，而是教育。[114]

这几个在社区中开展政治讨论的活动都没有持续很久。丹尼的努力有没有带来深远的影响，我们不得而知。但他的直觉是对的——现代民主需要使用现代的工具去回应群众和克服日趋复杂的社会带来的阻碍。单个乡镇的集会和城市里公共讨论团体的不断增多并不能给整个社会带来民主秩序。那么，在这么大一个国家里，有没有一种实际可行的办法，能把公民的声音聚集起来呢？乔治·盖洛普认为他可以回答这个问题。

技术民主

> 如果选民因没有时间、兴趣和知识而无法了解当今问题的细节，那么，即便要求他发表意见的人越来越多，他也给不出一个好的公共意见。[115]

---

① 上一段所说的广播节目"美国空中乡镇集会"是在纽约城市大礼堂制作的。作者在这里所说的纽约城市大礼堂，其实就是指这个节目。

"普通人在想什么?"[116]这正是乔治·盖洛普想知道的。他相信,民意调查是"了解国民思想的可行办法"[117]。民意调查绝不是精英用来操控民众的方式,相反,它是普通民众获得控制权的一种方式——"我们知晓民意,是让民意成为好的指导性意见的前提。同样重要的是,民众自己可以听见自己的声音。"[118]按照这个思路,对于盖洛普来说,能不能把民意调查结果登上报纸让全社会知晓就是一件很重要的事。盖洛普以两周一次的频率推出名为"美国人在想什么"的民意调查报告。一些报纸买下这份报告并刊登,以飨800万读者。[119]

民意调查在19世纪早期就已经出现。1824年,《哈里斯堡宾夕法尼亚州人报》(*Harrisburg Pennsylvanian*)报道了特拉华地区的总统大选意向调查(straw poll)①。在几十年以后,民意调查变成报纸的一项基本业务。1904年,《纽约先驱报》对纽约地区的选民做了民意调查。1908年,该报与辛辛那提、芝加哥和圣路易斯的报纸一道就选举开展了一场街头民意调查。1916年,《文学文摘》(*Literary Digest*)那著名的民意调查活动开始起步。《文学文摘》的民意调查可谓没有任何科学性,在每一次总统大选中,他们只是把选票发给有电话的那些人。有着营销经验的盖洛普于1934年开始做民意调查。他很谨慎小心,只是在关键选区中挑选了少量样本进行抽样。1936年,《文学文摘》还是与往常一样把民意调查的选票送给了拥有电话的人和拥有汽车的人。这种不科学的调查方法导致《文学文摘》的民意调查结果与选举实际结果相差万里,完全低估了总统候选人罗斯福的实力。《文学文摘》预测兰登将以57%对43%的优势取胜,但实际结果是罗斯福以62.5%的压倒性优势取胜。而盖洛普的调查预测罗斯福将以56%的优势取胜,显然比《文学文摘》的民调更接近实际结果。至此,《文学文摘》的这种大规模选票民意调查开始走下坡路,盖洛普的科学抽样调查开始流行。[120]

盖洛普不仅潜心于民调,他还喜欢就民调与民主的关系问题发表意见。在他眼中,民调机构是"新闻采集机构"。他以《宪法第一修正案》为依据,对政府制定的民调机构管理规则提出了批评。[121]他的美国民意研究所(American Institute of Public Opinion)由125家日报提供资助,花了钱的报纸在自己的所在地享有独家报道盖洛普民调结果的权利。他的主要竞争对手也是由新闻媒体资助的。例如埃尔摩·罗珀(Elmo Roper)的

---

① 总统大选意向调查,即大选前测验民意的非正式投票。

第五章 民主的救星？公民宗教、领导权、专长和更多的民主

民调资金来自《财富》杂志(Fortune)，阿奇博尔德·克罗斯利(Archibald Crossley)的民调则由一些报纸资助。[122]

在当今，有很多大学和独立的研究机构开始搞民调。它们不应在其资金来源上遮遮掩掩，应该公布是哪些新闻机构给它们提供了资助。当然，有些新闻机构现在也开始自己搞大规模民调。现在，还有很多民意调查问卷的设计用途不是调查民意，而是产生新闻。不是说，在大选前搞个试投票，看看人们会选择候选人 A 还是候选人 B，就是所谓的科学调研。这么做只是出于对新闻的兴趣。

盖洛普意识到，民意不是也不能是单独的个体的意见的叠加。他认为，现代社会的"基本事实"是"公众是由人聚集而成的各种社会群体组成的"。因此，民意调查员就应该"使用选择性抽样的方法建造出'微缩版的公众'"。抽样调查其实就是把全体民众中的不同社会群体按其在人口中所占的比例呈现出来。[123]民意调查需要的是对于社会群体和社会分层的灵活把握，而不是机械的叠加计算。

1940 年，盖洛普出版了一本颇受欢迎的书，内容是关于民意调查和民主的，名为《民主的脉搏》(The Pulse of Democracy)。书中指出，民意调查是"在民众和以己之名作决策的那些人之间建起桥梁的新工具。公众意见调查是一种迅捷和有效的方法，立法者、教育家、专家、编辑和普通公民都可以使用它去把握民主的脉搏"[124]。盖洛普指出，压力集团会声称自己为人民说话，政党领袖或"强大的报纸"也会声称自己代表的是人民的心声。而且，很长时间才有一次的选举不足以让人们充分表达自己的意见："投票的权利，选这个或那个政党的权利，单有这些权力还算不上真正的民主。"真正的民主"是公民不断思索和行动的一个过程。它是一种自我教育。它需要的是参与、信息和作决定的能力"。但是，盖洛普指出，"民意"绝不是"某种超自然的力量，可以自动控制民主系统，去创造出一个最完美的世界"。民意不在社会之外，也不在社会之上。"它不是一群无所不知的人的思想产物，而是在不断变化的社会中，由传播和个人间的互动形成的一个动态过程。"[125]

盖洛普认为民意调查会促进民主。他从未说过政治家应该成为民意调查的跟屁虫，但政治家应该倾听民意调查结果——这话他反反复复说过很多次。民意调查可以清晰地显现压力集团的呼声。实际上，民意调查"几乎是唯一一个能够检查压力集团那不断增强的力量的东西"[126]。在竞选过程中，某项政策到底对选举有什么样影响，相关的解释往往是错误的，民意调查则可以清晰地展现出其影响。[127]民意调查还

能削弱政治党派的影响,限制了"党魁'在烟雾缭绕的屋子里'挑选总统候选人"的权力。民意调查实现了举行预选的目的——让人民掌握提名候选人的权力。[128]

盖洛普对选举做了强有力的批评。在很多时候,无法通过选举中谁获胜去判断公众支持什么样的政策。盖洛普发现,1928 年,"干南方民主党人"(dry Southern Democrats)①不敢把选票投给艾尔·史密斯(Al Smith)②,因为他们害怕这样会让别人认为自己反对禁酒。湿共和党人(wet Republicans)则不敢选胡佛,因为他们害怕这样会让人以为自己支持禁酒。此外,在立法机构中的阵营划分也与选民的阵营划分不符。盖洛普指出,1936 年参议院每六个席位中有五个由民主党占据,但支持民主党的选民只占选民总数的 60%。[129]

盖洛普很欣赏詹姆斯·布赖斯,经常援引他的文字。他用布赖斯的话来证明抽样过程的合理性。布赖斯说,得知民意的最好途径是"在不同类型的人之间游走,观察新闻和这一天那一天的意见是如何影响他们的"。布赖斯后来总结说:"谈话是得知真相的最好途径。因为在谈话中,人可以直接得到事实。但阅读得到的事实并不多,因为作者写的是他自己相信的,或者他希望别人相信的东西。"[130] 所以,盖洛普坚称,谈话是开展民意调查的好方法。但是他所说的"谈话",是指花钱雇人向随机挑选的公民问问题,而且会严格按照事先设定好的问题提问。

对于盖洛普来说,民意调查可以使社会进入布莱斯所说的"民主的第四个阶段"。布莱斯说,"如果在任何时间都可以确定大多数公民的意愿是什么",民主就可以进入这个阶段。[131] 在《民主的脉搏》的结尾,盖洛普写下的不是称赞社会科学的词句,而是对托马斯·杰斐逊的赞美。盖洛普站在杰斐逊一边,反对亚历山大·汉密尔顿,以显示自己是个激进的民主党人,一个信任普通公民的人。[132]

到 1948 年,盖洛普宣称民意调查已经对民主做出了巨大的贡献。他认为,民意调查让政治领导人比历史上任何一个时候都更清楚、更迅速地知晓了人民意见;民意调查加强了对于普通民众的信任,因为它表明"普通群众确实可以做出好的决定"[133];民意调查还使重要事务受到了关注,

---

① 在"干南方民主党人"以及下文的"湿共和党人"这两个短语中,干(dry)和湿(wet)分别指反对喝酒和支持喝酒。"干南方民主党人"指支持禁酒的南方民主党人,"湿共和党人"指反对禁酒的共和党人。在美国的禁酒运动中,人们通常用"干""湿"来指代对禁酒令的态度。

② 阿尔佛雷德·史密斯(Alfred Smith)的简称。他是 1928 年总统大选候选人。

第五章 民主的救星？公民宗教、领导权、专长和更多的民主

提升了人们对重要事务的兴趣：

> 它提供的是沃尔特·李普曼在他的《舆论学》中称之为民主的必需品的东西——评分方法。民意调查通过注入争议性元素，通过展现不同意见，通过通俗易懂的语言表达把重大问题变得简单，提升了公众对于很多国家事务的兴趣。[134]

麦迪逊主义者反对民意调查，盖洛普对他们做了正面回应：认为民意调查是用民意对抗政府的观点，"不仅显现出了对民意调查的怀疑，还显现出了对大众的怀疑"。这样的观点跟墨索里尼和希特勒的观点差不多，其实都是在说人民过于愚蠢、太好欺骗，所以不能当权。[135]是不是世界变得太过复杂，唯有专家掌权才合适呢？根本不是这样。如果一个人读过《公众及其问题》，他就会说专家只是指引我们的一种手段，而不是结果。[136]"政府行政不只是与专门技能相关。它与人类的需要和人类的价值观有密切关联。"盖洛普认为，"人民群众的实际经验是检验政治行动的最可靠的标准"，而能让人民的实际经验为人所知的，正是民意调查。[137]

民意调查需要每一个被调查的公民都对时事有充分的了解吗？不需要。"民主……需要的仅是把个体的观点集合起来以产生意义"[138]，大部分人"一般都会对问题做出合理的判断，即使仍有不少人是无知的，并不了解情况"[139]。盖洛普觉得，面对民意调查员，公民若给出"仓促的意见"也并无大碍。即使意见是"仓促"和转瞬即逝的，"平均法则"也能解决问题。张三回答是，李四回答不是也没关系，只需把张三、李四、王五的回答都记下来，统计一个平均值即可。偶然因素的影响不会很大，因为"民意变化得很慢，而且通常只在受到重大事件的影响下才会发生变化"[140]。

当然，盖洛普所说的"重大事件"，有一个其实就是民意调查本身。抽样调查的方法在不久之后就成为被广为接受的东西，成为美国政治文化的一部分。人口统计学家内森·凯菲茨（Nathan Keyfitz）指出："数字成为我们这个时代的一种修辞手法。"出现这种情况，大众民主中的多数主义是一个原因，另一个原因是行政越来越依赖于数据的产生、收集、分析，以及最重要的一点——民意调查得出的数据信息的广泛传播。[141]

若如盖洛普所言，我们只有两个选择：一是用科学的民意调查方法将个体的意见收集起来，二是让精英、特殊利益压力集团和独裁政党操控意

见。那么，第一个选择无疑是正确的。但是，今天的人们比 1936 年或 1948 年的人们更容易发现这里面存在问题，即两个选择都把意见预设为一种无杂质的、事先已构成了的、先于政治的、先于社会的东西。政治科学和经济学曾经长时间笼罩在这种观念之下。与之不同的一种观念是，意见有很深的社会性，也必然是社会性的，而且还是互动性的和商议性的。实际上，民主需要的是，个人意见不要与公众意见相分离；真正的公众意见只有在人们聚集到一起展开讨论之后才会出现。意见调查中的"公众"，不应是"数据传输机"，而应是"一个动态领域"[142]。按照麦迪逊主义的观念，或者说近期出现的所谓商议式民主（deliberative democracy）理论，民主的问题不在于如何找出真正的、先于社会的意见，而在于如何建立一种形成公众意见的机制。只找出"生的"意见是不够的，还需找到最佳烹饪方法，按此将其煮熟。

上述的批评意见是有道理的，社会心理学研究和民主理论都能为其提供充分的依据，但是这种意见还未能被大众接纳。民意调查则相反，就其本身而言，绝对是一种里程碑式的成就。乔治·盖洛普的民意调查既让人们意识到了不科学的民调方法的局限，又为民主提供了好的资源。可以说，他留下了宝贵的遗产。民意调查也许是 19 世纪的大众民主理念延续到 20 世纪后结出的果实，但这种理念其实已经发生了改变，失去了往日的光彩。

众法归一——新政与政党的去中心化

各种新的思潮将如何改变美国的公共生活？这还要看富兰克林·罗斯福如何操控行政权力。罗斯福亲自参与了变民主为宗教的那些仪式。在杰斐逊纪念堂的奠基仪式、威廉斯堡的格洛斯特公爵街建成的揭幕仪式上以及其他一些公民庆典活动上，人们都见到了罗斯福的身影。1937 年至 1939 年间，他重组了行政机构，把 1921 年建立的预算局从财政部搬了出来，使之成为一个总统直接管辖的机构，增加总统的权力，而且还组建了历史上第一个白宫办公厅。[143]他削弱了立法机构的权力，把国家权力的重心转移到由总统直接管辖的官僚机构之上。1932 年 9 月，他在联邦俱乐部（Commonwealth Club）发表讲话称："开明行政管理的时代已经到来。"其实，给他写讲话稿的阿道夫·伯利（Adolf Berle）原本写的是"经理的时代已经到来"，但这句话听上去有点过于强调专家的作用，所以罗斯福改变了措辞。如历史学家西德尼·米尔克斯（Sidney Milkis）所言，他意在扩张行政部门,并使其获得更多的权力。[144]

当然,这不是说罗斯福不喜欢专家执政。他与以前的总统一样,通过操控公务员职位为自己铺路。在胡佛执政时期,80%的联邦政府职位是功绩制的。罗斯福上台后建立了很多新联邦机构,但是这些机构的职位基本上都不是功绩制的。所以,到1936年,联邦政府中功绩制职位的比例下降到了60%。(1933年,联邦雇员总数为57.2万。1936年,联邦雇员已达82.4万人,其中包括10万名新增的非功绩制雇员。)当时的民意调查显示,90%的美国人支持公务员制度改革,女性选民联盟在1934年至1936年间还为此发起了一场声势浩大的运动。在这种背景下,罗斯福竟然又开始施行庇护制度。[145]女性选民联盟呼吁:"为那个工作找一个人,而不是为那个人找个工作。"但这似乎只是一厢情愿,罗斯福有自己的盘算。他增加庇护制职位不是为了控制民主党,而是为了对政府实施意识形态控制。在新政建立的机构中,罗斯福实施的是意识形态上的庇护制度,而不是政党庇护制度。[146]他招募的不是民主党人,而是农业科学家、经济学家、文科学者以及其他一些拥护新政的专业人士。民主党的组织成员对罗斯福的这种做法感到愤怒,但罗斯福坚持自行其是。[147]1940年,国会颁布了《拉姆斯佩克法案》(Ramspeck Act)。该法案使大部分新政时的庇护制职位变成了功绩制职位(到1941年,95%的联邦职位为功绩制职位)。有学者认为,颁布该法案的目的是使行政体系"不再受党派性因素的影响,拥护新政带来的政治秩序"[148]。

1939年至1940年间推出的《赫奇法案》(Hatch Acts)基本上终结了联邦政府中历史漫长的庇护制度。这一系列的法案对联邦雇员的政治参与活动做了严格的限制。例如,禁止联邦雇员(国会议员、内阁成员以及其他一些高官除外)作为代表参加总统候选人提名会议。法案的第一条规定,联邦雇员不得利用职权"干涉选举或影响选举的结果"。第二条对第一条做出了解释说明:联邦雇员指的是所有未分类的和已分类的联邦职位。① 罗斯福曾经动过否决此法案的念头,但他最后还是在法案的批准书上签了字。

罗斯福控制下的专家遍地的政府意欲摧毁的,其实就是进步主义者在长达半个世纪的时间里一直试图打倒的敌人——政党。很多人没有意识到,在罗斯福那里,政党只是登上总统之位的梯子,而不是一个必须服

---

① 美国的公务员制度对职责非常明确的职位作了分类,已分类的职位有书记员、会计师、审计师等。那些职责宽泛不好分类的则被视为未分类职位,如总统、副总统等高级职位。

从和效忠的组织。西德尼·米尔克斯有言:"新政之时的民主党是一个为行政而组建的政党,它将使政党政治的重要性逐渐减小。福利国家(welfare state)一旦建立,社会利益和经济利益将与行政产生直接的关联。这样一来,也就没有必要让政党替人民发声了。"[149]但是,使政党的重要性减弱的不是民主党或福利国家,而是新政。

1938年,罗斯福做了一件备受关注的事——"清洗"那些反对他的立法提案的民主党国会议员。"清洗"中最富于戏剧性的一幕是罗斯福向佐治亚州参议员沃尔特·乔治(Walter George)"开炮"。1938年,他去佐治亚州的巴恩斯维尔(Barnesville)发表了演讲。他先对在场的乔治大加赞扬,然后却呼吁选民在民主党的预选中把票投给乔治的竞争对手。虽然"清洗"并未让任何一个南方民主党保守派国会议员丢掉饭碗(只是扳倒了一个非南方州的民主党保守派国会议员),但是能够迫使其他民主党国会议员支持新政立法,也能使保守派在民主党的预选中失利。

这些举措合在一起,使罗斯福显得超然于政党之外。他知道自己必须赢得自由共和党人(liberal Republicans)和无党派人士的支持。1932年,民主党还只是小党。自美国内战前以来,除了罗斯福,只有两位民主党人当上了总统。1932年,宾夕法尼亚的民主党选民数量只占登记选民数量的21%。到1936年,比例增长为42%,因为民主党努力敦促自己的选民去做登记。1934年,厄普顿·辛克莱(Upton Sinclair)①参加了加州州长竞选,很多民主党选民支持他并去做了选举登记,于是民主党在加州第一次成为多数党。罗斯福还尽力拉拢黑人和工会。1932年,65%的黑人选民把选票投给了赫伯特·胡佛;1936年,76%的黑人给罗斯福投了票。有了黑人和工会的支持,民主党面貌一新。党内既有北方的自由派,又有南方的顽固派,而且北方自由派时常压倒了南方顽固派。当然,追随杰斐逊的保守南方人不会轻易屈服。冲突的种子已经播下,最能引发两派冲突的一个种子是种族问题。[150]

在罗斯福下台之后,政党庇护制度已不见踪影。如果说公务员制度改革之后政党庇护制度仍在苟延残喘,那么,公务员工会组织的建立就是刺向其心脏的一刀。新一代的政治家必须处理新政遗留下来的问题:如何让非洲裔美国人以及各种少数族裔登上公共舞台。对于很多美国人而言,把各种族的人融合在一起,成为无区别的"公民"只是一个看上去很美

---

① 厄普顿·辛克莱是一位敢于揭露、批判现实的作家,在群众中很受欢迎。

好的谎言,因为现实的生活告诉他们,少数种族其实只是被看做绊脚石。民意调查和执政的专家未指明美国黑人及其他少数种族的公民权在正式或非正式的场合中都得不到承认,总统们有时会承认这一现实,但语气会十分小心谨慎。在二战之后事情逐渐发生了改变——美国黑人发起了争取政治权利的运动,为新的公民权理念提供了思想基础。

在新政时期,通过政党参与政治的模式备受攻击,以其他模式展开的政治参与实践却不断发展,并形成了一些强大的意识形态。在这场变革之中,主导力量是一些秉持着进步主义精神去改造政治领域的团体,如女性团体、大学训练出来的专家、各种职别已分类的政府官员、致力于推进非党派性的新闻专业主义的记者、各类私人基金会、研究机构,甚至还有政治说客。这意味着政治舞台上的演员不断增多,政治正在被重新定义,但真正带来大变化的是后来的权利革命。在1922年或1933年,甚至是1945年,都不曾有人预计到,后面会出现意外——民主公民权将由最不受重视的非洲裔美国人改写;人们也未曾预计到权利革命的第一个对象是从制度上来说最难以被改变的对象——法院。

间奏曲（二）
第二次大辩论

在当今，公开指的是上电视。[1]

抢着看托马斯·潘恩的政治宣传册的公众和站几个小时聆听林肯与道格拉斯辩论的公众已基本消失了；公众的关注范围变窄了，因为他们对电视的兴趣提升了。[2]

1960年9月26日晚上8点30分，全美各地的8 000万民众打开了电视机，收看参议员约翰·F.肯尼迪和副总统理查德·M.尼克松的辩论。

通过电视观看这场辩论的成年人的数量比选举日去投票的人要多。[3]有人称此为"人类历史上最大的政治集会"。也可以说这是一场关于电视的现代神话，讲述的是电视如何提升肯尼迪的影响力（第一次电视辩论并未显现出肯尼迪的智慧和吸引力，在后面的辩论中才愈加明显），以及通过对尼克松黝黑的肤色和狡诈的面相大做文章，削弱其在演讲技巧上的优势的故事。[4]

如果要从电视业的历史上挑出一个事件，作为它成熟的标志，那么就应该是这个在电视出现十余年后发生的事件——肯尼迪和尼克松的辩论。[5]除了可以作为电视业成熟的标志，肯尼迪和尼克松的辩论也是公民权发生转变的标志。在殖民地时期，公民考量的是候选人的品性；在19世纪，公民把选票投给自己的政党；现在，公民依据候选人在电视上的表现作判断。很多人对这一转变进行了猛烈的批评，认为这意味着公民精神的丧失。他们心中的那种公民精神是从进步主义时代继承下来的，与"评判演技"（theater criticism）式的政治不兼容。[6]他们认为，人民对候选人的了解达到了前所未有的程度,但是人民了解候选人的渠道唯有电视,而电视传递的相关信息常常是错误的"伪信息"(pseudo-knowledge)。

西奥多·怀特(Theodore White)曾经做过通讯员,后来靠出版揭露总统大选"政治内幕"的闲话书籍为生,而且还赚到了不少钱。他在一本书中指出,在1960年9月以前,电视上为选举而办的节目都是有党派性的。换句话说,政党和候选人在花钱购买电视时间为自己做宣传。1960年9月的这场电视辩论节目的时间则不是政党出钱买下的,而是由电视网免费提供的。于是,电视网就成了国家最重要的公民活动的赞助人。[7]电视公司这么做是因为,在智力问答(quiz show)丑闻[①]的阴影之下,举办这种夺人眼球的公共事务节目有助于改善自己在公众心目中形象。1960年6月,在电视公司的推动下[②],国会终于决定暂停执行《联邦通讯法案》(Federal Communication Act)[③]的第315条。这个条款被暂缓执行后,肯尼迪—尼克松的电视辩论才有了举办的可能。[8]315条款又称"同等时间"条款。这个条款规定,无论总统候选人有15位还是20位,广播公司必须给所有的候选人提供"同等时间",那些毫无获胜可能的小党派候选人也不例外。[9]

一旦获得了辩论举办权,电视网就开始按照自己的意图来规划这场电视辩论。主管电视辩论的是电视记者。CBS的霍华德·K.史密斯(Howard K. Smith)主持了第一场辩论。在两位候选人做了开场白之后,一些电视记者向他们提问。(在肯尼迪与尼克松的四场辩论中,主持人全部为电视记者。在第二、第三场辩论中,报刊记者获准参与。但是,按照电视网的指示,第一场和最后一场辩论中,参与者只能是电视记者。)[10]在这场辩论中,电视媒体呈现出一种半官方色彩,其地位是印刷媒体难以企及的。一些政治人物,如富兰克林·罗斯福,曾经控制了广播电台,但广播电台从未有过让政治领袖听其指挥的能力。电视却做到了。

按照辩论策划者的设想,除了电视记者,社会名人或者是美国律师协会的主席也可以做辩论的主持人,但是最后各方的一致意见是让电视专业人员做主持人。[11]电视辩论不是总统可以掌控局面的新闻发布会,而是

---

① 20世纪50年代,一档问答比赛电视节目在美国风靡一时。有一位参赛者靠着电视公司事先提供的答案成为比赛的常胜将军,但在后来电视台老板觉得他已经失去了新鲜感,于是就找了一个人顶替他的位置。后来,这一丑闻被揭露,电视台因此失去了民众的信任。

② CBS总裁弗兰克·斯坦顿(Frank Stanton)是主要的推动者。

③ 该法案的通过时间为1934年。

由电视台举办和赞助的、候选人自己同意参与的电视节目。这场辩论是记者在为专业上的中立性而奋斗的最好证明,也是公众以及政治领袖已经承认记者的中立性的最好证明。电视记者第一次成为政治游戏的重要参与者。

总统候选人的代表以及电视台的代表都同意办一种"候选人会见新闻界"风格的节目,因为这样能让观众感到熟悉。因为没有人喜欢"在电视上看到检察官类型的人物",所以总统候选人的代表担心,两位候选人会在辩论时表现得过于客气。于是他们决定把质问的权利交给记者。[12] 记者也就欣然接受了咄咄逼人、尖酸刻薄的角色。

许多批评家对这场电视辩论作了批评。一部分批评家认为,电视必将让双方注重互相攻击,而不注重问题。另一部分批评家则认为,这场电视辩论的组织形式使人难以对问题进行深入的讨论。其实,在这个问题上,批评家把因果倒置了:不是辩论的组织形式导致辩论无法探讨具体的问题,而是因为辩论本身不涉及具体问题,所以才采取了这样的组织形式。若有具体问题,正式的辩论会进行得更加顺利,但是总统候选人的代表在辩论开始之前已经承认,按照设想,这次竞选本身就不会讨论什么具体问题。[13]

即便如此,我们也不能轻易下结论,说辩论的观众不可能得知候选人或政党在某些问题上的立场。在选举之后,有人对选民进行了调查。肯尼迪的选民声称,与其他信息源相比,电视辩论提供的信息更多,是了解候选人及其观点的最好方式。尼克松的选民则称,电视辩论提供的信息"非常多",不亚于其他信息源。[14] 确实,辩论的记录也显示,两位候选人都在十分努力地向观众表明,自己在很多问题上持有与对方截然相反的立场。

当然,这场辩论不只是一个阐明立场的活动,它还是一个集体仪式,或后来的学者所说的媒介事件(media event),即以百万计的人坐在家中的显像管前,看两位政治领袖在压力之下如何表现。批评家们担心,这样的仪式只会突显一些情绪化的、非理性的东西和视觉元素。老练的政治新闻记者塞缪尔·卢贝尔(Samuel Lubell)认为,这场辩论倾向于"突显个性,特别是那些具有戏剧性的个性成分"。[15] 对于第一场辩论的评论的主要内容是尼克松在电视上的形象很糟糕,说他不停地出汗,下巴上肉太多,尽管使用了"懒汉胡须粉"(Lazy Shave)也未能遮挡住他那过于茂盛的胡须①,看上去像是个阴险的人。从这些评论来看,有电视这个东西,

---

① 上镜之前,在助手们的催促下,尼克松使用了从药店买来的"懒汉剃须粉"去遮盖胡茬。

民主似乎就有可能被娱乐表演取代。1960年末,政治科学家克林顿·罗西特(Clinton Rossiter)给总统国家目标委员会(President's Commission on National Goals)①写了一篇文章,称电视成为"罗马的大竞技场(Circus Maximus)而不是美国民主的论坛",总统候选人辩论也未能展现这个媒体的民主潜力。罗西特警告称:"民主对话真的有被扼杀的危险。"[16]

历史学家丹尼尔·布尔斯廷(Daniel Boorstin)在1961年出版的《图像》(The Image)一书中对这一情况做了精妙的描述。他说,媒介革命造就了一个"伪事件的时代"(age of pseudo-events),公众生活在一个"伪造出来的事件到处都是,自然发生的事件却无人知晓"的世界里。他认为,伪事件总是会胜过真实发生的事件,"电视中发生的那些事将会使电视外发生的事黯然失色",肯尼迪与尼克松的电视辩论就是最佳证明。他说,这场采用了"智力问答的形式"的辩论(这个判断不准确),是"对伪事件的详细说明,包括事件是如何制造的、如何吸引人的及其对美国民主的影响"。他认为此次辩论毫无可取之处,"一个人站在摄影棚的弧光灯下,不带稿子,用两分半的时间回答当场提出的问题的能力"与其是否能胜任总统这一职位没有任何关联。在电视上,脱口而出的回答比深思熟虑后的回答显得更好一些。伪事件可以用一种人们难以察觉的方式把现实琐碎化:"描述灯光如何、化妆如何、演播室设置如何,以及排练如何,等等,只会引起人们的兴趣。"他认为,肯尼迪与尼克松的辩论,本应是美国选民前所未有的接受政治教育的机会,本应讨论国家的重大问题,可到头来只是枉然。[17]

虽有不少政治观察家对电视辩论节目提出了批评,说其过于戏剧化、注重表演和形象制造,但节目的制作者却称,为了让观众直接了解候选人,自己已竭尽全力。第一次辩论的制片人即后来的《60分钟》(60 Minutes)新闻节目的幕后策划者唐·休伊特(Don Hewitt)说:"我意识到制片人这个工作的主要任务就是不要当制片人,换句话说,就是不要把辩论做成一档电视节目,只是让人们能坐在家里看这个有意义的事件,这也许是他们在电视上看过的最有意义的事件。制片人要努力克制自己不要把辩论变成表演秀。我其实希望辩论在麦迪逊广场花园举行,现场有很多听众,然后我们将其作为特殊事件报道。我并不希望把它办成一个电视表演秀。"[18]

但第一场辩论确实是一场电视表演秀(之后的那几场辩论也不例

---

① 总统国家目标委员会是设立于1960年的一个非官方组织,任务是为国家寻找前进目标。

外),于是各种批评的声音自然而然地就响起了。几乎所有的人都认为,电视并不是一个好的政治传播媒介。它不是表达公民权的新模式,而是表达公民权的阻碍;不能让虚拟社群(Virtual Community)发出声音,却让严肃的政治事件变得琐碎,而且还可能是公民政治参与度下降的主要原因。[19]

这样贬斥电视公平吗?也许,候选人在电视上的表现,正是其政治思想的真实展现。候选人要做出良好的表现,就意味着他要展现出一种值得信赖的品质。这包括与政党保持恰当的关系(不改换门庭一直为一个政党效力但又有独立性)以及熟悉公共政策。在候选人自我表现之后,公民再对他做出整体评价。1960年9月的这个晚上也许正是如此:没有新闻评论作者、摄影记者和选区区长(precinct captain)的干预,人们坐在自己客厅里对政治领袖品头论足。

西奥多·怀特一边宣告说通过电视进行的民主实验开始了,一边又称这个实验很糟糕并为其写墓志铭。他认为,电视"应该提供"讨论问题的论坛,但受播出时间的限制,无法给候选人充分思考的时间,只是要求他们快速作答,因而无法成为一个理性的媒介。"两人[①]都没有停下来慢慢地思索和琢磨的时间,都未能在作决定之前审慎地分析各种可能性,而深思熟虑正是领袖所需的内在品质。"所以,"电视辩论基本无助于对问题进行理性的讨论,这只不过是不成熟的政治科学家的幻想……"[20]

其实,怀特玩的是一个很容易被戳穿的把戏——用一种象牙塔般的、完美主义的标准去评判电视。就算是让詹姆斯·麦迪逊去管电视网,并让大法官小奥利弗·温德尔·霍姆斯(Oliver Wendell Holmes, Jr.)[②]去领导电视网的新闻部,电视依然无法制造出"理性的讨论"和成熟的公民。电视本来就不支持"慢慢地思索和琢磨",电台、报纸和吵吵嚷嚷的立法辩论也是一样。C-SPAN 电视台[③]的益处在于,可以让美国人得到他们羡慕的东西——英国政治传统中的"首相答辩时段"(prime minister's question period)[④],并近距离地观看。与总统新闻发布会相比,答辩时段更有

---

① 当是指参加辩论的肯尼迪和尼克松。
② 小奥利弗·温德尔·霍姆斯(1841—1935),19世纪末20世纪初的著名大法官,颇受人尊敬,声望极高。
③ C-SPAN 是美国有线电视频道,全名为有线-卫星公共事务网络(Cable-Satellite Public Affairs Network),主要关注政府及公共事务。它播出参众两院的议事实况,也转播听证会、议员演说、选举辩论,以及总统做国情咨文等活动。
④ "首相答辩时段"是英国的一种宪政传统。每星期三英国下议院开会时,首相会到场,并用半小时来回答议员的提问。

生气也更加有趣,有的时候还能引发阵阵欢闹,但同时也更加程式化,被迫的意味也更浓。它不是严肃的、理性的和商议性的。举办这种活动的目的是让民众满意,而不是交换意见。

公共领域是否能"运转",不在于电视能否推动理性的讨论,而在于大众媒介和政党、利益团体等其他信息来源是否能够有效地监视政治世界。让公共领域运转的关键是,在有问题出现时,公民是否有多种途径有效地影响政府中的决策者。公共领域运转还有赖于,人们是否能够通过交谈、抱怨、信件、请愿、利益团体、政党、诉讼、示威、抗议的方式,感觉到自己能够,事实上也能够把问题推上公共议程。

虽然批评性的言论颇多,但肯尼迪与尼克松的辩论仍可谓美国公众生活中的美好片段,而不是公共生活已经恶化的证明。要否定这场辩论,仅说两位候选人在金门岛和马祖岛的这种无关要义的小问题①上纠缠不清是不够的。林肯和道格拉斯两人在辩论时也花了几个小时就莫须有的事打口水仗。要指出电视辩论中有作秀成分乃易事,但这么做的目的何在?林肯和道格拉斯的辩论也是表演秀,是当时最好的娱乐节目。当时的听众听到林肯和道格拉斯两人用言语相互攻击后兴奋不已,1960年的人们只能一本正经地去讨论肯尼迪与尼克松的化妆和行为举止。我们应该抱怨两分半钟的答辩时间太短,无法让肯尼迪与尼克松做充分的论述吗?这种抱怨没有道理。林肯在1858年跟道格拉斯辩论了几个小时,但根本没有留下任何可以让人记住的观点,甚至连能让人记住的句子也找不到一个。他在盖茨堡(Gettysburg)发表的演讲时长仅3分钟,却成为美国历史上最伟大的演讲。(还有一例:美国的政治理论家的著述可谓汗牛充栋,其中有好有坏,但最好的作品之一——《联邦党人文集》第10篇,只有7页纸。)

对肯尼迪和尼克松辩论的批评其实是一种政治文化焦躁病的症状。在后进步主义时代(post-Progressive era),已经没有任何阶层或任何类别的组织能像殖民地时期的绅士阶层或19世纪的政党那样一手掌控政治。这个时期民主观念的盛行带来了一种期望——公共生活由大家掌控。但是,随着这个观念而来的是竞争和困惑,使人们在任何时局下都对政治感到厌倦和不安。

---

① 在辩论时,肯尼迪与尼克松就金门岛和马祖岛属不属于美国与台湾当局签订的共同防御条约管辖问题进行了争论。

第六章
在私公民时代拓展公民权

引子

1961年,政治科学家罗伯特·达尔(Robert Dahl)在其关于城市政治的一项经典研究中写到,对于大多数人来说,政治处于"关注的外边缘"。人们兴趣的中心不是公共事务,而是"与食物、性、爱、家庭、工作、娱乐、慰藉、舒适、友谊、社会地位等相关的基本活动"。"大多数人最关注的是这些活动,不是政治。"[1]

大约40年之后,人们的日常活动与政治之间的界限已经模糊。达尔先前所说的"基本活动"中的每一项都已经跟政治扯上了关系。如何指导饮食已经成为国会的重要议题。一个名为公益科学中心(Center for Science in the Public Interest)的组织对电影院出售爆米花的行为做了抨击。众志成城的禁烟运动将禁烟条款写进了地方、州和联邦的法律全书。"约会强奸""婚内强奸""女性受虐"成为人们熟悉的法律术语。人们会针对"游手好闲的父亲"召开政治集会。一个最高法院法官的候选人因性骚扰指控而在公众面前丢尽颜面。政府对于妇女堕胎问题的政策引发了波澜壮阔的民粹主义运动。代议制度、正义和政治参与已经不再只是传统的政治理念,它们已经成为"私"生活的一部分。

19世纪50年代晚期,在康涅狄格州的纽黑文市学习的达尔从《论美国的民主》第二卷(并非第一卷)中看到了托克维尔所描述的公民的样子:个个忙于私人事务,若不是很容易办到和很有趣的事,他们根本不会理睬。达尔认为自己那个年代的公民也是这个样子。有意思的是,达尔笔下的公民沉溺于个人世界的时代,在当今的批评家眼中却是另一幅景象。他们认为,那是一个黄金年代,人们积极地参与政治活动,投票率如同20世纪20年代后期那么高,人们十分信任中央政治机构,公民政治团体发展迅速。诚然,人很难超越时代,达尔的观点带着他那个时代的烙印。在他那个年代,很多知识分子都认为公民有"冷漠"和"自满"的毛病。在电视上,克里夫斯一家和纳尔逊一家[①]不停地逗乐,让人心情愉悦,但是很多意见领袖却感到茫然,找不到美国的方向。这种不知所措的社会心态甚至影响到了总统德怀特·D.艾森豪威尔,他设立了一个委员,让其思考"美国人的目标"[②]。约翰·F.肯尼迪也受到了这种社会心态的影响,于是为那些不仅身体虚弱,道德意识和公民意识也很薄弱的人设立了"国民健康标准"。

政治领袖认为,要与苏俄冷战,美国人就需要美德与活力。有时他们还会用雄壮的声音大声地提醒世人:美国已经变懦弱了。冷战也转移了人们的视线,缓和了一个日益严重的国内冲突,即种族冲突。若直面种族冲突,不仅会改变种族关系,而且将彻底改变美国的生活。从城市到郊区,从家庭到工作和学校,从私人世界到公共领域,各处都将有新的变化。直面种族冲突还将使中央政府对人们的日常生活产生影响,将提升华盛顿在公众心目中的地位。

在这场涉及生活各个层面的变革之中,影响最深远的当属权利的革命。人民和团体越来越习惯用权利话语去定义政治;联邦政府越来越注重个人的权利,把其上升到宪法的高度加以保护;在权利意识的推动下,"政治"领域的范围变得越来越宽。政治的国家化(nationalization)与"权利革命"是由社会生活的私人化推动的,它们的发展则进一步加深了社会生活的私人化。政府的扩张、权利的增多以及社会生活的私人化这三者之间的互动,勾勒出了20世纪末期美国政治的轮廓,也为"关注权利"的公民的出现做了铺垫。

这是好是坏?我们是否应该说,权利意识清晰的公民是被驯化了的公民,很容易就陷入个人、私人的世界而不能自拔?还是应该说,权利意识清晰的公民能在私人生活备受关注的氛围中给公共生活带来新的活力?本章将对二战之后"关注权利的公民"的崛起进行分析。这种公民权模式是挽救了美国的民主,还是给民主带来了危险,或是对民主进行了全

---

① 电视剧中的人物。
② 即上文所提到的总统国家目标委员会。

面改造,则是下一章试图回答的问题。

人民大众的私生活

在约翰·杜威就公众及其问题做演讲的时候,全美国只有一半的家庭可以使用电能。在城市中,70%的家庭有电力供应,在农村则只有4%。30年以后,全美99%的住宅都已经可以使用电能。[2]

美国的农村已经融入到国家文化之中,城乡之间曾差距巨大,但现在已经没有人记得。城乡之间的差距随着铁路的延伸和农村免费投递运动的发展而逐渐缩小,农村也有了西尔斯①邮购目录、汽车、公路、公立学校,在新政之后还有了广播。农村生活与国家生活的融合使农村地区的新教逐渐式微。1925年,在斯科普斯的"猴子"审判②中,威廉·詹宁斯·布赖恩(William Jennings Bryan)不得不向克拉伦斯·达罗(Clarence Darrow)屈服。1933年,支持禁酒的人士输给了反对禁酒的人士,禁酒令被废止。20世纪60年代以后,在州立法机构中,农村地区逐渐失去了地位,多种族、多民族的城市地区则取得了更多的权力。

1929—1944年间,美国14岁以下的儿童的数量大幅减少,从1 400万降至150万。但在二战结束后,数量开始回升。到1960年,14岁以下的儿童的数量已达2 000万。在这个"婴儿潮"时期,人们买了汽车、房子和洗衣机,还投资办学。玩具、儿童书籍大量增多,休闲娱乐不断发展,说明人们在试图给孩子们找回在经济大萧条时期和战争时期失去的乐趣。在这个时期,经济增长速度很快。从1947年到1973年,中等家庭的实际年收入从14 100美元增长到了28 200美元(以1984年的美元价值计算)。1973年以后,实际收入不但没有增长,甚至还有所下降(1984年,中等家庭的年收入仅为26 433美元)。[3]但是,前段时期的经济取得了光芒耀眼的成就,所以实际收入的略微下降并没有引发很多抗议。实际上,从1973年到1984年,消费者的实际人均支出不断提高,这不是因为经济在增长,而是因为工薪阶层在总人口中所占的比例在增长,出生率在降低,

---

① 美国的一家大型连锁商场。

② "猴子"审判,即1925年7月发生在美国田纳西州的斯科普斯进化论审判案。该州的中学老师约翰·斯科普斯(John Scopes)在学校违法讲授达尔文的进化论,被告上法庭。该案中被告虽然败诉,但是进化论却获得普及,该案被认为是达尔文主义大获全胜的一个经典案例。威廉·詹宁斯·布赖恩为上述案件中的原告,时任美国国务卿,质疑达尔文的进化论观点。克拉伦斯·达罗是美国知名刑事律师,为上述案件中被告的辩护律师。

以及消费者的债务在增多。[4]

这段繁荣时期带来了一个叫"隐私"的东西。从1950年到1970年，65岁以上的老人的数量从1 300万增长到2 000万，但与孩子同一个屋檐下的老人的数量却从280万降低到了230万。在1950年，每10个未婚的成年人中，有3个独自居住。到1970年，10个里面有6个选择独居。[5]社会学家认为，繁荣带来的影响是好坏参半的，给了人们私人空间，却减少了社会交往。一位社会学家写道："每个家庭都有自己的真空吸尘器、自己的锅碗瓢盆、自己的交通工具、供水系统、暖气，等等。因此，在富足的社群中，社会互动和分享已不再是必需的动力。"[6]在战后的美国，以及所有的现代国家，富足和隐私把都市生活划分成了很多截然不同的领域，如工作、购物、娱乐和家庭，每一个都是一个独立的领域，靠公共交通、私人汽车和电话连接。这些领域并不重叠，在一个领域中，人们一般见不到自己在其他领域中见到的那些人。

在社交、政治和经济上，乡镇居民是与乡镇联系在一起的。相比之下，大都市的男女的生活则是分裂的。在社交上，他们与邻居或教堂相联系；在政治上，他们与城市或城郊相联系；在经济上，他们受制于自己的工作，从工作场所开车回家要很长的时间，而且他们喜欢到城市里消费。与瑞典人或者英国人相比，美国人与邻居的接触更多，参加的教会活动更多，白天工作的时间也更长（很多人在夜晚还要干兼职），而且在参与社区事务方面更加积极。[7]这也就是说，这个时候美国人的公民精神、邻里精神还是比其他国家的人要强。即便如此，美国生活空间的私人化程度仍比其他国家要高。跟其他国家相比，美国拥有私有住房的人更多，而且他们会花大量的时间和金钱去改善自己的居住环境。社会学家戴维·波普诺（David Popenoe）认为，美国人希望得到更大的空间，有更多的私人空间，而且"在空间相对充足，公共和经济上的限制较少的地方，例如美国，数以百万计的个体会选择为自己打造私人空间，于是，私人空间型的社区模式就自然而然地出现了"[8]。

可以说，这种社区模式在大体上是自然而然形成的，但并不是完全没有外力介入，政府就没有站在一边袖手旁观。社会民主思想家迈克尔·沃尔泽（Michael Walzer）写道："福利国家提升人们幸福感的方式之一就是鼓励人们待在家里。"[9]在20世纪50和60年代，联邦住房管理局（the Federal Housing Administration）给很多有保障的房屋所有者提供了贷款担保，因为他们比较稳定，却不看好那些"不稳定的"居民区。住房管理局的这个措施推动了城郊的发展。推动城郊发展的还有联邦高速公路建设项目,以及汽油低税政策——在美国,政府在汽油上所征收的税比大多数工业化国家要少很多。城郊发展还有一个推动力,即美国高度的地方自治,但地方自治同时也使中心城区变得贫穷。与欧洲国家相比,美国的地方政府对本地公共事业的控制力更强,而且还自己划分行政区域,并以征收房产税等方式增加自己的收入。在这个时期,富裕的居民纷纷搬到郊区居住,留在中心城区的则有不少是贫民,贫民需要政府提供大量的社会服务,但政府从贫民身上征不到什么税[10],也就无法提供优质的服务。

与电视一样,郊区居住也是现代社会的一种特征,但人们对这种变化并无任何好感。社会学家大卫·理斯曼(David Riesman)在1958年就撰写了一篇名为《郊区的悲伤》的文章,称人们为了掌控自己的生活和安全而搬到郊区居住,但却发现自己其实失去了对生活的掌控。[11]尽管如此,私有化的郊区还是被人们看做"西方民主具有里程碑意义的一项成就"[12],私生活则被认作"全世界的富人一般都拥有的和努力追寻的"东西。[13]到了这个时候,私生活已经成为美国中产阶层的必需品。而且,除了中产阶层以外,其他阶层的人民大众也可择邻而居,不必固守一处。他们可以自己选择自己的亚文化圈,不用再去感受当地主流文化人群对自己的排斥。

那么,上述问题是不是公共生活恶化带来的后果?

权利革命 I ——走向布朗案

1935年9月30日,弗兰克·帕尔科(Frank Palko)在康涅狄格州布里奇波特市(Bridgeport)打碎了一个音乐商店的窗户,偷走了一部收音机。在逃跑过程中,他被两名警察拦了下来,然后他掏出枪打死了这两个警察。政府力求让帕尔科获一级谋杀罪,但法官判他犯二级谋杀罪。检方认为,法官在这个案件中有严重的失误,于是提出上诉,让案件得以重审。第二次审判的结果是,帕尔科一级谋杀罪罪名成立并被判处死刑。

这不是一罪二审(double jeopardy)①吗?《宪法第五修正案》明文规定,任何人都"不该为同一罪行而两次被置于危及生命或肢体之处境"。帕尔科接着上诉至最高法院,他的律师以此为理由为其辩护,希望推翻第

---

① 一罪二审,法律术语,指对已起诉或宣判的罪行进行第二次审判的行为。

二次审判的判决。但是,《宪法第五修正案》只是对联邦政府的权力有所限制,并不适用于州政府。最高法院早在1833年就已宣布《权利法案》对于州的法律无效。内战之后,《宪法第十四修正案》颁布,这时《权利法案》才取得了高于地方法律的地位,才可以依据《权利法案》判定地方法律无效。虽已有了明文规定,但在南方重建之后,法院很少援引第十四修正案去打压州法律。

在高法审理"帕尔科案"时,大法官本杰明·卡多佐(Benjamin Cardozo)提出了举足轻重的意见,使法院驳回了帕尔科的辩词,帕尔科然后就坐上了电椅。对于帕尔科而言,他输掉官司也就丢掉了性命,但这场输掉的官司却让《宪法第十四修正案》获得了胜利。卡多佐认为,《宪法第十四修正案》并不能自动将《权利法案》凌驾于州法律之上,但是《权利法案》所保护的一部分自由(不过不包括一罪不二审)是"有序自由"(ordered liberty)①这一概念的基础,而且也和那些必然适用于各州的、"作为我们所有的公共和政治制度的基础的那些自由和正义的基本原则"紧密相连。② 卡多佐还特别强调了"言论和思想自由"以及"正当法律程序"(due process)的概念。[14] 卡多佐的这一番话,有助于建立以《宪法第十四修正案》为基石的新宪法秩序。

"帕尔科诉康涅狄格州案"是最高法院在打造"第二套权利法案",即树立原有的《权利法案》权威,使其凌驾于州法律之上的过程中迈出的比较早的一步。在帕尔科案之后的几个月,高法对案情复杂不清的"美国诉卡罗琳产品公司案"(United States v. Carolene Products)③做出了判决。大法官哈伦·菲斯克·斯通(Harlan Fiske Stone)在主要意见书(majority

---

① 有序自由,指与秩序联系起来的自由。
② 案件的详细情况是,帕尔科在高法辩称,因为《宪法第十四修正案》规定所有的司法审判都要使用"正当法律程序",包括州内的司法审判,所以州法院就不得违背《宪法第五修正案》,对他进行一罪二审。就此,卡多佐(他只是参加审理的法官之一)提出的意见是,"正当法律程序"只保护那些对于"有序自由"十分重要的权利,帕尔科的情况并不符合。最后,参加审理的九位高法法官通过投票表决认定,在帕尔科的这个案件中,一罪二审并不影响"有序自由",所以维持州法院的原判。
③ "美国诉卡罗琳产品公司案"详情:卡罗琳产品公司跨州销售一种混合牛奶,但美国有一条联邦法律禁止销售混合奶,卡罗琳公司被公检机构告上法庭。卡罗琳产品公司辩称,这一法律剥夺了公司的商业自由权,并违背了《宪法第十四修正案》中的"正当法律程序"条款。但高法未采纳公司的辩词,判定其有罪。

opinion)①中指出,只要立法机关的行为有合理的依据,法院通常就不会提出反对。但在下面,他插入了一个令人吃惊的脚注,即"脚注四"②,称在三种情况下,法院不能屈从于州立法机关或国会。

首先,在立法机构所颁布的法律明显侵犯了包括《权利法案》在内的宪法所保护的那些东西的时候,法院应认定其违宪。其次,若立法机关颁布的法律对"政治进程本身"产生了重大影响,并因此可能给推翻不合理的法律增加难度,法院可以不听从于立法机构。这也就是说,法院应密切注意,立法机构颁布的法律是否构成了对选举权、政治结社、言论自由、集会的限制。最后,对于针对宗教、少数民族和少数种族而设立的法律,或出于对"离散和孤立的少数派"的歧视而立之法,或影响保护少数派的政治程序的法律,法院都应进行仔细审查。[15] 这三个条款给各州政府和国会提了一个醒——司法机构在盯着它们,而且在受《权利法案》保护的个人自由受到侵害的时候,司法机构绝不会像往常一样屈从于它们。

在这三个条款之中,最后的那一个是最具原创性的。建国者们曾试图保护少数派免于多数人的暴政,但他们生活在一个相对同质的社会(他们的想法是,印第安人和非洲黑奴根本不能算作社会的组成部分。若按这个想法,社会的同质性就更强),他们头脑中的"少数派"是指偶然出现的政治上的或意识形态上的少数派,而不是依据种族、宗教或者原国籍而划分出来的且长时间存在的少数派。到了1938年,在卡罗琳产品公司案的脚注中,少数派才会被定义为"司法的特殊保护对象"[16]。这个脚注之所以提到了少数派的问题,一方面也许是因为当时的社会科学思潮认为少数派在社会和心理上有共同点;另一方面,肯定是因为感受到了希特勒那不断增长的权力带来的威胁。在维护少数派应得的公民权利的道路上,卡罗琳产品公司案的脚注是第一个里程碑。

1944年,苦涩的"是松诉美国案"③(*Korematsu v. United States*)把

---

① 主要意见书,法律术语,当法庭中过半数法官同意某种意见时,他们所写的法律文书即为主要意见书。法庭将会根据此意见书作出判决,而且意见书也会成为未来的判例。

② 此脚注因是主要意见书中的第四个脚注而被称为"脚注四",被誉为"改变了美国宪政历史"的脚注。

③ "是松诉美国案"详情:1942年2月,在日本人偷袭美国珍珠港事件后,罗斯福总统下达命令,授权美国陆军部可以确定国内某些地区为"战区",并有权对生活在战区的人们进行任何必要的限制,甚至可以把他们排斥在战区之外。根据这一命令,美国西海岸军区司令下令对西海岸各州所有祖先为日本人的居民实行宵禁,并将其驱逐、遣送至远离西海岸的禁闭中心(detention centers)。弗雷德·是松(Fred Korematsu)拒不搬迁,并将美国政府告上法庭。最高法院审理后裁定,该项命令合乎宪法,并判是松有罪。

卡罗琳产品公司案取得的成就进一步发扬光大。在这个案件中,法院又一次屈从于政府,只不过这次屈从的是政府的另一个分支,即行政部门,以及行政部门下达的拘留日裔美国人的军事命令。大法官雨果·布莱克(Hugo Black)为少数族裔做了辩护。他说,在这个案件中,政府以种族或原国籍对人进行分类是有合理性的,因为这是出于军事需要,但是这只是一个非常罕见的例外。"针对单个种族的公民权利的法律限制必须受到质疑。这不是说所有这样的限制都是违宪的,而是说法院必须对其做最严格的审查。迫切的公共需要有时可以为这种限制正名,但种族对抗永远也不能。"[17]虽然是松案的判决结果实际上形成了对那条在西海岸建立拘留营的种族主义的军事命令的支持,剥夺了日裔美国人的政治权利和公民权利,但大法官布莱克提出的意见再度显示出法院希望阻止带有种族主义偏见的法律伤害公民的个人权利。

　　这些案件为保护公民和政治自由的司法运动抢占了滩头阵地。从20世纪早期开始一直到1937年,高法经常否决那些限制了"契约自由"(freedom of contract)的州法律。宪法对契约自由其实只字未提,但按照高法的解读,宪法是支持小政府和放任的市场经济的。于是,高法一次又一次地裁定,那些试图平衡雇主和雇员权利的州法律(如限制工作时长和设立最低工资标准的法律)违宪。高法的这种做法让富兰克林·罗斯福头痛。在推行新政时,他的计划常常被高法否决,于是他才设计了"填塞法院"计划。但在法院的1937年任期中,即罗斯福正准备将其任命新的(支持新政的)大法官的计划提交国会的时候,大法官欧文·罗伯茨(Owen Roberts)及时转变了态度,给新政立法投出了第五张支持票。这个"拯救九人的及时转变"①让包括罗斯福任命的费利克斯·法兰克福特(Felix Frankfurter)在内的高法大法官不再像以前那样支持司法克制(judicial restraint)②。

　　"帕尔科案""卡罗琳产品公司案""是松案"告诉我们,法院的自我克制是有选择性的。如果政府侵犯了个人自由,法院绝不会克制,而是会进

---

①　按照"填塞法院"计划,罗斯福总统可以提名一名法官取代任何年龄超过70岁的最高法院法官。高法有九位大法官,只要有五位支持,罗斯福就能为新政立法。欧文·罗伯茨原本反对新政立法,后来转变了态度,于是罗斯福不再推行所谓的"填塞法院"计划,九位大法官的职位因此得以保留。

②　所谓司法克制,即要求司法机构应严格遵循先例,严格尊重立法分支与行政分支的立法与政策,不把自己当做制定政策的机构。

行仔细的审查。在1943年的"耶和华的见证人"(Jehovah's Witnesses)[①]拒绝向国旗敬礼(因为他们认为这么做违背了自己的宗教信仰)案中,大法官罗伯特·杰克逊(Robert Jackson)在主要意见书中写下的这段话语就是最好的例证:"《权利法案》的根本目的就是要使某些特定的问题免于政治争议,使之无法被多数派和官员撼动,同时使之成为法院应该遵守的法律原则。"[18]

总之,法庭会运用汉密尔顿的执政原则(法官终身任职,有相对自主的权力,不受变化无常的民意的干扰)来实现杰斐逊的目标(保护个人自由,使其不受暴政的伤害)。换言之,沃伦法院(Warren Court)[②]的理论基础已经打好。

1953—1969年间,沃伦法院让权利问题受到了前所未有的关注。起先,法官们对"布朗诉托皮卡教育局案"(Brown v. Board of Education of Topeka)[③]做出了一致的裁定——学校实行种族隔离违宪,但这只是一个开头,随即而来的是"一场由法官发起的革命"[19]。沃伦法院成为推动社会和政治变革的主要机构和象征,使个人可以为了权利与政府抗争这一民主观念流行开来。到1969年,沃伦法院完成了最高法院于1937年就已经开始的《权利法案》国家化[④]工作。

法院的做法让不少理论家感到不安。法院似乎开始拥护"实质性的正当法律程序",即20世纪早期那饱受批评的经济干预政策的法律依据。名望最高的那些法律教授都是政治自由主义者,他们认为沃伦法院的推理有问题,但赞同其实质性的结论。法律和社会进步似乎被紧紧地绑在了一起。[20]但是在不久之后,整个政治圈都开始担心美国法院野心过大,给自己揽上比世界上任何其他民主国家的法院都"更大的制定公共政策的责任"[21]。

在1850年至1935年间,最高法院总共审理了16个有关种族歧视、

---

① "耶和华的见证人",是指19世纪70年代末在美国兴起的基督教非传统教派,他们热心地与其他人分享对上帝的信仰。该教派对《圣经》的理解有别于传统的基督教派。

② 沃伦法院指从1953年到1969年由首席大法官厄尔·沃伦(Earl Warren)领导的高法。其间,沃伦法院掀起了一场又一场宪政革命,推动了美国20世纪50和60年代的种种社会运动。

③ "布朗诉托皮卡教育局案"详情:奥利佛·布朗居住在美国堪萨斯州的托皮卡,因托皮卡公立学校实行种族隔离,他的女儿每天要穿行21个街区,赶到专门供黑人孩子念书的小学读书。为了女儿能在附近的白人小学就读,布朗等人在律师的帮助下,向堪萨斯法院提起诉讼,要求下令禁止托皮卡在公办学校实行种族隔离。

④ 按译者的理解,应指让《权利法案》深入国民内心、广受认可的过程。

宗教歧视、民族歧视和性别歧视的案子,而且声称自己受到歧视的人胜诉的只有9个案子。在1936年到1945年间,法官审理了17个类似的案件,其中声称自己受到歧视的人获得胜利的为12个。在1946年至1964年间,法院审理了106个有关歧视的案件,判定声称自己受歧视者胜诉的为90个。²² 事情的变化也可以从另一个角度来看:1935年,在法院的160份意见书中,仅有2份提及了公民自由和公民权利的问题。到1989年,法院的132份意见书中有66份提及了公民自由和公民权利。²³ 在19世纪,最高法院和美国的宪法主义思维关注的是"权力",重点在于州和联邦政府的执法范围和权力如何划分;到了现在,关注的是权利以及政府和法律在保护个人权益方面的责任。²⁴

法院的转变也带动了公民权的转变。在1937年以前,公民会试图影响政府,或通过他们在立法机构里的代表让州政府为自己服务(公民还能通过加入陪审团、接受庇护制的政府职位、加入民兵队或军队为自己谋福利)。但是,制定政策的法院则与公民权无关。人们去法院是为了解决自己与邻居的争端,不是去挑战政府权威。在19世纪,法院不是民众抗议和阐述政治理论之地,也不是社会运动的策源地。现在,一种新的公民权力和一种新的政治行动模式开始出现。

在新的公民权模式中,公民参与政治的核心地点不只是投票站,还有法庭。公民权能走到这一步,不只是法院单方面的努力,那些把起诉当做政治杠杆的志愿性的政治组织也是推动力量。可以肯定的是,在1937年以后,更加关注个人权利的最高法院推动了这些组织的发展,或支持它们采取法律策略维权。全国有色人种协进会(National Association for the Advancement of Colored People)成立于1909年,但在1939年才设立了自己的法律辩护和教育基金。从此,协会有了全职的诉讼服务人员,捐赠者也可捐出减免税①的捐款。²⁵ 1938年,美国律师协会建立了权利法案委员会。1945年,美国犹太人大会(American Jewish Congress)建立了法律和社会行动委员会。²⁶ 过去,政治运动和政治组织只有通过立法获得政治权力;现在,他们发现司法系统是达成目标的又一途径。1949年发表于《耶鲁法律杂志》的一篇文章把这些组织称为"私人总检察长"(Private Attorney-General)。²⁷

全国有色人种协进会和美国公民自由联盟(American Civil Liberties

---

① 在美国,若一个人把自己的一部分收入捐给了基金会,那么这部分收入就可以免缴所得税。

Union)是权利运动中的先锋性私立组织。全国有色人种协进会是一个黑人、白人均可加入的组织,为非洲裔美国人所遭受的迫害而抗争。起初,该组织的影响力相对较小。在1912年的选举中,民主党、共和党或进步党的政策宣言对公民权利都只字未提,就连社会主义党的宣言也是一样。在南方,几乎所有的黑人都没有投票权,这使得他们很容易遭到欺凌。在1912年的大选中,黑人社群中的意见领袖看上去有几分政治影响力。因为候选人伍德罗·威尔逊承诺说会支持黑人领袖的事业,所以W. E. B. 杜波依斯(W. E. B. Du Bois)①宣布自己支持威尔逊。但在当选后,威尔逊就对联邦政府雇员实行了种族隔离。可以说,在20世纪30年代中期以前,黑人在政治上一直受挫。富兰克林·罗斯福在第一个任期里,由于受到国会中南方势力的影响,再加上复苏经济这项首要任务给他带来了很大压力,所以选择无视其助手哈罗德·伊克斯(Harold Ickes)所提出的维护非洲裔美国人权益的建议。于是,伊克斯决定自行其是。伊克斯是芝加哥全国有色人种协进会的前任主席,也是罗斯福的内政部长。他取消了内政部的餐厅和休息室的种族隔离制度,还要求由他管辖的公共工程管理局(Public Works Administration)进行无种族歧视的招聘。²⁸

在第二任期,罗斯福开始关注公民权利。这一改变可部分归功于罗斯福的夫人埃莉诺·罗斯福(Eleanor Roosevelt)。她与黑人组织的领导人紧密合作,并自觉地把他们的声音传到总统的耳朵里。罗斯福夫人公开支持废除选举税(poll tax)②,同时也支持反对滥用私刑的联邦法律。这让那些与她走得很近的新政的支持者敢于在自己所控制的政府部门中推行种族平等政策。总统任命了非洲裔美国人威廉·黑斯蒂(William Hastie)为联邦法官,这在美国历史上还是头一回。他的新司法部长弗兰克·墨菲(Frank Murphy)在司法部中创立了一个民权司,同时承诺将采取"激进的措施来保护一个自由人与生俱来的基本权利"。美国政界第一次出现了由非洲裔美国人组成的"黑色内阁"(the Black Cabinet)。所谓黑色内阁,包括新政中获得任命者(1935年,有45个黑人在内阁和新政设立的机构中任职),也包括全国有色人种协进会、城市联盟(the Urban League)等主要民权团体的领导人。从1936年开始,黑色内阁每周都举办聚会,以商讨公民权利战略。1937年,劳德·佩珀(Claude Pepper)成

---

① 杜波依斯(1868—1963),美国著名黑人学者,社会活动家。
② 选举税是19世纪后期一些南部州为了限制投票权而推出的专门税。选举税与上文提到过的祖父条款一起,剥夺了绝大部分黑人和印第安人的投票权。

功地在佛罗里达州废除了选举税。罗斯福直言不讳地对此表示赞赏。在 1938 年,他还公开发表声明反对人头税,称其"与基本的民主相悖"[29]。

1932 年,一些著名的黑人编辑和其他社群领袖号召黑人放弃在南北战争时期养成的对于共和党的忠诚。① 响应号召的人并不多,大部分的黑人选民把票投给了共和党候选人胡佛,但后来风向发生了转变。在北方,来自南方的黑人移民源源不断,而且黑人有去进行选民登记和投票的强烈意愿,于是,黑人选民的数量增加了。即使是在南方,至少是在城市地区,新政给黑人带来的期望也使黑人政治团体开始增多,黑人选民登记数量开始上升。在 1936 年的大选中,两个政党都致力于吸引黑人选民。这是有史以来第一次,但相对于共和党,民主党采取了更多引人注目的措施,使 76% 的黑人选民支持民主党候选人罗斯福。[30] 民权运动的政治和法律基础已经开始显现。

权利革命 Ⅱ——从蒙哥马利开始

对于现在的人们来说,这是一个耳熟能详的故事:罗莎·帕克斯(Rosa Parks)是阿拉巴马州蒙哥马利市的蒙哥马利集市百货商场的一位裁缝助理。她已经工作了一整天。在下班的时候,她感觉到自己的脖子和后背酸痛,于是过街去药店买热敷垫。她没有找到热敷垫,但买了一些别的东西,然后去了公共汽车站。那个晚上公交车很拥挤,她只找到了一个空座位。这个座位靠过道,位于白人专用座位之后的第一排。在接下来的几站上来了越来越多的人,黑人都走到了车厢的后部站着。前几排白人专用座位已坐满,有一个白人只好站着。这个时候,汽车司机叫帕克斯和她这一排的其他黑人乘客给这个白人让座。按照惯例,如果一个白人在公交车的一排座位上坐下,那么这一整排必须没有黑人。刚开始没有一个黑人站起来,司机于是再次提出要求。其他人让座了,但帕克斯夫人没有。司机对她说:"女士,你看,我已经告诉你我要这个座位,你站不站起来?"

"不,"她回答。

"如果你不站起来,我要让人逮捕你。"她告诉司机请随便。然后,司机下车打电话叫了警察。不一会儿,帕克斯夫人就被逮捕,然后被送进了市监狱。那是 1955 年 12 月 1 日。那时的人们并不知道,民权运动刚刚

---

① 南北战争时期北方的领袖、废奴主义者林肯为共和党。

进入了决定性阶段。

帕克斯夫人后来说:"我从来没设想过这个场景,也没有想过该怎么处理。直到它发生的时候,我才决定不站起来。当时我很累,虽然在结束了一天的工作之后我一般都很累,而且会感觉不舒服,但那时候我已经有很长时间感觉不舒服。在很长的一段时间,我都在想,如果有人要我站起来给一个白人让座,我将会拒绝。"

在车上的一个女乘客给她的朋友讲了帕克斯夫人的遭遇。她的那个朋友给蒙哥马利市全国有色人种协进会的前任主席 E. D. 尼克松(E. D. Nixon)①打了电话。尼克松未能从警察那边打听到什么消息,于是给知名的自由主义白人律师克利福德·杜尔(Clifford Durr)打了电话。杜尔在得知情况后与尼克松一起去保释了帕克斯夫人。

这几个人并不是偶然聚合到一起的。帕克斯夫人、尼克松、克利福德·杜尔和他的妻子弗吉尼亚(Virginia)以前一起工作过。从1943年开始,帕克斯夫人就开始积极参与全国有色人种协进会的活动,也曾和尼克松一起做过选民登记工作。让尼克松和杜尔夫妇相识的是他们共同的政治利益。克利福德·杜尔曾是华盛顿十分活跃的新政人士,曾任联邦通信委员会的委员。他的妻子弗吉尼亚·杜尔则是一位顽强的自由战士,曾在20世纪40年代任废除选举税全国委员会(National Committee to Abolish the Poll Tax)的副主席。杜尔夫人曾经问过尼克松,是否可以推荐一个好的裁缝给她。尼克松推荐了罗莎·帕克斯。于是,从1953年或1954年开始,帕克斯夫人就开始频繁地出入杜尔家。尼克松和克利福德·杜尔在开车去监狱保释帕克斯夫人的途中,讨论了给帕克斯夫人打官司的胜算。他们一直在寻找给因违反种族隔离的法律而被捕的人打官司的机会,但没找到人品值得信赖的当事人。他们知道帕克斯夫人是一个合格的人选,因为她性格坚强。而且,在那年夏天,在他俩的帮助下,帕克斯夫人还参加了高地人成人学校(Highlander Folk School)召开的为期两周的跨种族会议。他们知道,这个会议让她信心满满。[31]

罗莎·帕克斯对于种族隔离法的勇敢反抗既不是孤立的,也不是自发的。在这个案件中,机会只会眷顾准备好了的人。数十年的抗争、数十年的协会培养以及相互之间的友谊是该案获得胜利的重要背景。具有讽刺意味的是,这个背景是由种族隔离制度本身打造的——种族隔离促进

---

① E. D. 尼克松(1899—1987),黑人民权运动领袖。

了黑人组织的发展,还让受教育程度各不相同的、社会地位各不相同的黑人都团结在了一起。

教会是黑人社区和早期民权运动的核心机构。教会提供了歌曲、演讲、祷告、仪式等简单易懂的文化形式以及对解放思想作用明显的意识形态。在教会支持的运动中,法律和政治斗争成为一种道德上的"圣战"。南方基督教领袖会议(Southern Christian Leadership Conference)的领导人、卫理公会牧师约瑟夫·洛厄里(Joseph Lowery)回忆说:"……这就是人们参与游行的原因。它打开了人们的眼界,让他们第一次看到种族隔离有多么的丑陋和邪恶……"[32]

教会不仅追随者甚众,而且经济独立,白人社群的金钱无法影响其牧师的领导权。同时,实体存在形式让教会非常适合举办大型集会。在抵制①期间,蒙哥马利市参加抵制的教堂每天都会举办一次大规模的会议。在那里,人们每天都可以获得勇气、热情和力量。这些大型会议是"运动的节奏和生命线,即信息中心;鼓舞人心和焕发青春的场合,通过令人振奋的布道和团结人心的黑人圣歌(black spirituals)让人们前赴后继;拟订计划和研究策略的机会;还是资金中心"[33]。最后一项很重要:教会是民权运动的资金中心。全国有色人种协进会主要的资金来源就是教会,而且协进会的大部分领导人都是牧师。全国有色人种协进会的分会在教堂集会。一般来说,教堂是他们唯一可以召开会议的地方。南方基督教领袖会议就是以教会为根据地的,教会是该组织的重要资金来源。

这样一来,就出现了一个具有讽刺意味的情况:种族隔离巩固了黑人民权组织,但这些组织发展壮大后就对种族隔离开刀。第二个具有讽刺意味的事情是,白人力量对于全国有色人种协进会的攻击反过来推动了运动的发展。攻击始于20世纪50年代早期,在1956年达到了高潮。那一年,路易斯安那、阿拉巴马和得克萨斯都发布了禁止全国有色人种协进会活动的命令。佛罗里达、南加利福尼亚和弗吉尼亚颁布了限制协进会活动的专门法律。在路易斯安那、得克萨斯,协进会成功地让法院撤销了禁令,但是在阿拉巴马,协进会被迫关闭。1955年,南方有12.9万名协进会会员,但是到1957年,会员人数降至8万。南方有226个协进会分支被彻底关闭。[34]南方的种族隔离主义者打破全国有色人种协进会的霸主地位,迫使民权运动人士去尝试新的、与法律无关的战术。抗议示威不

---

① 罗莎·帕克斯被逮捕后,蒙哥马利市的黑人发起了历时甚长的抵制公交车运动,不坐公交车,改用其他交通工具出行。

再是一种仅由协进会组织的专门活动,而是四处开花。对协进会的镇压使运动的重心从法庭转向了教会和群众运动。[35]

始于蒙哥马利市的群众运动使美国种族关系出现了戏剧性变化。例如,出现了保障黑人政治平等权利的联邦法律。在教育、住房、公共交通、住宿以及就业方面,也有很多维护黑人权益的重大举措。但是,如年轻的马丁·路德·金所言,运动所取得的成就不止如此。1956年,最高法院判定蒙哥马利市的公交车种族隔离制度违宪,马丁·路德·金认为这意味着抵制公交车运动可以告一段落了。他在一个大众集会上说,这"不仅仅是蒙哥马利市5万黑人的胜利。这个范围太小了。也不仅仅是全美1 600万黑人的胜利……这将会是正义的胜利、美好意愿的胜利和光明力量的胜利"[36]。马丁·路德·金也许想象得到,但是其他人可能想象不到,蒙哥马利市的抗议活动将引发一场影响多么深远的变革。

公民权利革命掀起的波澜

民权运动为一系列新的社会运动和政治组织提供了榜样和灵感。即使对于那些没有参与的人来说,这个大胆的运动也给美国文化注入了一种新的平等主义思维。在该运动的影响下,诉讼成为一种推动社会变革的工具,直接行动和非暴力示威成为抗议的武器,以权利为中心的公民权成为美国公民文化的核心。诉讼、抗议和权利这三点都值得做一番分析。

诉讼

首先,民权运动希望通过法庭和宪法推动社会变革,这使得诉讼策略受到了格外的重视。曾长期雇有诉讼专员的美国公民自由联盟开始有了新的转变。联盟原先一般通过自己成员中的律师提供的志愿者服务、会费和偶尔收到的慈善捐助开展法律活动。在20世纪60年代,联盟建立了一个可为捐助者减免税的诉讼基金。1970年,阿尔耶·奈尔(Aryeh Neier)[①]被任命为基金执行董事,他积极地支持一些具体的项目,如囚犯的权利、精神病患者的权利、军事正义等。在某种程度上,喜欢提起诉讼的新自由

[①] 阿尔耶·奈尔(1937—),美国开放社会研究所(Open Society Institute)主席,索罗斯基金会(Soros Foundations)总裁,国际公认的人权领域专家。他还是美国人权观察组织(Human Rights Watch)创始人,曾经担任过12年人权观察组织执行董事,曾在美国公民自由联盟担任过8年的执行董事。

派的出现,可归功于拉尔夫·纳德。1976年,纳德建立了应对法律研究中心(Center for the Study of Responsive Law)。① 不久以后,他还建立了公共利益研究团体(Public Interest Research Group)以及一个由公共利益团体组成的网络。

公共利益法(Public Interest Law)② 诞生于20世纪60年代,成长于70年代。尽管在里根时代失去了一些支持,但公共利益法现在正在逐步制度化。在1969年之前,美国只有23个公益法中心,聘用的全职律师少于50个。到1975年,中心的数量增长为108个,律师数量增长为600名。1984年则有158个中心,拥有906名律师。这些中心关注的东西很多,如少数种族、贫民、妇女、儿童、囚犯、残疾人、同性恋者、工人、一般民权问题、环境问题、消费者及其他事宜。[37] 大多数的公共利益律师事务致力于自由主义事业,这使得"公共利益"这一术语成为自由主义利益的代名词。保守的诉讼组织在20世纪早期就已经出现,但自由主义的诉讼组织始于20世纪70年代。在这个年代,自由主义盛行于法院,于是自由主义的诉讼组织应运而生。[38]

很多非政府性的社会活动其实是由联邦政府资助的法律服务推进的。向贫穷开战(the War on Poverty)③计划从20世纪60年代中期开始为穷人提供法律服务。民权运动又一次激发了人们的热情,催生了不少"作为社会改革者的志愿者律师"[39]。与大多数的法律援助不同,经济机遇办公室(Office of Economic Opportunity)提供的法律援助不仅帮助单个的客户,还关注"法律改革"。该办公室成立后的十年内,其法律服务部的律师们让最高法院审理了一百多件案子。[40] 经济机会办公室的律师们不仅起诉那些试图减少给穷人的医疗服务的医院,起诉以非法方式驱逐房客的房东,起诉企图欺诈穷人的私人企业,还起诉政府机构,特别是那些负责提供福利的部门。办公室打了不少具有里程碑意义的官司,增加了公民的福利,让他们的诉求能够在福利官僚体系内得到公平的听证和正当法律程序的处理。[41]

---

① 应对法律研究中心是纳德在1969年建立的一个组织,被称为"政治运动指挥部和大学生兄弟会的混合体"。

② 公共利益法并不是指某一条特定的法律,而是指通过法律援助和公益律师打与公共利益相关的官司等活动的总称。

③ "向贫穷开战"是美国总统林登·约翰逊在1964年的国情咨文中提到的一个短语,其实是指他希望推进消除贫困的立法。在他的推动下,美国国会通过了《经济机遇法案》,于是下文所说的经济机遇办公室得以建立并开始推行消除贫困计划。

这一切都源自和归功于那个年代的平等主义精神。经济机遇办公室建立了数以百计的"社区行动"机构,让这些机构的服务对象即穷人参与决策的制定。按法律①规定,应让"尽可能多的当地居民和组织服务对象"参与到计划中来。于是,社区行动机构设立了一条原则——其决策制定机构中至少有三分之一的人应来自低收入群体。尽管这些计划在实践过程中遭遇了不少挫折,但却带来了一个重要的新观念,即贫困的原因是贫困人口没有权力。[42] 在社区行动小组的推动下以及在 20 世纪 60 年代流行的社会思潮的影响下出现了很多革新,例如平民建立了监督警察的委员会,出现了能影响住房政策的强大的租户组织,公立学校开始由社群掌控,创建了以社区为基础的"小市政厅",让公民与城市政府之间的联系更加紧密。[43]

抗议

民权运动培养出了一批喜欢直接行动的活动家。民主社会学生会(Students for A Democratic Society)在 1962 年发布了《休伦港宣言》(Port Huron Statement)②,指明了民权运动的方向。这个声明的作者称自己作为"当下的这一代人,在至少是小康的环境中长大,目前住在大学校园里,正忐忑不安地注视着我们所继承的世界"。他们写道,自己的满足感被很多"不能不令人忧虑的"事件摧毁。这些事件中的第一个是"由南方反种族偏见的斗争揭示的那无处不在、令人痛苦的人类堕落的实例",它"迫使我们中的大多数人从沉默转向积极行动"[44]。在《休伦港宣言》发表几年后,学生成为反战运动先锋,还参与了 20 世纪 60、70 年代的各种"解放"运动,但是最初给学生启发的其实是民权运动,许多学生领袖都在南方的民权运动中积攒了政治经验。这使得新左派摆脱了美国民粹主义的窠臼。在 20 世纪 30 年代,左派力图使"黑人问题"受到社会重视,但在那时,他们的政治灵感并非像现在这样来自于黑人自己开展的政治斗争。[45]

发起运动的学生从全国有色人种协进会在法庭上开展的斗争那里汲取的灵感并不多,大规模的示威游行,蒙哥马利、塞尔马、奥尔巴尼和格林

---

① 当是指国会通过的《经济机遇法案》。

② 1962 年 6 月,来自民主社会学生会的 45 名新左派青年在美国密歇根州的休伦港集会并发表了宣言。《休伦港宣言》体现了 20 世纪 60 年代的美国青年对国家状况的反思。

伍德的非暴力反抗①,以及自由乘车运动(freedom rides)②和公民学校(citizenship school)③才是他们主要的学习对象。学生们冒着蹲监狱的风险拒绝服兵役、反抗在校园里的征兵人员、发起了旨在撤销大学生储备军官训练团(ROTC)④的大规模示威活动、封锁征兵站,而且还跟成千上万的反战人士一起到纽约、华盛顿、旧金山等地参加政治集会。民权运动告诉他们,民主是在街头找到和造就的。

权利

民权运动的一个功绩就是扩充了公民权的内涵,以及让公民权受到联邦政府的保护。因为民权运动以及随之而来的社会抗议以争取权利为目标,所以民权人士不仅要求联邦政府提供帮助,还帮助联邦政府,通过游说使其拥有更多的权力。政治科学家休·赫克洛(Hugh Heclo)说:"权利对话不仅引发,而且迫使公共政策国家化⑤。"[46]公共政策国家化尤其是因为,民权运动被清晰地证明了南方各州未能保护个人权利,而且甚至都不关心个人权利。

以权利为基础的运动大都把联邦政府当做朋友,但也有一个例外,这就是反战运动。在反战运动中,联邦政府是敌人而不是盟友。让活动家感到很不舒服的是,他们希望政府维护国内正义,但又发现政府应该为其不明智的、非法的和不道德的外交政策负责。林登·约翰逊集这些矛盾于一身,看上去既像英勇的救世主又像悲惨的冒失鬼,因此是战后最难以评价的一位总统。

在20世纪60年代,公共政策国家化的推动力是以权利为基础的社会运动,但实际上,新政、二战的动员、冷战中形成的工业和军事的混合体

---

① 这几个城市都爆发了反对种族隔离的非暴力运动。

② 在20世纪中期的美国南部,黑人与白人在乘车时必须分开就坐。1960年,美国最高法院在一个案件中做出判决,允许跨州旅行者无视当地的种族隔离政策。于是,一些黑人和白人民权人士开始结伴乘坐州际巴士进入南方。黑人与白人在大巴车上坐在一起,这对于当时的南部而言是不能接受的。这些民权人士之所以这么做,就是为了挑战南方的种族隔离制度。他们称自己为"自由乘车者",于是这场运动就被称为自由乘车运动。

③ 在20世纪50、60年代的美国南部,一些社会人士举办了公民学校,其主要任务是给黑人提供免费政治教育、公民权利教育,让其获得参与政治活动的能力。

④ ROTC(Reserve Officers' Training Corps),预备役军官训练营。这是培养美国军官的摇篮,主要招募高中和大学的青年精英。

⑤ 按照译者的理解,公共政策国家化是指联邦政府迫使包括南方州在内的全国各州遵守其制定的公共政策,如取消种族隔离的政策。

都曾推进了公共政策的国家化。20世纪60年代的民权运动的特殊作用在于使国家化不再只是社会运动的副产品,而成为一个既定目标。[47]这种改变可在最高法院那里得到印证——最高法院的注意力从如何分配联邦政府和州政府的权力迅速转移到了由联邦政府确保的个人权利身上。

当然,法院不是孤独的斗士。民权运动其实就是利用联邦政府的控制权与国会的权力,绕过当地政府的管辖行事。这也就是说,除了法院,国会和行政部门也有参与。围绕1957年的《民权法案》(Civil Rights Act)而展开的斗争就是一个证明。艾森豪威尔总统不愿意在学校里取消种族隔离,但却支持给予南方的黑人公民以选举权,并就此向国会做了立法提案。提案中的一个条款赋予联邦法官一项新的权力,即可以判任何一个违反联邦民权禁令的人以藐视法庭罪。一些南方人士提出了反对意见,说这会伤害到陪审团的权利。[①] 他们提出,给黑人选举权必将威胁到白人参与陪审团审判的权利。自由主义者很快就对南方人士的这个观点进行了反驳,指出了一个明显的事实:南方的陪审团普遍是从已经登记了的选民名单中选出来的,而注册登记的选民几乎都是白人。一个全是白人的南方的陪审团是不可能让某位官员因藐视民权法而获罪的。

首席大法官威廉·霍华德·塔夫脱曾经说过,把陪审团审判放在法院命令和执法之间,会扰乱政治秩序。艾森豪威尔总统援引他的这个观点来为自己的主张正名。以艾森豪威尔为首行政部门捍卫《民权法案》的立场十分坚定,但是在参议院,支持《民权法案》的自由主义者认为自己不得不妥协,这是因为有来自工会的压力。工会一直对联邦发布禁令的权力十分警惕。对于民权法原始的提案,美国劳工联合会(the American Federation of Labor)表示完全支持,矿工联合会(the United Mine Workers)的约翰·L.刘易斯(John L. Lewis)则提出要加上一个让陪审团参加审判的修正条款。最终,各方达成了一个妥协方案——如果违反了民权禁令的官员面临超过45天以上的监禁和超过300美元的罚款,那就必须让陪审团介入审判。[48]

1957年《民权法案》的事例说明,联邦司法部门的权力的增加不只是自己努力的结果,国会和总统的立法提案也有助于增加其权力。1965年

---

① 根据艾森豪威尔的民权法提案,在总统和参议员选举中不得存在任何胁迫和干涉行为,美国总检察长有权就此采取行动和发布禁令,还可以以藐视法庭罪起诉那些违反者。若罪名成立,犯罪者将被处以1000美元以内的罚金和6个月以下的监禁。而且,法官在审理此类案件时无须陪审团。

的《投票权法案》(Voting Rights Act)以及 20 世纪 60 和 70 年代很多重要的环境保护法，赋予司法机构受理个人起诉联邦执法部门案件的权利。国会也开始鼓励司法机构对联邦行政机构进行监督。20 世纪 60 年代，越来越激进的国会设立了更多的法律，让法院获得了更多的司法解释权。在以后的几年，最高法院对于宪法的解释趋于谨慎，但却时常对一般法律作出解释。[49]

除了法院自己，还有其他组织支持以法院审判的方式解决政治问题。只有在法学院，人们才能听到最高法院是推动权利革命的孤胆英雄这种夸张的或新保守主义的言论。通过志愿组织发起的诸多权利诉讼、法院对这种诉讼的接受程度的提高、20 世纪 50 年代的民权运动以及由它引发的其他运动、平等主义理念在国内和国际上的传播，都是权利革命的推动力。联邦制本身也有助于权利革命。在联邦制度中，权力分为多层，能作决策的机构也很多，即使政治权力逐渐集中到了华盛顿，华盛顿联邦政府的权力也是散乱的、断裂的。在没有总统的领导，缺少立场坚定的、有责任的执政党的情况下，一些个人和组织也影响了等级低一些的联邦法院和国会的下属委员会，让它们承认了新的公民权利并推动政策改革。这样的活动获得了联邦政府和民众的支持，因为它们有助于抵御来自苏维埃共产主义世界的威胁。联邦政府应该支持黑人民权运动，因为共产主义的宣传经常对美国黑人遭受的不公正待遇大做文章。[50]①

对权利的需求使联邦政府的权力得以增强，联邦权力又反过来刺激了权利需求，使其日益增长。女性权利问题是一个良好的例证。联邦政府成立了美国劳工部妇女管理局(the Department of Labor's Women's Bureau)。在这个机构的帮助下，女性开始为自己争取"权利"。规定女性应该获得与男性同等的工作权利的法律(1964 年《民权法案》第七章)的颁布，以及联邦政府拒不维护女性权利的强硬态度(平等就业机会委员会[the Equal Employment Opportunity Commission]②未能执行《法案》第七章)引发了女性权利运动。事情的起因简单来说是这样的：颇具势力的弗吉尼亚州的民主党众议员霍华德·史密斯(Howard Smith)在众议院

---

① 苏联报刊经常批评美国的种族问题，还鼓动被压迫的黑人和产业工人团结起来，结束罪恶的资本主义制度。这种宣传在美国黑人中逐渐产生了不小的影响，黑人暴力斗争事件时有发生，这让美国社会惶惶不安。

② 联邦政府设立的保护就业权利的执法机构。其前身是肯尼迪建立的平等就业机会总统委员会，在《民权法案》颁布后(1965 年 7 月)正式建立，成为了一个独立机构。

表决之前给《民权法案》加上了一个禁止性别歧视的修正案提案,希望用这个"荒唐"的提案使整个《民权法案》泡汤。① 但是这个修正案却获得了通过,于是1964年的《民权法案》不仅保护黑人的就业权利,而且也保护女性的就业权利。可以说,不是有人刻意去保护女性权利,女性的权利得到了保护更像是一种偶然。[51]

尽管社会上还见不到有组织的女性权利运动,尽管在国会中有很多议员把女性权利仅当做一种娱乐话题,史密斯提出的修正案还是获得了通过,并且成为法律。在1966年,负责执行《民权法案》第七章的平等就业机会委员会发布了指导方针。其中有一条是,招工广告可以有性别区别(例如标明"需要男性"或"需要女性"),但不允许有宣扬种族隔离的内容。平等就业机会委员会这种只重视种族歧视而不重视性别歧视的态度,引起了华盛顿的一些关键人物的不满,其中包括为总统妇女地位委员会(the President's Commission on the Status of Women)服务的几位女性。与此同时,《女性的奥秘》(The Feminine Mystique, 1963)的作者贝蒂·弗里丹(Betty Friedan)的影响力开始增强,吸引了不少的追随者。在写一本以涉嫌性别歧视的法律为主题的书时,她结识了华盛顿的"地下女权人士"。平等就业机会委员会的理事理查德·格雷厄姆(Richard Graham)和法律事务专员索尼亚·普瑞斯曼(Sonia Pressman)强烈建议她为女性创建一个民权组织。弗里丹和其他一些人对就业机会委员会发布的指导方针提出了批评,但平等就业机会委员会和妇女事务局却没有对她们的批评作出实质性的回应,为此她们感到十分恼火。于是,在各州妇女地位委员会的华盛顿大会上,弗里丹在一张纸巾上写下了一个名字——全国妇女组织(National Organization for Women),现代妇女运动组织的旗舰就这样诞生了。[52] 所以可以说,联邦没有发起妇女运动,但联邦采取的行动、推出的法律和建立的通讯网络引发了一场大规模的妇女运动。

在20世纪60年代,也是因为没有联邦政府的支持,"福利母亲"

---

① 霍华德·史密斯(1883—1976)是一位坚决反对黑人权利的南方议员,也反对《民权法案》。在1960年代,很多自由主义者认为,现阶段应该只关注黑人权利,女性权利问题以后再讨论。1964年的《民权法案》本来只提出了保护黑人的就业权利,但史密斯加上了一个修正案,让女性也成为保护对象。有人认为,史密斯并不真的要保护女性权利,他加上保护女性权利修正案的真实目的是让《民权法案》流产,因为这会让反对女性权利和反对黑人权利的议员联合起来对《民权法案》投否决票。

(welfare mothers)①开始为自己争取权利。"有子女家庭补助"(Aid to Families with Dependent Children，AFDC)计划是根据1935年《社会保障法案》(the Social Security Act)而推出的主要福利计划。在20世纪60年代，那些曾经接受该项补助的妇女通过"社区行动计划"(the Community Action Programs)，即"伟大社会"(Great Society)的反贫困计划之一，走到了一起。她们所展开的讨论使接受福利者开始采取一些政治行动，并为国家福利权利组织(National Welfare Rights Organization)②的建立奠定了基础。1966年，民权人士乔治·威利(George Wiley)在华盛顿建立了贫穷/权利行动中心(Poverty/Rights Action Center)，后来又建立了国家福利权利组织。③ 可以说，是福利母亲给他提供了资源和人力。[53]

乔治·威利出生于罗德岛的一个历史悠久的黑人家庭，父亲是一家黑人报纸的编辑。他先是在罗德岛大学读书，然后又去康奈尔大学攻读化学博士学位。毕业之后，他做了教师(起初在加州大学伯克利分校，后来在雪城大学)和学者，并获得了学术声誉。与此同时，他越来越多地涉足校园政治。1965年，他离开了学术界，去种族平等议会(the Congress of Racial Equality，CORE)做全职的"二当家"。后来，民权组织中黑人和白人关系日趋紧张，乔治·威利则希望不同种族的人能在一起合作，于是他离开种族平等代表大会并开始着手建立穷人组织。深受激进的社会科学家理查德·克洛沃德(Richard Cloward)和弗朗西斯·福克斯·皮文(Frances Fox Piven)影响的乔治·威利认为，享受福利的人不是太多了而是太少了。他盼望着福利救济人员名册增厚，并且认为穷人常去的福利办公室能够提供建立组织的纽带。他宣称："对于数以百万的人，特别是那些不能工作的人，老年人、女户主，仅仅鼓励他们去维护自己的权利就是一件很吸引人的事情。"他相信把有资格享受福利的人组织起来的可能性很大："在一个不把人当人的体制中，让人们为自己争取作为人的权利的可能性很大。"[54]

福利办公室也许不是一个能建立组织的地点，但能够享受福利的人确实不多。1965年，数以百万计的人按其社会和经济状况完全具备接受

---

① "福利母亲"指那些有孩子但无丈夫供养,需要接受社会福利救济的妇女。
② 国家福利权利组织是一个为妇女和儿童权益而抗争的民间组织,主要成员为黑人妇女。
③ 乔治·威利的贫穷/权利行动中心于1966年发起了由接受福利救济者参与的反贫困大游行,后来还为国家福利权利组织拟定了宪章。国家福利权利组织称1966年的这次游行是一场运动的开端。

救济的资格,但是并没有得到救济。许多人不知道如何申请援助,其他人申请了,但州政府官员经常刻意曲解规则,找理由把他们拒之门外。还有一部分人,一只脚已经迈进福利机构的大门,但却没有得到应得的所有援助。然后他们去申诉,却又发现得不到正当的处理。到1967年,所有合格的人中仍只有42%可以享受福利;到1970年,这一比例上升到了64%,1973年增长到87%。[55]

1935年《社会保障法》颁布后,由联邦政府提供的社会福利才算是获得了全面的法律支持。在先前,国家政府曾为社会福利做出了实质性的贡献,例如给内战后退伍的联邦军人发放了养老金,以及在20世纪早期发放了妇女和儿童健康社会福利补贴。[56]但是这些只是为达到特定目的而给特殊群体提供的福利,与那些关乎正义的、给予一般大众的福利是不一样的。一般大众的福利可追溯至新政。在20世纪60年代,新政时期出台的"有子女家庭补助"计划已经让不少人获得了援助,为医疗补助(the Medicaid)而颁布的相关法律又使享受"有子女家庭补助"的家庭获得了医疗服务,于是福利的普及程度进一步提高。此外,由于政府在推行向贫困开战计划,政府律师提起了很多有关"有子女家庭补助"申请资格的诉讼,打破了一些州关于申请资格的僵硬规则,让更多人可以申请该项补助。约翰逊当局的联邦官员也在为福利的普及而积极地工作。可以说,由官员、社会工作者和社会科学家组成的"社会福利拥趸"在努力推动社会变革。[57]在1960年至1970年间,"有子女家庭补助"的接受者增长了两倍多,从310万增长到740万。[58]从20世纪60年代早期到70年代早期这十年间,按政府制定的标准,属于"贫困"阶层的人口比例从21%降至11%(贫困人口比例在20世纪80年代有所上升,到1992年已达14.5%)。针对老年人的医疗保障方案(Medicare)、针对穷人的医疗补助、遍地开花的食品券计划(Food stamp),以及针对老人、失明人士、残疾人的补充保障收入(Supplement Security Income, 1972)计划和能让社会保障金(Social Security Payments)跟得上通货膨胀的消费者物价指数(Consumer Price Index, 1972),这些东西合在一起减少了贫困,也使社会福利变成了联邦的一项重要任务,使联邦为其支出了大量的金钱。

但这只不过是个开头。

无声的新政和日益增长的公民权:1964—1975

民权运动提升了宪法所保障的公民权利的普及程度,也使以公民权利、政府义务以及正当法律程序为基础的成文法得以颁布。这对于非洲裔美国人的公民权利和政治权利、先前提到过的女性和穷人的权利以及各类少数群体的权利都有重大影响。

在有关20世纪60年代的记忆中,这样的图景十分常见:学生烧毁征兵卡、年轻的女士点燃自己的胸罩(尽管这事也许根本没有发生)、旧金山的反战集会(be-ins)、从越南运回来的尸袋、瓦茨骚乱(the Watts riot)①、芝加哥警察在民主党全国代表大会门外棒打示威者、肯尼迪总统被暗杀、马丁·路德·金被暗杀、肯尼迪总统的弟弟罗伯特·肯尼迪被暗杀。20世纪60年代的影像记录让我们关注街头革命。

这确实是一场街头革命,而且是一场影响深远的街头革命。但是,除了街头革命以外,还有一场革命。这个革命难以描述清楚,但有深远、长久的影响。这就是国会里的革命。在1933—1935年间,即罗斯福新政初期,国会曾积极立法。到了60年代,国会又一次以旺盛的精力积极开展立法活动。这极大地增强了联邦的权力,使联邦的概念融入了民族意识,并拓展了"政治"领域的范围。换句话说,只要是与政府在做的事和应该做的事相关的,就都是"政治"。

人们常常对国会的每一次立法做孤立的解读,未能认识到这一系列的立法对社会生活的诸多层面的深远影响。这一系列的立法活动被人称为"未被歌颂"的立法变革,我认为称之为"无声的新政"或许更加合理。[59] 在这十年间,联邦政府制定了大量的监管法律,数量超过先前制定的此类法律的总和。[60] 中小学和大学、家庭、各行各业、就业场所、人类与环境的关系,以及包括政党在内的政治机构,都受到了权利革命的影响。权利革命使联邦能够影响地方,使地方开始遵守国家的平等规范,使平等、正当程序和权利的理念散播到了社会生活的每一个层面。

学校

在学校,学生的政治权利获得了认可。1969年,最高法院宣布,学生不会在"在校舍门口……失去他们的宪法权利"。也就是说,学生有通过戴袖章表达政治抗议(反战)的权利。最高法院的裁定看似理所应当,但实际上与当时的主流观点截然不同。在那个时候,很多人认为,学生应该服从教师和学校董事。[61] 随后颁布的法律,如《全体残障儿童教育法案》

---

① 瓦茨骚乱,1965年在洛杉矶瓦茨地区爆发的黑人骚乱。

(Education for All Handicapped Children Act，1975），让公立学校进一步认可了学生的权利。在 20 世纪 60 年代后期，残疾人权利运动达到了高潮，很多人通过诉讼来维护残疾人的权利。1972 年，为智障人士维权者在宾夕法尼亚赢得了一场关键性的诉讼。[62] 在儿童权利运动、学生权利运动和残疾人权利运动中，那些曾参与公民权利诉讼和有关穷人的诉讼的组织，如儿童保护基金（Children's Defense Fund）和加州农村法律援助基金会（California Rural Legal Assistance Foundation），发挥了关键性作用，使权利革命难以阻挡。

工作场所

在工作场所，正式的人事制度和反歧视的准则的出现可谓一场革命。在过去的半个世纪中，大型私营公司已成立了正规的人事部门，人事部门负责执行联邦制定的法规，也根据工会的要求处理员工申诉。人事管理专业化的程度不断提升，在私营领域中，人事关系专家负责传播正当法律程序的规范。[63]

从 1945 年开始，各个州开始颁布禁止种族、信仰和肤色歧视的法律。1945 年，纽约州颁布了美国的第一个平等就业机会法。这是美国历史上第一个全面的、可执行的反工作上的种族、宗教、民族歧视的成文法。[64] 1964 年，国会通过了《权利法案》，其中第七章明确禁止工作歧视。在那个时候，国会中 61% 的议员来自已颁布同等就业机会法的州。[65] 在 1964 年以前，私人雇主不受联邦政府的干涉，可以完全按自己的意愿去雇用人。1964 年颁布的《权利法案》的第七章则使私人雇主受到了管束。[66] 联邦还推出了保障雇员其他权利的一系列成文法，如 1963 年的《同酬法案》（Equal Pay Act）、1967 年的《反就业歧视法案》（Age Discrimination in Employment Act）、1969 年的《矿山安全法案》（Mine Safety Act）、1970 年的《职业安全卫生法案》（Occupational Safety and Health Act）、1973 年的《康复法案》（Rehabilitation Act）、1974 年的《退休职工收入保障法案》（Employee Retirement Income Security Act）、1990 年的《美国残疾人法案》（Americans with Disabilities Act）和 1993 年的《家庭休假法案》（Family Leave Act）。[67]

1935 年的《瓦格纳法案》（Wagner Act）支持雇员为维权而展开集体

谈判(collective bargain)①，引发了工人运动。但在这之前，一个未加入工会的工人(当时大部分的工人没有加入工会)在无须通知、无须经过正当法律程序的情况下就能被解雇，而且还不能向法院求助。自1945年开始，在联邦以及州的层面上，即便是未加入工会的工人也能参加集体谈判和享有法定权利。工人们还得到了广为流传的权利观念的支持，以及被工人权利运动领军人物称作员工的"企业权利"(enterprise rights)的话语支持。所谓企业权利，是指公司自愿给予雇员的权利，具体内容常常印在雇员手册上。在20世纪80年代中期，企业权利仍未获得州法院的支持，但现在它已经有了很多法律支撑。即便没有法律支撑，公司之间人才的争夺以及抢在工会之前收买雇员人心的需要，也会让公司，至少是大型公司，去维护员工的企业权利。[68]

禁止性骚扰的法律也进入了工作场所。20世纪70年代后期，有很多因拒绝主管的性侵犯而遭报复的员工(通常是女员工)，依据1964年《权利法案》第七章提起了诉讼并获得了胜利。到1986年，即便没有报复、降职或者是解雇，某一行为只要是导致工作场所出现了"有敌意的环境"，即可被认定为性骚扰。[69]

政府对于工作场所的管理达到了前所未有的程度。一位学者观察到，1900年至1964年间，联邦政府建立了一个管理商业的行政机构(食品和药品管理局)；1964年至1977年，则建立了十个商业管理的机构。在进步主义时期(1902—1914年)，联邦通过了5条消费者健康和安全法；在新政时期，11条此类法律得以颁布；在1964年至1979年间颁布的此类法律则达62条。而且，比起早期的商业管理法律，这些法律的覆盖范围更加广阔。[70]

高等教育

20世纪60年代的大学生宣称，自己享有的基本的宪法权利，特别是言论自由的权利，大学的行政管理者是无权干涉的。在加州大学伯克利分校，学生们试图打破学校对于政治演讲的限制，让政治演讲进入校园，引发了一场学生运动。20世纪40和50年代，正式学生团体邀请演讲者必须得到加州大学管理部门的批准。在反共恐慌最为严重的20世纪50年代早期，加州大学洛杉矶分校的管理者甚至与联邦调查局合作，找出那

---

① 集体谈判是指劳方集体通过工会与资方就雇佣条件展开的谈判。资方必须参与，而且谈判结果具有法律约束力。

些可能带来问题的演讲者并加以拒绝。1952年,总统候选人阿德莱·史蒂文森(Adlai Stevenson)想去伯克利分校发表演讲,可是学校有一条保持政治中立的政策,于是史蒂文森被挡在了门外。后来,校园之外的世界与校园的界线逐渐变得模糊,校园不再是与世隔绝的象牙塔。在伯克利分校,1954—1955年间有7位政治演讲者发表了演讲;1959—1960年间有37位;1962—1963年间有68位;在1964—1965年间,即自由言论运动(Free Speech Movement)[①]把校园弄了个天翻地覆的时候,则达188位。

伯克利分校的这些活动是学生运动的前奏,形成了对学校政治中立的挑战。到1968年,学生运动改变了大学校园与世隔绝的状态,还使民主党党内对于越南战争问题的分歧进一步扩大。对于校园内的政治问题,伯克利分校的教师进行了投票表决,投票结果是教师支持取消所有关于校园演讲内容的限制性规定。教师和学生们的想法逐渐趋同(虽然学校管理机构的想法不一样),那就是学生拥有自由发表和聆听政治演讲的权利,而且学校在颁布和执行校园演讲的规定时,应保证学生受到公正的对待。[71]

家庭

以权利为导向的政治也使家庭内部的个人权利受到了关注。民权运动特别是妇女运动使人们开始关注家庭暴力,如虐待儿童、血亲相奸和殴打妻子。拿虐待儿童这件事来说,早在20世纪40年代,X光专家就认识到,对于儿童身上一种类型的骨折和瘀伤,唯一合理的解释就是他们遭受了父母的虐待。到20世纪60年代早期,医疗界都还不愿承认,父母实际的教育方式与理想的教育方式相差甚远。后来,医疗界开始关注名为"受虐儿童综合征"(battered-child syndrome)的疾病。这一专业术语的提出,使虐待儿童成为公共议题,使其受到了大众媒体、州立法机关和国会的关注。在1963—1967年间,所有的州都颁布了要求医生上报虐待儿童事件的法律条文。在医生上报了儿童受虐事件之后,州政府就不得不加强对儿童的保护。[72]

再来看看有关婚内强奸的法律。自17世纪起,英国和美国的法院就认定婚内强奸不构成犯罪。20世纪70年代,情况发生了改变。内布拉斯加州于1976年,俄勒冈州于1977年,新泽西州于1979年完全终止了

---

① 加州大学伯克利分校的学生于1964—1965学年发起的一场维护言论自由的运动。学生们静坐示威、围堵警车,以抗议伯克利分校当局对于校园政治活动的限制。

对于婚内强奸的法律豁免。到 1990 年,各州或多或少都颁布了一些关于婚内强奸的法律条款。[73]

在 20 世纪 60 年代之前,没有任何州为受虐儿童、受虐夫妻和强奸受害者提供实质上的保护。1973 年,联邦政府开始资助对于受虐儿童的医学研究,使儿童受虐问题浮出了水面。在联邦的支持下,各州颁布了法律,规定医生必须报告有虐待儿童嫌疑的行为。接着,国会颁布了《儿童虐待防治法案》(Child Abuse Prevention and Treatment Act),为受虐儿童服务项目提供了资金。与此同时,受到妇女运动的鼓舞,在全国各地,强奸危机中心(rape crisis centers)①如雨后春笋般冒了出来。到 20 世纪 70 年代中期,强奸危机中心的支持者开始寻求联邦政府的帮助。在遭到总统杰拉尔德·福特否决②的情况下,国会仍然在国家心理健康研究院(National Institute of Mental Health)中设立了强奸预防与控制国家中心(National Center for the Prevention and Control of Rape),为强奸受害者和预防强奸服务提供了新的资助。[74]

保护家庭中的受虐者的法律的确带来了深远影响。一项对于夏威夷州希罗市的研究指出,在 1971 至 1978 年间,当地法院颁布了 7 条禁止施虐方接触其受虐配偶的临时禁令,禁止虐待配偶。仅 1990 年一年间,法院就颁布了 338 条此类禁令。有新的相关法律颁布,警察的行为也发生了改变,他们知道什么时候该去逮捕那些家庭中的施暴者。司法机构对于受虐妇女问题的敏感性逐渐加强,由政府出资建立的、为男人和女人提供咨询服务的机构也越来越多。不只是一些法律条文有所变化,整个刑事司法体系都在转变。妇女的意识也在转变,她们开始认识到自己在婚姻中的权利。[75]

离婚法的宽松化以及儿童监护和赡养费规定的改变,是影响最为深远的法律变革之一。纽约州在 1966 年率先采取了行动,改变了一直沿用的、由亚历山大·汉密尔顿于 1878 年写下的法律,提出了新的规定——只要有法律上可接受的理由即可离婚。更引人注目的是,1970 年加利福尼亚州率先通过了无过错离婚法(no-fault divorce law)。1966 年,有一篇关于坎特伯雷大主教的报道显示,天主教教会对于离婚的态度已变得比较温和。这篇报道显示出的信息,再加上纽约州率先做出的改变,鼓舞了

---

① 强奸危机中心,致力于保护、治疗强奸受害者的社会机构。
② 美国总统有权对国会通过的法案进行否决,但是,若国会再度通过了该法案,而且国会中三分之二的代表同意通过,那么总统做出的否决就无效且无权再次否决,法案依然能够通过。

加利福尼亚立法者,让他们敢于改变离婚法。而且,出乎意料的是,离婚法的改变竟没有引发哗然之声和巨大争议。到 1974 年,已有 45 个州颁布了无过错离婚法。新的离婚法与新出现的妇女运动没有什么关联,但它有助于婚姻中两性平等观念的传播,也有助于让人们接受州政府对于家庭的干预。新的法律颁布后,与以前相比,法院在为离婚双方以及双方与其子女的关系制定规则方面,起到了更大的作用。[76]

职业

在 20 世纪 60、70 年代,基本上所有的职业组织都在为拉近权威专家与其客户之间的距离而努力。在个人权利似乎得到了社会的认可的同时,在各个职业领域都出现了一种关注公众和社群的改革精神。在医药行业中,预防性健康保障和社区诊所是重要的关注对象。在律师行业中,一些人热衷于提供法律援助。他们的办事风格也有所转变,开始与客户一起商议对策。在新闻行业中,调查性报道以及其他的创新对官僚行为展开了批评。在社会工作中,越来越受到关注的是家庭乃至社群,而不是个人。尽管每个职业群体都有自己的历史以及自己的特殊环境,但这些职业群体之所以有所改变,显然与民权运动是有关联的。有时候,这种关联十分具体,医疗事务中的病人权利就是一个很好的例子。自 20 世纪 50 年代中期开始,在法院的支持下,病人获得了知晓自己治疗方案的权利,医生需要在进行手术之前告知病人治疗方案并征得其同意。在医学院,学生对于医疗伦理学的兴趣急剧上升,教师也乐于讲授医疗伦理、医疗政策和医疗政治课程。1969 年,在多个消费者团体的要求下,私立医院评估机构国家福利权利组织(National Welfare Rights Organization)起草并发布了一份更加关注患者权利的新政策声明,列出了患者享有的 26 条权利。国家福利权利组织是由民权运动人士在向贫穷开战时期建立的,在它的推动下,"病人权利运动"(patients' rights movement)诞生了。1972 年,美国医院协会(American Hospital Association)发布了《病人权利法案》(A Patient's Bill of Rights),"权利"成为"医药伦理学领域中的新事物"。[77]

环境保护

1963 年、1967 年以及 1970 年的《洁净空气法案》(Clean Air Acts)、1965 年、1970 年和 1972 年的《净水法案》(Clean Water Acts)让联邦政府在保护环境方面发挥了前所未有的作用。在 1963 年以前,联邦政府一共只颁布了 7 条管控有毒物质的法律(最早的一条是 1906 年的《纯净食品和药品法案》)。到 1975 年,新增的此类法律已有 14 条,如《机动车辆空气污染控制法案》(Motor Vehicle Air Pollution Control Act,1964)、《固体废物处置法案》(Solid Waste Disposal Act,1965)、《职业安全和健康法案》(Occupational Safety and Health Act,1970)、《美国消费者产品安全法案》(Consumer Product Safety Act,1972)、《危险品运输法案》(Hazardous Materials Transportation Act,1975)。这些管控法律中的大部分未在 80 年代的放松管制①中被取消,而是延续了下去。

这些法律,加上 1970 年建立的环境保护署(Environmental Protection Agency),是联邦用以保护环境的利器。建立新的生态意识融入政府行政之中,政府不仅要保护公共卫生,消除那些直接威胁到公民健康的东西,还要保护植物和动物种群,因为它们的长期存在对人类子孙的健康至关重要。对于濒危物种的保护可追溯至 1894 年。在那一年,国家出台了保护珍稀物种联邦法律(严禁在黄石国家公园追捕水牛),赢得了国民的赞赏。但这只是对某一特定物种的保护。1966 年、1969 年和 1973 年的《濒危物种法案》(Endangered Species Acts)以及 1972 年的《海洋哺乳动物保护法案》(Marine Mammal Protection Act)则让联邦政府承担起了保护所有物种的责任。的确,这些法规存在争议,但是里根当局推行的反控制②也未能让这些法案被撤销。这些法规仍然存在,一种普遍性的思想观念也继续存在,那就是联邦政府应承担保护国家生物遗产的责任。[78]

政治进程

新的激进的公民权理念改变了政治体制。联邦法院开始密切关注选举活动。在 1921 年的"纽伯里诉美国案"(Newberry v. United States)中,最高法院把预选界定为政党的私人事务,不应受到干预。但在"美国诉克拉斯克案"(United States v. Classic,1941)和"史密斯诉奥尔莱特案"(Smith v. Allwright,1944)中,高法却没有把预选看做政党的私人事务,而是判定政党只让白人参加预选,把黑人排除在外的行为违反宪

---

① 20 世纪 80 年代,美国政府为了适应经济环境的变化,开始放松对经济领域的管制,废除了一些管制性的法律。

② 20 世纪 80 年代初,里根就任美国总统后致力于废除 70 年代的环保政策,推行"反环境"政策。主要内容是放松环境管制,削减环保机构的预算与编制等。

法。在20世纪60年代早期,最高法院在一系列诉讼案件中(1962年"贝克诉卡尔案"[Baker v. Carr]、1963年"格雷诉桑德斯案"[Gray v. Sanders]、1964年"雷诺兹诉西姆斯案"[Reynolds v. Sims]),否决了很多州议会和地区立法机关的任命,因为这些任命让农村地区的代表过多,城市代表过少。这些判决掀起了一场"重新任命的革命",让"一人一票"原则第一次落到了实处,也对全国各地的代议制度进行了改造。在"贝克诉卡尔案"中,联邦政府总律师(Solicitor General)阿奇博尔德·考克斯(Archibald Cox)指出,那些禁止黑人投票的法律和政策与不让城镇居民获得足够数量的议员代表的行为在本质上是类似的。[79]

在西部和西南部地区,少数族裔的数量相对较少,而政府"改革"又使少数族裔难以获得力量。在民权运动的影响下,这些地区参加竞选的少数族裔候选人越来越多,获得公职的少数族裔也越来越多。在一些城市,一些政治家首开先河向少数族裔选民示好。自20世纪初以来,城市选举一般以全市为范围,现在选举范围缩小了,变成了在城市中分区域进行的选举,这有利于让聚集于某一区域的少数族裔选出自己的民意代表,维护自己的权利。20世纪70年代,阿尔伯克基市、达拉斯市、圣安东尼奥市、圣何塞市开始施行分区选举制度。20世纪80年代,菲尼克斯市和圣迭戈市也开始了分区选举。[80]

受民权运动的影响,民主党对其总统候选人提名制度进行了改革。民主党在1968年的那次重要大会之后,下一次大会(1972)之前,对提名制度进行了改革。这次改革可谓自安德鲁·杰克逊以来的最重大的政党内部改革,其目标是吸引更多的普通民众参与总统候选人预选,削弱政党内部人士对于提名的影响力,增强政党中央机构的权力,使之能够控制州一级的政党机构。[81]这次改革彰显的是当时的平等主义思维,确保了黑人、妇女和青年人派自己代表参与政党大会的权利。它同时也是杰夫·考恩(Geoff Cowan)智慧的结晶。杰夫·考恩是一位年轻律师,有参与民权运动的丰富经验。他设计建立了最初的总统候选人提名遴选委员会(Commission on Selection of Presidential Nominees)。委员会成员大都是在公民权利和救贫法方面有经验的律师,杰夫·考恩民权运动中的盟友小哈罗德·伊克斯则负责为委员会筹集资金。参议员尤金·麦卡锡(Eugene McCarthy)当时在参加总统竞选,考恩任其在康涅狄格州的竞选负责人。考恩深受民权运动领袖范尼·鲁哈默(Fannie Lou Hamer)的影响,密西西比自由民主党(Mississippi Freedom Democratic Party)努力争取成为密西西比州的合法代表参加在大西洋城举办的民主党全国代表大会这一事件①也给了他鼓舞。他说:"如果不是因为 1964 年大西洋城事件,我永远不会想到借用大会的力量去推进公平和民主"。⁸²

与此同时,立法机关的行事方式也民主化了。在美国国会,顺从规则(rule of deference)一直到 20 世纪 50 年代乃至 60 年代早期还有强大的影响力,而且至今仍未消失。但在 60 年代,国会对议事程序进行了大改革,还有人对国会中的论资排辈制度(seniority system)和委员会主席的权力发起了反抗。在这个时期,下级委员会(subcommittees)激增。这使权力去中心化,也给包括少数族群在内的各种选民集体提供了多种参与国会事务的途径。⁸³国会议员之间变得更加平等,对于任何一位议员而言,自身的努力都要比讨好资历更老的同事重要,甚至刚上任的议员都可以在国会中发表演讲和提出重要的提案。⁸⁴

在"权利"的旗帜下,在美国生活的各个层面上出现的那些具体的变化,其实就是政治哲学家乔治·凯特布(George Kateb)所说的在"公民"这一概念的旗帜下出现的变化:

>……把公民认定为有资格参加竞选和有资格为竞选投票的人,是一种推动力,不断地把公民身份的概念或类似的东西推入到非政治性的生活关系中。的确,这种推动力就是将非政治性的生活政治化,然后将其民主化。⁸⁵

这是对 20 世纪 60 年代政治的准确定义,也是对美国民权运动成果的准确定义。我们在历史文件中可以见到"权利"一词,但这些文件尘封已久。我们曾看见勇敢者为了维护权利而置身法庭,但这大都是孤立的个案。让权利的概念凸显出来的不是别的,而是民权运动。受到民权运动影响的很多个体点亮了权利之光,让其照进了人类社会各个领域和公共、私人世界的各个角落。他们还冲破民族国家的政治边界,让"人权"成为一种对主权的限制。在我们的时代,权利和权利意识已经成为公民权的推动力。

最后,在"拥有权利的公民"的时代,有两个问题是必须回答的。第

---

① 1963 年,密西西比州的黑人选民想要参加总统大选的预选,但遭到了拒绝。于是他们在 1964 年组建了密西西比自由民主党并发起了一系列的抗议活动,并于同年 8 月派出了 68 个代表参与在新泽西州大西洋城举办的民主党全国代表大会。

一,在公民权个人化的时代,谁掌控政治?谁规划政治生活?在个人参与政治的途径不断增多的情况下,政治领域的组织、管控状况如何?谁在争夺权力?我们很难相信,一个个体若只有权利意识这一个推动力,会跟他人一样积极地参与政治行动。那么什么是可以相信的呢?我们将在下文分析政党、利益团体和媒体,看看谁掌控着政治。

第二,我们是否过于看重权利?对于权利的强调是否扭曲了政治话语、政治价值和政治行为,有损于社群生活或不利于培养真正具有公共意识的公民?对于权利的强调,是否使关于经济资源和利益的分配一类的重要问题被人们忽略?本章的最后一节将试图做出解答。

谁掌控政治? Ⅰ.关于政党和利益团体

谁掌控着政治?谁控制着那些可被看做政治经验的东西?

在18世纪,这个问题很好回答:社会精英控制着政治。在19世纪,这问题也比较好回答:政党基本上掌控着政治,定义着政治经验。但在后进步主义时代(post-Progressive Era),这个问题就不好回答了。谁掌控着政治?是大企业?政治领袖?专家?民调专家?他们似乎都在从政党手里夺取权力。新媒体,特别是电视媒体,也参加了争夺。通过一个世纪的改革和竞争,它们都获取了一定的权力,但是政党依然是政治生活的定调者。

在很多方面,政党的力量都比以前要弱。忠诚于政党的党众越来越少,政党能够召集到的积极参加政治竞选活动的人也越来越少。1952年,75%的美国人宣称自己属于某个政党;1992年,这一比例下降到61%。他们投出分票的概率越来越高:在1952年,有12%的选民投票给一个党的总统候选人,又投票给另一个党的众议院议员;1992年,这一比例上升到36%。在1952年,有一半的公民表示自己"欣赏"某一政党,"不欣赏"另一个政党,只有13%的公民对政党持"中立"态度;到1992年,表示"欣赏/不欣赏"的人数比例下降至34%,持"中立"态度的人的比例则增长了两倍多,达32%。[86]随着选民党派性的减弱,候选人也不再给自己贴上党派标签以获取支持。在上一代人所经历的竞选中,强调了或只是提及了候选人所属党派的竞选广告极少。一位英国学者说,在1992年总统大选中最让他感到吃惊的是两个词语的缺失:"一个是民主党,另一个是共和党。"[87]新闻媒体在报道标题和正文中一般只写候选人的名字,而不写他们所属的政党,这既是美国政治文化中政党衰落的表征,也是原因。[88]大多数美国人获取政治信息的信息源从报纸变成了电视,这加速了政党的衰落过程。因为,报纸仍然与政党有干系,或至少社论部分与政党有关,而电视是一个非党派性的机构,既无依附于政党的传统,也没有为政党说话的实践。

党派精神的持续衰退有诸多原因,包括:

1. 政党在经济上的影响力降低。

如果你通过私人途径就可以得到自己想要的,那为什么还需要通过政党呢?越来越多的人有了稳定的经济来源,从政治集团那里获得工作和恩惠不再是迫切的需要。政治家沃尔特·迪安·伯恩汉姆(Walter Dean Burnham)观察到,政治变得"好像一件奢侈消费品,要去与其他的奢侈消费品竞争,好像一种室内运动,参与者是分离的个体,而不是老的团队。"[89]这并不是说猪肉桶立法(pork barrel legislation)①已经成为过去,而是说要靠庇护制度获取回报的人变少了。他们不是有工作,就是获得了联邦的社会福利项目或"有子女家庭补助"计划的援助。在这样一个世界里,人们不再急切地盼望从政党那里获得施舍,他们对于城市中的政党集团的依赖减少了。

在1950年,很多城市中的政治集团依然很有影响力,但是它们的力量在逐渐减弱。州政府和市政府的雇员开始组建工会,职业化程度不断提升。招聘越来越看重"功绩",专横的解雇常常被政府雇员工会阻止。[90]直到20世纪60年代,宾夕法尼亚州州长还控制着4万个庇护制职位。到1988年,就只有2 000个。联邦政府中的庇护制也受到了公务员制度改革以及政府雇员工会的侵蚀。1993年,在约300万联邦文职雇员中,只有几千人为政党任命。[91]庇护制度的心脏似乎已经停止了跳动。[92]

2. 西部化。

美国人口逐渐向西部迁移。1940年,西部和西南部的11个州(亚利桑那、加利福尼亚、卡罗拉多、爱达荷、蒙大拿、内华达、新墨西哥州、俄勒冈、犹他、华盛顿以及怀俄明)的选举人票占总选举人票的13%(531张选举人票中的71张)。到1992年,所占比例已达20%(538张选举人票中的112张)。加利福尼亚的选举人票增加了一倍,从25张增加到了54张。人口的向西迁移,带来了政治的西部化。西部的政治文化是最不欢迎政党的,这种政治文化影响到了全国。

---

① 猪肉桶立法指政党通过立法向忠诚的党徒分肥,即分肥的一种方式。

在进步主义时代,大多数影响深远的反政党改革都是由西部地区发起的,并且在西部地区取得的成就最大。市政经理以及以全市为范围、不分区的选举在西部地区最为盛行。[93] 公民立法提案也源自西部。在 1898 年至 1979 年这么长的一段时间内,公民立法提案最多的六个州中有五个是西部州(另外一个是绿草遍野的北达科他州),而且这几个州提出的公民立法提案的数量占了全国总数的一多半。[94] 西部州还率先颁布了给予女性投票权的法律,为女性投票权在全国的普及打下了基础。妇女选举权的主张者认为,女性能在西部取得选举权,部分原因是西部州很少受到来自欧洲的移民的拖累。来自纽约的著名改革家弗洛伦斯·凯利(Florence Kelley)1915 年(那时候加州已经颁布了认可女性选举权的法律)在加利福尼亚州演讲时指出:"纽约州的男人并无问题。我们的麻烦来自于驶入的船只,他们年复一年地侵入我们的海岸。我们慢慢地同化和转化他们,但是每年都要重复地做一项工作:与外国人的无知和他们关于自由和'女人地位'的观念作反复的斗争。"[95]

因为西部大多数州的管理者最先是由联邦任命的,而不是自己选出的,所以它们的政党机构并不完备。控制着地方的庇护制职位的是总统,而不是地方选举出来的领导者。在对待政党的问题上,西部地区的人们比任何其他地区的人都灵活,较少坚定不移地效忠于某一个政党。此外,19 世纪的政党政治在某种程度上可被看做民族政治,与民族忠诚和仇恨紧密相连,而在西部地区,在土生土长的美国人和白人移民之间,在新教徒和天主教徒之间,敌意是相对较少的,这也削弱了政党与民众之间的联系。政党因为组织力量薄弱,所以鼓励候选人依靠自己的力量去参加竞选,而且还希望他们在当选后,像独立企业家而不是忠诚的党徒那样管理政治事务。[96]

3. 财政国家(fiscal state)和冷战时期的共识。

政党之间需要有值得讨论的问题,但是 1945 年以后问题变少了。冷战出现后,两党的外交政策达成了一致。这个时候,外交政策在美国政治中的重要性不断提升。与此同时,虽称不上完全摆脱,但在很大程度上,外交政策已经摆脱了政党政治的影响。

一些经济问题也不再是政党争论的话题。国家财政政策变得更加重要,但国会或者国会中的政党对国家财政政策控制越来越少。对联邦预算的控制权逐渐转移到了行政首脑的手上。而且,通过社会保障、失业补偿金和其他在一般预算之外的项目,越来越多的财政经费被自动地转交到了个人手上。

发展经济,与保卫"自由世界"(Free World)①一样,是两党的共识。就像社会学家贾恩弗朗哥·波齐(Gianfranco Poggi)所观察到的那样,在战后的整个西方世界,经济增长是"公众注意力的绝对焦点"。而且,至少是在20世纪70年代以前,凯恩斯式的经济规划和预算编制是各种各样的政策制定者共同的理论基础。97 宏观经济管理逐渐成为国家工作的中心,而且经济管理越来越依赖于专家的专门技能而不是党派政治,于是公民就理所当然地认为政党与行政管理已经没有了多少关联。在20世纪70年代晚期和80年代,减税"供给"经济学②对广受认同的凯恩斯理论形成了挑战。于是,政党政治虽未在全体大众中复苏,但在国会里获得了新的活力。98

4. 内部政治改革。

自20世纪60年代起,政党丧失了对候选人提名的控制。1968年,民主党左翼未能提名总统候选人,但是却操控了制度改革的过程。他们提出了新规定,要求通过预选而非政党代表大会来选举议员。在1968年,民主党举办了15场预选,选出的议员数占总数的40%。到1976年,预选场次已达30次,选出了76%的议员。99 在各州的民主党组织都开始执行这个新规定之后,共和党也受到了影响。政党专业人士的权力减少了。

5. 利益团体的兴起。

自20世纪60年代以来,越来越多的利益团体以华盛顿为总部开始了密集的游说活动。利益团体已经不需要依靠政党系统,可以直接影响政府中的政策制定者。

现在的私人协会很奇特,常常既没有私人性也没有参与性。它们的"私人性"之所以减弱,是因为联邦的民权立法,更重要的是因为它们依赖于国家财政。1981年,联邦政府花费了大约460亿美元去支持非营利性机构,这个数字相当于这些机构年总收入的38%。100 今天,大多数私人社会服务机构的资金有一半或一半多来自联邦政府、州政府或地方政府。政府提供的资金有两个支出途径:一是按照与提供社会服务的私人机构签订的合同的规定,支付给这些机构的客户;二是直接付款给个人,例如医疗补助,人们可以用这种补助购买医疗或社会服务。101

---

① 所谓"自由世界",是指实行民主制和资本主义制度的国家。
② 此理论认为若要促进生产投资、增加经济产出,就应减税、颁布自由就业法律、降低管制、放松对公司的限制。

私人协会也没有参与性。成员缴纳会费常常被用于支撑一个专业的政策制定团队。私人协会从一个参与性的组织变成了由专家和代表管理的组织。社会运动中也可以看到这种转变。"运动"这个词蕴含着自发性和草根性的意思,但是越来越多的社会学家开始使用"社会运动组织"这个术语去说明公民运动的专业化,固定的、专业的人士已经成为草根性运动的主导者。

利益团体不断增多,它们纷纷在华盛顿特区设立办公室,直接派代表去国会和联邦机构游说,这就形成了对政党的威胁。[102] 这些关注华盛顿动向的组织向普通公民寻求经济上的和道义上的支持。它们的关注面一般都比较窄,有的甚至只关注某一个单一的问题,而且常常是能够调动民众情绪的问题。这些组织与政党展开了争夺,争夺公众手里的钞票,争夺他们的时间和热情。有一个很好的例子:现在至少有 100 个反堕胎团体,其中有一些会员人数已超 25 万,有的团体在全国各地开设了上百家咨询中心。与其相比,基督教团体的关注面要宽广得多,它们关心的是广泛的政治权利,堕胎只是它们的关注点之一。[103] 另一个例子:在 1991 年,180 个独立的团体合作建立了国家乳腺癌联盟(National Breast Cancer Coalition),试图从"政治家、内科医生以及科学家"手中夺取对乳腺癌进行研究和制定政策的权力。成立后第一年,该组织就让联邦政府对乳腺癌研究的资金投入增长了 50%。[104]

在大众思维以及政治科学思维中,利益团体都是一个不怎么招人喜欢的东西。利益团体类似于乔治·华盛顿所说的自建社团。虽然托克维尔曾经对美国的自建社团大加赞赏,但乔治·华盛顿却不信任它,并对它展开了批评,而且,乔治·华盛顿的观点至今仍有影响力。在过去的 20 年里,那些代表大众或公共利益的团体一旦取得一些成就(尤其是在环境政策和民权方面的成就),流行的政治话语就会把这些团体归为一类并贴上"特殊利益"的标签。在建立面向宽广的、具有公共精神的、以权利为导向的组织的可能性越来越大的时候,经济学家和政治科学家就开始唱反调,用一种社会行动理论去说明这样的组织不可能建立。[105] 与此同时,社会学家开始关注市民社会,即国家和家庭之间那无数的联系。他们认为,地方的、面对面的交流和有很多固定交流的地点是至关重要的。在美国的传统思维中,地方民众面对面的交流必然是好的,而那些专业化的、有专门职员的、覆盖全国的、配备有电脑的、贴着"特殊利益"标签的团体则肯定是不好的。在美国政治思维和社会思维中,这两种公共生活的图景依然相互对立。

面对这些挑战,政党没有坐等灭亡,而是开始调整以便适应。与其他私人组织一样,政党适应了新的以州为中心的行政体制,并由位于华盛顿的办公室管理,办公室由专业人士管理,会按照邮寄名单列表邮寄信件以筹集资金。在个体公民眼中,政党已经降格,成为为了某种目标而存在的一般性组织,然而由专业人士管理的政党组织机构的经济实力和影响力却越来越强。

在一开始,政党甚至没有固定的大本营。1918 年,共和党建立了自己的总部,民主党则于 1929 年建立了总部。[106] 政党的中央机构到 20 世纪 70 年代才开始在州一级和地方一级的选举中发挥重要作用。这是因为,那时出台了对竞选资金的限制性法律①,同时也是因为政党中央机构开始可以利用邮政编码和电脑化的邮件列表等新工具筹措资金。在主席威廉·布洛克(William Brock)的指导下,共和党全国委员会(Republican National Committee)以前所未有的方式积极行动,为 1 万名共和党积极分子提供竞选培训课程,还为地区预选中受人欢迎的候选人提供资金支持。[107]

民主党人也不甘落后,试图跟上"布洛克革命"②的步伐。他们尽其所能地利用自己那比共和党还要有限的经济资源,去效仿共和党的做法。这两个政党都开始依赖于电脑技术、政治专业人士以及全国的协调合作,不再依赖地方的志愿者。当今,政党中央机构"经济无忧,机构稳固,对竞选活动和州、地方一级的政党委员会有非常大的影响力"[108]。当今的政党是一种庇护伞压力集团(Umbrella Pressure Group)③,有自己的特点,而且这些特点是政治生活不可或缺的:它们有提名候选人的权力,因此仍然能够给政治生活制定框架,但是它们不得不与在华盛顿的其他有权力的团体展开竞争,争夺在新闻中亮相的机会和人心。

---

① 1970 年,美国颁布了《联邦竞选财务法》,1971 年又颁布了《联邦竞选法》,1974 年还建立了联邦选举委员会。这些法律和机构对于竞选资金的筹措和运用做了严格限制和监督,使地方党机构和地方候选人在资金方面的自由度降低,所以作者说政党的中央机构开始发挥更大作用。

② "布洛克革命"指上文所说的共和党全国委员会主席威廉·布洛克发起的竞选改革。

③ 所谓庇护伞压力集团,是指给小政治组织提供资源和身份标识的大型中央机构,或者说把小组织纳入庇护伞之下的大型组织。

谁掌控政治？Ⅱ.关于媒体

在1952年,电视首次播出了政党的全国代表大会,电视新闻记者详细报道了开幕式的情况,包括开幕式使用的旗帜、宣誓、国歌、祈祷还有欢迎词。但这些都不是记者的兴趣所在,他们也不希望以此来吸引观众。哥伦比亚广播公司(CBS)新闻部主任西格·米克尔森(Sig Mickelson)回忆说,对那些记者而言,这些东西都只是"仪式性"的。电视记者想知道的是仪式背后的决策。米克尔森说:"我们CBS在一个月以前就已经决定,将对大会做大篇幅的、综合全面的新闻报道。"[109]

将大会看做是"新闻"意味着大会中任何可预计到的状况都没有太大的新闻价值。只有那些能让人感到新奇或吃惊的东西才是值得报道的。米克尔森指出:"在开幕式期间,关于演讲者的报道不多。"所以哥伦比亚广播公司中止了对会场和会场周围的酒店的报道。对此,米克尔森做了一个重要总结:"政党领袖希望电视台更加关注大会的正式演讲。这使原本仅由电视主管作决定的状况被打破,为以后的报道树立了一个先例。"[110]新闻价值孰高孰低很明确:"爆炸性新闻"胜过"仪式的进程"。

具有讽刺意味的是,常被看做最适合呈现精彩场景的电视媒体,现在却在抵制场景。没有旗帜挥舞,没有游行,只有新闻。电视对于会议的报道,关注的是最近发生的、最难以预见的事,并且"信息"充足。电视记者从未预计到自己以及电视观众会受邀当嘉宾,去参加重要的(如果不是受人喜爱的)政治团体的议事会议或动员会议。他们也没有意识到,政党大会上的象征性仪式其实就是政党内部的谈判和商议,有排除或认可某个派系、摈弃和接纳某些思想的作用,是延续传统或是接纳新事物的举措。对于记者而言,最重要的不是大会上的仪式,而是大会中的新闻。按照这种观点,政党大会不过是候选人选举大会,或仅仅是各政党派系之间的斗争。

如果候选人名单在大会之前已经确定,那么媒体还有什么报道好做？为什么要报道1956年民主党大会？20世纪60年代候选人通过预选而不是政党大会选出的越来越多,那为什么媒体还对大多数的政党大会做了报道？1996年金牌主持人特德·科佩尔(Ted Koppel)气愤无比地离开了共和党大会会场,并抱怨说这个大会没有提供任何值得报道的新闻。可以说,科佩尔所遵循的新闻思维,其实自1952年开始就逐渐显现,他只不过是使之达到了"高潮"。[111]

1968年在芝加哥召开的民主党大会上,这样的思维再次显现。在会议厅门外,反战人士与芝加哥警察爆发了流血冲突,给本应由电视播出的休伯特·汉弗莱(Hubert Humphrey)的提名蒙上了阴影。在大会上,旧金山市市长约瑟夫·阿里奥托(Joseph Alioto)首先发言提名了汉弗莱。接着,为了感谢汉弗莱长期坚持维护公民权利,克利夫兰的黑人市长卡尔·斯托克斯(Carl Stokes)也提名了他。但在斯托克斯开始发表提名汉弗莱的讲话时,全国广播公司(NBC)已经把会议厅门外的流血冲突的新闻影像编辑好了。全国广播公司没有播出斯托克斯提名汉弗莱的讲话,而是播出了关于冲突的新闻。汉弗莱的竞选团队对电视公司的做法表示震惊,但电视公司却毫不在乎,坚持按照新闻价值原则挑选新闻。为了与同行竞争,他们竭尽全力将最有价值的抢先播出,而且表现得很专业,好像除了去抢最有价值的新闻之外,自己别无选择。[112]

把政治当做政治还是把政治当做新闻,这之间有什么差别?如果将政治当做新闻来看的话,那么争执比和谐好,暴力冲突比文明的争论好,变化要比静止不动好。知名领袖的行为比不知名小人物的作为更受关注,而且,若群众运动声势大到媒体不能忽视的时候,媒体报道的往往只是运动中的知名领袖。[113]媒体除了会报道单个的领袖,还常常会将政治置于进步主义的意识形态之下。[114]也就是说,政治将会被理解为大众民主,即在选民心中的东西,而不是机构、子群体、协会对政治权力的瓜分。电视较多关注中央政府,较少关注州和地方政府;较多关注总统,较少关注国会;较多关注统一的国家议程,较少关注某个政党的或某个地区的议程。所有这些都有助于减少美国政治的党派性。

到了1972年大选的时候,电视已经成为尽人皆知的美国国家政治中心论坛。那年《纽约时报》为了报道竞选,专门指派了一名记者去看电视,这样《时报》就可以知道普通人所看到的竞选究竟是怎样的。[115]那一年,《滚石》杂志(Rolling Stone)的撰稿人蒂莫西·克劳斯(Timothy Crouse)没有报道竞选,而是报道了那些报道竞选的记者,揭示了印刷媒介记者和电视记者所扮演的象征性角色。[116]现在,广播网的受众份额正在下降,三大广播网所占的受众份额比过去要低,但它们现在仍是公共论坛的不可或缺的架构者。它们把自己打造成为向美国人展现政治世界的权威机构。

早在1936年,共和党人想要通过哥伦比亚广播公司的节目回应罗斯福总统的国情咨文,但遭到了公司主席威廉·佩里(William Paley)的拒绝。佩里说,自己不能"屈从,让他人去作编辑判断和承担责任"。[117]从那天起,广播网便开始积攒决定公共领域基本规则的权力。想想广播网将要或已经获得决定权的地方有多少,设想某总统希望获得对美国公众发表讲话的广播时间。广播网必须判断这位总统的演讲是"总统"演讲还是"竞选"演讲。如果是竞选演讲,则适用于 315 条款即"同等时间"(equal time)的规定,与之相竞争的候选人也会拥有相同的广播时间。例如,1956 年 10 月 31 日,艾森豪威尔总统通过电视发表了关于苏伊士运河危机的演讲。民主党候选人阿德莱·史蒂文森(Adlai Stevenson)以"同等时间"条款为依据,要求获得同等的电视时间去反驳艾森豪威尔,但在选举举行的前一天,联邦通讯委员会裁定,关于国际危机的总统讲话不适用于"同等时间"原则。[118]

如果总统的演讲符合"总统演讲"的特征,同时广播公司认为演讲主题足够重要,符合免费播出的条件,那么,应由哪一个或者是哪几个广播网播出这个演讲?三大广播网①(再加上公共广播公司、CNN、C-SPAN)都会为其提供播出时间吗?仅一个广播网播出是不是就足够了呢?

抛开上面的问题不谈,还有其他问题。演讲应在什么时间播出?将会在收视率最高的黄金时段播出吗?广播网怎样与总统的代表就此进行协商?是否给反对党提供回应的机会?广播网会选取那些人所周知的总统政策的反对者,让他们对总统作回应?还是会让自己的记者作为政治分析家去回应总统的演讲?在越南战争期间,广播网开始搞"即时分析"(instant analysis),即在总统演讲完毕之后,广播网记者立即对演讲内容作出评价。[119]

还有其他的问题。例如,为什么反对党只能对总统的讲话进行被动反击?1970 年,关于越南战争的争议达到了顶峰,耶鲁大学法律专业学生向联邦通信委员会提交了抗议书,控诉哈特福特(Hartford)的 WTIC 电视台和纽约的 WCBS 电视台违背了"公平原则",让总统一次又一次在黄金时段陈述自己的外交政策,却没有让反对派发出声音。名为"企业管理者促进越南和平"(Business Executives Move for Vietnam Peace)的组织以及 14 位美国参议员也对三大广播网提出了抗议。

哥伦比亚广播公司总裁弗兰克·斯坦顿(Frank Stanton)对这些指控表示认同。他认为总统的权力"变得太大了,很多人都认可了他以自己的方式向全国演讲的权利,必须达到某种平衡,以避免关于公共事务

---

① 三大广播网指全国广播公司(NBC)、美国广播公司(ABC)和哥伦比亚广播公司(CBS)。

问题只听得到一种声音"。他在一年内会给反对党几次发言机会,并同意播出政党用以筹募资金的付费插播广告。民主党接受了他提供的机会,充分利用了25分钟的免费时间即哥伦比亚广播公司的"忠诚的反对派"("The Loyal Opposition")节目提出了自己的反对意见,但在民主党第一次利用这个机会做了反对性的发言之后,共和党就要求广播公司给予作回应的时间,而且联邦通信委员会也认为共和党的要求合理,要求广播公司照办。哥伦比亚广播公司则认为,共和党这是在要求对回应作回应,会扭曲斯坦顿办节目的原本意图。该节目就此停止,再未播出过。[120]

几乎在同时,参议员威廉·富布赖特(J. William Fulbright)提出了一个立法草案,要求广播公司播出国会议员对于"重要公共问题"的讨论。在这个时候,总统正在进行未宣即战和不得人心的越南战争。与斯坦顿一样,富布赖特不希望看到总统的权力膨胀。但是广播网反对他的立法提案,并且广播网中反对声音最高的竟然就是斯坦顿。广播电视网希望自己决定谁能出现在电视上,不希望国会指手画脚。于是,富布赖特的提案被否决。[121]

对于何时和是否播出总统或反对党的讲话,广播网的主要判断标准是讲话的"新闻价值"。这给了总统很大的优势,因为,如美国广播公司执行副总裁理查德·瓦尔德(Richard Wald)所言,总统"经常制造新闻"[122]。虽然如此,自1974年以来广播电视网至少八次拒绝给总统提供讲话时间——拒绝福特一次,拒绝卡特一次,拒绝里根四次,在克林顿的第一任期内拒绝他两次。[123]

于是,广播网这个私人商业机构可以自己决定是否、何时以及如何让政府的立法部门出现在电视屏幕上。对于总统和国会领袖对公众所作的正式的演讲,广播网在播出方面的决断权尤其明显。在每日的新闻工作中,记者与官员之间都会有斗争。这是一场技术和战略不断复杂化的战争:广播网的新闻人努力想要自主地定义政治现实,而政治领导人和政党候选人则希望通过新的措施使政治现实为自己所掌控,希望像柔道一样以其人之道,还治其人之身,利用电视的专业主义精神与其专业主义精神对抗。

20世纪80年代哥伦比亚广播公司新闻部主管范戈登·索特(Van Gordon Sauter)要求他的员工去寻找值得纪念的新闻"时刻"。这也正是数量越来越多的、关注电视的政治顾问所看重的。[124] 1968年,"拍照机会"是一个具有讽刺意味的贬义词,但在1980年里根与卡特的竞选之中,它已经成为政治话语中的常见词汇。[125]

电视"原声摘要"(sound bite)是指摄像机转向记者、其他演讲者之前,或转回到演讲者之前,在一个场景或一个演讲者上停留的时间。在过去的20年里,一般的原声摘要的时长缩短了不少。很多人认为这意味着美国政治话语在逐渐衰落,但这个判断不一定完全正确。一方面,在报道竞选新闻时,缩短原声摘要的时间可以让记者更加详细地阐明政治问题而不是复述政治家所唱的高调[126];另一方面,原声摘要的缩短意味着电视记者在尽力让自己获得讲述政治故事的权利。

夸大电视的影响力实乃易事,而且现在有很多媒体评论家正在这么做。20世纪60年代末70年代初,很多人相信是电视对越南战争中的大屠杀的生动报道让美国人开始反对这场战争。即使如此,现在我们已经知道,早在1967年,公众就已经开始对这场战争失去信心,那时电视上的新闻报道还对战争持乐观态度。甚至到了1968年,电视也未播出过直接展现美军伤亡的画面。20世纪80年代,媒体评论家认为,罗纳德·里根之所以能够受到公众的关注和支持,并使自己那右翼的、反政府的政策获得了国会的大力支持,是因为他熟练地操控着电视媒体。实际上,里根在国会取得胜利之时,民调显示他的公众支持率相当低,比有大规模民意调查以来的任何一届总统所获得的支持率都要低。公众对里根"人格"的评价虽然比较高,但仍低于他的前任。无论里根的魔力是什么,他主要把魔力用在国会议员身上,而不是用在公众身上。[127]

如果说电视不是人们所认为的那么强大,报纸的力量则比人们所意识到的要大得多。报纸不再是人们直接获取新闻的首要途径,但仍是首要的间接新闻来源,因为它给电视提供新闻。电视新闻甚至全国广播网的新闻栏目都寄生于印刷媒体。广播记者所选择的新闻,往往都是报纸和新闻杂志已经刊登在头条上的新闻。电视媒体确认某事为新闻,包装和戏剧化新闻。在直播事件的时候,它们见证新闻。但是它们很少去寻找新闻,这基本上是印刷媒体的任务。

电视媒体对政治领域的影响只是一种间接的影响,它们所能决定的,不是政治应该如何,而是谁能参与电视辩论。所以,只有在媒体组织真正有权决定哪些新闻可以上晚间节目,或作为头条刊登的情况下,媒体才是像政治评论家所说的那样给政治"设置了议程"。但记者在决定国民应该讨论哪些问题方面到底有多大的权力是很难说清的,因为除了记者,利益团体、政党、大公司和政府官员也在设置公共议程。

电视媒体的主管和记者对美国政治的掌控权力不会比政党与利益团

体大。在特殊情况下,电视可能成为民众参与政治生活的首要途径(如电视播出国会听证会、总统演讲或候选人辩论时)。但是,即便是在这种情况下,电视媒体也不能掌控政治。在这些场合中,电视媒体是在生动地展现权力世界的图景,它们可以观察权力世界,传播它的景象,但无法控制它。

关于权利的讨论太多了吗?

权利已经成为撬动社会变化的杠杆,但是这个杠杆把它的使用者引向了意外的方向。在过去的十年中,批评家开始担心,强调权利会给民主政治带来不良后果。

法学教授玛丽·安·格兰登(Mary Ann Glendon)对于权利话语做了有说服力的批判。她认为,对于权利的强调使政治话语退化,使之降格为对于个人权利的裁定。对于她而言,"充斥美国政治讨论的那些刺耳的权利话语"糟糕之极。以权利为中心的政治话语"缺乏活力"。它是"空洞的,僵硬和刻板的"。它是"肤浅的"。它是"草率的"。这种话语没有真正体现人的尊严,它体现的只是"迫切的、无止境的欲望"。它使个人和集体的利己主义合法化,并处处强调个人的自我满足比自我约束重要,经济方面的比道德方面重要,眼前的比长远的重要,个人的比社会的重要。格兰登认为,我们做得很差并不是因为使用的语言很糟糕,但糟糕的语言会使我们的思想变得贫瘠,所以应该找到一种与人民一样美好的语言,去赞美吉米·卡特①的功绩。[128]

格兰登认为,当代人对权利的过分追捧可归咎于"20 世纪 60 年代那些风光无限、雄心勃勃的公益律师"。她把这些律师和其他一些积极分子描绘成不成熟的、不耐心的、喜欢自我陶醉的人,只关心司法上的不公,追求全面的、不妥协的胜利。在他们眼中,打官司就要赢得司法判决,绝不能去讨价还价。活动家会选择那些"能够带来全面胜利的诉讼",而不会去打"需要长时间的政治斗争,且斗争能带来的最好结果往往是妥协"的官司。联邦法院、维权检察官和学术界鼓励这些律师,并让年轻的一代也继承对于权利的热忱,还创造出一种氛围——女性、反对虐待儿童者、精

---

① 詹姆斯·厄尔·卡特(James Earl Cater, Jr., 1924 年 10 月 1 日—),习称吉米·卡特,美国第 39 任总统(1977 年 1 月 20 日—1981 年 1 月 20 日)。卡特在任职期间以及卸任之后,都致力于推进人权和维护人民权益,1998 年获"联合国人权奖",2002 年获"诺贝尔和平奖"。

神病人、残疾人、男同性恋和女同性恋、受有缺陷商品伤害的消费者和其他诸多团体都"用权利话语表达自己的关注"[129]。

格兰登与其他一些批评家都认为,主张权利本位的政治是反民主的。因为这会使人们不关心立法而只是到法庭上争辩,会使个人比社会群体重要这样极度个人主义的观点合法化,并且会使学校和工作场所中的非正式的人际关系受到有关权利的法院听证会和抗辩式诉讼的影响而变得僵硬刻板。以权利为基础的公民权必然使我们的政治过于依赖律师。批评家们指出,美国律师的数量很多,在总人口中所占的比例要高于其他国家,而且这一比例在近二十年中急剧增长。[130]可以说,讽刺律师的笑话越来越多是有原因的。①

权利意识让社会付出了真实的代价。不可否认,注重个人权利的传统限制了政治想象力。罗伯特·贝拉(Robert Bellah)和他的同事称,自治和自力更生的个人所说的话是"美国道德生活的第一种语言"。他们的观点是正确的,但是这个观点也提示我们,美国人也许意识不到自己还掌握着第二种语言,即存在于社群和宗教生活之中的那种语言。[131]在每一天,每一个人都不是一座孤岛,独自面对其他人,一只手挥舞着《权利法案》,另一只手挥舞着写有"不要践踏我"的旗帜。相反,人们对家庭,对由教会、邻里、持久的职业或商业上的关系、乡镇、城市和母校联系起来的或紧密或松散的社区有着深深的依恋。我们还找不到一种政治哲学去证明,对社会和道德群体的依恋是对个人权利的威胁。

仅指出个人权利与社区生活之间、自由主义与社群主义之间有冲突是不够的。若按这种两分法来看,由权利思维构造的世界就变成了讽刺漫画中黑白分明的世界。当然,只讽刺权利思维也是可以的,社群主义者就对权利思维提出了直击要害的批评:在权利话语的笼罩下,稍微的怠慢就可以被说成对权利的侵犯,有一点失望就可以声称自己受到了迫害。格兰登敏锐地指出,自第二次世界大战以来,权力话语对整个世界产生了影响。她不反对权利或权利话语,但不认可权利话语在美国塑造出的神话。她希望美国人向加拿大人和德国人学习,既主张个人权利,也重视社会责任。不可否认的是,美国能从其他国家得到一些启示,但是我们也必须首先承认美国权利话语的价值,认识到它带来了一种很强的自我认可,而且这种自我认可不是当今随处可见的以权利为幌子的自怜自爱。在那

---

① 在当代美国,很多人不喜欢律师,讽刺律师的笑话十分流行。常见的有:如何分辨一个律师是否在撒谎? 只要他嘴唇在动就是。100个律师沉到海底意味着什么? 一个好的开始。

些最显著的、影响最深远的案例中,个人权利大都有助于构建社群,而不是撕裂社群。在认定对于权利的强调会使社群分崩离析之前,请先想一想罗莎·帕克斯。诚然,民权运动的确对南方的社群形成了挑战,但是,挑战的方式是对南方社群提出正当的批评,向世人展示这些社群其实是建立在不平等和反人道的基础之上的。

人们并不一定能够看到,在"我的权利"和"你的权利"之间、"属于我的权利"和"属于我们的权利"之间或者"我的权利"和"我的责任"之间存在的联系,但是这些联系是可以建立的。当代的社会运动既可能由"人权"(personalist)政治引发,也有可能源自传统的、团结的社群。[132]一个个体会如同关注自己出身的那个社群一样关注自己后来所在的社群。几乎每一天,在媒体上都可以看到某个个体把自己所遭受的苦难转变成为社会事件,个体在以自己未能获得权利为理由构建社群。

在我所在的城市圣迭戈,波斯裔印度移民阿吉姆·卡米莎(Azim Khamisa)的儿子在送比萨饼时被谋杀了。杀人犯被关进了监狱,卡米莎和杀人犯的祖父(非洲裔美国人)合作,以他被杀害的儿子的名字创立了一个旨在防止青少年暴力犯罪的基金会。[133]唐娜·弗莱伊(Donna Frye)在圣迭戈经营一家冲浪用品商店,她的丈夫常去商店附近的海滩冲浪,但在冲浪过后经常生病,于是她开始行动,建立了一个叫"厌倦污染的冲浪者"(Surfers Tired of Pollution)的组织。该组织让一名投票反对《清洁水法案》(Clean Water Act)的本地国会议员陷入尴尬,还努力促使加州通过了一条法律,规定每周必须对人们常去游泳和冲浪的海滩进行细菌测试。该组织还给海滩地区的商业机构做了培训,让他们学会如何帮助那些在海滩玩耍的游客报告疾病症状。[134]这里只举了两个例子,类似的例子成千上万。这些"拥有权利的公民"能够并经常在建构以权利为基础的社群。

个人以权利为名的社群建构甚至在立法时的法案命名上都有所体现——立法议案的名称上没有提出者的名字,却有那个因经历悲惨导致议案提出的人的名字,例如以詹姆斯·布雷迪(James Brady)命名的管制枪支的《布雷迪议案》(Brady Bill)。布雷迪是里根总统的新闻秘书。1981年,有人企图暗杀总统,布雷迪不幸被子弹击中,并因中弹而瘫痪。他的妻子萨拉(Sarah)为了这个法律的通过进行了多年的游说。1994年,梅根·坎卡(Megan Kanka)在新泽西郊区被一个犯过性侵犯罪的人猥亵并谋杀,此后,美国很多州通过了《梅根法》,保护公民不受那些已经出狱的性侵犯者的伤害。[135]

上述的事件是否只是民主的神话,目的是使批评者消停和阻止影响深远的运动的发生?政治家和媒体关注这些事件,从某种程度上来说是因为这些事件能告诉人们,现在的世界就是这个样子,还能暂时掩盖强大的权力体系和心理上的不安。但是,如果这只是神话,那也是源自现实的神话,讲述的是人们面对困难采取果断行动、真正改变生活的故事。

20世纪60年代开始的以权利为基础的民权运动改变了政治生活。改变的途径是迎合美国人民一直以来对于平等和自由的追求,而在建国之父拟定的契约中,很难找到美国人民这几个字。我们必须承认,人民在为权利而斗争的过程中存在一些问题。这些都是实际的问题。等待法院审理的案件堆积如山,其中有很多案件存在科学性和技术性的问题,如工业或者环境组织诉环境保护局的案件,而法官却缺乏分析这方面问题的能力。[136]如果美国要通过法律来调节经济和社会,就需要给法庭提供更多的资源,以便提升其工作效率。

以权利为导向的政治的一个常见后果就是,国家曾经不管不问的人民生活受到了政府的管束和司法机构的干涉。对自由的追求常常使政府管理的事变多,且一定会使公众对政府的不满增多,无论是政府在小事上的无能,还是大的渎职行为,都会引起公众的不满。[137]由权利政治带来的政府扩张引发了一些抗议活动,如20世纪70年代反对校车实施种族平等政策的运动、由最高法院对"罗伊诉韦德案"(*Roe v. Wade*)①的判决引发的反堕胎运动以及目前的一些反堕胎行动。20世纪70年代权利的拓展倒是让共和党人得到了好处,他们通过利用人们对于权利政治的不满和煽风点火,获取了不少权力。

权利的政治导向,加上与在任何情况下都不服从任何权威的政治文化倾向,对政府机构的管理能力形成了挑战。但是,即便不强调权利,政府机构也一样可能担子过重,运转吃力,就好比一双新鞋,即使这个地方不夹脚,另一个地方就会夹。如果不承认非洲裔美国人、女性、残疾人、学习障碍者、雇员、大学生、医院里的病人、遭受家暴的妇女的权利,美国社会会变得更美好一些吗?权利话语的批评者没有这么说过。他们的观点似乎是:如果权利主张受到审查,如果我们的政治文化没有总是

---

① "罗伊诉韦德案",指1969年美国一位化名为杰恩·罗伊(Jane Roe)的妇女起诉得克萨斯州的检察官韦德,因为得克萨斯州实行的反堕胎法,使她本人无法在该州获得专业、安全的堕胎。该案的核心问题是妇女的堕胎自由是否受到宪法的保护。

鼓励人们把自己看成受害者,如果我们的政治话语在强调权利的同时也强调责任,那么社会才会变得好一些。如果批评者所持的是这样的观点,那么他们就是正确的。全盘否定权利话语似乎并不能带来什么好的结果。

写在世纪之末

即将进入 21 世纪时,发生了一件大事:苏联解体了。1991 年,在对政府官员贪污、效率低下和道德腐败的一片抱怨声中,苏联解体了。

20 世纪 80 年代东欧的剧变是苏联垮台的一个推动力。东欧之所以发生剧变,是因为"市民社会"的发展。人们偷偷地在咖啡厅或者私人的住所集会,讨论政治。在公共场合无法自由发言,所以私人集会就是不二之选。很多西方的人们也许都意识不到,参加这样的集会需要多么大的勇气(在 1940 年到 1950 年间,美国南方的全国有色人种协进会成员应该知道,在强权之下想要推动市民社会的发展有多么困难)。

在美国,东欧剧变受到了人们的关注,但人们也很关心国内的问题,担心自由主义的发展过了头,担心个人主义膨胀过度,担心制度以及程序规则已经救不了民主政治,只能寄希望于公民美德的复兴。

但是,所谓的美德有社会基础吗?以权利为基础的自由主义给美国人建立了一个民主家园,却没有教会人们如何在这个家园中生活?为实现人民主权所付出的努力被矛盾淹没了——人们越看中自我实现,就越倾向于把社会撕成碎片;人们要做出选择的事务越来越多,如选举、全民公决和直接决策等,他们就越没办法做出合理的选择;美国人越依赖于联邦政府提供的社会福利,其自救能力就越不足;司法机构对于权利的保护越多,关注立法程序的公民就越少。是这样吗?

在我看来,"关注权利的公民"对于民主的益处要大于坏处。如果说美国现在的自由主义实践有重大缺陷,那也不是因为它出过很多问题,而是因为美国的政治领袖在很长的时间里都没有给它认真地对待。美国在 1965 年左右才有完整的自由理论出现。随着时间的推移,它的问题可能会越来越多,但是这也许是因为,我们还缺乏管理一个由自由孕育的、致力于实现全民平等的国家的经验。

权利并不一定是社群的对立面,尽管两者有时会有尖锐的矛盾。权利这个东西,常常可以重新定义社群的特性。我在最后一章中会讲到,在当代美国,"关注权利的公民"与"知情的公民"并存,但"关注权利的公民"并不能取代"知情的公民"。我们生活在一个崭新而又复杂的世界之中,而不是经过转型变得简单的世界之中。在这个世界中,很多人都希望找到简单化的解决方案,但也可利用现有的各种资源,开辟出新的道路。

结束语

一次公民集会

美国的公民权并没有消失,也没有衰退,但它发生了变化。

公民权的旧模式并没有随着新模式的出现而消失。在等级明晰的传统家庭中,以及由这样的家庭孕育的公务员制度中,仍可以看到殖民时代建立在社会等级制度之上的公民权的影子。这种公民权留存在人们对于担任过公职、道德高尚、乐善好施,指引或帮助过年轻领袖的那些人的信任之中。它还通过以商议式立法程序筛选意见的宪政机制,留存在我们的政府架构之中。

19世纪以大规模政治参与为特征的公民权同样留存到了今天。政党、大众参与的社会运动、积极参与社区活动的每个阶层的公民所获得的社会荣誉感、政治话语中顺从舆论的谦恭之辞、"人民"和多数派决定原则都可以证明大众民主对现代政治做出了切实的贡献。对于进步时代理想中的"知情的公民",大众民主也有巨大的影响。它是被那些恪尽职守的新闻记者高举着的一盏灯,指引着学校内外的公民教育,而且仍决定着选民对于公民义务的认知。即便是在权利思维笼罩着政治领域,法庭在公共生活中变得与投票站一样重要的情况下,早期政治和公民权的模式依然存在,有时甚至比以前更受欢迎。

随着政治理想和实践的变化,我们的公民权也在不断变化。美国从由绅士统治的时代进入到了由政党统治的时代,然后又进入到了有许多利益团体在争夺政治权力并且争先恐后地去定义什么是政治权力的时代。政治活动的参与者、参与途径以及政治事务这一概念的范围都已经发生了巨大的变化。在这种情况下,其实很难迅速地对公共生活的质量作判断,很难一口就说出质量是上升了还是下降了。但是,近二十年有许多批评家提出,在过去的半个世纪,美国的公共生活在逐渐衰落,直至崩溃。政治哲学家汉娜·皮特金(Hanna Pitkin)在1981年写道:"按手头几乎所有的证据来看,我们正在见证大量的公众远离公共生活。"[1]《哈泼氏》杂志(*Harper's*)的编辑于1990年指出:"公众生活正在消失。"此观点获得了很多人由衷的赞同。[2] 证据到处都是:政党走向没落;郊区的发展致使城区贫困化;人们对于政府以及其他大型机构的信任逐渐消失;报纸的读者在减少;投票率在降低;公民对国内和国际事务缺乏了解;竞选活动没有实质性的内容;人们之间的交流减少;非正式集会场所据说以前有不少,现在也开始减少;对街头犯罪的恐惧使人们紧闭自己的大门、丑闻被当做政治事件四处传播;等等。[3] 情况看上去毫无疑问很糟糕,唯一的问题就是应该怎么做。

其实知识分子早就在抱怨公共生活的退化。早在1750年,让—雅克·卢梭(Jean-Jacques Rousseau)就在日内瓦写道:"我们已没有公民了。"[4] 而且,托克维尔于19世纪40年代,E. L. 古德金于20世纪90年代,李普曼于20世纪20年代,政治科学家和社会学家于20世纪50年代,都曾发出过类似的声音。[5] 1979年,总统吉米·卡特在演讲中表达了对道德和公民精神倒退的深切担忧。1985年,社会学家罗伯特·贝拉和他的同事又一次让人们开始关注道德的衰落。他们出版了一部颇受瞩目的著作《心灵的习惯》(*Habits of the Heart*),对自由个人主义展开了批评,说它禁锢了美国人的政治想象力。[6] 在20世纪70和80年代,一些历史学、政治科学和法学学者对18世纪的公民共和主义(civic republicanism)展开了热烈的讨论,提出可以用它来取代今天的自由主义或社会主义。[7]

人们对于私化公民(privatized citizen)提出了不少的批评,同时也提出了诸多重新唤起他们的政治参与热情的措施,但哈佛的政治学家罗伯特·帕特南(Robert Putnam)最近的著述让人眼前一亮。1993年,帕特南发表了一项关于意大利民主的研究成果。研究指出,根据很多历史资料,意大利一部分地区的民主政治之所以比其他地区发展得好,不是因为这部分地区的经济状况比较好或阶级之间的融合程度比较高,而是因为这些地区的人们有积极参与志愿性组织的传统。若要预测某一地区在20世纪晚期的自治程度,最好的方法就是看看19世纪后期这个地区的合唱团、足球队和鸟类观察俱乐部的数量有多少。[8] 这样看来,曾在《论美国的民主》中称赞志愿性组织为民主根基的托克维尔依然健在,并正在吃意大利面。

帕特南的著述后来获得了更多的关注，因为他接着发表了一篇短小但极具智慧且富有争议的文章，尝试着将对意大利的研究与美国联系起来。这篇名为《独自打保龄》①的文章，跟他对意大利的研究一样，主要讨论的是"社会资本"对于民主的重要性。社会纽带是支撑民主政治的力量，可以使人们积极主动地参与公共事务。保龄球联盟（bowling leagues）、家长教师协会这些志愿者组织的建立是社群健康的标志。它们提供了民主政治所需的社会资源和公民训练。帕特南指出，女性选民联盟、红十字会以及扶轮社②（Rotary）、国际狮子协会（Lions）、麋鹿兄弟会（Elks）和美国青年会（Jaycees）等商业俱乐部的会员在过去的25年里大量减少。"独自打保龄"这个标题意味着，在这25年间打保龄球的人数没有变化，但是参加保龄球协会的人数大大减少。换句话来讲，人们仍在打保龄球，跟以前一样，但他们不再把打保龄球当做一种有组织的社会生活。⁹（在帕特南发表了《独自打保龄》之后，一个批评家写了一篇名叫《众人踢足球》["Kicking in Groups"]的嘲弄性的文章，说参与足球运动的人越来越多。）¹⁰

人们常常把投票率的下降看做民主衰退的标志。与从20世纪30年代到1964年的选民投票率相比，在1968年以及1968年以降获得投票权的公民的投票率明显要低不少。在1972年，罗斯福新政之后的那一代公民到了可以去投票的年纪，其中中学以下学历者的投票率为41%。但在新政时期，中学以下学历的公民的投票率为62%。受过中学教育者在新政时期的投票率为83%，新政之后为55%。有大学文化程度者在新政时期的投票率为88%，之后为79%。到1992年，除了受过大学教育者，不同时代出生的公民的投票率依旧有着很大的差异。¹¹

其他指标呈现出来的画面比较复杂。例如，帕特南调查显示，家长教师协会的会员人数1964年为1 200万，1982年则下降到了500万；而罗普民调中心（the Roper Center for Public Opinion Research）对同一地区的调查显示，在1969年只有16%的受访者表示曾经参加过学校教育理事会的会议，1995年这一比例升至39%。¹² 从1960年到1980年，慈善捐

---

① 全名为《独自打保龄：美国社会资本的衰落》。文中描述了当代美国社会的一种现象：人们不再热衷于社会参与和社会交往，而是独自待在家里看肥皂剧，甚至连去打保龄球也是独自一人。

② 扶轮社是增进不同职业之间的交流及提供帮扶服务的组织，而且轮流在各社员的工作场所举办聚会。全球第一个扶轮社于1905年创办于美国的芝加哥。

款呈减少趋势,但在 1965 年至 1981 年间志愿者自我上报的志愿性活动却有所增多。[13] 此外,帕特南发现自己在计算社会组织的数量时犯了错误,社会组织数量的下降程度并没有他先前公布的那么高。[14]

尽管情况有些复杂,但很多重要的公民组织的会员的确在减少。帕特南的数据来自最权威的、反复进行的全国性调查,比其他调查得出的数据都要全面完整。除了帕特南提供的数据之外,还有一些数据也能证明公民组织的衰落。从 1966 年至今,加州大学洛杉矶分校的亚历山大·阿斯汀(Alexander Astin)和他的同事每一年都对全国的大一新生作调查。调查显示,在 1966 年,58％的男女大学生认为自己应该"紧跟政治时事",但是到了 1996 年,只有 33％的男生和 27％的女生有这种想法。与对于政治的态度相比,人们在帮助他人的问题上,态度改变不大,但积极性也呈降低趋势:1966 年,59％的男大学生认为"帮助有困难的人"是很有必要的,到 1996 年这一比例降至 53％;认为"帮助有困难的人"很有必要的女学生的比例也从高达 80％(在这一年的调查中,女学生把此选为最重要的目标)下滑到了 70％(成为第二位的目标,排在第一位的是"经济上的富裕",比例为 72％)。[15]

帕特南的调查也许还不够全面。关于人们隶属于多少个社会组织的数据调查,能否真实反映出帕特南想要测量的社会资本?现在有成千上万的人去商业的健康俱乐部,在那里结交朋友并组织一些非正式的活动。这些活动是不是也有助于积累社会资本呢?老一代的人加入基督教青年会(the Y)①或麋鹿兄弟会,也许只是为了借用他们的健身房和蒸汽浴室。现在他们改去商业健身中心。在以前,他们会说自己是基督教青年会成员,但今天他们也许不会把自己常去的健身中心看做一个社会组织。在市场经济不断发展的情况下,一些商业组织已经可以起到以前的社团所起到的作用。其他社会组织,如足球联盟(没有成年人会承认他们属于这个组织,他们会说自己的孩子是其成员)、社区治安会和街委会(很多成年人都没有把它当做一个正规的协会或组织,但他们是其成员),也已经在给社团生活贡献活力。

我们可以做一个假设:人们的社团参与度能够被准确测量,并且结果显示参与度大幅下降。事实如此吗?我觉得,有可能是这样,或者说看上去是这样。如果不是这样,那么帕特南的批评者就有责任拿出证据。然

---

① 基督教青年会是以维护基督徒身心健康为目标的社会组织,给成员提供健身服务。全称为 The Young Men's Christian Association,一般缩略为 YMCA 或 the Y。

而，即使帕特南的数据是正确的，我们也不能说公民参与度下降了，现在作出这样的结论还为时过早。这是因为，如本书最后一章所指出的，公民参与已经无处不在，进入了社会生活的每一个毛孔之中。经过了从进步时代的"知情的公民"模式到现在的"关注权利的公民"模式的转变，公民权的范围已经变得十分宽广，没有了边界。不论对于社会资本的测量得出了什么样的结论，有一个事实是不能改变的，那就是在过去的 25 年里，社会个体的政治活动确实增多了。[16]人们的政治参与基本不可能减少，因为公民权的理念已经侵入了私人的世界，占领了很多原本属于私生活的领域。

公民依然在投票站行使自己的公民权，但是在很多其他的地方，他们也可以行使公民权。他们与选举产生的立法官员有政治联系，但也与法庭上的检察官、声称代表人民的利益团体有联系。另外，不论在家庭、学校还是工作场所，他们都是公民。[17]女性和少数族裔自觉地投身于政治，他们以前地位低下，现在位高权重、责任重大的职位中出现他们的名字。他们在为了打造一个人人在精神上都平等并能够受到平等对待的社会而参与政治。1991 年在夏威夷，1997 年在佛蒙特，同性恋者曾试图让自己的婚姻获得法律认可。这不只是他们的私事，其实也是政治活动（当然，国会中反对同性婚姻者以及认定同性婚姻违法的 25 个州也是在搞政治活动）。[18]若一个人带上"感谢你不吸烟"的小徽章，他是在参与政治。在超市里教自己的孩子读营养成分标识，也是参与政治。加入对隆胸用硅胶、宫内避孕器、石棉绝热制品的集体诉讼，亦是参与政治。

个人世界的政治化所带来的影响，可能远比投票率的下降、家长教师协会会员的减少，大学新生的政治责任感和政治信仰的下降以及电视侵入家庭生活的影响要大。实际上，侵入家庭生活的还有谈话，如夫妻之间平等的交谈、夫妻之间的政治谈话。甚至父母和子女也会谈论政治。在这里，毫无疑问，电视新闻、恶俗的电视节目杂志（TV magazine）或脱口秀节目起到了助推作用。这样的谈话使用的是公共语言，其中蕴含着权利意识和平等意识。有例为证：有些女性宣称自己绝非女权主义者且对政治毫无兴趣，但却时常使用"男性沙文主义者"这样的词汇。[19]相关的证据还有：平民百姓给他们的国会议员写信的频率之高史无前例。[20]

如果人们能够想起，早在 20 世纪 50 年代政治参与衰退论就曾流行过，那么 90 年代的相同论调获得认同的可能性就会降低。我记得，在我父母的书架上有大卫·理斯曼的《孤独的人群》（*The Lonely Crowd*）、威廉·怀特（William Whyte）的《有组织的人》（*The Organization Man*）、斯隆·威尔逊(Sloan Wilson)的《穿灰色法兰绒套装的男人》(*The Man in the Gray Flannel Suit*)等指责美国人无个性、自满和平庸的著作。个人对物质的利润的追求也受到了大量的批评。我曾在密尔沃基的犹太教堂听到一个拉比批评我的长辈们,因为他们没有去参与社区和宗教活动。他称与会者为"心脏犹太人",意思是说,他们的心确实是犹太人的心,但却没有加入犹太社群的生活。

在那个时期,人们对于冷战的关注最多,总在想如何去与邪恶力量抗衡。据说,美国人不仅缺少社群,还缺乏勇气。他们缺少行为榜样、英雄和才智。他们不缺少的是对主要机构的信任。历史告诉我们,他们在这方面的信任真的是太多了。美国人信任冷战时期的政府,但他们在不知情的公民身上测试放射性沉降物(radioactive fallout);信任福利机构的官僚,但他们把那些符合救济条件的穷人挡在门外;信任那些选举登记员,但他们拒绝给那些不能解释复杂宪法条款的黑人选票;信任医生,但他们不告诉病人死神即将降临,还隐瞒选择性手术(elective surgery)①可能带来的危险;信任那些教师,但他们告诉家长,孩子不能学习是因为有智障(但他们没有),或者是因为他们的皮肤不是白色的。或许,他们还过于信任婚姻和家庭。结婚人口的百分比比之前高出很多,结婚的年龄也趋年轻化了,生育的孩子也越来越多,使长时期下降的出生率开始上升。离婚率也下降了,以前不断攀升的趋势被扭转。[21]但是,核心家庭(nuclear family)就是最好的家庭模式吗?②

若缺乏基本的社会信任,社会将难以为继;若缺乏有组织的、制度化的不信任,民主将难以为继。正是因为不信任,我们才有了人权法案;因为不信任,我们才有了权力制衡;因为不信任,才有人提醒公民保持警惕。

只需描绘出 20 世纪 50 年代大致的轮廓,就能让当代公民精神在衰落的那种论调遭到质疑。若听到 20 世纪 50 年代就开始传唱的政治冷漠哀歌,看到了大卫·里斯曼说城郊居民"对于情况基本一无所知,很少发怒,只是间或支持某个政党"的文字,或 C. 赖特·米尔斯(C. Wright

---

① 选择性手术指可选择的、非必需的手术。
② 核心家庭指只包括父母和子女的家庭。此处译者咨询了作者。作者表示此处的论述不够充分,没有把问题说清楚。他补充说:结婚高潮过去后,出现了很多核心家庭,在 20 世纪 50、60 年代的美国十分常见,被看做标准的美国家庭模式。在后来,这种家庭模式的问题逐渐显现,留守在家的妇女常常会吸食毒品和过度饮酒,而且,没有祖父母的帮忙,照料孩子的繁重工作就落到年轻妈妈一人的肩上。70 年代以来,女权主义者开始对核心家庭模式展开攻击,揭露其问题。现在,核心家庭在美国依然不少,但社会对核心家庭的认可度有所降低。

Mills)笔下的"不作为"和"离开了"政治的公民,我们应该如何理解?[22] 其实,这些思想家哀叹公民不再参与政治活动的时代,正是帕特南所说的公民精神高涨的时代,即社会资本应该最多的那个时代,且电视还未像病毒一样扩散。我们应该对政治参与下降说有所警惕;对于一些做社会研究的知识分子来说,这种缺少根据的言论似乎可以信手拈来,不费力气。

我们怎样才能知道公民权和社群是否在衰落?要回答这个绝非用简单指标就可以测量的问题,我们应该采取怎样的方法?

最常见的方法是看看投票率:上一代人的投票率下降了。实际上,投票率与公民的政治参与度的确是有联系的,因为,在某种程度上,投票不仅是公民参与政治的方式,还是显示公众是否信任政治体制的指标。投票不仅是选择某位候选人的工具,也是一种大众仪式,如果人们不加入进来意味着民主这个宗教的吸引力在降低。从表面上看,投票人数的减少是一个令人不安的信号。但高投票率也不一定是公民精神良好的标志。我们不仅应该考察参与投票的合格选民的比例是多少,还应考察谁有投票资格(1920年女性获得了投票权,合格选民人数因而翻番;1964年和1965年《民权法案》的通过和执行使更多人有了投票权①)以及投票行为意味着什么。自20世纪60年代起投票率逐渐下降这一事实还不足以为证。如前文所述,在政党政治繁荣的19世纪投票率很高,但这并不意味着那时的公民积极健康。同样,近年来较低的投票率也并不意味着社会已患上绝症。

第二种方法是看看公民表达出来的对政府和其他主要社会机构的信任有多少。这方面也呈下降趋势。与20世纪60年代的公民相比,90年代的公民不太可能告诉民意调查者他们信任总统、议会、医疗职业、军队、最高法院、商业机构、工会、大学以及新闻媒体。[23] 但是,如前文所述,有时信任可能是太少了,有时也可能是太多了。例如,20世纪50年代和60年代初期,在冷战思维和中产阶级的自满情绪影响下,在战后经济不断发展,妇女和少数族裔仍被排除在公众生活之外的情况下,全体国民对于政府和其他主要社会机构的信任出奇的高。而今天,对于主要机构表示怀疑是非常正常的事。怀疑也可以是有益的。当代美国的一些怀疑论者,可以说是继承了美国人怀疑政治和所有政治家的传统。一些怀疑言论,

---

① 主要指黑人和其他少数族裔。

特别是年轻人发出的怀疑言论,表达出的似乎是明显的异化和无目的性。但仅以我们掌握的拙劣方法,还不能区分哪些是质疑权威的积极的不信任,哪些是不相信任何人和任何事的消极的不信任。

  第三种可行的方法是查看人们积累的社会资本,即查看人们加入的那些社会团体和他们与社会团体的联系。如帕特南所言,这是一种很重要的方法。但是,社会资本与个人选择孰重孰轻很难衡量。让我来举个例子:在很长一段时期里,罗马天主教会在社区建设中发挥着重要作用。对于其核心成员即城市中的工薪阶层天主教移民而言,天主教会在社区建设中所发挥的作用尤为明显。天主教教区由牧师管理,他们拥有巨大的权力,可以给人们制定日常行为规范。他们可以影响青年团体、兄弟会组织、教区运动队、唱诗班、女性俱乐部,当然,也可以影响教区学校以及教会。与新教和犹太教相比,天主教教会与社群的联系更加紧密。20世纪50年代,费城、芝加哥等城市的房屋出租信息是按照教区排列的。[24] 20世纪60年代,美国社会经历了巨大的变革,但天主教教会的变革更大。1962年,教皇若望二十三世召集了第二次梵蒂冈会议,自1870年以来梵蒂冈第一次开这样的会议。1965年,第二次梵蒂冈会议的报告发布。报告指出,教会应该适应现代性,容忍教会内部的异议,支持宗教自由,修改礼拜仪式使其更易于理解和参与。原本用拉丁语做的弥撒开始用英语,面对墙壁默默祈祷的牧师开始带领教众做祷告;以前安静的教众开始唱赞美诗、握手,而且是站立着唱而不是跪着唱。

  第二次梵蒂冈会议的报告是一份质疑权威的权威报告,影响可谓深远。在教会活动中,俗人(laity)①对于神职人员的顺从减少了。拿天主教来说,无论是其教众还是牧师都积极地参与民权运动。教区的世俗居民、修女和神学校学生全都沉浸于"权利"思想之中,时常将自己缺乏权力,被强迫集中居住的情况与美国黑人的境况作比较。[25] 第二次梵蒂冈会议的报告发布之后,教皇保罗六世于1968年发布了教谕《关于人生》(*Humanae vitae*),宣布禁止教众节育。这个教谕让很多天主教徒感到自己被欺骗了,或者至少是感到困惑,因为他们曾以为教廷已经开始了现代化进程。俗人和神职人员都开始抗议,一些俗人脱教,一些神职人员离职。1966年,修道会(religious orders)中的女性有181 000人。到1980年,则只有127 000人。而且,修道会中男性的数量也呈下降趋势。有一些人没

---

① 即无神职的教众。

有脱教,但他们置身的教会发生了巨大的变化——神职人员的领导权在下降,俗人在教会管理中扮演的角色越来越重要。[26]教堂的多元化色彩越来越浓,"无论是研究神学、做弥撒、忏悔罪恶,还是祈祷,都已经不再只有一种方式。做一个天主教徒有很多方式,人们在选择那个最适合自己的方式"[27]后来,天主教徒开始搬往郊外。搬到郊区的天主教徒虽未完全脱离与教区、教堂、自己的种族之间的联系,但是这种联系在一定程度减少了。郊区的天主教徒并不像新教徒那样,他们变成了安德鲁·格里利(Andrew Greeley)所说的天主教的"想象"。与上一代天主教徒相比,新一代的教徒离教会越来越远,离自己的家庭越来越近。[28]

以前的模式是不是更好些?与充分尊重个人选择、个人权利和自治的新模式相比,以神职人员的权威把教区结合在一起的旧模式是不是有利于人们的自我实现,并能提供更丰富的公共生活?当然,天主教会是一个非典型的社会组织,仅仅是以老旧方式积累社会资本,并且有严苛的等级制度。然而,它是20世纪美国社会的重要组成部分,它的社群生活给城市政治集团(如民主党和工会)提供了力量。鉴于它的影响如此之大,我们大可不必过于在意它的非典型性。而且,它的转变恰好可以显现出从社群到个人主义的转变、从等级制度到平等主义的转变、从强权到民主的转变、从单一且严格的生活方式到多元生活方式的转变以及从强迫到个人选择的转变。这些转变的代价是教会、家长式家庭、政党集团和精英主导的社群生活的衰落,而这引发了后悔、思乡病,以及种种复兴旧式生活的幻想。但是,几乎没有人会认为这些东西的衰落能够成为复兴旧式生活的理由。

投票率、社会信任程度、社会组织的成员状况是衡量公共生活健康度最常见的三个指标,也是说现在的公民生活不如过去的美好的人经常援引的证据。除此以外,我们还应引入其他衡量指标,如第四个指标——公共话语的质量。批评家们观察到,白天就有脱口秀节目,霍华德·斯特恩(Howard Stern)和拉什·林博(Rush Limbaugh)[①]在电台主持节目,网上有色情下流的政治传闻,电视上有上一代人只能在更衣室听到的脏词。而且,为了吸引那些只会播出短得不能再短的原声摘要的广播记者的注意力,政治演讲不断缩水,变成了吸引人的短语。这些事意味着公共生活已经衰落了吗?

---

① 霍华德·斯特恩和拉什·林博皆为美国电台脱口秀节目主持人,格调较为粗俗。

对此,我没有答案。但是,对于这个问题,其实也有正面的解释。粗俗的谈话节目所使用的那种口无遮拦的公共话语,其实也成就了情景喜剧节目《全家福》(All in the Family)和《莫德》(Maude)、娱乐节目《艾伦》(Ellen)和《60分钟》等电视新闻节目。这些节目与上文所述的那些粗鄙的脱口秀节目一样,语言直接且富有攻击性,在挑战文明社会可以容忍的极限。在这些节目出现的同时,有质量的新闻报道和时事分析也开始增多,在1960年或1965年还看不到这么多。在总体上,记者的自满情绪少了一些,他们致力于推进公共对话,开始写非虚构性的书籍,为杂志、报纸写长篇稿件。主流大报通过发行全国版本和利用自己的通讯网络(特别是《纽约时报》《华盛顿邮报》《洛杉矶时报》)影响到了更多的人。虽然地方电视新闻几乎变成了一片道德沙漠,但全国性电视网的新闻报道比上一代人的时代更为复杂丰富。并且,当今在一些主要的城市和地区,如芝加哥、华盛顿和洛杉矶,出现了20世纪60年代绝对没有的优质新闻。[29]

第五种衡量方法:贫富差距有多大?譬如:有没有一条经济状况的底线,社会会通过私人或者公共的帮助手段不让人们落到这条线之下?经济的繁荣并不意味着公共生活质量高,贫富差距大也不意味着公善受到了损害。但是穷人是否得到了良好的照顾是有标准的,没有达标社会就一定很糟糕。美国在提供福利的问题上依然是不情不愿,从来尽全力去追求经济平等,政府甚至都没有把给人们提供最低的生活保障当做一项义务。虽然美国的福利状况还不够好,虽然1990年的贫困人口比例比1980年的要高,但与1960年相比,现在贫困人口的比例还是要少一些。[30]

我们不仅要看贫富差距的大小,还要看人们的生活质量。不仅要知道顶层与底层之间的差距有多大,还要知道底层人民无助的感受有多强。经济地位和社会地位上的差异是否就像是社会等级上的差异?母亲的经济状况、肤色、年龄和婚姻状况在多大程度上能够决定婴儿将来的经济状况和社会地位?程度越高,公共生活就越糟。

第六个衡量标准,社会中的弱势群体对政治进程的影响力增强了还是减弱了?哪些人处于弱势地位?蓝领工人?如果工会的力量减弱了(也确实在减弱),且民主党也相应地减少了对工人阶层的回应,那么,是不是有很多人都失去了接近政治权力的最有效途径?

最后,受政府保护的个人权利是增多了还是减少了?如果增多了,那么公民生活质量就会提高,因为公共责任会增加,对公众负责的言论也会增多。当然,受政府保护的个人权利只是在人们认为政府或是私人权力已经侵犯了基本的个人自主权的情况下才会增多,例如,政府未经许可即将士兵驻扎在你的家中;警察未获搜查证就搜查你家并对你进行搜身;因为宗教信仰不允许你向国旗敬礼,学校委员会就把你开除;丈夫殴打你;因为你拒绝接受性骚扰,雇主就威胁你;你坐着残疾人轮椅想乘坐公共交通工具,但却发现困难重重。如果这些事都没有发生过,人们也就不会要求政府去保护其权利。权利受到了政府的保护,有助于防止这些违规行为的发生,至少,会让那些违规的人承担责任。按这个逻辑,现在的公共生活的质量比上一代人的时候毫无疑问要高一些。

参与公共讨论的权利增加了不少。在总人口中,有资格和有能力作公共决策的人越多,公共生活的质量也就越高。按这个标准,美国在1920年之后的公共生活就比此前的任何时候都要好,1965年之后的公共生活也比此前的任何时候都要好。除了在选举权上的歧视之外,还有一些愚蠢的歧视(如因性取向在找工作和住房方面受到歧视)也被禁止。与这样的歧视所做的斗争,能为公民提供发表意见和参与政治的充分机会。按这个逻辑,在科罗拉多州反同性恋的宪法修正案被"罗梅尔诉埃文斯案"(Romer v. Evans, 1995)①推翻之后,美国的社会也比以前更好。以前,在公共讨论中基本上听不到穷人和受压迫者的声音。现在,至少有一些公共利益组织、律师事务所、基金会和其他一些机构会为穷人和受压迫者代言。因此,公共生活应该并未衰落,而是有所进步。

若按这七个标准去衡量,美国今天的公共生活如何? 投票率统计难以证明公共生活有衰落的趋势。一些民调显示人们对于主要机构的信任在下降,但这也不一定意味着公共生活健康度下降了。我们不知道这种调查意味着什么。人们对那些抽象的关于信任的问题的回答与那些能够表明信任度的实际行为(如服从国内税局、医生、政府官僚、学校管理者或法院命令)之间有何联系? 我们也不知道最佳的信任程度应该是多高。如果有100%的人"十分"信任总统、国会、大企业、工会、医药行业、大学、媒体,那必然会有大麻烦。但是,最佳比例该是多少呢? 是75%、50%,还是25%?

我认为,民意测验可以测量出来的信任度完全不能作为衡量公共生

---

① 1992年,美国科罗拉多州在其宪法中加入第二修正案,该修正案禁止州政府对同性恋者提供特殊保护。1995年,美国联邦最高法院在审理"罗梅尔诉埃文斯案"后裁定科罗拉多州宪法第二修正案违反了美国宪法。

活的指标。那么社会资本呢？主要公民团体会员数量的下降就是公共生活质量下滑的标志吗？聪明的观察者应该对此表示怀疑。公民团体团结性的下降的确是一种损失，但团结性的下降同时也会带来一种收获，即个人自由的增长。在评价公共话语时，也应看到正反两面。不好的一面是，在过去的几十年中，公共话语变得越来越恶毒，越来越粗鲁，越来越不文明；好的一面是，公共话语变得越来越诚实，参与者更多，话题更广泛。在以前，这些参与者和话题因不符合"文明"的要求而被排除在公共话语之外。在公民团体和公共话语的问题中都存在矛盾，那些让人感到遗憾的社会变化同时也能让人感到满意。

在贫富差距的问题上，很难见到一直在扩大或一直在缩小的趋势。社会的贫富差距似乎容易受到政党政治的影响。在20世纪60、70年代，美国社会变得越来越友善和公平，但在里根上台后，即80年代，友善和公平的程度大大降低，到了克林顿执政的时代又有了一点好转。

在承认和保护个人权利方面，毫无疑问，美国在过去的25年间取得了前所未有的进步。当然，通往权利之路是曲曲折折的。在20世纪60、70年代，维护个人权利者受到了攻击并开始动摇，但最终并未放弃对权利的追求。权利没有被放弃，相反，它成为我们新的政治基础。

总的来看，有一个指标显示公共生活在衰退，有两个指标显示公共生活在发展，得不出具体结论的指标有三个，还有一个指标（信任）问题太多而不能被采纳。所以，用客气一点的语气来说，认定公共生活呈衰落趋势还为时过早。

当然，这只是一些假设性的思考，并不是对国情的准确判断。我们不知道怎样去测量这七个指标的变化，也不知道如何确定这些指标孰重孰轻。

我所作的历史分析还不足以确定公共生活的状态，但是它有助于对公共生活的现状做出评估，也有助于推进公共生活。例如，它能让人们注意到当今的公民权有很多个层面。在流行的政治话语中，进步主义时代的"知情的公民"理念十分重要，但"关注权利的公民"理念受到的关注很少。一本九百多页的美国历史教科书竟没有提及卡罗琳产品公司案的脚注，也没提到帕尔科案、是松案，这说明"关注权利的公民权"理念还没有融入美国人的意识和公民教育之中。[31] 如果因"伟大社会"计划并没有消除贫困，就说1965年至1975年的立法活动没有意义，那么我们就根本没有看清自己的时代。右派贬损"伟大社会"计划，是因为他们不顾一切地想去证明自己的观点——政府管得太多只会把事情弄糟。左派对"伟大社会"嗤之以鼻,是因为他们只是忙于消除经济上的不平等,忽略了政治和社会层面上的人类尊严。

虽然权利意识已经融入了政治的血液之中,进入了社会生活的毛细血管,但我们还不知道"关注权利的公民"是否能够满足我们的世界的需要。我确信,在此之前的那些公民权模式没有满足当代的需求,依照那些公民权模式进行的政治对话和政治实践基本忽略了少数族裔的权利,也不容忍、接纳,更不会去尊重人与人之间的差距。但是这并不是说现在的"关注权利的公民权"可以解决问题。这种公民权能指导人们去做以下这些事情吗?(1)在承认他人与自己在人格和政治上平等的前提下展开相互对话。(2)将少数族裔的权利牢记在心中。(3)不仅自己持有这样的观念,而且还要让他们的后代也秉持这样的观念。(4)要求自己在日常生活中坚持以己之力收集信息并参与公共生活。权利意识清晰的公民权是否能够构建出一个让人们做公民而不是做圣人的政治体系?能否在人们把自己大部分的精力投入私生活的情况下还鼓励人们承担公民责任?或者,它是否让公民权退化成为"这对我有什么用"的思考?它是不是给那些本身因位高财丰而拥有话语权的人提供了新工具和新途径,好让他们获得更多的政治权力?

"关注权利的公民权"并不能解决民主政治的问题,但它是任何解决方案都必须包含的一个部分。此外,它还能显现出对他人权利的尊重,以及用公共语言和依据公共规范去参与公共争论的意愿。我们必须认识到,权利不是公民政治意识结束之处而是开始之处。我们应该培育权利意识,而不是对它加以责备。我们需要让自己和我们的孩子更了解权利,而不是置之不理。

如果我们能了解公民权的运作方式,知道它在我们的时代如何运作,那么以前每一个时代的公民权都能为今天提供借鉴。在我看来,"知情的公民"模式仍在我们的政治价值体系中占有重要的位置,但我们需要对它做一些修改。这个陈旧的骑墙派观念已经不再符合我们对人类认知能力的认识,也不能解释我们至今也没有弄清的一个问题——民主政治中大众的知识与专门的技能之间是什么关系。我建议,把公民在参与政府事务之前须知晓情况的责任看做一种监督性的责任。公民可以是监督者,不必是知情者。作为监督者的公民扫视(而不是阅读)信息,于是就能够了解大量不同的问题,达到很多不同的目标,并能以很多不同的方式展开针对这些问题的行动。作为监督者的公民会发现他们买到手的产品因有质量问题而被召回了;发现干旱可能会使农产品在几个星期后涨价(于是他们就会在还没涨价的时候去买生菜或者蓝莓);发现开车回家常走的那条路现在十分拥挤,应该绕道;发现洛杉矶发生了地震,通讯已经中断,无法直接联系到在那里的朋友,所以应该打开收音机等消息;发现右翼民兵(right-wing militia)①人数之多、态度之积极出乎他们的意料,所以他们应该重新认识当代政治中所存在的危险和可能性。若了解到,在克林顿总统正在东海岸为了推行平权政策(affirmative action)②而努力的时候,西海岸加利福尼亚州的选民却已投票选择终止平权政策,一些公民就可能会有兴趣去阅读更多的相关文章,或就此写点文字,或与朋友交谈。大部分人也许只会读新闻标题,但即便只读标题也能知晓舆论气候的变化。印刷媒体的记者经常批评广播媒体,说他们只是提供新闻标题,但是新闻标题正是公民所需要的。保罗·里维尔(Paul Revere)曾在米德尔塞克斯郡(Middlesex)的村庄和农场之间骑马飞奔,叫喊着一个简短的句子:"红衣兵(redcoat)要来了!"③很显然,他没有因语言简短而感到难堪。[32]

　　李普曼是正确的:如果民主需要公民无所不能、无所不知,那就注定会失败。人与人之间必然有分工,处理每一件自治事务所需的认知能力也必然有区别。打一个比方:去山上野营很有趣,人们能够在山上过几天。但是在日常生活中,人们会愿意打开家里的煤气灶而不是拿两根树枝摩擦生火,会愿意去超市买一只包装好的鸡而不是去森林里设陷阱捕兔子。要使牛奶经过巴氏消毒,我们得依靠农场、牛奶加工者和政府监督人员,我们自己不会去做这些事。我们相信城市的供水机构会提供洁净的水,不会自己使用化学物质去净化水。那么,在公共生活中,要求公民全天候地参与政治活动有何道理?

　　人们乐于知晓政治信息,就好比他们乐于学习野外生存技巧。知晓政治信息可以带来乐趣,也能带来社交优势。在一个社交圈里,如果一个人知道的东西比别人更多就能赢得尊敬。而且,知晓政治信息还会让人

---

① 20世纪90年代初,美国的一些准军事团体掀起了"民兵运动"。这些团体认为联邦政府的存在是对自由的威胁,还反对任何限制公民持有武器的法案。到90年代中期,美国有50个州建立了这样的团体,成员人数估计在2万人以上,可能高达6万人。历史学家称之为"右翼民兵运动"。

② 直译"扶持行动"或"肯定性行动",指政府为了防止对肤色、宗教、性别、性取向或民族出身等的歧视而采取的措施和推出的政策。

③ 红衣兵是美国独立战争时期殖民地人民对英国军人的称呼。在美国独立战争中,银匠保罗·里维尔曾在莱克星顿和康科德战役前夜在马萨诸塞州米德尔塞克斯郡骑马奔走,警告殖民地民兵英军即将来袭,并因此成为家喻户晓的爱国英雄。

去寻求权力或政府职位。但是,大多数人不会对政治如此有兴趣。那么,如果我们不会成为政治活动全天候的参与者,民主还能存在吗?

"监督员公民"可能是一个答案。这种公民喜欢被动地自卫而不会积极地出击。他们可能比以前的公民知道得更多,获得的信息更多,但是他们知晓情况后会怎么做,我们无法确知。跟以前的公民相比,他们的美德没有增加,但也没减少。

"监督员公民"致力于监视环境,而不是搜集信息。想象这样一幅场景:家长注视着在社区游泳池内玩耍的孩子。他们不是在搜集信息,而是在留意情况。他们看起来并不积极,但如果孩子有难,他们就会立即行动。"监督员公民"并不是缺席的公民,他一直在监视,即便同时还在做其他事。在竞选这类特殊的政治活动中,现今的很多民众都表现得不如政党时代的公民那样积极,但是现在的公民每天都在涉足政治。在过去,这样的公民难觅踪影。

以不伤害民主为前提,人们可以选择不去了解情况,忽视一些情况,但忽视多少必须有一个限度,一旦越过,民主将不复存在。在学校、在自己的家里,我们应该坚持不断地向孩子们讲述权利和公民责任观念,不可懈怠。民主教育与民主建设绝不能中断。同时,我们应设立一个合理的目标,能把公民的能力与专家的专门技能结合起来。我们不能够也不应该成为政治活动的狂热爱好者。在过去的一个半世纪里,灭火的责任被移交到了专业人员手中,我们不再依靠志愿者灭火。尽管每个人都应该知晓火灾安全常识,但他们所要知道的仅限于要在家里、车里放灭火器,在家中装烟雾报警器,以及如何拨打911报警电话。父母已经将很多的儿童教育工作交给了公共学校和专业老师。父母仍然辅导孩子做作业,用他们自己的方式"加强"对孩子们的教育,并且在必要的时候会去帮助或者干预学校。我们已经把一部分的医疗卫生工作交给了医院和医生,另一部分则由千家万户自己承担。我们家中的架子上摆着健康饮食书籍、女性杂志、斯伯克医生①的育儿指南,以及一系列的非处方药。

我们已经到了必须把专门技能和个人基本生存能力分开的时代,只有分开,才能让两者体现出各自的价值。在政治领域,我们其实正是这么做的。只不过,在大众话语和民主理论之中,专家执政仍是无法被接纳

---

① 本杰明·斯伯克(1903—1998),美国著名的儿科医生,他关于养育及教育孩子的理念影响了千千万万的美国家庭。他所著的《斯伯克医生育儿指南》(*Dr. Spock's Baby and Child Care*)是一本畅销书,已再版八次。

的。我们应该多多思考，如何在公共生活中找到可以让民主和专门技能相互调和的方法。20世纪20年代李普曼与杜威的辩论并没有给我们提供这样的方法。在今天的政治思想中，这仍是一个悬而未决的问题。

政治理论家们总是强调公共生活、公共知识分子扮演的角色、公共领域存在的必要性以及公善的重要性，但是我们也应着眼于私人生活，感受亲友去世带来的痛苦，孩子在梦中安静的呼吸声带来的温馨，享受欣赏日落、哼个小调儿带来的快乐。这些私人生活的点滴，与政治生活同等重要，或者也可以取代政治生活。一个好的社会应该能让人们享受私人生活，一个好公民应该知道享受私人生活。一个好的社会应该维护其成员的人格和社会平等，同时也应让全体大众过上令人满意的私人生活。

政治生活可以让人兴奋。政治斗争或者是政治盟友的亲密合作可以让一些人充分地感受到自己的价值，感觉自己是时代的弄潮儿，彰显了人性。但是，在个体感受到政治带来美好感受的同时，他也很容易受到形势和情绪的影响而不能自拔。换句话说，机遇与危险并存。有些时候，冒险是有必要的，但是从长远来看，在人们参与政治活动时，所冒之险应该是处于可接受的范围之内，不能太大，这样才会有令人满意的公共生活。只有在不威胁到人们的生命、自由和良知的前提下，在不打压、贬斥私人生活的基础之上，让人们自由地发表言论，聚到一起讨论，带着希望一起努力，民主政治才能充满活力。

显然，美国还没实现这样的理想。我们所处的是一个被种族或民族对立弄得四分五裂的社会，一个贫富差距大到荒谬的程度而且还在扩大的社会，一个贫困家庭的孩子难以改变命运的社会，一个即使是中产阶级家庭的孩子也为不安全感所困的社会。在这样的社会中，那个理想是无法实现的。我们的社会为很多有待解决的问题所困扰，但我们现有的政治系统，和过去一样，不说去解决问题，竟然还没有准备好去面对这些问题。但是，我们有人力以及其他资源，可以去反思这些问题，进而重构我们的政治世界。

如何评判现在的公民权、民主政治以及由有权利也有自治责任的个人构成的平等的社群？是取得了一定成果还是有一定不足？如果这是一个关于美国三个半世纪的历史的历史性问题，而不是对现在人们的政治态度的调查，那么就很好回答。对于女性、雇佣工人、少数种族、少数民族、同性恋、宗教信仰上的少数群体、穷人、老人而言，在过去的半个世纪，社会对他们的接纳程度可谓突飞猛进、节节攀升。这种社会进步在20世纪60和70年代尤为明显，带来了有深远和持续影响的变化，社会至今还在适应和调整。

进步或衰退并不是真正的问题所在。要批判当今社会,我们只需要知道目前仍然有的严重的不公,有一些阻碍人类进步的因素摆在我们面前,等着我们去消除;重建社会所需的资源是有的,等着我们去寻找。不公和歧视依旧存在,特别是当今社会富人安逸、穷人凄惨的情况下,二者将继续存在。我们不需要用历史的棍棒来鞭策自己。我们无法也不应该在当今推行建国者的"同意政治",或是19世纪的"从属政治"。我们不会致力于复兴过去,躲在历史遗产的背后,但也不应忘记历史,即便我们正勇敢地直面今天的现实。

注　释*

序：选举日

1. 关于科技郊区,见 Robert Fishman, *Bourgeois Utopias* (New York: Basic Books,1987),p.17；关于后郊,见 Rob Kling, Spencer Olin, and Mark Poster, eds., *Postsuburbs California* (Berkeley: University of California Press, 1991)；关于边缘城,见 Joel Garreau, *Edge City* (New York: Doubleday, 1991)。

2. 我对于"公民权"的论述要点在于关于好公民的问题——一个很好地承担了公民责任的人具备了什么样的品格、参与了哪些公民活动。很多公民权的研究者要么着眼于公民身份的法律界定,要么跟随 T. H. 马歇尔(T. H. Marshall)的脚步,关注由国家所确立的公民身份的发展史。这两方面的话题都与本研究相关,且本研究都会有所涉及。但我的研究重点在于理解个体是如何参与政治生活的,他们是如何理解政治问题的,以及他们对自己的公民身份所负载的责任有怎样的认识。

3. Walt Whitman, "Election Day, November, 1884," in *Walt Whitman: Complete Poetry and Collected Prose* (New York: Library of America, 1982), p.620.

第一章　北美殖民地时代的政治活动：1690—1787

1. J. G. A. Pocock, "The Classical Theory of Deference," *American Historical Review* 81 (1976):516.

2. Charles E. Clark, *The Public Prints* (New York: Oxford University Press,

---

* 正文中已出现的人名以及名著的名称,注释做了翻译。其他保留原样,以方便读者查证。

1994），p. 72. Clark 认为这篇关于易洛魁族人的文章具有攻击性。

3. 对于"公共领域"的经典论述是 Jurgen Habermas, *The Structural Transformation of the Public Sphere* (Cambridge: MIT Press, 1989)。最好的二手资料是 Craig Calhoun, ed., *Habermas and the Public Sphere* (Cambridge: MIT Press, 1992)，作者在引言部分对公共领域问题作了清晰的批判性分析。我自己也加入了批评哈贝马斯的队伍，不仅为 Calhoun 编辑的这本书提供了稿件，还发表了"The 'Public Sphere' and Its Problems: Bringing the State (Back) In"一文，见 *Notre Dame Journal of Law, Ethics, and Public Policy* 8(1994):529—46。

4. 英国人对此问题做了充分研究，见 Mark Kishlansky, *Parliamentary Selection* (Cambridge: Cambridge University Press, 1986)。

5. Robert J. Dinkin, *Voting in Provincial America* (Westport, CT: Greenwood, 1977), p. 7.

6. Ian K. Steele, *The English Atlantic, 1675—1740* (New York: Oxford University Press, 1986), pp. 121—22.

7. Michael Kammen, *Deputyes and Libertyes: The Origins of Representative Government in Colonial America* (New York: Knopf, 1969), p. 57.

8. Gary Nash, *The Urban Crucible* (Cambridge: Harvard University Press, 1979), p. 55.

9. David S. Lovejoy, *The Glorious Revolution in America* (New York: Harper & Row, 1972), p. 348.

10. T. H. Breen, *Puritans and Adventurers* (New York: Oxford University Press, 1980), pp. 83—84.

11. John Murrin, "A Roof Without Walls: The Dilemma of American National Identity," in Richard Beeman, Stephen Botein, and Edward C. Carter II, eds., *Beyond Confederation* (Chapel Hill: University of North Carolina Press, 1987), p. 338.

12. Jack P. Greene, "The Growth of Political Stability: An Interpretation of Political Development in the Anglo-American Colonies, 1660—1760," in John Parker and Carol Urness, eds., *The American Revolution: A Heritage of Change* (Minneapolis: Associates of the James Ford Bell Library, 1975), p. 27.

13. John G. Kolp, "The Dynamics of Electoral Competition in Pre-Revolutionary Virginia," *William and Mary Quarterly*, 3rd series, 49 (1992): 670.

14. Nash, *The Urban Crucible* 指出了经济灾难对于政治参与的影响，见 pp. 84—85, 156—57, 264—65。

15. Kenneth A. Lockridge, *A New England Town: The First Hundred Years* (New York: Norton, 1970), p. xi. 又见 Michael Zuckerman, *Peaceable Kingdoms: New England Towns in the Eighteenth Century* (New York: Alfred A. Knopf,

1972), p.3. 在进步主义时代的知识分子中流传的关于新英格兰乡镇的神话,见Jean B. Quandt, *From the Small Town to the Great Community* (New Brunswick, NJ: Rutgers University Press, 1970), pp.5—10。

16. Richard L. McCormick, *The Party Period and Public Policy* (New York: Oxford University Press, 1986), pp.228—59.

17. 见 Lockridge, *A New England Town*, pp.38—56; Kenneth Lockridge and Alan Kreider, "The Evolution of Massachusetts Town Government, 1640 to 1740", *William and Mary Quarterly 23* (1966): 549—74。

18. Bruce C. Daniels, *The Connecticut Town* (Middletown, CT: Wesleyan University Press, 1979), pp.68, 74—75, 105, 130, 132—34. 罗德岛的情况见第75页。

19. David Hackett Fischer 估计投票人数一般为成年男性总数的10%到30%。如果我们假设大约有一半的成年男性拥有获得投票权所需的财产,那么David Hackett Fischer 的估算就与 Mansbridge 的估算非常接近。见 David Hackett Fischer, *Albion's Seed: Four British Folkways in America* (New York: Oxford University Press, 1989), p.198。

20. Jane Mansbridge, *Beyond Adversary Democracy* (New York: Basic Books, 1980), p.131。

21. Dinkin, *Voting in Provincial America*, pp.146, 173.

22. Daniels, *The Connecticut Town*, p.131.

23. Mansbridge, *Beyond Adversary Democracy*, p.132.

24. James A. Henretta, "The Morphology of New England Society in the Colonial Period", *Journal of Interdisciplinary History 2* (1971): 394. 又见 Robert Zemsky, *Merchants, Farmers, and River Gods: An Essay on Eighteenth-Century American Politics* (Boston: Gambit, 1971), p.69。

25. Lockridge, *A New England Town*, p.128.

26. Lockridge and Kreider, "The Evolution of Massachusetts Town Government," and Lockridge, *A New England Town*, pp.119—38.

27. Daniels, *The Connecticut Town*, pp.67, 80, 90.

28. Stephen Foster, *Their Solitary Way: The Puritan Social Ethic in the First Century of Settlement in New England* (New Haven: Yale University Press, 1971), p.157. 又见 Michael Zuckerman, "The Social Context of Democracy in Massachusetts", *William and Mary Quarterly*, 3rd series, 25 (1968): 538—39。

29. Fischer, *Albion's Seed*, pp.199—205.

30. Patricia U. Bonomi, "The Middle Colonies: Embryo of the New Political Order," in Alden T. Vaughan and George A. Billias, eds., *Perspectives on Early American History: Essays in Honor of Richard B. Morris* (New York: Harper & Row, 1973), pp.63—92. 《公报》1734年3月11—18日文章中的话引自第87页。

31. Gordon Wood, *The Radicalism of the American Revolution* (New York: Knopf, 1992), pp. 42, 63; Rhys Isaac, *The Transformation of Virginia*, 1740—1790 (Chapel Hill: University of North Carolina Press, 1982), p. 131, and Nash, *The Urban Crucible*, p. 8.

32. Nash, *The Urban Crucible*, p. 31.

33. Zemsky, *Merchants, Farmers, and River Gods*, pp. 239—41.

34. Kolp, "The Dynamics of Electoral Competition," p. 670.

35. Ibid., p. 670.

36. Charles S. Sydnor, *Gentlemen Freeholders* (Chapel Hill: University of North Carolina Press, 1952), p. 77.

37. Ibid., pp. 61—62.

38. David W. Conroy, *In Public Houses* (Chapel Hill: University of North Carolina Press, 1995), pp. 12—20, and John O. and Margaret T. Peters, *Virginia's Historic Courthouses* (Charlottesville: University Press of Virginia, 1995), pp. 5—26.

39. Sydnor, *Gentlemen Freeholders*, pp. 60, 68—70, 124.

40. Ibid., pp. 51—54.

41. Isaac, *The Transformation of Virginia*, pp. 113—14.

42. 关于这一时期领袖代表人民的过程中出现的"双刃剑"性质的问题,见 Edmund S. Morgan, *Inventing the People* (New York: Norton, 1988), pp. 175—76, 178, 197—98。

43. Daniels, *The Connecticut Town*, pp. 86,134. 又见 Conroy, *In Public Houses*, p. 208。

44. Bruce C. Daniels, ed., "Introduction," *Power and Status: Officeholding in ColonialAmerica* (Middletown, CT: Wesleyan University Press, 1986), pp. 3—13.

45. Bernard Bailyn, *The Origins of American Politics* (New York: Knopf, 1968), p. 88.

46. Chilton Williamson, *American Suffrage: From Property to Democracy*, 1760—1860 (Princeton: Princeton University Press, 1960), p. 41.

47. Baron de Montesquieu, *The Spirit of the Laws*, vol. 1, book 2 (New York: Hafner, 1966), p. 12.

48. Patricia U. Bonomi, *A Factious People: Politics and Society in Colonial New York* (New York: Columbia University Press, 1971), p. 7.

49. 这些特质可能与英国迁移过来的定居者原本的地方文化有关。新英格兰的居民大都来自英国南方和东方,这些地方的人的独立精神突出,而且还受到了荷兰风俗的影响。东英吉利亚有政治反抗斗争的历史,曾是反抗查理一世的中心地区,也是异教徒聚集区。见 Fischer, *Albion's Seed*, pp. 44—47。

50. 引自 James Henretta, *The Evolution of American Society, 1700—1815* (Lexington, MA: Heath, 1973), p. 102。

51. Gordon Wood, *The Creation of the American Republic, 1776—1787* (Chapel Hill: University of North Carolina Press, 1969). 又见 Francis N. Thorpe, *A Constitutional History of the American People, 1777—1850*, vol. 1 (New York: Harper, 1898), pp. 80—82。为了解决这个问题,早期的州宪法规定,州下议院的席位一般依据人口数量分配,上议院席位则按财产分配。

52. Mary Patterson Clarke, *Parliamentary Privilege in the American Colonies* (New York: Da Capo, 1971), pp. 227, 229。第一版出版于 1943 年。

53. 英国 1689 年的《权利法案》、马里兰、马萨诸塞、新罕布什尔、佛蒙特的州宪法以及《邦联条例》都使用了这一术语。佛蒙特州的宪法以及宾夕法尼亚州 1776 和 1790 年的宪法还使用这一术语指代公民权利。参见一本颇有价值的文献汇编: Thurston Greene, *The Language of the Constitution* (Westport, CT: Greenwoood, 1991), pp. 801—803。

54. Wood, *The Radicalism of the American Revolution*, pp. 96, 98。

55. Richard L. Bushman, *King and People in Provincial Massachusetts* (Chapel Hill: University of North Carolina Press, 1985), pp. 92—93. 又见 Howard Nenner, "Liberty, Law, and Property: The Constitution in Retrospect from 1689", in J. R. Jones, ed., *Liberty Secured? Britain Before and After 1688* (Stanford: Stanford University Press, 1988), pp. 88—121。

56. 引自 Edmund S. Morgan, *American Slavery—American Freedom: The Ordeal of Colonial Virginia* (New York: Norton, 1975), p. 372。

57. Pauline Maier, *From Resistance to Revolution* (New York: Norton, 1972, 1991), p. 210; Morgan, *Inventing the People*, p. 244。

58. Murrin, "Roof Without Walls," p. 340。

59. Pauline Maier, "Coming to Terms with Samuel Adams," *American Historical Review 81* (1976): 21。

60. Jack N. Rakove, *The Beginnings of National Politics* (New York: Knopf, 1979), p. 10。

61. Jack P. Greene, "The Role of the Lower Houses of Assembly in Eighteenth Century Politics," *Journal of Southern History* 27 (1961): 451—74。

62. Henretta, *The Evolution of American Society*, p. 110。

63. Kenneth Colegrove, "New England Town Mandates," *Publications of the Colonial Society of Massachusetts 21* (Boston: Colonial Society of Massachusetts, 1920): 421—23。我们并不知道指示下达的频繁程度,而且 Robert Zemsky 认为,在马萨诸塞,"即便不是大部分,也有很多代表基本不会让他们的选民的偏好影响自己的

立法行为",但是我们知道确实下达过指示而且是合法的。Zemsky, *Merchants, Farmers and River Gods*, p. 248.

64. J. R. Pole, *The Gift of Government* (Athens: University of Georgia Press, 1983), p. 109.

65. Ibid., p. 141.

66. John Phillip Reid, *The Concept of Representation in the Age of the American Revolution* (Chicago: University of Chicago Press, 1989), p. 83. 又见 Bailyn, *The Origins of American Politics*, p. 85。

67. Conroy, *In Public Houses*, p. 207. 这本宣传册名为《致马萨诸塞湾的有产者和其他居民》(*A Letter to the Freeholders and Other Inhabitants of the Massachusetts-Bay*),那封批评性的信件见于 1739 年 4 月 30 日的《波士顿公报》。

68. 引自 Sydnor, *Gentlemen Freeholders*, p. 36。托马斯·杰斐逊在一封信(1815 年 8 月 5 日写给 William Writ)中提出,给选举权加上财产限制的目的不是剥夺穷人的选举资格,而是限制富人的权力。这会使完全依附于富人的那些佃户和仆人失去选举权,于是富人的权力就受到了限制。引自 Sydnor, *Gentlemen Freeholders*, p. 123。

69. Thomas Jefferson, *Notes on the State of Virginia*, in Adrienne Koch and William Peden, eds., *The Life and Selected Writings of Thomas Jefferson* (New York: Modern Library, 1944), p. 280.

70. 见 Drew McCoy, *The Elusive Republic* (Chapel Hill: University of North Carolina Press, 1980), pp. 5—47。

71. Williamson, *American Suffrage*, pp. 12—15.

72. 见 Stephanie McCurry, "The Two Faces of Republicanism: Gender and Proslavery Politics in Antebellum South Carolina", *Journal of American History* 78 (1992): 1263。

73. Williamson, *American Suffrage*, pp. 12—16.

74. Richard R. Beeman, "Deference, Republicanism, and the Emergence of Popular Politics in Eighteenth-Century America," *William and Mary Quarterly*, 3rd series, 49 (1992): 419.

75. Robert Brown 认为 18 世纪的马萨诸塞从经济上来说是个"中产阶级社会",因为地产很容易获取,很大一部分人口是靠自己所拥有的地产生活的农民。他的著述引发了关于该问题的历史真相的讨论。学界现在的共识似乎是他对殖民地生活民主化特征的强调过头了。见 Robert E. Brown, *Middle-Class Democracy and the Revolution in Massachusetts, 1690—1780* (New York: Russell and Russell, 1955), p. 401。

76. 见 Bonomi, *A Factious People*, p. 7。

77. 见 Michael Kammen, *People of Paradox* (New York: Vintage, 1972),

p. 40。

78. Raymond C. Bailey, *Popular Influence Upon Public Policy* (Westport, CT: Greenwood, 1979), p. 64. 我们必须谨慎看待这些数据，因为请愿常常是由精英甚至议员发出的"腹语"。见 Morgan, *Inventing the People*, p. 230。

79. 见 Bailyn, *The Origins of American Politics*, pp. 26, 101—104; Jack P. Greene, *Pursuits of HaPPiness: The Social Development of Early Modern British Colonies and the Formation of American Culture* (Chapel Hill: University of North Carolina Press, 1988), p. 200; Jack P. Greene, "The Growth of Political Stability", pp. 28—29; Wood, *The Radicalism of the American Revolution*, p. 82; Alan Taylor, *William Cooper's Town* (New York: Knopf, 1995), pp. 206—207; Reid, *The Concept of Representation*, pp. 29—30。

80. Morgan, *American Slavery—American Freedom*, p. 208。

81. Wood, *The Radicalism of the American Revolution*, pp. 85—86。

82. Zemsky, *Merchants, Farmers, and River Gods*, p. 59。

83. Catherine Albanese, *Sons of the Fathers* (Philadelphia: Temple University Press, 1976), p. 11。

84. Barry Alan Shain 指出了当时宗教传播的重要性，见 *The Myth of American Individualism* (Princeton: Princeton University Press, 1994), p. 216。还有学者指出，牧师一直到建国初期都是重要的信息来源。见 Richard D. Brown, *Knowledge Is Power* (New York: Oxford University Press, 1989), p. 79。

85. 有少数学者试图找出在这个时期最重要的传播媒介——天知道是哪一个。Michael Warner 认为，在殖民地反抗英国的过程中，"写作是支配性的政治方式"。见 Michael Warner, *The Letters of the Republic* (Cambridge: Harvard University Press, 1990), p. 67。Keith Baker 则指出，在建国初期，鉴于宪法有崇高地位，所以书面词汇是"超凡的"。Baker 还认为书面词汇于 1794 年或 1799 年在法国取得了"超凡地位"。见 Keith Michael Baker, *Inventing the French Revolution* (Cambridge: Cambridge University Press, 1990), p. 8。另有一些人认为印刷文化和口语文化不是相互竞争而是互为补充。见 Clark, *The Public Prints*, p. 169。例如，Rhys Isaac 强调说口语性的文化、戏剧性的文化和书面文化之间的界限是模糊的。见 *The Transformation of Virginia, 1740—1790*, p. 122。但在其他著述中，他又觉得自己必须要写点关于"印刷的统治地位"的东西，不过这只是针对他未曾研究的那个时期——1776 年以后。(Rhys Isaac, "*Dramatizing the Ideology of Revolution: Popular Mobilization in Virginia, 1774 to 1776,*" *William and Mary Quarterly* 33[1976]:385.)我不知道为何要争论这些问题。说印刷比口语重要或口语比印刷重要都没有什么意义，因为政治既不是在口语媒介也不是在印刷媒介中发生的，而是在戏剧化了的媒介中发生的。例如，选举这个用于维护等级社会的团结性的仪式，不是口语的，不是书面的，也不是印刷的。它被戏剧化了，是一种集体性仪式，也就是 Isaac 所说的"戏剧化意识形态"。

在独立革命即将爆发之前的那几年,从反《印花税法案》暴动开始,"自由树"成为戏剧化意识形态中一个重要的象征。乡镇会指定某棵特定的树为自由树,人们在树上"吊死"他们所憎恨的人的塑像,还在树下集会和示威。这样的活动有的是自发的,有的则在以后的日子里变成了纪念性的活动。例如在波士顿,8月14日,即印花发放员辞职的那一天,就成为一个庆祝日。很多殖民地还庆祝3月18日,即《印花税法案》被废止的那一天。见 Arthur M. Schlesinger, *Prelude to Independence: The Newspaper War on Britain, 1764—1776* (New York: Knopf, 1958), p. 29; Albanese, *Sons of the Fathers*, pp. 59—63。

86. Benjamin Franklin, *The Autobiography and Other Writings*, ed. Kenneth Silverman (New York: Penguin, 1986), pp. 13—17,26,30。

87. Ibid., p. 20。

88. Ibid., pp. 106—107。

89. Ibid., p. 69。

90. Franklin, "Apology for Printers," 1731, in J. A. Leo LeMay, *Benjamin Franklin: Writings* (New York: Library of America, 1989), pp. 172—73. Stephen Botein 说这篇文章是"殖民地时代为公正出版而作的,流传面最广、时间最长的言论"。他把这篇文章看得太严肃了。这篇文章以诙谐的笔调写就,有自相矛盾之处,很有可能是在自我嘲讽。见 Stephen Botein, "Printers and the American Revolution", in Bernard Bailyn and John Hench eds., *The Press and the American Revolution* (Worcester, MA: American Antiquarian Society, 1980), p. 20。

91. Franklin, *Autobiography*, p. 107. Charles Clark 认为印刷商接受或拒绝可能会引发争议的文章有几个原因。至少是在原则上,印刷商一般应该以开放的姿态对待争议,因为他们会害怕被人扣上党派性的帽子。但这种开放性会因为印刷商遵守文明社会的规范而受到制约,尤其是在发现文章有可能损害某些个体的名誉时,他们就不会坚持这种开放性,而是会拒绝刊登。而且,这个时期并没有一种被广为接受的新闻伦理,甚至连清晰的新闻伦理也没有。见 Clark, *The Public Prints*, pp. 208—209。

92. Franklin, *Autobiography*, pp. 90—91。

93. Charles Clark, "'Metropolis' and 'Province' in Eighteenth-Century Press Relations: The Case of Boston," *Journal of Newspaper and Periodical History* 5 (1989): 5. Also, Clark, *The Public Prints*, pp. 96—97。

94. 这个宣传广告是重印的,见《宾夕法尼亚公报》的完整摹本,*The Pennsylvania Gazette 1728—1789* (Philadelphia: Microsurance, 1968)。

95. 见 Botein, "Printers and the American Revolution", p. 17。

96. 见 Stanley N. Katz ed., "Introduction", to James Alexander, *A Brief Narrative of the Case and Trial of John Peter Zenger* (Cambridge: Harvard University Press, 1963), p. 2. 我仔细地阅读了 Katz 对于曾格案的非常有价值的描述。

97. Charles E. Clark and Charles Wetherell, "The Measure of Maturity: The Pennsylvania Gazette, 1728—1765," *William and Mary Quarterly*, 3rd series, 46 (1989): 292—93, and Clark, *The Public Prints*, pp. 216, 221. 余下的新闻报道中有 9.1% 是关于西印度群岛和拉美的, 8% 是关于亚洲、非洲和中东的。

98. Alison G. Olson, "Eighteenth-Century Colonial Legislatures and Their Constituents," *Journal of American History* 79 (1992): 564, and Anna Janney DeArmond, *Andrew Bradford: Colonial Journalist* (Newark: University of Delaware Press, 1949), pp. 10—11.

99. 见 Zemsky, *Merchants, Farmers, and River Gods*, pp. 240—42, and Colegrove, "New England Town Mandates", p. 432。

100. Gary Nash, "The Transformation of Urban Politics, 1700—1765," *Journal of American History* 60 (1973): 616, 61S. Nash 的研究夸大了政治活动增多的程度, 因为他仅仅着眼于主要的城市地区, 忽略了占人口总数 90% 的农村地区。弗吉尼亚这个培育革命先辈的地方, 在 1700 年至 1765 年间政治活动未明显增多。其实, 有竞争性的选举的数量还减少了。见 Kolp, "The Dynamics of Electoral Competition", pp. 652—74。

101. 在这个问题上, 我不认同 Stephen Boteins 所提出的观点——印刷商"阻碍了可让冲突全面、持续不断地爆发的公共论坛的发展"。见 Stephen Botein, "'Meer Mechanics' and an Open Press: The Business and Political Strategies of Colonial American Printers", *Perspectives in American History* 9 (1975): 199 和 Botein, "Printers and the American Revolution", p. 22。

102. Wood, *The Radicalism of the American Revolution*, p. 77.

103. Michael Kraus, *Intercolonial Aspects of American Culture on the Eve of the Revolution* (New York: Columbia University Press, 1925), pp. 91—105. 小一点的家族之间也有密切的联系和影响。自 1755 年开始, 威廉·戈达德(William Goddard)在纽黑文当詹姆斯·帕克(James Parker)的学徒。而帕克以前在纽约当过威廉·布雷德福德(William Bradford)的学徒。自 1742 年开始, 帕克的印刷厂有了一个不事张扬的生意伙伴, 这就是本杰明·富兰克林。其实, 帕克是从在纽黑文的富兰克林那里买的印刷设备。他于 1743 年成为纽约的公共印刷商, 继承了他的导师布雷德福德的事业。在 18 世纪 50 年代, 他还在富兰克林麾下担任殖民地邮局的总审计长。戈达德在帕克那里学徒期满之后去普罗维登斯开了一家印刷店, 还在 1762 年创办了普罗维登斯的第一张报纸。他的妹妹玛丽·凯瑟琳(Mary Katherine)在他的印刷店工作, 后来他去别的地方寻找更好的发展机会, 他的母亲莎拉(Sarah)就开始管理这家店。1768 年, 在威廉·富兰克林即本杰明·富兰克林的儿子的帮助下, 戈达德成为《宾夕法尼亚纪事报》(*Pennsylvania Chronicle*)的印刷商。他还于 1773 年创办了巴尔的摩的第一份报纸《马里兰报》(*Maryland Journal*)。1774 年初, 他把这份报纸交由玛丽·凯瑟琳管理。见 Ward L. Miner, *William Goddard, Newspaperman*

(Durham, NC: Duke University Press, 1962), pp. 13—14,20,66,70—71,140,145。

104. Conroy, *In Public Houses*, pp. 179—80, 236—40.

105. Nash, *The Urban Crucible*, p. 202.

106. Sally F. Griffith, "'Order, Discipline, and a Few Cannon': Benjamin Franklin, the Association, and the Rhetoric and Practice of Boosterism," *Pennsylvania Magazine of History and Biography* 106 (1992): 140—41. 又见 Warner, *The Letters of the Republic*, p. 38。

107. Warner, *The Letters of the Republic*, pp. xi—xii, 38—42. Warner 提出了一个有意思的观点,即印刷与共和主义思想之间有密切联系,但他忽略了可变性(在有些国家印刷和共和主义齐头并进,但在另一些国家印刷却与独裁政治交织在一起长达几个世纪)、时间(英属北美地区自 17 世纪 30 年代起就有印刷,但在 18 世纪中期之前基本没有关于政治争议的印刷品),也没有指明印刷有助于共和主义思想的传播和实践发展的实际例证。Warner 认为印刷和共和政治"互为决定性因素",但这也许并不意味着他所说的密切关系存在,而是意味着有 Nash 所说的那种辩证的讽刺性事实。见 Nash, "The Transformation of Urban Politics, 1700—1765", pp. 605—32。未获职位的精英为了重获职位而寻求更多人的支持的时候,选举中的政治参与就会出现,但这显现出的是机会主义,而不是对于公共理性实践的信仰。在选举中的讽刺性事实是,精英群体内部为了获得斗争胜利而采取的策略成为社会变化的推动力,将会反过来威胁到精英的统治。关于印刷的讽刺性事实是,它原本常常是一种通过教导实现社会控制的工具,后来却成为赋予大众以权力的途径。这一时期的选举一直都是有两面性的,既是一种合法化的仪式,又是参与政治的途径。印刷也一样有两面性,既是用于控制的武器,又是催生普遍理性的工具。

108. 引自 Clark, *Public Prints*, p. 24。

109. 引自 Carl Kaestle, "The Public Reaction to John Dickinson's 'Farmer's Letters,'" *Proceedings of the American Antiquarian Society* 78 (Worcester, MA: American Antiquarian Society, 1969): 334。

110. Ibid., p. 325.

111. Richard John, "Communications and Information Processing," *Encyclopedia of American Social History*, vol. 3 (New York: Scribner's, 1993), p. 2353.

112. Kaestle, "The Public Reaction," p. 344.

113. Ibid., p. 337.

114. "不情愿的党徒"(Reluctant partisans)是 Stephen Botein 在 "Printers and the American Revolution"第 32 页所使用的词汇。

115. G. Thomas Tanselle, "Some Statistics on American Printing, 1764—1783," in Bailyn and Hench, eds., *The Press and the American Revolution*, p. 348.

116. Patricia U. Bonomi, *Under the Cope of Heaven* (New York: Oxford University Press, 1986), pp. 203—208.

117. Kraus, *Intercolonial Aspects of American Culture*, pp. 212—15.

118. Pauline Maier, *The Old Revolutionaries* (New York, Knopf, 1980), p. 72.

119. 引自 Miner, *William Goddard*, *Newspaperman*, pp. 121—22。

120. Ibid., pp. 126—27.

121. Tanselle, "Some Statistics on American Printing," p. 351.

122. Thomas Paine, *Common Sense* (London：Pelican, 1976), p. 120.

123. 引自 Eric Foner, *Tom Paine and Revolutionary America* (New York：Oxford University Press, 1976), p. 83。又见 John Keane, *Tom Paine：A Political Life* (Boston：Little, Brown, 1995), pp. 110—14。

124. 引自 Foner, *Tom Paine and Revolutionary America*, p. 79。

125. Ibid., p. 99.

126. Fletcher Green, *Constitutional Development in the South Atlantic States, 1776—1860* (Chapel Hill：University of North Carolina Press, 1930), pp. 84—88. 在北卡罗来纳，参加下议院议员选举投票的公民必须是纳税人，参加上议院议员选举投票则须拥有 50 英亩的土地。在马里兰和北卡罗来纳，要成为上议院议员也必须拥有大量地产(但弗吉尼亚和南卡罗来纳无此要求)。在马里兰、弗吉尼亚、南卡罗来纳，担任上议院议员的限制条件要比下议院议员多。这些限制条件是 1776 年通过的南卡罗来纳、北卡罗来纳、弗吉尼亚和马里兰宪法的一部分。

127. Bushman, *King and People in Provincial Massachusetts*, p. 53.

128. Maier, *From Resistance to Revolution*, p. 21.

129. Daniel N. Hoffman, *Governmental Secrecy and the Founding Fathers* (Westport, CT：Greenwood, 1981), p. 14.

130. Wood, *The Creation of the American Republic*, pp. 166—67. James Burgh1775 年发表于费城的《政治专论集》(*Political Disquisitions*)是一本重要的反联邦党著作。他在书中写道："年度选举的结束即暴政的开始。"见 Jackson Turner Main, *The Anti-Federalists* (Chapel Hill：University of North Carolina Press, 1961), p. 12。

131. Williamson, *American Suffrage*, pp. 117—37.

132. Ibid., pp. 121—22.

第二章　立宪时刻：1787—1801

1. 引自 Daniel N. Hoffman, *Governmental Secrecy and the Founding Fathers* (Westport, CT：Greenwood, 1981), p. 22。

2. 引自 ibid., p. 21。

3. James Madison, *Notes of Debates in the Federal Convention of 1787* (New York：W. W. Norton, 1987), p. 64.

4. Ibid., p. 483.
5. Ibid., p. 106.
6. Ibid., p. 197.
7. Ibid., pp. 322—23.
8. Ibid., p. 369.
9. Ibid., p. 306.
10. Ibid., p. 39.
11. Ibid., p. 308.
12. Ibid., p. 235.
13. Ibid., p. 107.

14. Journal, May 29, 1787, 引自 Max Farrand, ed., *The Records of the Federal Convention of 1787*, vol. 3 (New Haven: Yale University Press, 1911), p. 15。

15. George Mason to George Mason, Jr., letter of May 27, 1787, in ibid., vol. 3, p. 28. James Madison to Thomas Jefferson, June 6, 1787, in ibid., vol. 3, p. 35.

16. Wilbur Samuel Howell, ed., *Jefferson's Parliamentary Writings* (Princeton: Princeton University Press, 1988), p. 357.

17. Emile Durkheim, *The Division of Labor in Society* (New York: Free Press, 1933), pp. 206—19.

18. 18世纪反对政党的盎格鲁—美国人思想,见 Richard Hofstadter, *The Idea of a Parry System* (Berkeley: University of California Press, 1972), pp. 1—39。

19. James Roger Sharp, *American Politics in the Early Republic* (New Haven: Yale University Press, 1993), p. 86.

20. Eugene Perry Link, *Democratic-Republican Societies, 1790—1800* (New York: Columbia University Press, 1942; Octagon, 1965), p. 114.

21. Ibid., p. 116.

22. 引自 Sharp, *American Politics in the Early Republic*, p. 85。

23. "At a Meeting of the Democratic Society," New York, 1794, Broadside Collection, American Antiquarian Society, Worcester, MA.

24. Richard Pares, *King George III and the Politicians* (Oxford: Clarendon, 1953), p. 52. 见 pp. 50—53。在法国,政治社团也不受信任。政治社团和公共集会于1791年被禁止。在拿破仑的统治下,类似的限制成为法律并一直延续到19世纪,会议或集会只要是超过20人就必须事先获得政府批准。见 Jeremy Popkin, "Claiming Public Space: Press Banquets and Press Trials in the July Monarchy", paper presented at the 1996 meeting of the Western Society for French History, Charlotte, NC。

25. Stanley Elkins and Eric McKitrick, *The Age of Federalism* (New York: Oxford University Press, 1993), p. 476.

26. 见 German Republican Society, "Resolutions Adopted on the Resistance of Citizens in Western Pennsylvania, July 29, 1794", and Democratic Society of Pennsylvania, "Minutes, July 31, 1794", in Philip S. Foner, ed., *The Democratic Republican Societies, 1790—1800: A Documentary Sourcebook of Constitutions, Declarations, Addresses, Resolutions, and Toasts* (Westport, CT: Greenwood, 1976), pp. 59, 88。

27. 我查看的是 James Kirby Martin 在 Steven R. Boyd 编的 *The Whiskey Rebellion: Past and Present Perspectives* (Westport, CT: Greenwood, 1985)一书中对威士忌暴乱作的一个简短的总结:"Introduction: The Whiskey Rebellion Redivivus", pp. 2—7;以及此书中 James Roger Sharp 所写的一篇文章:"The Whiskey Rebellion and the Question of Representation", pp. 119—33。

28. Thomas P. Slaughter, *The Whiskey Rebellion* (New York: Oxford University Press, 1986), p. 43, and Mary K. Bonsteel Tachau, "A New Look at the Whiskey Rebellion," in Boyd, ed., *The Whiskey Rebellion*, p. 97.

29. 见 Sharp, "The Whiskey Rebellion and the Question of Representation", in Boyd, p. 125。

30. Letter to Burges Ball, Sept. 25, 1794, in John Rhodehamel, ed., *George Washington: Writings* (New York: Library of America, 1997), p. 885.

31. Letter to Edmund Randolph, Oct. 16, 1794, in ibid., p. 887.

32. Cabot, 1795, 引自 Hofstadter, The Idea of a Parry System, p. 95。

33. 引自 Foner, Democratic-Republican Societies, p. 32。

34. *Philadelphia Gazette and Universal Daily Advertiser*, Dec. 29, 1794, in ibid., p. 62.

35. Minutes, Oct. 9, 1794, in ibid., p. 96.

36. To Madison, Dec. 28, 1794, Robert A. Rutland, ed., *The Papers of James Madison*, vol. 15 (Charlottesville: University Press of Virginia, 1985), pp. 426—29.

37. 关于此问题的讨论,见 Hofstadter, *The Idea of a Party System*, p. 50。关于威士忌暴乱及其余波的简要的、有价值论述,见 Elkins and McKitrick, *The Age of Federalism*, pp. 474—88。

38. Washington to Madison, May 20, 1792, and Madison to Washington, June 20, 1792, in Robert A. Rutland, ed., *The Papers of James Madison*, vol. 14 (Charlottesville: University Press of Virginia, 1983), pp. 310—12, 319—24.

39. Rhodehamel, ed., *George Washington: Writings*, p. 969.

40. Pauline Maier, *The Old Revolutionaries*, (New York: Knopf, 1980), p. 30. 她引述的是亚当斯 1784 年 4 月 30 日写给 Noah Webster 的信。

41. 引自 Hofstadter, *The Idea of a Party System*, p. 28。

42. Ronald Formisano, *The Transformation of Political Culture* (New York: Oxford University Press, 1984), p. 109.

43. 引自 Hofstadter, *The Idea of a Party System*, p. 123。

44. Noble E. Cunningham, Jr., *The Jeffersonian Republicans* (Chapel Hill: University of North Carolina Press, 1957), p. 97.

45. Ibid., p. 106.

46. *American Mercury* (Hartford, CT), Sept. 11, 1800, 引自 ibid., p. 206。

47. Stephen Botein, "Printers and the American Revolution," in Bernard Bailyn and John Hench, eds., *The Press and the American Revolution* (Worcester, MA: American Antiquarian Society, 1980), p. 41.

48. *Federal Gazette* (Philadelphia), Dec. 6, 1791, 引自 David P. Nord, "Readership as Citizenship in Late-Eighteenth-Century Philadelphia", in J. Worth Estes and Billy G. Smith, eds., *A Melancholy Sense of Devastation* (Canton, MA: Science History Publications, 1997), p. 23。

49. 在国会的发言,1791 年 12 月 28 日。引自 Richard B. Kielbowicz, *News in the Mail* (Westport, CT: Greenwood, 1989), p. 233。

50. Richard R. John, *Spreading the News* (Cambridge: Harvard University Press, 1995), p. 37.

51. John Nerone, *The Culture of the Press in the Early Republic: Cincinnati, 1793—1848* (New York: Garland, 1989), p. 67 指出,1815 年、1825 年和 1835 年,辛辛那提的报纸三分之一以上的版面由印刷商之间免费交换的报纸的内容填充,1795 年、1805 年和 1845 年则不到三分之一。

52. Kielbowicz, *News in the Mail*, p. 234; John, *Spreading the News*, pp. 36—37.

53. John Steele, Jan. 15, 1792, in Noble E. Cunningham, Jr., ed., *Circular Letters of Congressmen to Their Constituents, 1789—1829*, vol. 1 (Chapel Hill: University of North Carolina Press, 1978), p. 99. 1794 年,邮政法被修改,使报纸能以低廉的、一便士的费率在它所发行的州通过邮政递送。这样一来,邮局邮递报纸就会有损失。其实,一些共和党的领袖(不只是共和党人)希望一分邮费也不要收取。1794 年,华盛顿总邮政局长 Timothy Pickering 建议邮局不要对邮寄报纸收费。杰斐逊于 1801 年呼吁取消报纸邮费。虽然他们的提议从未被采纳,但联邦给新闻界发的补贴发挥了重要作用。

54. John, *Spreading the News*, pp. 37—39.

55. Feb. 8, 1799, in David B. Mattern, ed., *The Papers of James Madison*, vol. 17 (Charlottesville: University Press of Virginia, 1991), p. 229. 又见 Madison to Jefferson, April 5, 1798 (p. 107) and Jan. 25, 1799 (pp. 220—21)。

56. James Madison, Jr. to James Madison, Sr., in Rutland, ed., *The Papers*

of James Madison, vol. 14, pp. 106—107 (Nov. 13, 1791), 226 (Feb. 9,1792), 293 (April 27,1792), and 455 (March 1, 1793).

57. Madison to James Monroe, June 1, 1801, and to Wilson Nicholas, July 10, 1801, in Robert J. Brugger, ed., *The Papers of James Madison* (Secretary of State Series), vol. 1 (Charlottesville: University Press of Virginia, 1986), pp. 245,393.

58. Cunningham, *The Jeffersonian Republicans*, p. 15, citing a letter of Jefferson to George Washington, Sept. 9,1792.

59. James Sullivan to George Tacher, Aug. 1, 1790, Chamberlain Collection, Boston Public Library. 引自 Cunningham, ed., *Circular Letters of Congressmen to Their Constituents*, 1789—1829, p. xxviii。

60. Cunningham, *The Jeffersonian Republicans*, pp. 13—14.

61. Michael Lienesch, "Thomas Jefferson and the American Democratic Experience," in Peter Onuf, ed., *Jeffersonian Legacies* (Charlottesville: University Press of Virginia, 1993), p. 319.

62. Noble E. Cunningham, Jr., *In Pursuit of Reason: The Life of Thomas Jefferson* (Baton Rouge: Louisiana State University Press, 1987), pp. 169—71.

63. Lienesch, "Thomas Jefferson and the American Democratic Experience," p. 329. 甚至是后来在亚当斯政府担任副总统的时候,杰斐逊还在倒腾报纸。他在给麦迪逊的信件(1798年4月26日)中鼓吹詹姆斯·凯里(James Carey)的《记录报》(*Recorder*)和本杰明·富兰克林·贝奇的《曙光报》:"如果报纸倒下,共和主义就会溃不成军。"引自 Jeffery Smith, *Franklin And Bache* (New York: Oxford University Press, 1900), pp. 151—52。

64. *Federalist No. 49* in Alexander Hamilton, John Jay, and James Madison, *The Federalist Papers* (London: Penguin, 1987), pp. 313—14.

65. Washington to Edmund Randolph, Aug. 26, 1792, in Rhodehamel, ed., *George Washington: Writings*, p. 821.

66. Elkins and McKitrick, *The Age of Federalism*, p. 497.

67. Smith, *Franklin and Bache*, p. 139.

68. Elizabeth G. McPherson, "The Southern States and the Reporting of Senate Debates, 1789—1802," *Journal of Southern History* 12 (1946): 228—32, 239, 241.

69. Lawrence Cremin, *American Education: The Colonial Experience*, 1607—1783 (New York: Harper & Row, 1970), p. 192.

70. "A Bill for the More General Diffusion of Knowledge," (1778), in Julian P. Boyd, ed., *The Papers of Thomas Jefferson*, vol. 2 (Princeton: Princeton University Press, 1950), pp. 526—27.

71. Thomas L. Pangle, *The Ennobling of Democracy* (Baltimore: Johns Hop-

kins University Press, 1992), p. 173.

72. Leonard W. Levy, *The Emergence of a Free Press* (New York: Oxford University Press, 1985).

73. Richard Buel, Jr., "Freedom of the Press in Revolutionary America: The Evolution of Libertarianism, 1760—1820," in Bailyn and Hench, eds., *The Press and the American Revolution*, p. 81.

74. 引自 ibid., p. 85。

75. *Columbian Centinel*, Oct. 5, 1798, 引自 *Albany Centinel*, Oct. 12, 1798。引自 James Morton Smith, *Freedom's Fetters: The Alien and Sedition Laws and American Civil Liberties* (Ithaca, NY: Cornell University Press, 1956), p. 178。

76. Ibid., pp. 177—85.

77. Donald K. Stewart 估计,1796 年联邦党的报纸与共和党的报纸的数量是 92∶34。在 1800 年,联邦党的报纸还是比共和党的报纸多,比例是 2∶1。见 Donald K. Stewart, *The Opposition Press of the Federalist Period* (Albany: State University of New York Press, 1969), pp. 622—24。

78. J. R. Pole, *The Gift of Government* (Athens: University of Georgia Press, 1983), p. 138.

79. Culver Smith, *The Press, Politics, and Patronage* (Athens: University of Georgia Press, 1977), pp. 39—41, 45.

80. Adrienne Koch and William Peden, eds., *The Life and Selected Writings of Thomas Jefferson* (New York: Modern Library, 1944), pp. 411—12 (letter to Colonel Edward Carrington, Jan. 16, 1787) and 581—82 (letter to John Norvell, June 11, 1807).

81. Jackson Turner Main, *The Anti-Federalists* (Chapel Hill: University of North Carolina Press, 1961), pp. 209, 250—51. 关于纽约唯一的一份反联邦党报纸即 Thomas Greenleaf 的《纽约报》(*New-York Journal*)所遭受的苦难,见 John Nerone, *Violence Against the Press* (New York: Oxford University Press, 1994), pp. 60—63。

82. 见 Thomas S. Engerman, Edward J. Erler, and Thomas B. Hofeller, eds., *The Federalist Concordance* (Chicago: University of Chicago Press, 1988), p. 351。

83. 建国之父对于如何克服距离问题的意见,请参见下文关于"代表"的讨论。

84. Gordon Wood, "The Democratization of the American Mind," in Robert Horwitz, ed., *The Moral Foundations of the Republic* (Charlottesville: University Press of Virginia, 1986), p. 130.

85. *Pennsylvania Gazette*, July 9, 1788, in Merrill Jensen and Robert A. Becker, eds., *The Documentary History of the First Federal Elections, 1788—1790*, vol. 1 (Madison: University of Wisconsin Press, 1976), p. 242.

86. Cunningham, *The Jeffersonian Republicans*, pp. 34, 35, 44.

87. Alan Taylor, "'The Art of Hook & Snivey': Political Culture in Upstate New York During the 1790s," *Journal of American History* 79 (1993): 1382.

88. 1799年纽约州奥尔巴尼的一张海报,陈列于美国政治生活博物馆,康涅狄格州西哈福德市哈福德大学。

89. Taylor, "'Hook & Snivey,'" p. 1392.

90. Cunningham, *The Jeffersonian Republicans*, pp. 190—91.

91. Elkanah Watson, *Men and Times of the Revolution*, ed. Winslow C. Watson (New York: Dana, 1857), pp. 301—302.

92. Alan Taylor, *William Cooper's Town* (New York: Knopf, 1995), p. 174. Taylor 在此书的第 170—198 页对此次选举做了描述,生动地展现了当时的选举行为。

93. *Federal Post* (Trenton, New Jersey), Nov. 18, 1788, in Gordon DenBoer, Lucy Trumbull Brown, and Charles D. Hagermann, eds., *The Documentary History of the First Federal Elections, 1788—1790*, vol. 3 (Madison: University of Wisconsin Press, 1986), p. 62.

94. Fischer, *The Revolution of American Conservatism*, p. 94.

95. Cunningham, *In Pursuit of Reason*, pp. 221—23.

96. 引自 David Hackett Fischer, *The Revolution of American Conservatism* (New York: Harper and Row, 1965), p. 95.

97. Letter to Theodore Sedgwick, April 7, 1800, 引自 Cunningham, *The Jeffersonian Republicans*, p. 187。

98. Jeffrey Abramson, *We, the Jury* (New York: Basic Books, 1994), pp. 25—29, 36.

99. "Cornelius," 1788, in Herbert J. Storing, ed., *The Complete Anti-Federalist*, vol. 14 (Chicago: University of Chicago Press, 1981), p. 141, 引自 Rosemarie Zagarri, *The Politics of Size: Representation in the United States, 1776—1850* (Ithaca, NY: Cornell University Press, 1987), p. 19。

100. Zagarri, *The Politics of Size*, p. 9.

101. Ibid., p. 21.

102. 引自 ibid., p. 88。

103. J. R. Pole, *Political Representation in England and the Origins of the American Republic* (London: Macmillan, 1966), p. 280.

104. "A Farmer," *Complete Anti-Federalist* III: 184, and "Federal Farmer," *Complete Anti-Federalist* II: 268, 引自 Zagarri, *The Politics of Size*。

105. Oct. 12, 1787, p. 35, in J. R. Pole, ed., *The American Constitution: For and Against* (New York: Hill & Wang, 1987), p. 35.

106. "Brutus," Nov. 15, 1787, in *The Debate on the Constitution*, vol. 1 (New York: Library of America, 1993), p. 320. Pole, *The American Constitution*, p. 46.

107. 见 Bernard Bailyn, ed., *Pamphlets of the American Revolution*, vol. I, 1750—1765 (Cambridge: Harvard University Press, 1965), pp. 92—99。

108. Donald S. Lutz, "The Theory of Consent in the Early State Constitutions," in Daniel J. Elazar, ed., *Republicanism, Representation, and Consent: Views of the Founding Era* (New Brunswick, NJ: Transaction Books, 1979), pp. 11—42.

109. Federalist No. 10. 又见 Isaac Kramnick, "Editor's Introduction", in Hamilton, Jay, and Madison, *The Federalist Papers*, pp. 41—43。

110. *Massachusetts Centinel*, Nov. 1, 1788, 引自 Jensen and Becker, eds., *Documentary History*, p. 469。

111. "Real Farmer," in *Hampshire Chronicle*, Oct. 22, 1788, 引自 ibid., p. 469。在1792年的选举之后,宾夕法尼亚转为按选区举行选举。见 Cunningham, *The Jeffersonian Republicans*, p. 111。

112. Jensen and Becker, eds., *Documentary History*, p. 282.

113. *Pennsylvania Gazette*, July 30, 1788, 引自 ibid., p. 246。

114. Oct. 8, 1778, 引自 ibid., p. 303。

115. 引自 Elkins and McKitrick, *The Age of Federalism*, p. 75。

116. Jefferson to Madison, Sept. 6, 1789, in James Morton Smith, ed., *The Republic of Letters: The Correspondence Between Thomas Jefferson and James Madison, 1776—1826*, vol. 1 (New York: Norton, 1995), p. 634.

117. James Madison to Edmund Randolph, Jan. 10, 1788, in Robert A. Rutland et al., eds., *The Papers of James Madison*, vol. 10 (Chicago: University of Chicago Press, 1977), pp. 355—56.

第三章 美国政治生活的民主化转变:1801—1865

1. "共和政府是美国所创造的荣耀,拥有它能带来无与伦比的快乐。"引自《政府的精神》,载 *The National Gazette*, Feb. 20 1972, in Gaillard Hunt, ed., *The Writing of James Madison*, Vol. 6 (New York: Putnam's 1906), p. 94。

2. Thomas Perkins Abernethy, *From Frontier to Plantation in Tennessee: A Study in Frontier Democracy* (Memphis: Memphis State College Press, 1955), p. 352.

3. Jefferson to Spencer Roane, Sept. 6, 1819, 引自 Noble E. Cunningham, Jr., *In Pursuit of Reason: The Life of Thomas Jefferson* (Baton Rouge: Louisiana State University Press, 1987), p. 237。

4. Joyce Appleby, *Capitalism and a New Social Order* (New York: New York

University Press, 1984).

5. David Hackett Fischer, *Growing Old in America* (New York: Oxford University Press, 1977), pp. 77—112. 又见 Steven Mintz and Susan Kellogg, *Domestic Revolutions: A Social History of American Family Life* (New York: Free Press, 1988), pp. 43—65。

6. E. Jennifer Monaghan, *A Common Heritage: Noah Webster's Blue-Back Speller* (Hamden, CT: Archon, 1983), p. 205.

7. Kenneth Cmiel, *Democratic Eloquence* (New York: Morrow, 1990).

8. 引自 Merle Curti, *The Social Ideas of American Educators* (Paterson, NJ: Littlefield, Adams, 1961), p. 112. 第一版出版于 1935 年。

9. 见曼作为马萨诸塞教育委员会秘书所作的《1845 年报告》,引自 Rush Welter, *Popular Education and Democratic Thought in America* (New York: Columbia University Press, 1962), p. 98。

10. Curti, *The Social Ideas of American Educators*, p. 135.

11. Richard D. Brown, *The Strength of a People: The Idea of an Informed Citizenry in America, 1650—1870* (Chapel Hill: University of North Carolina Press, 1996), p. 120.

12. Nathan Hatch, *The Democratization of American Christianity* (New Haven: Yale University Press, 1989), pp. 4,10,35.

13. 关于弗吉尼亚、马里兰、北卡罗来纳、南卡罗来纳和佐治亚在这方面的问题的详细论述,见 Fletcher Green, *Constitutional Development in the South Atlantic States, 1776—1800* (Chapel Hill: University of North Carolina Press, 1930)。

14. Robin Einhorn, *Property Rules: Political Economy in Chicago, 1833—1872* (Chicago: University of Chicago Press, 1991).

15. Merrill D. Peterson, ed., *Democracy, Liberty, and Property: The State Constitutional Conventions of the 1820's* (Indianapolis: Bobbs-Merrill, 1966), p. xv.

16. 对会议的总结,见 ibid., pp. 3—17。

17. Daniel Webster, in ibid., pp. 94—95, 101.

18. 里士满市的无产者,见 ibid., pp. 377—86。

19. Donald H. Cole, *Martin Van Buren and the American Political System* (Princeton: Princeton University Press, 1984), pp. 79—80.

20. Richard P. McCormick, *The Second American Party System* (Chapel Hill: University of North Carolina Press, 1966), p. 29.

21. Lawrence L. Martin, "American County Government: An Historical Perspective," in David R. Berman, ed., *County Governments in an Era of Change* (Westport, CT: Greenwood, 1993), pp. 6—7.

22. Mary Kupiec Cayton, *Emerson's Emergence* (Chapel Hill: University of

North Carolina Press, 1989), pp. 35—36.

23. Alexis de Tocqueville, *Democracy in America*, tr. George Lawrence (Garden City, NY: Doubleday Anchor, 1969), p. 513.

24. Ibid., p. 517.

25. John S. Gilkeson, Jr., *Middle-Class Providence, 1820—1940* (Princeton: Princeton University Press, 1986), pp. 28, 31—32, and Ian R. Tyrrell, *Sobering Up* (Westport, CT: Greenwood, 1979), pp. 65—67.

26. Richard John, "Taking Sabbatarianism Seriously: The Postal System, the Sabbath, and the Transformation of American Political Culture," *Journal of the Early Republic* 10 (1990): 517—67. 又见 Richard John, *Spreading the News* (Cambridge: Harvard University Press, 1995), pp. 169—205。

27. Gilkeson, *Middle-Class Providence*, p. 28.

28. Daniel Walker Howe, *The Political Culture of the American Whigs* (Chicago: University of Chicago Press, 1979), p. 55.

29. John, "Taking Sabbatarianism Seriously," pp. 541—42.

30. Howard B. Rock, *Artisans of the New Republic* (New York: New York University Press, 1979), pp. 128—33.

31. Ibid., pp. 277—79.

32. Tocqueville, *Democracy in America*, p. 193.

33. Ibid., p. 524.

34. Ibid., p. 522.

35. Hatch, *The Democratization of American Christianity*, p. 199.

36. Tocqueville, *Democracy in America*, p. 194.

37. Clifford S. Griffin, *Their Brothers' Keepers: Moral Stewardship in the United States, 1800—1865* (New Brunswick, NJ: Rutgers University Press, 1960), p. 25.

38. Horace Mann to Calvin Pennell, May 23, 1837. 引自 Jonathan Messerli, *Horace Mann: A Biography* (New York: Knopf, 1972), pp. 231—32。

39. 见 Griffin, *Their Brothers' Keepers*, pp. 177—97。

40. 引自 ibid., p. 58。

41. Ibid., p. 121.

42. Ibid., p. 122.

43. Jack S. Blocker, Jr., *American Temperance Movements* (Boston: Twayne, 1989), pp. 11, 12, 14.

44. Peter Dobkin Hall, "A Historical Overview of the Private Nonprofit Sector," in Walter W. Powell, ed., *The Nonprofit Sector: A Research Handbook* (New Haven: Yale University Press, 1987), pp. 3—26, especially pp. 6—8.

45. Leonard L. Richards, *The Life and Times of Congressman John Quincy Adams* (New York: Oxford University Press, 1986), p. 94. 自此之后的讨论主要依据的是这本书的第115—131页、第176—178页。关于封口令争端的详细、深入的讨论，又见 Edward Magdol, "A Window on the Abolitionist Constituency: Antislavery Petitions, 1836—1839", in Alan M. Kraut, ed., *Crusaders and Compromisers* (Westport, CT: Greenwood, 1983), pp. 45—70 以及 William Lee Miller, *Arguing About Slavery* (New York: Knopf, 1996)。Edward Magdol 认为在1838—1839年间，反奴隶制请愿书上的签名有200万个。1836—1837年，平均到每份请愿书上的签名数为32个，1839—1840年则增长到了107个。见 Magdol 著述的第46页。在1837—1838年，关于废奴问题的请愿书有412000份，其中反对把得克萨斯并入美国的有182000份，要求哥伦比亚特区废除奴隶制的有130000份(Magdol, p. 51)。对于很多没有投票资格的人来说，请愿是一种很重要的政治表达渠道。女性就会积极地在请愿书上签字。见 Edward Magdol, *The Antislavery Rank and File* (Westport, CT: Greenwood, 1986), pp. 55—56。

46. Richards, *The Life and Times of Congressman John Quincy Adams*, p. 95.

47. 引自 Miller, *Arguing About Slavery*, p. 94。

48. 见 Dorothy Ganfield Fowler, *Unmailable: Congress and the Post Office* (Athens: University of Georgia Press, 1977), pp. 26—36。

49. Calvin Colton, 引自 Donna Lee Dickerson, *The Course of Tolerance: Freedom of the Press in Nineteenth-Century America* (Westport, CT: Greenwood, 1990), p. 106。See, in general, pp. 81—113.

50. Richards, *Life and Times of Congressman John Quincy Adams*, p. 120. 盎格鲁—美国人政治思维下的请愿，见 Edmund S. Morgan, *Inventing the People* (New York: Norton, 1988), pp. 223—33。

51. Griffin, *Their Brothers' Keepers*, p. 128.

52. 亚当斯的话引自 Miller, *Arguing About Slavery*, pp. 263—68。

53. 最近政治理论家 Stephen Holmes 对封口令是否能站得住脚做了探讨。如果你认为必须废除奴隶制才能成为一个自由民主的国家，那么就必须谴责从国家议程上抹去奴隶制问题的企图。从另一方面来说，如果你认为自由民主的最小要求是防止公民因政治问题而互相残杀，那么不让不可调和的分歧占据政治舞台，不让极端主义者操控辩论就是正确的。内战时期的美国的政治是失败的。当时的困境是，开战意味着一种失败，但是，如果战争被阻止就意味着奴隶制将永存，这又是一种失败。这个国家需要重建，而且重建付出了鲜血的代价。没有任何理论可以避免这个糟糕的事情发生。

Holmes 的观点是，要维系自由民主，可以通过鼓励公共辩论和讨论，也可以通过搁置某些会引起仇恨的争论。他用以支持此观点的主要例证是，宪法把教会和国家分离，使宗教这个重要的和有分歧性的问题从政治领域消失。但是，这与封口令不是一回事。《宪法第一修正案》并未说宗教问题不容讨论和辩论。它说的是政府不应认定某一宗教高于另一个宗教或其他所有宗教。法院对于此修正案的解释也是：一个宗教不应高于任何其他宗教。当然，这样的规定会有效地减少立法机构讨论宗教问题的时间，但它不能阻止新闻界、志愿组织或国会议席上的议员讨论此问题或就此向政府请愿。关于奴隶制问题的封口令是另一回事，它是在要求国会忽视人民合法表达的意愿。见 Stephen Holmes, *Passions and Constraint* (Chicago: University of Chicago Press, 1995), pp. 202—35。

54. Maria Weston Chapman of the Boston Female Anti-Slavery Society, 引自 Lori D. Ginzberg, *Women and the Work of Benevolence* (New Haven: Yale University Press, 1990), p. 80。

55. 约翰·昆西·亚当斯1838年发表的演讲，引自 ibid., p. 93。

56. 引自 ibid., p. 94。

57. Carol Gilligan, *In a Different Voice* (Cambridge: Harvard University Press, 1982)。

58. John, *Spreading the News*, p. 185。

59. 我这段话的依据是政党功能研究的丰硕成果，例如 Leon Epstein, *Political Parties in the American Mold* (Madison: University of Wisconsin Press, 1986); Frank J. Sorauf, "Political Parties and Political Analysis", in William Nisbet Chambers and Walter Dean Burnham, eds., *The American Party Systems* (New York: Oxford University Press, 1975); and William Nisbet Chambers, "Party Development and the American Mainstream", in Chambers and Burnham, pp. 3—32。

60. Ronald P. Formisano 在查阅各方观点后断言共和党和联邦党不是完备的政党。见 Ronald P. Formisano, "Federalist and Republicans: Parties, Yes-System, No", in Paul Kleppner et al., *The Evolution of American Electoral Systems* (Westport, CT: Greenwood, 1981), pp. 33—76。关于政党"自己的明确目标"的讨论，见 p. 66。这么说应该不为过：18世纪90年代的意识形态组织跟政党相比还有一点差距。Noel Cunningham 坚称1800年的选举是一次政党选举，在任的杰斐逊是政党领袖，而且国会议员按政党归属投票。但 Ronald Formisano 认为，即便有政党，也没有政党系统。Lee Benson 则说，即便有政党组织和派系，政党组织也未能大规模地发动和组织选民。见 Noel Cunningham, "Presidential Leadership, Political Parties, and the Congressional Caucus, 1800—1824", in Patricia Bonomi, James MacGregor Burns, and Austin Ranney, eds., *The American Constitutional System Under Strong and Weak Parties* (New York: Praeger, 1981), pp. 1—20, and "Discussion", pp. 23, 24。

61. Jefferson to Madison, Dec. 17, 1796, 引自 J. C. A. Stagg, ed., *The Papers of James Madison* vol. 16 (Charlottesville: University Press of Virginia, 1989), pp. 431—32。

62. Richard Hofstadter, *The Idea of a Party System* (Berkeley: University of California Press, 1972).

63. Paul Goodman, "The First American Party System," in Chambers and Burnham, eds., *The American Party Systems*, p. 57. William Nisbet Chambers 把政党系统定义为"为了争夺政府职位和权力,争取选民支持,且因此必须在政府行政和选举竞争中顾及对方的两个或更多的政党所建立的一种互动机制"。见 Chambers, "Party Development and the American Mainstream", in Chambers and Burnham, p. 6。

64. Goodman, ibid., p. 87.

65. Adrienne Koch and William Peden, eds., *The Life and Selected Writings of Thomas Jefferson* (New York: Modern Library, 1944), p. 322. 第一次就职演说,1801 年 3 月 4 日,以及 Hofstadter, *The Idea of a Party System*, p. 182 引述的信件。

66. Richard P. McCormick, *The Presidential Game: The Origins of American Presidential Politics* (New York: Oxford University Press, 1982), pp. 81—82.

67. 见 Ronald P. Formisano 对于"革命中心之政治"的讨论, *The Transformation of Political Culture: Massachusetts Parties, 1790s—1840s* (New York: Oxford University Press, 1983)。

68. Daniel P. Jordan, *Political Leadership in Jefferson's Virginia* (Charlottesville: University Press of Virginia, 1983), p. 99, Daniel P. Jordan 认为,直至 1825 年,弗吉尼亚的政治仍是恭顺的和人性的政治。William G. Shade 也持相同观点,见 William G. Shade, *Democratizing the Old Dominion: Virginia and the Second Party System, 1824—1861* (Charlottesville: University Press of Virginia, 1996), pp. 165—66。

69. Formisano, *The Transformation of Political Culture*, p. 17.

70. Michael Wallace, "Changing Concepts of Party in the United States: New York, 1815—1828," in Lance Banning, ed., *After the Constitution: Party Conflict in the New Republic* (Belmont, CA: Wadsworth, 1989), p. 465. 政党发展所需的环境,见 Chambers, "Party Development and the American Mainstream", pp. 9—10。

71. 以上观点的提出得益于 Epstein 在 *Political Parties in the American Mold* 中对于"总统政党"的论述,见 Epstein, pp. 84, 205。

72. McCormick, *The Presidential Game*, pp. 194—96.

73. Ibid., p. 124.

74. Ibid., pp. 177—79, 199.

75. Ellen Carol DuBois, *Feminism and Suffrage* (Ithaca, NY: Cornell University Press, 1978), pp. 23, 29, 35.

76. Edward Dicey, in Herbert Mitgang, ed., *Spectator of America* (Chicago: Quadrangle, 1971), p. 29.

77. Thomas Hamilton, *Men and Manners in America*, vol. 2 (Edinburgh: Blackwood, 1833), p. 74.

78. John Nerone, *The Culture of the Press in the Early Republic: Cincinnati, 1793—1848* (New York: Garland, 1989), p. 57.

79. Noble E. Cunningham, Jr., ed., *Circular Letters of Congressmen to Their Constituents*, 1789—1829, vol. 1 (Chapel Hill: University of North Carolina Press, 1978), p. xxv.

80. April 22, 1816, in ibid., vol. 2, p. 973.

81. Jan. 22, 1794, in ibid., vol. 1, p. 17.

82. March 24, 1794, in ibid., vol. 1, p. 20.

83. May 20, 1824, in ibid., vol. 3, pp. 1211—12.

84. William J. Gilmore, *Reading Becomes a Necessity of Life* (Knoxville: University of Tennessee Press, 1989), p. 194.

85. Ibid., pp. 112, 348—49.

86. Ibid., p. 357.

87. David Jaffee, "The Village Enlightenment in New England, 1760—1820," *William and Mary Quarterly*, 3rd series, 47 (1990): 327, 339, 344, 345.

88. Gilmore, *Reading Becomes a Necessity*, pp. 349—53, 19.

89. Nerone, *The Culture of the Press in the Early Republic*, p. 66.

90. Culver H. Smith, *The Press, Politics, and Patronage: The American Government's Use of Newspapers, 1789—1876* (Athens: University of Georgia Press, 1977), p. 90.

91. Harry J. Carman and Reinhard Luthin, *Lincoln and the Patronage* (Gloucester, MA: Peter Smith, 1964), pp. 119—21. 第一版出版于1943年。

92. Ibid., p. 121.

93. Ibid., pp. 122—28. 又见 pp. 70—74。

94. Tocqueville, *Democracy in America*, p. 517. 根据托克维尔在笔记本上所作的记录来看，他的关注要点似乎是新闻界的许可证。他并未向受访者询问如何让新闻界为民主提供帮助，但提出和追问了此问题："在你看来，减少新闻业力量的途径是什么？" Alexis de Tocqueville, *Journey to America*, ed., J. p. Mayer, tr. George Lawrence (Garden City, NY: Doubleday, 1971), p. 30.

95. Tocqueville, *Democracy in America*, p. 180.

96. 与往常一样，对于美国的新闻界，托克维尔也说了很多矛盾的话，说它具有很多优点，但又有很多缺点。新闻界"让秘密的政治计谋曝光，迫使公众人物轮流接受舆论的审判"。它"把政治生活散播到了每个角落"，虽然单独的一张报纸没有力量，但集合起来形成的新闻界"却是最强大的力量之一"，仅次于人民自身的力量。Ibid., p. 186.

97. *The Weekly Advocate*, Jan. 7, 1837.

98. *The Colored American*, March 4, 1837.

99. David Nord, "Tocqueville, Garrison and the Perfection of Journalism," Journalism History 13 (1986): 56—63.

100. *New York Herald*, Nov. 21, 1837.

101. Tocqueville, *Democracy in America*, p. 519.

102. David Paul Russo, "The Origins of Local News in the U. S. Country Press, 1840s—1870s," *Journalism Monographs* 65 (February 1980): 2; Gerald Baldasty, *The Commercialization of News in the Nineteenth Century* (Madison: University of Wisconsin Press, 1992), p. 179, note 80; Jordan, Political Leadership in Jefferson's Virginia, p. 149.

103. Nerone, *Culture of the Press in the Early Republic*, p. 57. Nerone 对两份报纸做了详细的抽样调查,时间选择是 1795 年至 1845 年间的六个不同年份。1795 年,在所有的新闻中辛辛那提本地新闻所占的比例为 16%,1805 年为 8%,1815 年为 9%,1825 年为 18%,1835 年为 16%,1845 年为 19%。

104. Richard B. Kielbowicz, *News in the Mail* (Westport, CT: Greenwood, 1989), p. 63.

105. Stuart Blumin, *The Urban Threshold* (Chicago: University of Chicago Press, 1976), pp. 126—49.

106. 关于农村小镇上的大酒店,参见 Daniel Boorstin, *The Americans: The National Experience* (New York: Random House, 1965), p. 141。

107. Sally Foreman Griffith, *Home Town News: William Allen White and the Emporia Gazette* (New York: Oxford University Press, 1989), p. 14.

108. Jerome A. Watrous, ed., *Memoirs of Milwaukee County*, vol. 1 (Madison: Western Historical Association, 1909), pp. 431—32.

109. Russo, "Origins of Local News," p. 35.

110. Ibid., pp. 19—20. 又见 Paula Baker, "The Culture of Politics in the Late Nineteenth Century: Community and Political Behavior in Rural New York", *Journal of Social History* 18 (1984): 170。

111. 例如,见 Baldasty, *The Commercialization of News in the Nineteenth Century*。

112. Noble E. Cunningham, Jr., *The Process of Government Under Jefferson* (Princeton: Princeton University Press, 1978), pp. 258—59.

113. Thomas C. Leonard, *The Power of the Press* (New York: Oxford University Press, 1986), pp. 77—81.

114. Cunningham, *The Process of Government*, pp. 259, 268—70.

115. Howe, *The Political Culture of the American Whigs*, p. 26.

116. Ibid., pp. 215—16.

117. 引自 ibid., p. 240。

118. *New-York Commercial Advertiser*, June 26, 1840, p. 2.

119. Howe, *The Political Culture of the American Whigs*, pp. 204—205.

120. Reinhard H. Luthin, *The First Lincoln Campaign* (Gloucester, MA: Peter Smith, 1964), pp. 28, 81. 第一版出版于 1944 年。

121. James Sterling Young, *The Washington Community, 1800—1828* (New York: Columbia University Press, 1966), pp. 28—31.

122. Ibid., pp. 51, 52, 57.

123. David Hackett Fischer, *The Revolution of American Conservatism* (New York: Harper & Row, 1965), p. 93.

124. Morris to R. R. Livingston, 1805, in ibid., p. 96.

125. Alan Taylor, *William Cooper's Town* (New York: Knopf, 1995), p. 358. Taylor 关注的要点是 1808—1809 年间奥齐戈郡选举活动的变化。

126. 引自 Fischer, *The Revolution of American Conservatism*, p. 100。

127. 引自 Nerone, *The Culture of the Press in the Early Republic*, pp. 168, 171。

128. Hofstadter, *The Idea of a Party System*, p. 242.

129. Van Buren, *Autobiography*, 引自 Marvin Meyers, *The Jacksonian Persuasion* (New York: Vintage, 1957), p. 147。

130. Ibid., p. 149.

131. Hofstadter, *The Idea of a Party System*, p. 252.

132. 见 Paul Kleppner, *The Third Electoral System, 1853—1892* (Chapel Hill: University of North Carolina Press, 1979), pp. 80—82。

133. Joel H. Silbey, *The American Political Nation, 1838—1893* (Stanford: Stanford University Press, 1991).

间奏曲(一) 林肯与道格拉斯辩论中的公众世界

1. David Zarefsky, *Lincoln, Douglas and Slavery* (Chicago: University of Chicago Press, 1990), p. 49.

2. Abraham S. Eisenstadt 在其所编的 *Reconsidering Tocqueville's "Democracy in America"* (New Brunswick, NJ: Rutgers University Press, 1988)一书的"序言"第 19 页中提出，应解释托克维尔所作的"多变的民主的画像"。对于托克维尔《论美国的民主》上下两卷之间的差异有启发性的分析，见 Seymour Drescher, "More Than America: Comparison and Synthesis in Democracy in America", in Eisenstadt, pp. 77—93。

3. Alexis de Tocqueville, *Democracy in America* (Garden City, NY: Doubleday Anchor, 1969), pp. 202, 243, 236.

4. Ibid., pp. 540, 642, 639, 645, 692.

5. Harold Holzer, *The Lincoln-Douglas Debates* (New York: HarperCollins, 1993) p. 5.

6. Ibid., p. 22.

7. Ibid., p. 67.

8. Ibid., p. 69.

9. William E. Gienapp, *The Origins of the Republican Party, 1852—1856* (New York: Oxford University Press, 1987), pp. 360—67. William W. Freehling 相信"奴隶力量"阴谋说,但不是完全相信。见 *The Road to Disunion* (New York: Oxford University Press, 1990), p. 558 和 *The Reintegration of American History: Slavery and the Civil War* (New York: Oxford University Press, 1994), pp. 158—75。

10. Holzer, *The Lincoln-Douglas Debates*, p. 9.

11. Don Fehrenbacher, *Prelude to Greatness: Lincoln in the 1850's* (Stanford: Stanford University Press, 1962), p. 104. Holzer, p. 9.

12. Zarefsky, *Lincoln, Douglas, and Slavery*, pp. 49—50.

13. Ibid., p. 54.

14. Holzer, *The Lincoln-Douglas Debates*, pp. 54, 63.

15. Richard L. Berke, "Debating the Debates: John Q. Defeats Reporters," *New York Times*, Oct. 21, 1992, A-13.

16. Nathaniel Hawthorne, *Life of Franklin Pierce* (Boston: Ticknor, Reed, and Fields, 1852), p. 137.

17. Michael F. Holt, *Political Parties and American Political Development* (Baton Rouge: Louisiana State University Press, 1992), pp. 265—90 and Tyler Anbinder, *Nativism and Slavery: The Northern Know Nothings and the Politics of the 1850s* (New York: Oxford University Press, 1992), pp. 47—48, 122—26. 引号中的句子引自 1855 年的一张"一无所知党"报纸,见 Anbinder, p. 123。

18. Morton Keller, *Affairs of State* (Cambridge: Harvard University Press, 1977), p. 259.

第四章 美国公民权的第二次转型:1865—1920

1. John F. Reynolds, *Testing Democracy: Electoral Behavior and Progressive Reform in New Jersey, 1880—1920* (Chapel Hill: University of North Carolina Press, 1988), p. 173.

2. Thomas Wolfe, *From Death to Morning* (New York: Scribner's, 1935), p. 121.

3. 因 20 世纪 80 年代的政治文化缺乏生气而向 19 世纪寻求鼓励的文字,见 Jean H. Baker, *Affairs of Party* (Ithaca, NY: Cornell University Press, 1983), p. 9, and Michael McGerr, *The Decline of Popular Politics* (New York: Oxford University Press, 1986), p. vii. 又见 Mark Lawrence Kornbluh, *From Participatory to Administrative Politics: A Social, History of American Political Behavior, 1880—1918*, Ph. D. diss., Johns Hopkins University (Ann Arbor, MI: UMI Dissertation Information Service, 1987), and Robert Wiebe, *Self-Rule* (Chicago: University of Chicago Press, 1995)。

4. James Bryce, *The American Commonwealth*, vol. 2 (Chicago: Charles H. Sergel, 1891), p. 20.

5. Ibid., p. 20. 当然,布赖斯并不是一个很好的观察者和批评家,他有他的局限。他观察美国的视野是属于骑墙派的。后来,布赖斯说他希望把这本书献给 E. L. 古德金,但是因为害怕被人说成是古德金的喉舌,所以在第一版的"致谢"中,他甚至提都没有提这位卓越的改革家。他在给古德金的信中说,"如果我在序言里说了哪些东西应归功于你,你又是骑墙派、改革家的领袖和先锋,那些被这本书抨击了的人立刻就会说'这是骑墙派的言论;骑墙派弄了个英国人说这说那'……"见 James Bryce to E. L. Godkin, Jan. 24, 1889, Godkin Papers, Houghton Library, Harvard. 引自 William M. Armstrong, *E. L. Godkin: A Biography* (Albany: State University of New York Press, 1978), p. 95. 又见 Puala Baker, "The Culture of Politics in the Late Nineteenth Century: Community and Political Behavior in Rural New York", *Journal of Social History*, 18(1984):181。Puala Baker 写道:"这一时期的政党政治缺乏与政府政策的直接联系,以此为据也许可以说,它的政治性非常弱。政党联盟碎片化,且植根于地方的仇恨,反映选民价值观而不反映对于问题的立场,这些特征都表明,实际情况与詹姆斯·布赖斯所说的相反,政治中可能真的没有对于政策的思考。"类似的观点见 Richard L. McCormick, *The Party Period and Public Policy* (New York: Oxford University Press, 1986), pp. 4—5; Richard Hofstadter, *The American Political Tradition* (New York: Knopf, 1948), p. 169; Martin Shefter, *Political Parties and the State* (Princeton: Princeton University Press, 1994), p. 72; and Theda Skocpol, *Protecting Soldiers and Mothers* (Cambridge: Harvard University Press, 1992), p. 72.

6. 这是我从 Reynolds, *Testing Democracy*, pp. 172—73 中借用的句子。

7. William L. Riordon, *Honest Graft: The World of George Washington Plunkitt* (St. James, NY: Brandywine, 1993; reprint of *Plunkitt of Tammany Hall*, [New York: Dutton, 1905]), p. 63. 一个伊利诺伊的政治家在给尤利西斯·S. 格兰特总统所写的信中也提出了相同的观点。见 Dorothy Ganfield Fowler, *The Cabinet*

Politician: The Postmasters General, 1829—1909 (New York: AMS Press, 1967), p. 149. 第一版出版于 1943 年。

8. Steven P. Erie, *Rainbow's End: Irish-Americans and the Dilemmas of Urban Machine Politics, 1840—1985* (Berkeley: University of California Press, 1988), pp. 98, 61.

9. H. Wayne Morgan, *From Hayes to McKinley* (Syracuse: Syracuse University Press, 1969), pp. 267—68.

10. Robert D. Marcus, *Grand Old Party* (New York: Oxford University Press, 1971), p. 9.

11. Harry J. Carman and Reinhard H. Luthin, *Lincoln and the Patronage* (Gloucester, MA: Peter Smith, 1964), pp. 61, 68—70. 第一版出版于 1943 年。

12. *New York Herald*, March 19, 1861, 引自 ibid., p. 82.

13. Ibid., pp. 297—98.

14. Morgan, *From Hayes to McKinley*, p. 128. 加菲尔德还有另一次抱怨，见 Morton Keller, *Affairs of State: Public Life in Late Nineteenth Century America* (Cambridge: Harvard University Press, 1977), p. 298. 加菲尔德在当参议员时的情况也好不了多少，他估计自己有三分之一的时间花在了任命官员上。引自 Dorman B. Eaton, "A Report Concerning the Effects of the Spoils System and Civil Service Reform", 46th Congress, House of Representatives Ex. Doc. No. 94, 1881, p. 16。

15. Thomas Reeves, *Gentleman Boss: The Life of Chester Alan Arthur* (New York: Knopf, 1975), p. 293.

16. Morgan, *From Hayes to McKinley*, p. 446.

17. Grover Cleveland, *Presidential Problems* (New York: The Century, 1904), p. 39.

18. Frank G. Carpenter, *Carp's Washington* (New York: McGraw-Hill, 1960), p. 122. 这本书是由 Frances Carpenter 所编，收集了 Frank Carpenter 在《克利夫兰领袖报》(*Cleveland Leader*)和美国报业协会(American Press Association)发表的文章。

19. Cleveland, *Presidential Problems*, pp. 42—43.

20. Stephen Skowronek, *Building a New American State* (Cambridge: Cambridge University Press, 1982), p. 77.

21. Ibid., p. 72.

22. Louis Brownlow, *A Passion for Politics* (Chicago: University of Chicago Press, 1955), p. 5.

23. 见 Reeves, *Gentleman Boss*, pp. 62—63。引自 Skowronek, *Building a New American State*, p. 61。

24. Reeves, *Gentleman Boss*, pp. 59, 82—84.

25. Ibid. 又见 Fowler, *The Cabinet Politician*, p. 160。

26. Eaton, "A Report Concerning the Effects of the Spoils System and Civil Service Reform," p. 44.

27. William M. Ivins, *Machine Politics and Money in Elections in New York City* (New York: Arno, 1970), p. 57. 第一版出版于 1887 年。

28. C. K. Yearley, *The Money Machines: The Breakdown and Reform of Governmental and Party Finance in the North, 1860—1920* (Albany: State University of New York Press, 1970), p. 102.

29. Ibid., p. 105. 又见 Louise Overacker, *Money in Elections* (New York: Macmillan, 1932), pp. 36—37。

30. Marcus, *Grand Old Party*, p. 179.

31. Zane L. Miller, *Boss Cox's Cincinnati* (New York: Oxford University Press, 1968), p. 164.

32. William B. Munro, *The Government of American Cities* (New York: Macmillan, 1912), p. 288.

33. Yearley, in *Money Machines*, p. 265 引用了来自密歇根的令人信服的证据。

34. Edmund Morris, *The Rise of Theodore Roosevelt* (New York: Ballantine, 1979), p. 398.

35. Curtis 在 1871 年所写的文章,引自 Paul P. Van Riper, *History of the United States Civil Service* (Evanston, IL: Row, Peterson, 1958), p. 82。

36. Skowronek, *Building a New American State*, p. 47.

37. Van Riper, *History of the United States Civil Service*, p. 78.

38. Skowronek, *Building a New American State*, p. 51.

39. Munro, *The Government of American Cities*, pp. 17, 21.

40. Skowronek, *Building a New American State*, p. 179. Skowronek 还对此事作了另一番解释——罗斯福致力于建立以行政管理为中心的政府,这个法案对他实现这个目标有巨大帮助。

41. Ibid., p. 69. 在增加的这些职位中最多的是邮局的职位。1869 年,邮局职位为 27000 个,1901 年为 77000 个。Leonard D. White, *The Republican Era: 1869—1901* (New York: Macmillan, 1958), p. 259.

42. Shefter, *Political Parties and the State*, p. 75.

43. 关于梅尔维尔,见 Leon Howard, *Herman Melville: A Biography* (Berkeley: University of California Press, 1951), p. 282. 关于惠特曼,见 David S. Reynolds, *Walt Whitman's America* (New York: Knopf, 1995), p. 412. 晚至 1972 年,仍有证据表明庇护政治能够提升投票率。那一年,在庇护程度比较高的州,政府工作人员与受教育程度相仿的、政府之外的工作人员相比,投票率高 9%。在未实行庇护制的州,这两个群体之间的投票率差异只有 3% 至 4%。见 J. Morgan Kousser, "Suf-

frage", *Encyclopedia of American Political History*, vol. 3 (New York: Scribner's, 1984)。

44. Will H. Hays, *The Memoirs of Will H. Hays* (Garden City, NY: Doubleday, 1955), p. 39. 20世纪20年代,海斯(Hays)是共和党全国委员会主席,后来他通过担任好莱坞海斯办公室主任获得了名望。"声势浩大的政治"是Michael McGerr在描述1865年至1920年的政治风格时提出的一个术语。他认为,这一时期政治的风格经历了从"声势浩大"到"有教育意义"再到"广而告之"的转变。见 *The Decline of Popular Politics*, pp. 12—41。

45. "The Passing of the Parade" (editorial), *New York World*, Nov. 2, 1908, p. 6.

46. Hays, *Memoirs*, p. 39.

47. Jules Verne, *Around the World in 80 Days* (New York: Heritage Press, 1962), p. 180.

48. Keller, *Affairs of State*, p. 240.

49. Ivins, *Machine Politics and Money in Elections in New York City*, p. 77; McGerr, *The Decline of Popular Politics*, p. 26.

50. Reynolds, *Testing Democracy*, p. 20.

51. Ivins, *Machine Politics and Money in Elections in New York City*, pp. 15, 20—21.

52. Louis F. Post and Fred C. Leubuscher, *Henry George's 1886 Campaign* (Westport, CT: Hyperion, 1976), p. 105. 第一版出版于1887年。

53. Ibid., p. 152.

54. Ibid., p. 154.

55. 引自Aileen S. Kraditor, *The Ideas of the Woman Suffrage Movement, 1890—1920* (New York: Norron, 1981), p. 109. 关于镀金时代的男性政治文化,见Keller, *Affairs of State*, pp. 247—49。

56. Armstrong, *E. L. Godkin*, p. 99. 古德金对于黑人的态度摇摆不定;见Allan P. Grimes, *The Political Liberalism of the New York Nation* (Chapel Hill: University of North Carolina Press, 1953), pp. 5—12。

57. Armstrong, E. L. Godkin, pp. 120—23.

58. Letter to Charles Eliot Norton, March 10, 1864, in William Armstrong, ed., *The Gilded Age Letters of E. L. Godkin* (Albany: State University of New York Press, 1974), p. 13.

59. Letter to Charles Eliot Norton, April 13, 1865, in Armstrong, ed., *Gilded Age Letters*, p. 28.

60. Armstrong, E. L. Godkin, p. 74.

61. 引自Joel H. Silbey, *The American Political Nation, 1838—1893* (Stan-

ford: Stanford University Press, 1991), p. 215。

62. *Minneapolis Tribune*, Oct. 11, 1884, and *New York Tribune*, July 11, 1884, 引自 Morgan, *From Hayes to McKinley*, p. 211。

63. McGerr, *The Decline of Popular Politics*, p. 56. 引自 R. R. Bowker。

64. J. H. Randall, "The Political Catechism and Greenback Songbook," 1880, 引自 Silbey, *The American Political Nation*, p. 215。

65. E. L. Godkin, "The Government of Our Great Cities," *The Nation*, Oct. 18, 1866, p. 312, 引自 Armstrong, *E. L. Godkin*, p. 123.

66. James Willard Hurst, *Law and the Conditions of Freedom in the Nineteenth-Century United States* (Madison: University of Wisconsin Press, 1956), pp. 85—87.

67. Walker Evan Davies, *Patriotism on Parade* (Cambridge: Harvard University Press, 1955), pp. 139, 208, 281, 348. Theda Skocpol 晚些时候的著述也提出了与 Davies 一致的观点, 说退伍军人团体和女性团体都对政府提出了有助于建立早期的福利国家的要求。见 *Protecting Soldiers and Mothers*。关于女性团体作为模范性的利益团体所扮演的特殊角色, 见 Michael McGerr, "Political Style and Women's Power, 1830—1930", *Journal of American History* 77 (1990): 864—85。

68. McGerr, *The Decline of Popular Politics*, pp. 86, 151.

69. Ibid., pp. 90, 141.

70. 例如, 见 Josephus Daniels, *Editor in Politics* (Chapel Hill: University of North Carolina Press, 1941), pp. 174—75。

71. "The Passing of the Parade," *New York World*, Nov. 2, 1908, p. 6.

72. Philip J. Ethington, *The Public City: The Political Construction of Urban Life in San Francisco, 1850—1900* (Cambridge: Cambridge University Press, 1994), p. 75.

73. John S. Gilkeson, Jr., *Middle-Class Providence, 1820—1940* (Princeton: Princeton University Press, 1986), p. 181.

74. Terence Powderly 回忆称, 在宾夕法尼亚, 每一个职位都有单独的选票, 可以折叠以显示职位名称, 同时隐藏了候选人的名字。这几乎不能为选民保密, 因为不同的政党使用的纸张类型和质量各不相同。对于这种投票方式, 除了 Terence Powderly 的著述以外, 我没有找到其他例证。Terence V. Powderly, *The Path I Trod*, ed. Harry J. Carman, Henry C. David, and Paul N. Guthrie (New York: AMS Press, 1968), pp. 70, 174. 第一版出版于 1940 年。

75. Post and Leubuscher, *Henry George's 1886 Campaign*, p. 155.

76. Powderly, *The Path I Trod*, p. 70, 探讨了宾夕法尼亚州卢塞恩郡在 19 世纪 70 年代的投票活动。

77. *Alta*, Nov. 7, 1860, 引自 Ethington, *The Public City*, p. 74。

78. Reynolds, *Testing Democracy*, p. 47.

79. Ibid., p. 54.

80. Ibid., p. 54.

81. Ibid., p. 61.

82. Marcus, *Grand Old Party*, pp. 13—14; Richard Jensen, *The Winning of the Midwest* (Chicago: University of Chicago Press, 1971), pp. 38—41. 又见 Keller, *Affairs of State*, pp. 242—43, 524—25.

83. Feb. 11, 1881. 引自 Reeves, *Gentleman Boss*, p. 215。

84. John F. Reynolds, "A Symbiotic Relationship: Vote Fraud and Electoral Reform in the Gilded Age," *Social Science History* 17 (1993): 243, 246。关于投票作弊，又见 Overacker, *Money in Elections*, pp. 33—34。Paul Kleppner 认为关于选举作弊的记录语焉不详，而且明显把那些在我们眼中并非作弊的行为也扣上了作弊的帽子。应该认识到，骑墙派对于选举腐败的哀叹不可全信，因为他们不信任普选权和政党政治，认为让那些背景很糟糕和训练不足的人（黑人、移民、一般劳动大众）去投票本身就是一种腐败。见 Paul Kleppner, *Continuity and Change in Electoral Politics, 1893—1928* (Westport, CT: Greenwood, 1987), pp. 168—70。

85. Bryce, *The American Commonwealth*, vol. 2, p. 137.

86. 很多人认为不同的政党在制作选票时采用了不同颜色的纸张。他们也许是对的，但是我在美国政治生活博物馆（位于康涅狄格州西哈福德市）查看了19世纪30年代到80年代的约100张选票，发现使用的无一例外是白色纸，其中绝大部分用黑字印刷，少数几张用的是红字或蓝字。大部分选票把政党徽章印在了选票的顶端上，使选票很容易辨识，同时也让是否识字成为与投票资格基本无关的问题。

87. Reynolds, *Testing Democracy*, p. 36.

88. Paula Baker, "The Culture of Politics in the Late Nineteenth Century: Community and Political Behavior in Rural New York," *Journal of Social History* 18 (1984): 180. Baker 通过阅读日记估算出的时间是"半天"。

89. Julian Ralph, *The Making of a Journalist* (New York: Harper and Brothers, 1903), pp. 148, 159.

90. 见 Keller, *Affairs of State*, pp. 376—85。

91. Yearley, *The Money Machines*, p. 260.

92. Kornbluh, *From Participatory to Administrative Politics*, p. 313. 见 David J. Rothman, *Politics and Power* (Cambridge: Harvard University Press, 1966), pp. 243—67。

93. Kornbluh, *From Participatory to Administrative Politics*, p. 314. 见 Melvin Holli, "Urban Reform in the Progressive Era", in Lewis L. Gould, ed., *The Progressive Era* (Syracuse: Syracuse University Press, 1974), pp. 133—52。

94. Hurst, *Law and the Conditions of Freedom*, pp. 49, 72—73, 92.

95. John P. Altgeld, "Protecting the Ballot Box—The Australian Plan," in *Live Questions* (New York: Humboldt, 1890), p. 57.

96. John Stuart Mill, "Consideration on Representative Government," in *Three Essays* (Oxford: Oxford University Press, 1975), p. 309. 第一版出版于 1861 年。

97. Powderly, *The Path I Trod*, p. 174.

98. Henry George, "Money in Elections," *North American Review* 136 (March 1883): 201—11. 又见 L. E. Fredman, *The Australian Ballot* (East Lansing: Michigan State University Press, 1968), p. 32. 参见 Henry George, "Bribery in Elections", *Overland Monthly* 7 (December 1871): 497—504。

99. 在库珀学院的演说,1886 年 11 月 6 日。引自 Post and Leubuscher, *Henry George's 1886 Campaign*, pp. 172—73。

100. Walter Dean Burnham, "Communications," *American Political Science Review* 65 (1971): 1149—52.

101. Fredman, *The Australian Ballot*, p. 36.

102. Ibid., p. 48.

103. 在改革时期,大多数州的宪法规定应采用纸质选票。肯塔基直到 1892 年还施行口头投票,但这只是一个特例。俄勒冈于 1872 年、阿肯色于 1868 年、弗吉尼亚于 1867 年、密苏里于 1863 年废止了口头投票。其他的州中只有伊利诺伊和得克萨斯曾经实行过口头投票,但它们在 19 世纪 40 年代就已经弃之不用。Paul Bourke and Donald Debats, "Individuals and Aggregates: A Note on Historical Data and Assumptions", *Social Science History* 4 (1980): 231.

104. David Thelen, *The New Citizenship: Origins of Progressivism in Wisconsin, 1885—1900* (Columbia: University of Missouri Press, 1972), pp. 27—28.

105. Earl R. Sikes, *State and Federal Corrupt-Practices Legislation* (Durham, NC: Duke University Press, 1928), pp. 24—26, 41.

106. Walter Dean Burnham, "Communications", pp. 1149—52. 又见 Kornbluh, *From Participatory to Administrative Politics*, pp. 119—21。

107. Kornbluh, *From Participatory to Administrative Politics*, p. 119.

108. *New York Times*, Nov. 1, 1896 and Nov. 2, 1896.

109. John Randolph Haynes 收藏,第 39 盒,加州大学洛杉矶分校特别收藏。

110. Munro, *The Government of American Cities*, pp. 145—46.

111. Robert C. Brooks, *Political Parties and Electoral Problems* (New York: Harper, 1923), p. 428.

112. Richard S. Childs, *Civic Victories: The Story of an Unfinished Revolution* (New York: Harper, 1952), pp. 11, 22, 引自 John Porter East, *Council-Manager Government* (Chapel Hill: University of North Carolina Press, 1965), p. 44。

113. Ibid., p. 48. 又见 Bernard Hirschhorn, *Democracy Reformed: Richard Spencer Childs and His Fight for Better Government* (Westport, CT: Greenwood, 1997).

114. 引自 Elihu Root, *Addresses on Government and Citizenship*, Robert Bacon and James Brown Scott, eds. (Freeport, NY: Books for Libraries Press, 1969), p. 192. 第一版出版于 1916 年。

115. Ibid., p. 193.

116. 见国家简易选票组织(National Short Ballot Organization)的《简易选票宪章摘要》(1912)中对 1912 年 5 月 15 日之前采用简易选票的城市所做的统计。John Randolph Haynes 收藏,第五盒,加州大学洛杉矶分校特别收藏。

117. Brooks, *Political Parties and Electoral Problems*, p. 429.

118. 纽约州格里市(Gerry),点票机服务中心有限公司。关于爱迪生,见 Thomas A. Edison, *The Papers of Thomas A. Edison*, vol. 1 (Baltimore: Johns Hopkins University Press, 1989), pp. 52, 84—85.

119. Brooks, *Political Parties and Electoral Problems*, p. 406.

120. 见于"点票机"展示厅,位于康涅狄格州西哈福德市美国政治生活博物馆。芝加哥选举理事委员会总文书写道:点票机"是选举的诚实性现有的最大的保障"。Isaac N. Powell, "Voting Machine in Use," *Technical World Magazine*, n. d., pp. 710—12. 芝加哥开始使用点票机,大致是在 1904 年以后。John Randolph Haynes 收藏,第五盒,加州大学洛杉矶分校特别收藏。

121. James C. Mohr, *The Radical Republicans and Reform in New York During Reconstruction* (Ithaca, NY: Cornell University Press, 1973), pp. 25—34. 在纽约市,用于清扫街道的 160 万美元预算也是由庇护制支配的,支配的方式有合同、回扣、清洁部门的工作职位。共和党人支持对庇护制下的街道清扫工作进行改革,同样是出于两个目的:一是为了搞好公共卫生,二是为了削弱民主党的权力。参见 Mohr, p. 63. 在 19 世纪初,志愿性的消防公司与政党并无关联。参见 Stephen F. Ginsberg, *The History of Fire Protection in New York City, 1800—1842*, Ph. D. diss., New York University (Ann Arbor, MI: University Microfilms, 1968). 对城市消防发展的简要总结,见 Jon C. Teaford, *The Unheralded Triumph: City Government in America, 1870—1900* (Baltimore: Johns Hopkins University Press, 1984), pp. 162—66, 240—45.

122. McGerr, *The Decline of Popular Politics*, p. 147.

123. E. Digby Baltzell, *The American Protestant Establishment* (New York: Vintage, 1964), p. 119.

124. Kenneth Fox, *Better City Government: Innovation in American Urban Politics, 1850—1937* (Philadelphia: Temple University Press, 1977), pp. 63—89.

125. Gilkeson, *Middle-Class Providence*, pp. 134—37, 164.

126. Mary Ann Clawson, *Constructing Brotherhood: Class, Gender, and Fraternalism* (Princeton: Princeton University Press, 1989), p. 131.

127. *New York Herald*, Nov. 19, 1883, 引自 Michael O'Malley, *Keeping Watch: A History of American Time* (New York: Viking Penguin, 1990), p. 145。见 pp. 99—144。

128. 关于市政数据统计,见 Fox, *Better City Government*, pp. 63—89。

129. Daniel Boorstin, *The Americans: The Democratic Experience* (New York: RandomHouse, 1973), p. 132.

130. Charles S. Hyneman, C. Richard Hofstetter, and Patrick F. O'Connor, *Voting in Indiana* (Bloomington: Indiana University Press, 1979), p. 2.

131. Michael Emery and Edwin Emery, *The Press and America*, 6th ed. (Englewood Cliffs, NJ: Prentice-Hall, 1988), p. 274.

132. Elmer Davis, *History of The New York Times, 1851—1921* (New York: The New York Times, 1921), pp. 194—95. 关于1884年的经济损失,参见第156页。

133. Ibid., p. 218.

134. Ibid., pp. 248—55;关于《时报》作为"独立的民主党(报纸)",参见第248页;奥克斯为戴维斯的书所写的"序言",见第 ix 页;关于"独立的保守派报纸",参见第 ix 页。

135. Elliot King, "Ungagged Partisanship: The Political Values of the Public Press, 1835—1920," Ph. D. diss., University of California, San Diego, Department of Sociology, 1992, pp. 396—98, 467—68.

136. Michael Schudson, *The Power of News* (Cambridge: Harvard University Press, 1995), pp. 72—93.

137. Brownlow, *A Passion for Politics*, p. 234. 总结式导语的出现,参见 Schudson, pp. 53—71。

138. E. L. Godkin, "Newspapers Here and Abroad," *North American Review* 150 (February 1890), p. 198.

139. 关于报道成为一种职业,见 Michael Schudson, *Discovering the News* (New York: Basic Books, 1978), pp. 61—87。

140. Donald A. Ritchie, *Press Gallery: Congress and the Washington Correspondents* (Cambridge: Harvard University Press, 1991), pp. 109, 121, 151.

141. Robert Wiebe, *The Search for Order* (New York: Hill & Wang, 1967).

142. J. Morgan Kousser, *The Shaping of Southern Politics* (New Haven: Yale Universiry Press, 1974), p. 239.

143. Ibid., p. 239, and Kornbluh, *From Participatory to Administrative Politics*, p. 324.

144. Kornbluh, *From Participatory to Administrative Politics*, pp. 251, 320.

145. Melvin G. Holli, *Reform in Detroit: Hazen S. Pingree and Urban Politics* (New York: Oxford University Press, 1969), p. 67.

146. Kombluh, *From Participatory to Administrative Politics*, pp. 251, 320.

147. Kleppner, *Continuity and Change in Electoral Politics*, p. 166.

148. "The Harm of Immigration," *The Nation*, Jan. 19, 1893, p. 43, 引自 Armstrong, *E. L. Godkin*, p. 122。

149. William Gillette, *The Right to Vote: Politics and the Passage of the Fifteenth Amendment* (Baltimore: Johns Hopkins University Press, 1965), pp. 153—56.

150. Munro, *The Government of American Cities*, p. 120. 又见 Holli, *Reform in Detroit*, p. 174。

151. James B. Crooks, *Politics and Progress: The Rise of Urban Progressivism in Baltimore, 1895 to 1911* (Baton Rouge: Louisiana State University Press, 1968), pp. 70—71.

152. 见 Kleppner, *Continuity and Change in Electoral Politics*, p. 170。Kousser 在《打造南方政治》(*The Shaping of Southern Politics*)第 47—62 页提出的支持此观点的、不限于南方地区的证据很有说服力。

153. 见 Kousser, *The Shaping of Southern Politics*, pp. 52—53, 56—57。

154. Daniels, *Editor in Politics*, pp. 374—81.

155. Rogers M. Smith, "'The American Creed' and American Identity: Limits of Liberal Citizenship in the United States," *Western Political Quarterly* 41 (1988): 225—51.

156. Lew Wallace, *Life of Gen. Ben Harrison* (Hartford, CT: S. S. Scranton, 1888), p. 247.

157. William Howard Taft, *Four Aspects of Civic Duty* (New York: Scribner's, 1906), pp. 21—22.

158. Henry Crosby Emery, *Politicians, Party and People* (New Haven: Yale University Press, 1913), pp. 61—62, 82.

159. Ibid., pp. 144, 40.

160. Ibid., p. 8.

161. April 23, 1867, in Armstrong, ed., *Gilded Age Letters*, p. 105.

162. William Allen White, *The Old Order Changeth* (New York: Macmillan, 1912), p. 39.

第五章　民主的救星？公民宗教、领导权、专长和更多的民主

1. Walter Lippmann, *The Phantom Public* (New York: Harcourt, Brace,

1925), p. 39.

2. "净化"是现代人抨击"肮脏"的政治时使用的词汇。我不知道人们从何时开始说政治"肮脏",但它肯定是进步主义时代常见的词汇。例如,1890 年田纳西通过的竞选法律被称作"维护选举纯洁性的举措"。见 Burson v. Freeman 504 U. S. 191 (1992)案件判决书。又见 John Fiske, *Civil Government in the United States* (Boston: Houghton Mifflin, 1891), Fiske 建议"净化城市政府"(第 135 页),还多次用"肮脏"来形容政治。

3. Earl R. Sikes, *State and Federal Corrupt-Practices Legislation* (Durham, NC: Duke University Press, 1928), p. 24. Sikes 列出了 13 个州禁止在选举日提供交通服务的法律。

4. Louise Overacker, *Money in Elections* (New York: Macmillan, 1932), p. 306.

5. 见 Antonin Scalia 在 Burson v. Freeman 案判决书第 214—215 页提出的并存意见(concurring opinion)。Scalia 发现在 1900 年有 34 个州禁止在投票点附近(通常是 100 英尺以内)发表政治演讲。1940 年,阿拉巴马颁布了一条成文法,禁止在选举日开展任何拉票活动。州法院对此条法律的解释是,就连报纸发社论都不可以。美国最高法院在 *Mills v. Alabama* 384 U. S. 214(1965)案中认定阿拉巴马的这个法律条款违宪。

6. Graham Wallas, *The Great Society* (Lincoln: University of Nebraska Press 1967)。第一版出版于 1914 年。

7. Woodrow Wilson, *The New Freedom* (New York: Doubleday, Page, 1913), pp. 281—83.

8. 有意思的是,格雷厄姆·沃拉斯引述了伍德罗·威尔逊的话作为他的著作的开头。威尔逊说,在人类的历史上,人们是以"个人"的身份相互联系的,但在今天,"人们在日常生活中的关系有很多非人性化成分,与组织而不是与其他个体相关"。见 Wilson, *The New Freedom*, pp. 6—7 和 Wallas, *The Great Society*, p. 3. 对于威尔逊而言,这是"一个全新的社会"。沃拉斯显然认同威尔逊的观点。他写道,一系列的发明创造,使人们超越了"机械力量、人和货物的运输、文字和语言的交流上的旧有限制。这个转变所带来的一个结果是社会规模的总体性改变"。人们在寻找的是这样一种理念:把社会看做一个相对完整的统一体,一种个人或政府无法掌控甚至无法理解的强大力量。在那个年代,社会学学科的制度化是理所当然的。

9. Arthur M. Schlesinger and Eric M. Eriksson, "The Vanishing Voter," *The New Republic* 40 (Oct. 15, 1924): 162, 165, 166. 沃尔特·李普曼在 *The Phantom Public*,一书的第 17 页中附和了这二人的观点:"学生们过去经常写关于投票的书。现在他们开始写关于投票弃权的书。"李普曼的依据是 Charles E. Merriam 和 Harold F. Gosnell 对芝加哥选举的重要研究:*Non-Voting: Causes and Methods of Control* (Chicago: University of Chicago Press, 1924)。

10. Leonard White, *The City Manager* (Chicago: University of Chicago Press, 1927), p. 297.

11. 布鲁金斯学会(the Brookings Institution)就是一个例子。该协会的历史学家认为,协会的创立是"通过公共政策的去政治化限制党派在政府中的影响力的大政治策略"的一部分。Donald T. Critchlow, *The Brookings Institution, 1916—1952: Expertise and the Public Interest in a Democratic Society* (De Kalb, IL: Northern Illinois University Press, 1985), p. 9.

12. Walter Lippmann, "The Causes of Political Indifference To-Day," in *Men of Destiny* (New York: Macmillan, 1928), pp. 18,20,34.

13. Graham Wallas, *Human Nature in Politics* (Lincoln: University of Nebraska Press, 1962), p. 211. 第一版出版于1908年。

14. John Dewey, *Individualism Old and New* (New York: Minton, Balch, 1930), p. 43. 又见 John Dewey, "Propaganda", in *Character and Events*, vol. 2 (New York: Octagon, 1970), pp. 517—21. 原载 *The New Republic*, Dec. 21, 1918, 名为"The New Paternalism"。

15. Arthur T. Hadley, *Undercurrents in American Politics* (New Haven: Yale University Press, 1915), pp. 152—53.

16. James Allen Myatt, *William Randolph Hearst and the Progressive Era, 1900—1912*, Ph. D. diss., University of Florida (Ann Arbor, MI: University Microfilms, 1960), pp. 9—10.

17. 见 Evans Johnson, *Oscar W. Underwood* (Baton Rouge: Louisiana State University Press, 1980), p. 172。

18. Silas Bent, *Ballyhoo* (New York: Boni and Liveright, 1927), p. 122.

19. Peter Odegard, *The American Public Mind* (New York: Columbia University Press, 1930), p. 132.

20. E. Pendleton Herring, *Group Representation Before Congress* (New York: Russell and Russell, 1929), pp. 16—17.

21. 见 Ernest Gruening, *The Public Pays* (New York: Vanguard, 1931)。

22. "Harding Demands Team Government," *New York Times*, Sept. 3, 1920, p. 3.《纽约时报》就哈定的棒球演说发表了批评性的评论("Stooping to Conquer", Sept. 4, 1920, p. 8)。

23. 见 Randolph C. Downes, *The Rise of Warren Gamaliel Harding* (Columbus: Ohio State University Press, 1970), pp. 472—74, 484, 490—92, and John Gunther, *Taken at the Flood* (New York: Harper, 1960), pp. 99—113。

24. "Government by Publicity," *The New Republic* 48 (Sept. 22, 1926): 111.

25. Walter Lippmann, "The Peculiar Weakness of Mr. Hoover," *Harper's* 161 (June 1930): 1.

26. Will Irwin, *Propaganda and the News* (New York: Whittlesey House, 1936), p. 302.

27. Ibid., p. 301.

28. Robert C. Brooks, *Political Parties and Electoral Problems* (New York: Harper, 1923), pp. 473—76.

29. L. White Busbey, *Uncle Joe Cannon* (New York: Holt, 1927), p. 295.

30. Louise M. Young, *In the Public Interest: The League of Women Voters, 1920—1970* (Westport, CT: Greenwood, 1989), pp. 93—95; Felice D. Gordon, *After Winning: The New Jersey Suffragists, 1910—1947*, Ph. D. diss., Rutgers University (Ann Arbor, MI: University Microfilms, 1982).

31. Overacker, *Money in Elections*, p. vii. 她这句话借用自 Oswald Spengler 的名著 *The Decline of the West*, 2 vols (New York: Knopf, 1926 and 1928)。Spengler 指出:"舆论的自由与舆论的准备相关,舆论的准备要花费很多钱;跟随新闻自由而来的是新闻界所有权的问题,这又是个关于钱的问题;选举权带来了拉票活动,在这种活动中付钱给吹奏手的人决定吹什么调子。"见 Overaker, p. 381。

32. 这个法案诞生的记录,参见 Spencer Ervin, *Henry Ford vs. Truman H. Newberry* (New York: Richard R. Smith, 1935), pp. 309—25. Ervin 为纽伯里辩护,说他的行为并没有违反限制竞选花费的法律,因为这条法律限制的只是候选人的献金,并不限制政治委员会的献金。给 Ervin 以启发的是政治科学家 William B. Munro。Munro 认为(p. x),虽然我们抱怨去投票的选民不够多,但又"给能最有效地把选民带往投票站的竞选活动家设置路障。让选票增多的途径就是提出问题,而提出问题的途径是使用宣传渠道,使用这种渠道当然不能不花钱"。政党全国大会的政策宣言为翻印版,见 George T. Kurian, ed., *Encyclopedia of the Republican Party/Encyclopedia of the Democratic Party*, 4 vols. (Armonk, NY: Sharpe, 1997)。

33. Kurian, *Encyclopedia of the Democratic Party* 4: 520.

34. 1940 年,有一条新的关于竞选资金的法律颁布。1948 年,在工会的推动下又出台了新的法律。但直到竞选改革法案(1971 年以及 1974 年)颁布之前,没有哪一条法律对于竞选献金、花销有实际的影响力,也没有对这两者的公开报道。Robert E. Mutch, *Campaigns, Congress, and Courts: The Making of Federal Campaign Finance Law* (New York: Praeger, 1988), p. 27. Mutch 的这本书提供了关于竞选资金问题的最好的历史记录,但有一点让人非常遗憾:Mutch 表示,在 1971 年的《联邦选举竞选法案》(Federal Election Campaign Act)颁布之前,没有关于竞选资金的可靠数据。该法案要求政党公开竞选资金状况,并设立了一个负责维护数据和处罚不上报资金状况的行为的公共机构。

35. Herring, *Group Representation Before Congress*, p. 41. David S. Barry 在 *Forty Years in Washington* (Boston: Little, Brown, 1924)一书第 130 页也做了相同的区分。

36. Virginia Van Der Veer Hamilton, *Hugo Black: The Alabama Years* (Baton Rouge: Louisiana State University Press, 1972), pp. 245—59; Karl Schriftgiesser, *The Lobbyists* (Boston: Little, Brown, 1951), pp. 48—87.

37. "对事实的解释"是李的原创。关于公关(Publicity)的系列讲座的对象是美国新闻教师协会和纽约广告俱乐部。不久之后,讲座的内容就被一本学术著作摘录了: W. Brooke Graves, *Readings in Public Opinion* (New York: Appleton, 1928).

38. 这篇文章是 1921 年的,引自 Richard S. Tedlow, *Keeping the Corporate Image: Public Relations and Business, 1900—1950* (Greenwich, CT: JAI Press, 1979), p. 176.

39. 引自 Graves, *Readings in Public Opinion*, p. 581.

40. C. 哈特利·格拉顿的《我们为何而战》(*Why We Fought*, New York: Vanguard, 1929)是一篇认识清醒的、温和的檄文。格拉顿用长达 90 页的一章来写"宣传",说英国的宣传专家"不过是在肯定和阐释在美国人头脑中已是根深蒂固的那些偏见"(第 38 页)。

查尔斯·比尔德的《战争的罪恶理论》(*The Devil Theory of War*, New York: Vanguard, 1936; Greenwood, 1969)试图通过解释为何美国会参加第一次世界大战来防止美国陷入下一次的欧洲战争。该著作的切入点是奈参议员军火委员会(Nye munitions committee)在 1936 年 1 月和 2 月进行的调查(第 11 页)。这个调查"应该持久地保卫那些想知晓情况的人",让他们知道在 1914—1918 年间,美国政策的制定过程是不为人知的秘密(第 12 页)。

41. H. C. Peterson, *Propaganda for War: The Campaign Against American Neutrality, 1914—1917* (Norman: University of Oklahoma Press, 1939), p. 4.

42. Ibid., p. 326.

43. Charles Seymour, *American Neutrality, 1914—1917* (New Haven: Yale University Press, 1935; Archon, 1967), p. 148. 我对修正主义者的批评受到了 Kevin O'Keefe, *A Thousand Deadlines: The New York City Press and American Neutrality, 1914—1917* (The Hague: Martinus Nijhoff, 1972)的启发。

44. Charles and Mary Beard, *The Rise of American Civilization* (New York: Macmillan, 1930), p. 640. 对学校课本中的宣传内容的关注引发了很多争议,也致使一些州开始对此进行调查。见 Bessie Louise Pierce, *Public Opinion and the Teaching of History in the United States* (New York: Knopf, 1926).

45. 这个短语借用自 Sanford Levinson, *Constitutional Faith* (Princeton: Princeton University Press, 1988).

46. Michael Kammen, *A Machine That Would Go of Itself* (New York: Knopf, 1986), p. 219.

47. Ibid., pp. 266—69.

48. Ibid., p. 232.

49. "President's Jefferson Talk," *New York Times*, Nov. 16, 1939, p. 16.

50. Kammen, *A Machine That Would Go of Itself*, p. 487.

51. June Culp Zeitner and Lincoln Borglum, *Borglum's Unfinished Dream* (Aberdeen, SD: North Plains Press, 1976), pp. 47,71,73,76.

52. Michael Kammen, *Mystic Chords of Memory* (New York: Knopf, 1991), p. 486, and Merrill D. Peterson, *The Jefferson Image in the American Mind* (New York: Oxford University Press, 1960), pp. 384—87.

53. Kammen, *Mystic Chords of Memory*, pp. 361—62.

54. Viviana A. Zelizer, *The Social Meaning of Money* (New York: Basic Books, 1994), pp. 13—17.

55. Theodore J. Lowi, *The Personal President* (Ithaca, NY: Cornell University Press, 1985), p. 46.

56. 见 Arthur C. Millspaugh, *Crime Control by the National Government* (Washington, DC: Brookings Institution, 1937)。

57. Lowi, *The Personal President*, p. 40.

58. 见 Jeffrey K. Tulis, *The Rhetorical Presidency* (Princeton: Princeton University Press, 1987)。

59. Richard J. Ellis and Stephen Kirk, "Presidential Mandates in the Nineteenth Century: Conceptual Change and Institutional Development", *Studies in American Political Development* 9 (1995): 175—76.

60. Lewis Gould, *The Presidency of Theodore Roosevelt* (Lawrence: University Press of Kansas, 1991), pp. 66—69.

61. Barry D. Karl, *Executive Reorganization and Reform in the New Deal* (Cambridge: Harvard University Press, 1963), p. 189. 历任总统在联邦预算中所扮演的角色，见 Louis Fisher, *Presidential Spending Power* (Princeton: Princeton University Press, 1975)。

62. Samuel Kernell, *Going Public* (Washington, DC: CQ Press, 1986).

63. Gould, *The Presidency of Theodore Roosevelt*, p. 272.

64. Henry Crosby Emery, *Politian, Party and People* (New Haven: Yale University Press, 1913), p. 143.

65. Woodrow Wilson, "Address from Rear Platform, Mandan, No. Dak. September 10,1919," in Albert Shaw, ed., *The Messages and Papers of Woodrow Wilson*, vol. 2 (New York: Review of Reviews, 1924), p. 866; Wilson, *The New Freedom*, p. 85; and John Milton Cooper, Jr., "Fool's Errand or Finest Hour? Woodrow Wilson's Speaking Tour in September 1919," in John Milton Cooper, Jr. and Charles E. Neu, eds., *The Wilson Era: Essays in Honor of Arthur S. Link* (Arlington Heights, IL: Harlan Davidson, 1991), p. 200. 又见 John Milton Cooper, Jr., *The*

Warrior and the Priest (Cambridge: Harvard University Press, 1983), pp. 176—77, 298—99。

66. John Maltese, *The Selling of Supreme Court Nominees* (Baltimore: Johns Hopkins University Press, 1995), p. 51.

67. Charles G. Dawes, *The First Year of the Budget of the United States* (New York: Harper & Bros., 1923), p. 7.

68. Ibid., p. 9.

69. William Trufant Foster and Waddill Catchings, "Mr. Hoover's Road to Prosperity," *Review of Reviews*, January 1930, 引自 Arthur M. Schlesinger, Jr., *The Crisis of the Old Order, 1919—1933* (Boston: Houghton Mifflin, 1957), p. 155。

70. Charles Forcey, *Crossroads of Liberalism: Croly, Weyl, Lippmann, and the Progressive Era, 1900—1925* (New York: Oxford University Press, 1961), p. 41.

71. Walter Lippmann, *A Preface to Politics* (New York: M. Kennerley, 1913).

72. White, *The City Manager*, p. 295.

73. Walter Lippmann, "Insiders and Outsiders," *The New Republic* 5 (Nov. 13, 1915): p. 35. 李普曼在 *The Phatom Public* 中再次提到了局内人和局外人的差异:"重要的基本差异就是局内人和局外人之间的差异……只有局内人可以作决定,这不是因为他本身更优秀,而是因为他所处的位置能让他理解和行动。局外人基本是无知的,通常是无关紧要的,还常常爱管闲事,因为他企图在旱地行船"(第150页)。

74. Michael Stockstill, "Walter Lippmann and His Rise to Fame, 1889—1945," Ph. D. diss., Mississippi State University, 1970, p. 152.

75. Walter Lippmann, *Liberty and the News* (New York: Harcourt Brace & Hone, 1920), p. 5.

76. Ibid., p. 5.

77. Ibid., p. 67.

78. Ibid., pp. 81—82.

79. John Dewey, "Public Opinion," *The New Republic* 30 (May 3, 1922): 286.

80. Walter Lippmann, *Public Opinion* (New York: Macmillan, 1922), p. 76.

81. John Dewey, *The Public and Its Problems* (New York: Henry Holt, 1927), p. 139.

82. Ibid., pp. 207, 208, 209.

83. Ibid., pp. 98, 213, 215. 杜威在几年前就赞美过地方性,他曾写道:"我们会发现地方性是唯一世界性的东西。"这段话见1920年6月的《刻度盘》(*The Dial*)杂志发表的杜威的文章。文章重印的时候更名为"Americanism and Localism", in John Dewey, *Characters and Events*, vol. 2, pp. 537—42。

84. John Dewey, "Justice Holmes and the Liberal Mind," *The New Republic* 53 (1929): 210—12; reprinted in Dewey, *Characters and Events*, vol. 1, pp. 100—101.

85. 参见 William Buxton and Stephen P. Turner, "From Education to Expertise: Sociology as a 'Profession'", in Terence C. Halliday and Morris Janowitz, eds., *Sociology and Its Publics* (Chicago: University of Chicago Press, 1992), pp. 374—407。

86. Edward A. Purcell, Jr., *The Crisis of Democratic Theory* (Lexington: University Press of Kentucky, 1973), p. 16.

87. Ibid., p. 17.

88. Ibid., p. 28.

89. Ibid., p. 32.

90. Critchlow, *The Brookings Institution, 1916—1952*, p. 28. 又见 Guy Alchon, *The Invisible Hand of Planning: Capitalism, Social Science, and the State in the 1920s* (Princeton: Princeton University Press, 1985), and Samuel Haber, *Efficiency and Uplift* (Chicago: University of Chicago Press, 1964), pp. 108—16。Critchlow 罗列了建立了市政研究机构的多个城市,但漏掉了巴尔的摩。关于巴尔的摩,见 James B. Crooks, *Politics and Progress: The Rise of Urban Progressivism in Baltimore, 1895—1911* (Baton Rouge: Louisiana State University Press, 1968), pp. 101—102。

91. Frederic C. Howe, *Wisconsin: An Experiment in Democracy* (New York: Scribner's, 1912), p. 42.

92. 见 Gene M. Lyons, *The Uneasy Partnership: Social Science and the Federal Government in the Twentieth Century* (New York: Russell Sage Foundation, 1969)。

93. Peter Dobkin Hall, *Inventing the Nonprofit Sector* (Baltimore: Johns Hopkins University Press, 1992), p. 48. 杜威和李普曼的辩论刚一结束,一位专家就登上了总统宝座,而且利用自己的职位进一步加强了社会科学在公共政策中的重要性。赫伯特·胡佛不是第一个当总统的"专家",第一个应该是伍德罗·威尔逊,但胡佛是第一个以自己的专长作为首要的任职资格的总统。除了军队的领袖,他是第一个也是 20 世纪最后一个仅通过委任的职位积攒领导经验的总统。官僚总统的试验是不能重复的,这一事实值得那些害怕专家统治会带来灾难的人思量。

94. Haber, *Efficiency and Uplift*, pp. 108—10.

95. Howe, *Wisconsin*, p. 190.

96. Hadley, *Undercurrents in American Politics*, pp. 176—77.

97. James Allen Smith, *The Idea Brokers: Think Tanks and the Rise of the New Policy Elite* (New York: Free Press, 1991), p. 79.

98. Larry Berman, *The Office of Management and Budget and the Presidency, 1921—1979* (Princeton: Princeton University Press, 1979), p. 13.

99. Frederic C. Howe, *The Modem City and Its Problems* (New York: Scribner's, 1915; College Park, MD: McGrath, 1969), pp. 311—15; Mary P. Follett, *The New State* (New York: Longmans, Green, 1918; Gloucester, MA: Peter Smith, 1965).

100. 引自 Allen F. Davis, *Spearheads for Reform: The Social Settlements and the Progressive Movement, 1890—1914* (New York: Oxford University Press, 1967), p. 80。关于定居房运动和学校社区中心运动,主要参见第 76—83 页。

101. Wilson, *The New Freedom*, p. 96.

102. Raymond Calkins, *Substitutes for the Saloon*, 2nd ed. (New York: Amo, 1971), p. 54. 第一版出版于 1901 年。

103. Wilson, *The New Freedom*, pp. 99, 101.

104. John W. Studebaker, *The American Way: Democracy at Work in the Des Moines Forums* (New York: McGraw-Hill, 1935), p. 14.

105. Ibid., pp. 25—26.

106. Ibid., pp. 45—46.

107. Ibid., p. 132.

108. William Graebner, *The Engineering of Consent* (Madison: University of Wisconsin Press, 1987), pp. 101—102.

109. 见 Granville Hicks, *Small Town* (New York: Macmillan, 1946), and Leah Levenson and Jerry Natterstad, *Granville Hicks: The Intellectual in Mass Society* (Philadelphia: Temple University Press, 1993), pp. 139—46。

110. Carl J. Friedrich, *The New Image of the Common Man* (Boston: Beacon Press, 1950), pp. 346—47. 第一版出版于 1942 年,名为 *The New Belief in the Common Man*。

111. George V. Denny, Jr., "Public Opinion and Citizen Action," in *Citizenship in Action* (Bulletin of New York State Council of School Superintendents) No. 18 (March 1941): 3. John Randolph Haynes 收藏,加州大学洛杉矶分校特别收藏。

112. Roland Marchand, "Radio and the Restoration of Participatory Democracy: America's 'Town Meeting of the Air,'" manuscript, pp. 10, 11, 31.

113. George V. Denny, Jr., "Bring Back the Town Meeting!" in Warren C. Seyfert, ed., *Capitalizing Intelligence: Eight Essays on Adult Education* (Cambridge: Harvard Graduate School of Education, 1937), pp. 115—16.

114. Ibid., pp. 124—25. 关于空中乡镇集会,又见 Harry A. Overstreet and Bonaro W. Overstreet, *Town Meeting Comes to Town* (New York: Harper & Brothers, 1938)。

115. Lippmann, *The Phantom Public*, p. 37.

116. George Gallup and Saul Forbes Rae, *The Pulse of Democracy: The Public-Opinion Poll and How It Works* (New York: Simon & Schuster, 1940), p. v.

117. Ibid., p. 5.

118. Ibid., p. 14.

119. Ibid., p. 118.

120. Ibid., pp. 221—27.

121. George Gallup, *A Guide to Public Opinion Polls* (Princeton: Princeton University Press, 1948), p. 98.

122. Ibid., p. 107.

123. Gallup and Rae, *The Pulse of Democracy*, pp. 63—64.

124. Ibid., p. 14.

125. Ibid., pp. 11—15.

126. Gallup, *A Guide to Public Opinion Polls*, p. xi.

127. Ibid., p. xii. 又见 George Gallup, *The Sophisticated Poll Watcher's Guide* (Princeton: Princeton Opinion Press, 1972), pp. 18—19。

128. Gallup, *A Guide to Public Opinion Polls*, p. xi.

129. Gallup and Rae, *The Pulse of Democracy*, p. 20.

130. Ibid., p. 31.

131. 引自 ibid., p. 125。

132. Ibid., pp. 283—85.

133. Gallup, *A Guide to Public Opinion Polls*, pp. ix—x.

134. Ibid., p. x.

135. Gallup and Rae, *The Pulse of Democracy*, p. 259.

136. Ibid., p. 264.

137. Ibid., pp. 287—89.

138. Gallup, *A Guide to Public Opinion Polls*, p. 85.

139. Ibid., p. 85.

140. Ibid., p. 91.

141. Nathan Keyfitz, "The Social and Political Context of Population Forecasting," in William Alonso and Paul Starr, eds., *The Politics of Numbers* (New York: Russell Sage Foundation, 1987), p. 235. 见这本书所载的另一篇文章：Paul Starr, "The Sociology of Official Statistics", pp. 7—58。

142. John Durham Peters, "Historical Tensions in the Concept of Public Opinion," in Theodore L. Glasser and Charles T. Salmon, eds., *Public Opinion and the Communication of Consent* (New York: Guilford, 1995), p. 20. 对民意调查作过有深度的批评的其他学者及其著述有：Herbert Blumer, "Public Opinion and Public

Opinion Polling", *American Sociological Review* 13 (1948): 242—49; Pierre Bourdieu, "Public Opinion Does Not Exist", in Armand Mattelart and Seth Siegelaub, eds., *Communication and Class Struggle* (New York: International General, 1979), pp. 124—30; Benjamin Ginsberg, *The Captive Public: How Mass Opinion Promotes State Power* (New York: Basic Books, 1986); Susan Herbst, *Numbered Voices: How Opinion Polling Has Shaped American Politics* (Chicago: University of Chicago Press, 1993); and James W. Carey, "The Press, Public Opinion, and Public Discourse", in Glasser and Salmon, eds., *Public Opinion and the Communication of Consent*, pp. 373—402。

  143. Sidney M. Milkis, *The President and the Parties* (New York: Oxford University Press, 1993), pp. 127—28。

  144. Ibid., pp. 41—42; Sean J. Savage, *Roosevelt: The Party Leader, 1932—1945* (Lexington: University Press of Kentucky, 1991), pp. 20—23。

  145. Paul P. Van Riper, *History of the United States Civil Service* (Evanston, IL: Row, Peterson, 1958), p. 334。

  146. Ibid., p. 324。

  147. Savage, *Roosevelt: The Party Leader*, pp. 24—25。

  148. Milkis, *The President and the Parties*, p. 116. 又见 pp. 55, 57, 115, 133, and Van Riper, *History of the United States Civil Service*, pp. 338—47。

  149. Milkis, *The President and the Parties*, p. 103. 玛丽·福莱特在四分之一个世纪以前就曾在州的层面上看到过相同的事情："因政治的中心变成了州就业办公室、疾病和事故保险、母亲补助金,于是坦慕尼系的大部分权利就被剥夺了。"Follett, *The New State*, p. 223。

  150. Savage, *Roosevelt: The Party Leader*, pp. 41—47,110,146—48。

间奏曲(二) 第二次大辩论

  1. Newton N. Minow, John Bartlow Martin, and Lee M. Mitchell, *Presidential Television* (New York: Basic Books, 1973), p. 125。

  2. Russell Jacoby, *The Last Intellectuals: American Culture in the Age of Academe* (New York: Basic Books, 1987), p. 6。

  3. 具体的观众人数并无定论。根据对于此类研究的最详细的评述,大致有 7000 万成人和 1000 万—1500 万个年轻观众观看了第一场辩论(在 11 月去投票的人数为 6800 万)。参见 Elihu Katz and Jacob J. Feldman, "The Debates in the Light of Research: A Survey of Surveys", in Sidney Kraus, ed., *The Great Debates* (Bloomington: Indiana University Press, 1962), p. 190。

  4. "集会"的那条引文引自讲述该神话的最有影响力的著述之一:Theodore

White, *The Making of the President 1960* (New York: Atheneum, 1961), p. 279. 有些著作过分强调了视觉在肯尼迪与尼克松的辩论中的作用,相关批评见 Michael Schudson, *The Power of News* (Cambridge: Harvard University Press, 1995), pp. 113—23。

5. 对于电视是在何时(或是否)成熟这一问题,有的人有不同意见。在 1988 年的竞选中,为《纽约时报》做关于电视报道的 Michael Oreskes 称:"在这次总统选举中,电视成年了。电视机不再是扰乱选民选举总统的过程的黑暗的、新兴的力量。在新的电子民主中,电视就是影响选民选举总统的过程的力量。"Walter MonDale 曾抱怨说他在 1984 年的选举中失利是因为他在电视上看上去很糟糕。Oreskes 认为,"已不太可能再次从国家职位的候选人那里听到"这样的抱怨。然而,人们真的再次听到了,就在两个月之后,从 Michael Dukakis 那里。见 Michael Oreskes, "Talking Heads: Weighing Imagery in a Campaign Made for Television", *New York Times*, Oct. 2, 1988, 4:1。

6. 在报道政治新闻时,媒体是如何产生"批判演技"的倾向的,见 Kiku Adatto, *Picture Perfect* (New York: Basic Books, 1993)。

7. White, *The Making of the President 1960*, p. 282.

8. 见 ibid., pp. 281—82。

9. Sig Mickelson, *From Whistle Stop to Sound Bite* (New York: Praeger, 1989), pp. 66—67. 这条法律在 1976 年修订了一次。这次修订提出了关于第二次以及后续的总统辩论的新规则,其中包括:组织辩论的应该是独立的机构,而不应是电视网。见 Mickelson, pp. 130—34。

10. Herbert A. Seltz and Richard D. Yoakam, "Production Diary of the Debates," in Kraus, ed., *The Great Debates*, p. 79.

11. Ibid., p. 78.

12. Ibid., p. 79, and Douglass Cater, "Notes from Backstage," in Kraus, ed., *The Great Debates*, p. 129. Cater 是《记者》(*The Reporter*)杂志的记者,也是第三场辩论的参与者。

13. Seltz and Yoakam, "Production Diary of the Debates," p. 77.

14. Katz and Feldman, "The Debates in the Light of Research," p. 203.

15. Samuel Lubell, "Personalities vs. Issues," in Kraus, ed., *The Great Debates*, p. 152.

16. Clinton Rossiter, "The Democratic Process," in President's Commission on National Goals, *Goals for Americans* (New York: The American Assembly, 1960), p. 72.

17. Daniel J. Bootstin, *The Image* (New York: Atheneum, 1961), pp. 41—44.

18. 引自 Seltz and Yoakam, "Production Diary of the Debates", p. 86. 对于"形象塑造"这个问题,我认为 Jonathan Schell 在二十多年前提出的观点仍然有价值:原

子弹和冷战是"形象塑造"最大的推动力。见 Jonathan Schell, *The Time of Illusion* (New York: Knopf, 1976)。在20世纪60年代,副总统兼总统候选人尼克松呼吁,我们要"发起对思想、心灵、灵魂的进攻。进攻必须是经济上的,必须是技术上的,更重要的是必须是意识形态上的"。但是,他又宣称:"现在共产主义者在世界上的声望是有史以来最低的,而美国的声望是有史以来最高的。"见 Kraus, ed., *The Great Debates*, p. 376。

19. Robert Putnam, "The Strange Disappearance of Civic America," *American Prospect* 24 (Winter 1996): 34—49.

20. White, *Making of the President 1960*, pp. 292—93.

第六章　在私公民时代拓展公民权

1. Robert Dahl, *Who Governs?* (New Haven: Yale University Press, 1961), p. 279.

2. U. S. Bureau of the Census, *Historical Statistics of the United States, Colonial Times to 1957* (Washington, DC: Government Printing Office, 1960), p. 510 (S 70—80).

3. Frank Levy, *Dollars and Dreams: The Changing American Income Distribution* (New York: Russell Sage Foundation, 1987), p. 17.

4. Ibid., p. 69.

5. Ibid., p. 154.

6. Richard Sennett, *The Uses of Disorder* (New York: Knopf, 1970), p. 48.

7. David Popenoe, *Private Pleasure, Public Plight* (New Brunswick, NJ: Transaction Books, 1985), p. 83. 最新的调查数据表明,与其他发达国家相比,美国人去教堂的次数要多很多。1995—1997年的世界价值观调查显示,有44%的美国人每周去教堂,英国人27%,法国人21%,瑞典人4%。Richard Morin, "Keeping the Faith," *Washington Post National Weekly Edition*, Jan. 12, 1998, p. 37.

8. Popenoe, p. 118.

9. Michael Walzer, *Radical Principles* (New York: Basic Books, 1980), p. 29.

10. Derek Bok, *The State of the Nation* (Cambridge: Harvard University Press, 1996), pp. 107—108.

11. David Riesman, "The Suburban Sadness," in William M. Dobriner, ed., *The Suburban Community* (New York: Putnam, 1958), p. 377.

12. Popenoe, *Private Pleasure, Public Plight*, pp. 122—23.

13. Ibid.

14. *Palko v. Connecticut* 302 U. S. 319 (1937). "……自由和正义的基本原则"这个句子,卡多佐引自 Willis Van Devanter 法官在 *Hebert v. Louisiana* 272 U. S.

312(1926)案中所写的主要意见书。关于帕尔科案,见 Richard C. Cortner, *The Supreme Court and the Second Bill of Rights* (Madison: University of Wisconsin Press, 1981), pp. 126—32。

15. *United States v. Carolene Products* 304 U. S. 144 (1938).

16. Robert M. Cover, "The Origin of Judicial Activism in the Protection of Minorities," *Yale Law Journal* 91 (1982): 1294. 又见 Louis Lusky, "Minority Rights and the Public Interest", *Yale Law Journal* 52 (1942): 1—41。Lusky 研究了卡罗琳产品公司案的"脚注四",并指出它有非常重要的作用(pp. 19—26),但他没有说明一件事——在审判该案件的时候,他是斯通法官的文书,而且还参与了"脚注四"的写作。关于他和斯通是如何写这个脚注的,见 Alpheus Thomas Mason, *Harlan Fiske Stone: Pillar of the Law* (New York: Viking, 1956), pp. 512—15。

17. *Korematsu v. United States*, 323 U. S. 214 (1944).

18. *West Virginia State Board of Education v. Barnette*, 319 U. S. 624 (1943).

19. 其他关于沃伦法院革命性特征的描述,见 Anthony Lewis, "Earl Warren", in Richard H. Sayler, Barry B. Boyer, and Robert E. Gooding, Jr., eds., *The Warren Court: A Critical Analysis* (New York:Chelsea House, 1969), p. 1. 又见 Laura Kalman, *The Strange Career of Legal Liberalism* (New Haven: Yale University Press, 1996), p. 43。

20. 参见 Kalman, *The Strange Career of Legal Liberalism*, p. 54。

21. Donald L. Horowitz, *The Courts and Social Policy* (Washington, DC: Brookings Institution, 1977), p. 3.

22. Paul Burstein, *Discrimination, Jobs, and Politics* (Chicago: University of Chicago Press, 1985),p. 17.

23. William E. Leuchtenburg, *The Supreme Court Reborn* (New York: Oxford University Press, 1935), p. 235.

24. Morton Keller, "Powers and Rights: Two Centuries of American Constitutionalism," in David Thelen, ed., *The Constitution and American Life* (Ithaca, NY: Cornell University Press, 1988), pp. 15—34.

25. Stephen L. Wasby, "How Planned Is 'Planned Litigation'?" *American Bar Foundation Research Journals* (1984): 98.

26. Samuel Walker, *In Defense of American Liberties: A History of the ACLU* (New York: Oxford University Press, 1990), p. 111.

27. Norman Redlich, "Private Attorneys-General: Group Action in the Fight for Civil Liberties," *Yale Law Journal* 58 (1949): 574—98.

28. Harvard Sitkoff, *A New Deal for Blacks* (New York: Oxford University Press, 1978), pp. 9—20, 51, 66—67, and Hugh Davis Graham, *The Civil Rights Era* (New York: Oxford University Press, 1990), p. 9.

29. Sitkoff, *A New Deal For Blacks*, pp. 77—79, 134. 1942 年,立法机构就选举税问题又打了一场"内战"。在众议院,一个旨在废止选举税的议案以 254 张赞成票对 84 张反对票获得通过,只有四个南方议员投的是支持票,只有六个非南方的民主党议员投了反对票。在参议院,这个议案因遭遇阻挠而未获通过,所有北方民主党参议员都投了支持票,除了 Claude Pepper 一人之外的所有南方民主党议员都投了反对票。见第 136 页。

30. Ibid., pp. 89—95, 99. Jill Quadagno 的 *The Color of Welfare* (New York: Oxford University Press, 1989) 花了不少笔墨强调新政"没有撼动甚至还强化了肤色之间的严格界线"(p.24),但却完全忽略了这些情况。Quadagno 指出,依靠南方议员的选票才能在国会获得通过的那些新政的福利项目,在总体上减少了非洲裔美国人的政治参与,但是她低估了民主党拥黑人选民入怀这样的政治变革的作用。

31. 以上的描述引自 David J. Garrow, *Bearing the Cross: Martin Luther King, Jr., and the Southern Christian Leadership Conference* (New York: Morrow, 1986), pp. 11—16 的详细记录。又见 Howell Raines, *My Soul IS Rested* (New York: Penguin, 1977) 中的对 E. D. 尼克松(E. D. Nixon)的访谈(pp. 37—39, 43—51)和对罗莎·帕克斯(Rosa Parks)的访谈(pp. 40—42)。又见 Hollinger F. Barnard, ed., *Outside the Magic Circle: The Autobiography of Virginia Foster Durr* (Birmingham: University of Alabama Press, 1985), pp. 278—83。

32. Raines, *My Soul Is Rested*, p. 70.

33. Aldon Morris, *The Origins of the Civil Rights Movement* (New York: Free Press, 1984), p. 23. 引文指的是黑人教会 1953 年在路易斯安那州巴吞鲁日市(Baton Rouge)的抗议运动中所扮演的角色。Morris 认为蒙哥马利市 1955 年的抗议活动与巴吞鲁日市的抗议活动如出一辙。

34. Ibid., pp. 31, 33.

35. Ibid., p. 35.

36. Martin Luther King, Jr., "Address to Montgomery Improvement Association Mass Meeting," Holt Street Baptist Church, Nov. 14, 1956, in Clayborne Carson, ed., *The Papers of Martin Luther King, Jr.*, vol. 3 (Berkeley: University of California Press, 1997), p. 428.

37. Nan Aron, *Liberty and Justice for All: Public Interest Law in the 1980s and Beyond* (Boulder, CO: Westview, 1989), pp. 27, 34—35. 又见 Lee Epstein, Tracey E. George, and Joseph F. Kobylka, *Public Interest Law: An Annotated Bibliography and Research Guide* (New York: Garland, 1992)。

38. Lee Epstein, *Conservatives in Court* (Knoxville: University of Tennessee Press, 1985), pp. 119—33.

39. Ellen Jane Hollingsworth, "Ten Years of Legal Services for the Poor," in Robert H. Haveman, ed., *A Decade of Federal Antipoverty Programs* (New York:

Academic Press, 1977), p. 293.

40. Earl Johnson, Jr., "Discussions," in ibid., p. 315.

41. Robert D. Plotnick and Felicity Skidmore, *Progress Against Poverty* (New York: Academic Press, 1975), pp. 17—18. 又见 R. Shep Melnick, *Between the Lines: Interpreting Welfare Rights* (Washington, DC: The Brookings Institution, 1994), p. 43. 关键性的案例是 *Goldberg v. Kelly* 397 U. S. 254 (1970)。又见 James T. Patterson, *America's Struggle Against Poverty, 1900—1994* (Cambridge: Harvard University Press, 1994)。

42. Michael B. Katz, *In the Shadow of the Poorhouse: A Social History of Welfare in America* (New York: Basic Books, 1996), pp. 267—69.

43. Paul E. Peterson and J. David Greenstone, "Racial Change and Citizen Participation: The Mobilization of Low-Income Communities Through Community Action," in Haveman, ed., *A Decade of Federal Antipoverty Programs*, pp. 241, 257, 271.

44. "The Port Huron Statement," June 11—15, 1962, in James Miller, *Democracy Is in the Streets* (New York: Simon & Schuster, 1987), p. 329.

45. Michael Kazin, *The Populist Persuasion* (New York: Basic Books, 1995), p. 199.

46. Hugh Heclo, "The Sixties' False Dawn: Awakenings, Movements, and Postmodern Policy-Making," in Brian Balogh, ed., *Integrating the Sixties* (University Park: Pennsylvania State University Press, 1996), p. 51.

47. 见 Martha Derthick, "Crossing Thresholds: Federalism in the 1960s," in ibid., pp. 64—80。

48. Steven F. Lawson, *Black Ballots: Voting Rights in the South, 1944—1969* (New York: Columbia University Press, 1976), pp. 165—202.

49. Melnick, *Between the Lines*, pp. 23—24, 34, 39—40, 255.

50. John David Skrentny, *The Ironies of Affirmative Action* (Chicago: University of Chicago Press, 1996), p. 107.

51. Bruce J. Dierenfield, *Keeper of the Rules: Congressman Howard W. Smith of Virginia* (Charlottesville: University Press of Virginia, 1987), pp. 194—96. 史密斯显然是想阻止民权法案通过的,但是他对女性权利的支持是发自内心的。见 Graham, *The Civil Rights Era*, pp. 134—39。

52. Cynthia Harrison, *On Account of Sex: The Politics of Women's Issues, 1945—1968* (Berkeley: University of California Press, 1988), pp. 176—97. 又见 Betty Friedan, *It Changed My Life* (New York: Random House, 1976), pp. 75—86。

53. Martha F. Davis, "Welfare Rights and Women's Rights in the 1960s," in

Balogh, ed., *Integrating the Sixties*, pp. 146—49.

54. Nick Kotz and Mary Lynn Kotz, *A Passion for Equality: George A. Wiley and the Movement* (New York: Norton, 1977), p. 198.

55. Steven M. Teles, *Whose Welfare? AFDC and Elite Politics* (Lawrence: University Press of Kansas, 1996), p. 20. Patterson 通过引用指出,在 1960 年,有资格申请福利的人中有三分之一提出了申请,1971 年这一比例增长到了 71%。Patterson, *America's Struggle Against Poverty*, p. 179.

56. Theda Skocpol, *Protecting Soldiers and Mothers* (Cambridge: Harvard University Press, 1992),and Kriste Lindenmeyer, "*A Right to Childhood*": *The U. S. Children's Bureau and Child Welfare, 1912—46* (Urbana: University of Illinois Press, 1997).

57. Kirsten A. Gronbjerg, *Mass Society and the Extension of Welfare: 1960—1970* (Chicago: University of Chicago Press, 1977), p. 158.

58. Patterson, *America's Struggle Against Poverty*, p. 197.

59. James T. Patterson 使用了"未被歌颂"这个修饰语。Ibid. p. 155.

60. R. Shep Melnick, *Regulation and the Courts: The Case of the Clean Air Act* (Washington, DC: Brookings Institution, 1983), p. 5.

61. Lawrence M. Friedman, "The Rise and Fall of Student Rights," in David L. Kirp and Donald N. Jensen, eds., *School Days, Rule Days* (Philadelphia: Falmer, 1986), p. 241. Friedman 虽然把文章命名为"学生权利的兴起和衰落"(The Rise and Fall of Student Rights),但又说学校政策的司法化和法律化"可能是无法逆转的进程"。

62. David Neal and David L. Kirp, "The Allure of Legalization Reconsidered," in ibid., p. 347.

63. 见 Frank R. Dobbin et al., "The Expansion of Due Process in Organizations", in Lynne G. Zucker, ed., *Institutional Patterns and Organizations* (Cambridge, MA: Ballinger, 1988), pp. 71—100, 特别是 pp. 86—87。请注意,在 20 世纪 20 年代和 30 年代,无论是加入工会还是没有加入工会的公司,都开始了正规化的人事工作。如 Dobbin 等人所注意到的(pp. 74—75),工会结社和一些公司阻挠工会结社的举措所导致的结果是一样的。

64. Arthur E. Bonfield, "The Origin and Development of American Fair Employment Legislation," *Iowa Law Review* 52 (1967): 1071; Graham, *The Civil Rights Era*, pp. 19—21.

65. Burstein, *Discrimination, Jobs, and Politics*, pp. 21, 64. Burstein 认为,推动民权立法的不是民权运动中某些特定的戏剧性的事件,而是民意的大范围转变。文中所引的是 Burstein 用于支撑此观点的一部分论据。

66. Lance Liebman, "Immigration Status and American Law: The Several Ver-

sions of Antidiscrimination Doctrine", in Donald L. Horowitz and Gerard Noiriel, eds., *Immigrants in Two Democracies: French and American Experiences* (New York: New York University Press, 1992), p. 369.

67. Richard Edwards, *Rights at Work* (Washington, DC: Brookings Institution, 1993), p. 108.

68. Ibid., pp. 17—19,35—36,157,163,165.

69. Anja Chan, *Women and Sexual Harassment* (New York: Haworth, 1994), pp. 3—7.

70. David Vogel, "The 'New' Social Regulation in Historical and Comparative Perspective," in Thomas K. McCraw, ed., *Regulation in Perspective* (Cambridge: Harvard University Press, 1981), pp. 161—62.

71. C. Michael Otten, *University Authority and the Student: The Berkeley Experience* (Berkeley: University of California Press, 1970), pp. 145—46, 164, 179—87.

72. Barbara J. Nelson, *Making an Issue of Child Abuse* (Chicago: University of Chicago Press, 1984). 又见 Linda Gordon, *Heroes of Their Own Lives: The Politics and History of Family Violence, Boston 1880—1960* (New York: Viking, 1988), pp. 24—25。

73. Rebecca M. Ryan, "The Sex Right: A Legal History of the Marital Rape Exemption," *Law and Social Inquiry* 20 (1995): 941—1004; Diana E. H. Russell, *Rape in Marriage*, rev. ed. (Bloomington: Indiana University Press, 1990); and Raquel Kennedy Bergen, *Wife Rape* (Thousand Oaks, CA: Sage, 1996).

74. Steven Rathgeb Smith, "Federal Funding, Nonprofit Agencies, and Victim Services," in Harold W. Demone, Jr. and Margaret Gibelman, eds., *Services for Sale* (New Brunswick, NJ: Rutgers University Press, 1989), pp. 215—27.

75. Sally Engle Merry, "Wife Battering and the Ambiguity of Rights" in Austin R. Sarat and Thomas P. Kearns, eds., *Identities, Politics and Rights* (Ann Arbor: University of Michigan Press, 1997), pp. 283—84.

76. Herbert Jacob, *Silent Revolution: The Transformation of Divorce Law in the United States* (Chicago: University of Chicago Press, 1988), pp. 8, 30, 41, 45—46, 59—60, 80. 又见 Lenore J. Weirzman, *The Divorce Revolution* (New York: Free Press, 1985), pp. 15—51, and Steven Mintz and Susan Kellogg, *Domestic Revolutions: A Social History of American Family Life* (New York: Free Press, 1988), pp. 228—33。

77. Ruth R. Faden and Tom L. Beauchamp, *A History and Theory of Informed Consent* (New York: Oxford University Press, 1986), pp. 89—94,143. 引文引自第94页。除了医疗实践,医学研究也受到了权利精神和民主参与精神的影响。

见 John Gaventa, "The Powerful, the Powerless, and the Experts: Knowledge Struggles in an Information Age", in Peter Park et al., eds., *Voices of Change: Participatory Research in the United States and Canada* (Westport, CT: Bergin & Garvey, 1993), pp. 21—40, and Steven Epstein, *Impure Science: AIDS, Activism, and the Politics of Knowledge* (Berkeley: University of California Press, 1996)。

78. Michael J. Lacey, ed., *Government and Environmental Politics* (Washington, DC: Woodrow Wilson Center Press, 1991)。重点看以下文章: Samuel P. Hays, "Three Decades of Environmental Politics: The Historical Context", pp. 19—80; Thomas R. Dunlap, "The Federal Government, Wildlife, and Endangered Species", pp. 209—32, and Christopher Schroeder, "The Evolution of Federal Regulation of Toxic Substances", pp. 263—313。

79. 参见 Richard Claude, *The Supreme Court and the Electoral Process* (Baltimore: Johns Hopkins University Press, 1970), pp. 147—48。不应把这些发展看做民主的进步。例如,政治科学家 Martha Derthic 就认为,在重新分配的判决中,"州和地方政府,以及州和地方的选民对(民主中)使代议制有意义的重要事务作判断的权利被剥夺了不少"。见 Derthick, "Crossing Thresholds," p. 69。当然,如果总人口中有很大一部分人没有投票权,那么"民主中"这样的话就没有什么意义。

反过来,职位重新分配可以说对于黑人的投票权有重要作用。1965 年的《投票权法案》是为了执行《宪法第十四修正案》而推出的,在 1969 年,又出台了依据《宪法第十四修正案》中的"同等保护"条款而作的新解释。这意味着不仅要保证黑人能去投票,还要保证他们投出"有意义的"选票。这还引发了关于是否要为大部分选民为黑人的地区建立新的国会选区的争议。见 Abigail Thernstrom, *Whose Votes Count? Affirmative Action and Minority Voting Rights* (Cambridge: Harvard University Press, 1987), p. 25。

80. Amy Bridges, *Morning Glories: Municipal Reform in the Southwest* (Princeton: Princeton University Press, 1997), pp. 181—83, 200。

81. Austin Ranney, *Curing the Mischiefs of Faction: Party Reform in America* (Berkeley: University of California Press, 1975), p. 3。Ranney 是一个杰出的政治科学家,同时也是政党改革的积极参与者。

82. Geoffrey Cowan, 电话访谈和电子邮件交流, 1998 年 1 月 7 日。关于范尼·鲁哈默(Fannie Lou Hamer), 参见 Kay Mills, *This Little Light of Mine: The Life of Fannie Lou Hammer* (New York: Dutton, 1993)。关于民主党的改革, 参见 Byron E. Shafer, *Quiet Revolution* (New York: Russell Sage Foundation, 1983)。

83. Graham, *The Civil Rights Era*, p. 363。

84. Burdett A. Loomis, *The New American Politician* (New York: Basic Books, 1988); James L. Sundquist, *The Decline and Resurgence of Congress* (Washington, DC: Brookings Institution, 1981); Paul J. Quirk, "Policy Making in

the Contemporary Congress: Three Dimensions of Performance", in Marc K. Landy and Martin A. Levin, eds., *The New Politics of Public Policy* (Baltimore: Johns Hopkins University Press, 1995), pp. 228—45.

85. George Kateb, "The Moral Distinctiveness of Representative Democracy", *Ethics* 91 (1981):360. 我所引述的例子来自于自民权运动以来,关于人格平等、民主接近权、公民权利的思维有所增强的那些社会生活领域。还有一个领域应该获得更多的关注,那就是企业责任。民权运动老将或其他受民权运动启发的人发起了让企业董事会和投资人承担责任的行动。还应关注那场重大的、现在可能在逐渐退潮的广播改革运动。见 Robert B. Horwitz, "Broadcast Reform Revisited: Reverend Everett C. Parker and the 'Standing' Case: *Office of Communication of the United Church of Christ v. Federal Communications Commission*", *Communication Review* 2 (1997): 311—48。

86. Martin Wattenberg, *The Decline of American Political Parties, 1952—1994* (Cambridge: Harvard University Press, 1996), p. 174.

87. David Butler, 引自 ibid., pp. 171—73。

88. Ibid., pp. 90—112.

89. Walter Dean Burnham, "Party Systems and the Political Process," in William Nisbet Chambers and Walter Dean Burnham, eds., *The American Party Systems* (New York: Oxford University Press, 1967), p. 305.

90. A. James Reichley, *The Life of the Parties* (New York: Free Press, 1990), p. 311.

91. G. Calvin MacKenzie, "Partisan Leadership Through Presidential Appointments," in L. Sandy Maisel, ed., *The Parties Respond* (Boulder, CO: Westview, 1994), p. 360.

92. 见 Reichley, *The Life of the Parties*, pp. 383—85。

93. 见 Amy Bridges, "Winning the West to Municipal Reform", *Urban Affairs Quarterly* 27 (1992):494—518。

94. 按提出的公民立法提案的数量多少排列,这几个州依次为俄勒冈、加利福尼亚、科罗拉多、亚利桑那、华盛顿。我计算的依据是 David Magleby, *Direct Legislation* (Baltimore: Johns Hopkins University Press, 1984), 第 71 页的图表 4.3。

95. 在 1915 年 6 月 1—2 日的"加州国会联盟会议"(California Conference of the Congressional Union)上所发表的演讲。引自 Inez Haynes Irwin, *The Story of the Woman's Party* (New York: Kraus, 1971), p.101。第一版出版于 1921 年。

96. Richard White, "*It's Your Misfortune and None of My Own*": *A History of the American West* (Norman: University of Oklahoma Press, 1991), pp. 359—63. 又见 Paul W. Kleppner, "Politics Without Parties: The Western States, 1900—1984", in Gerald D. Nash and Richard W. Etulain, eds., *The Twentieth Century*

West: Historical Interpretations (Albuquerque: University of New Mexico Press, 1989), pp. 295—338。

97. Gianfranco Poggi, *The Development of the Modern State* (Stanford: Stanford University Press, 1978), p. 133.

98. John J. Coleman, *Party Decline in America: Policy, Politics, and the Fiscal State* (Princeton: Princeton University Press, 1996), pp. 13—14,35,45,68.

99. Nelson Polsby, *Consequences of Party Reform* (New York: Oxford University Press, 1983), p. 54.

100. 见 Margaret Gibelman and Harold W. Demone, Jr., "The Evolving Contract State", in Demone and Gibelman, eds., *Services for Sale*, p. 26。

101. Steven Rathgeb Smith and Michael Lipsky, *Nonprofits for Hire* (Cambridge: Harvard University Press, 1995), pp. 4—5.

102. Kay Lehman Schlozman and John T. Tierney, *Organized Interests and American Democracy* (New York: Harper & Row, 1986), pp. 75, 81.

各类私人组织的发展可能更为显著。1940年,非教会的、可免税的慈善组织全国有12500个。到1990年,数量已达700000,1960年之后的数量增长最为显著。它们大都不是会员制组织而是私人或家庭的基金会,只不过是避税的手段,所以对于700000这个数字,大可不必过于认真。然而,"非营利性区域"正是在这个时期才出现的概念。在这个"区域"中的那些大一点的基金会,开始把自己看做美国生活中的第三种力量(另外两种是政府和市场),一种专注于公善的力量,一种对公民参与充满兴趣的力量(至少在1961年福特基金会发起了大规模的社群行动项目之后就已经开始)。见 Peter Dobkin Hall, *Inventing the Nonprofit Sector* (Baltimore: Johns Hopkins University Press, 1992), pp. 13, 244, 252。

103. Dallas A. Blanchard, *The Anti-Abortion Movement and the Rise of the Religious Right* (New York: Twayne, 1996), pp. 61—72,121—25.

104. Epstein, *Impure Science*, p. 348.

105. Jack L. Walker, Jr., *Mobilizing Interest Groups in America: Patrons, Professions, and Social Movements* (Ann Arbor: University of Michigan Press, 1991), pp. 41—48 提出了这样的观点。对这样的观点做了经典的阐述的是 Mancur Olson, *The Logic of Collective Action* (Cambridge: Harvard University Press, 1965)。

106. Reichley, *The Life of the Parties*, pp. 236, 256.

107. Ibid., p. 356.

108. Paul S. Herrnson, "The Revitalization of National Party Organizations," in Maisel, ed., *The Parties Respond*, p. 45.

109. Sig Mickelson, *From Whistle Stop to Sound Bite* (New York: Praeger, 1989), pp. 38—39.

110. Ibid., p. 39.

111. "'Nightline' Pulls Plug on Convention Coverage," *New York Times*, Aug. 15, 1996, p. 19.

112. Byron Shafer, *Bifurcated Politics* (Cambridge: Harvard University Press, 1988), pp. 151—52. 又见 Theodore White, *The Making of the President 1968* (New York: Atheneum, 1969), pp. 301—302。

113. Todd Gitlin, *The Whole World Is Watching* (Berkeley: University of California Press, 1980).

114. Herbert J. Gans, *Deciding What's News: A Study of CBS Evening News, NBC Nightly News, Newsweek and Time* (New York: Pantheon, 1979), pp. 68—69, 204—206.

115. Newton N. Minow, John Bartlow Martin, and Lee M. Mitchell, *Presidential Television* (New York: Basic Books, 1973), p. 8.

116. Timothy Crouse, *The Boys on the Bus* (New York: Ballantine, 1973).

117. Joe S. Foote, *Television Access and Political Power* (New York: Praeger, 1990), pp. 14—15。

118. Ibid., p. 30. 实际上, 电视网给史蒂文森以及四个小党派的候选人都安排了播出时间。在联邦通讯委员会的裁定下达之后,电视网觉得应该给艾森豪威尔安排作回应的时间,但被他拒绝了。见 Minow, Martin, and Mitchell, *Presidential Television*, p. 78。他们还记录了一个类似的事件(p. 79):1964年,林登·约翰逊总统在选举前两周内在电视上讨论了几个国际事件,于是共和党候选人 Barry Goldwater 要求获得"同等时间",但遭到了联邦通讯委员会的拒绝。

119. 见 Foote, *Television Access and Political Power*, pp. 141—43。

120. 对于该事件的描述,见 Minow, Martin, and Mitchell, *Presidential Television*, pp. 67—72. 又见 Foote, *Television Access and Political Power*, pp. 41—42。

121. Foote, p. 49.

122. 1985年4月22日,引自 Foote, p. 82。

123. 关于福特、卡特和里根,参见上注。拒绝克林顿分别是1993年6月17日和1995年4月18日。

124. Daniel C. Hallin, *We Keep America on Top of the World* (New York: Routledge, 1994).

125. Mickelson, *From Whistle Stop to Sound Bite*, pp. 161—62.

126. Kiku Adano, *Picture Perfect* (New York: Basic Books, 1993)指出,这一术语在1968年就已经出现。

127. Michael Schudson, *The Power of News* (Cambridge: Harvard University Press, 1995), pp. 1—33, 124—41.

128. Mary Ann Glendon, *Rights Talk* (New York: Free Press, 1991), pp.

171—73。

129. Ibid., pp. 5—7. 关于权利话语和以权利为导向的政治进程的探讨还有不少。大部分的探讨,虽然不像 Glendon 的那么极端,但都对于以权利为导向的政治进程中出现的过分和歪曲性行为作了严厉的批评。见 Thelen eds., *The Constitution and American Life*,尤其是 Thomas L. Haskell,"The Curious Persistence of Rights Talk in the 'Age of Interpretation'", pp. 324—52; Hendrik Hartog, "The Constitution of Aspiration and 'The Rights That Belong to Us All'", pp. 353—74。又见 Michael J. Lacey and Knud Haakonssen, *A Culture of Rights: The Bill of Rights in Philosophy, Politics, and Law, 1791 and 1991* (Cambridge: Woodrow Wilson International Center for Scholars and Cambridge University Press, 1991),尤其是 William A. Galston, "Practical Philosophy and the Bill of Rights: Perspectives on Some Contemporary Issues", pp. 215—65 和 Alan Ryan, "The British, the Americans, and Rights," pp. 366—439。对权利话语和其他的思维、言说方式进行批评,说这似乎会催生出一种分离的、自治的个体的著述是 Michael J. Sandel, *Democracy's Discontent: America in Search of a Public Philosophy* (Cambridge: Belknap Press of Harvard University Press, 1996); 对宪法性法律中出现的权利话语的有力辩护见 Harry N. Hirsch, *A Theory of Liberty: The Constitution and Minorities* (Ithaca, NY: Cornell University Press, 1992)。

130. Jonathan Rauch, *Demosclerosis: The Silent Killer of American Government* (New York: Times Books, 1994), pp. 80—81.

131. Robert N. Bellah, Richard Madsen, William M. Sullivan, Ann Swidler, and Steven M. Tipton, *Habits of the Heart* (Berkeley: University of California Press, 1985), p. 154.

132. Paul Lichterman, *The Search for Political Community: American Activists Reinventing Commitment* (Cambridge: Cambridge University Press, 1996).

133. Kim Cromwell, "Khamisa's Anguish," *San Diego Magazine* 49 (December 1996): 122—25, 188.

134. Terry Rodgers, "Taking a Stand Against Pollution," *San Diego Union-Tribune*, Oct. 17, 1997, pp. A-I, A-27.

135. William Glaberson, "Killer in 'Megan' Case Sentenced to Death," *New York Times*, June 21, 1997, p. 1.

136. 见 R. Shep Melnick, *Regulation and the Courts*。

137. David Vogel 在 *Kindred Strangers: The Uneasy Relationship Between Business and Politics in America* (Princeton: Princeton University Press, 1996), p. 160 阐述了这种变化机制。

结束语　一次公民集会

1. Hanna Fenichel Pitkin, "Justice: On Relating Private and Public," *Political Theory* 9 (1981): 327.

2. "Forum: Whatever Became of the Public Square?", *Harper's* 281 (July 1990): 49.

3. 关于交流和集会场所的减少,参见 Christopher Lasch, "Conversation and the Civic Arts", 载于他的 *The Revolt of the Elites and the Betrayal of Democracy* (New York: Norton, 1995), pp. 117—28. 对于交流减少论所作的批评性回应见 Michael Schudson, "Why Conversation Is Not the Soul of Democracy", *Critical Studies in Mass Communication* 14(December 1997):297—309 和 David Simpson, "The Cost of Conversation", *Raritan* 16(1997):75—85。关于丑闻,参见 Suzanne Garment, *Scandal: The Culture of Mistrust in American Politics* (New York: Times Books, 1991)。关于对于机构的信任的减少,典型的著作是 Seymour Martin Lipset and William Schneider, *The Confidence Gap*, 2nd ed. (Baltimore: Johns Hopkins University Press, 1987)。关于报纸读者的减少,参见 Newspaper Association of America, *Facts About Newspaper 1997* (Vienna, VA: Newspaper Association of America, 1997)。这份报告显示,在 1970 年,78％的成年人会读一份平日出版的报纸。到 1980 年,这一比例下降到了 67％,1990 年为 62％,1996 年为 59％。

4. "Discourse on the Sciences and the Arts" (1750), in Donald A. Cress, ed., *Basic Political Writings of Lean-Jacques Rousseau* (Indianapolis: Hackett, 1987), p. 17. "我们有物理学家、几何学家、化学家、天文学家、诗人、音乐家、画家;我们已经没有公民了。"

5. 在 20 世纪 50 年代,除了第六章提到的罗伯特·达尔之外,David Riesman 也对郊区作过论述:新的郊区居民"即便关注政治,不是只着眼于地方利益,只关注本地的学校和供水系统,也易成为艾森豪威尔式的共和党人,很少知晓情况,基本不发怒,只是时而不时地有党派性。" David Riesman, "The Suburban Sadness," in William M. Dobriner, ed., *The Suburban Community* (New York: Putnam's, 1958), p. 377. 另外还有 Herbert J. Gans,他对莱维敦(Levittown)的中下产阶级的描述:"一般来说,莱维敦人对于全国范围的社会没有什么兴趣,而且还认识不到它对他们生活的影响。只要有工作,能够实现合理的个人目标,他们就不需要联邦政府或其他的国家机构,并且只关注地方,不关心自己的社群之外的世界。其实,他们也许应该被称作地方下级居民(sublocals),因为他们以家庭为导向,而不是以社群为导向。" Herbert J. Gans, *The Levittowners* (New York: Pantheon, 1967), p. 189. 还有 C. Wright Mills。他观察到,"公众的政治冷漠广为散播这一事实"给美国政治生活蒙上了阴影。很多美国人"是政治的陌生人。他们不是激进主义者,不是自由主义者,不是保守主义者。他们不会因事而动,而是无动于衷;他们认为事不关己。如果我们认同希腊人对于蠢材的定义——只关心私人利益的人,那么我们必然得出这样的结论:美国的公民群体基本上是由蠢材组成的"。C. Wright Mills, *White Collar*(New York: Oxford University Press, 1953), p. 328.

20 世纪 20 年代,除了已被引述过很多次的沃尔特·李普曼,政治科学家 Robert C. Brooks 也做过相关论述:"普通男人一般都会发现他的精力被谋生过程消耗掉了;普通女人主要忙于持家……选举登记每年一次,预选、选举每年一次或两次,还有长长的、复杂的选票,除了偶尔可见的、激动人心的竞争出现之时以外,很多人开始远离政治。" Robert C. Brooks, *Political Parties and Electoral Problems*(New York: Harper, 1923), p. 429.

关于 19 世纪 90 年代,可以看看 E. L. 古德金(E. L. Godkin)提出的观点:"根本就不可能……让一个生活在 1897 年的人感受到生活在 1817 年的人那种对于他的政党机构的运作的兴趣。绝对更能吸引他的注意力的有对于事物的需求、改善自身状况的机会以及那些可以拓展自己的活动范围的领域。"古德金还写下了电视批评家可能会关注的评论:"在现今可以阅读的公众中,在我们的民主中,最令人感到震惊的就是注意力的不断丧失。积极的报纸读者……在查看一系列的事件时,习惯于从一个事件快速地跳到另一个事件,无论事情是小是大。在从一件琐事跳到另一件琐事的时候,他们会无意识地,用那种慵懒的、没什么兴趣的目光瞟一下。这样一来,人就是在几乎没有任何认识的情况下阅读,并且不会记得自己读过什么。"见 E. L. Godkin, *Unforeseen Tendencies of Democracy*(Boston: Houghton Mifflin, 1898), pp. 70—71。

6. Robert N. Bellah, Richard Madsen, William M. Sullivan, Ann Swidler, and Steven M. Tipton, *Habits of the Heart*(Berkeley: University of California Press, 1985).

7. 对此问题的有价值的评论和分析,见 Joyce Appleby, *Liberalism and Republicanism in the Historical Imagination*(Cambridge: Harvard University Press, 1992)。

8. Robert D. Putnam, *Making Democracy Work: Civic Traditions in Modem Italy*(Princeton: Princeton University Press, 1993), pp. 115, 150.

9. Robert D. Putnam, "Bowling Alone," *Journal of Democracy* 6(1995): 65—78. 关于此问题的更加深入的论述,以及对于社会资本减少的原因的解释,见 Robert D. Putnam, "Turning In, Tuning Out: The Strange Disappearance of Social Capital in America", *PS: Political Science and Politics* 24(1995): 664—83; Robert D. Putnam, "The Prosperous Community", *The American Prospect* 13(Spring 1993): 35—42; Robert D. Putnam, "The Strange Disappearance of Civic America", *The American Prospect* 24(Winter, 1996): 34—48. 批评性的文章有 Nicholas Lemann,

"Kicking in Groups", *Atlantic Monthly* 277 (April 1996): 22—26; Michael Schudson, "What If Civic Life Didn't Die?", *The American Prospect* 25 (March-April 1996): 17—20; Theda Skocpol, "Unravelling from Above," *The American Prospect* 25 (March-April 1996): 20—25; Richard M. Valelly, "Couch-Potato Democracy?", *The American Prospect* 25 (March-April 1996): 25—28; William A. Galston, "Won't You Be My Neighbor?", *The American Prospect* 26 (May-June 1996): 16—18; Alejandro Portes and Patricia Landolt, "The Downside of Social Capital", *The American Prospect* 26 (May-June 1996): 18—22 以及由 Roper Center for Public Opinion Research 出版的 *The American Prospect* 杂志第 7 期整本(June/July 1996)。报刊对于此争议而作的评论,见 Richard Morin, "So Much for the 'Bowling Alone' Thesis", *Washington Post National Weekly Edition*, June 17—23, 1996, p.37; Anthony Lewis, "An Atomized America," *New York Times*, Dec. 18, 1995, p. All。

10. Lemann, "Kicking in Groups," pp. 22—26.

11. Warren E. Miller and J. Merrill Shanks, *The New American Voter* (Cambridge: Harvard University Press, 1996), pp. 54—55.

12. Everett C. Ladd, "The Data Just Don't Show Erosion of America's 'Social Capital,'" *The Public Perspective* 7 (June/July 1996): 7.

13. Christopher Jencks, "Who Gives What?," in Walter W. Powell, ed., *The Nonprofit Sector: A Research Handbook* (New Haven: Yale University Press, 1987), pp. 321—39.

14. John F. Helliwell and Robert D. Putnam, "Correction," *PS: Political Science & Politics* 29 (1996): 138.

15. Alexander W. Astin, et al., *The American Freshman: Thirty Year Trends, 1966—1996* (Los Angeles: Higher Education Research Institute, UCLA, 1997), pp. 86—87, 116—17.

16. Jack L. Walker, "Interests, Political Parties, and Policy Formation in American Democracy," in Donald T. Critchlow and Ellis W. Hawley, eds., *Federal Social Policy: The Historical Dimension* (University Park: Pennsylvania State University Press, 1988), pp. 141—70. Walker 指出,利益团体在发展,它们有代表被政党所忽视的团体的能力,还能展现政党系统不承认的那些问题。他总结说:"我们的政治参与已经达到了更高的水平,无法逆转"(p. 167)。

17. 一些思想家也许会说,我们应该从权利的公民权模式转变成为差异的公民权模式。在学术界,有很多人不再为自由主义的话语和制度所迷,而是主张建立一个尊重和支持人类差异的新模式。而且,他们认为自由主义在对待人时,总是以他们的同质性为依据。就这个观点有很多可以谈,但谈到最后就会发现鼓吹差异其实与自由主义是合拍的。以权利为基础的自由主义强调,应该把人们看做在基本的人格上平等的人类,但自由主义并未要求人们变得一样,并未要求他们都要具备白人或男性或盎格鲁—撒克逊人或异性恋的特征。其实,过去的四分之一个世纪的告诉我们,《独立宣言》、盖茨堡演讲、《宪法第十四修正案》的作者们的眼中也许没有女性或各种少数群体,但他们所使用的语言包含着一种被一个又一个的群体称之为自己的价值的普世价值。那些能够展现出现有的自由主义在实际层面上比理论层面狭隘的群体的正当要求,一个广义上的自由主义者必须认可。要么,他就必须解释为什么要为在社会实践和《独立宣言》或《宪法第十四修正案》明确表达出来的精神之间设立障碍而辩护。

当然,关于差异,仍有不少复杂的问题。例如,一些平权政策的支持者会说,为了让那些在过去曾遭受歧视的少数群体最终获得同等对待,现在必须给予其区别对待。有一个争议很大的问题:法律和公共政策是否应该按男人和女人的生理差异作调整。另外,法律和公共政策是否应该按儿童和成人的生理差异作调整这一问题也带来了很多争议。这些问题很复杂,我认为美国的传统政治思想无法提供可靠的答案。我认为权利理念根本不可能提供万能药。但据我所知,各种后自由主义的思想也提供不了。从实证的角度来看,公共生活的话语丝毫没有忘记强调权利。从规范的角度来看,我找不到忽略权利的理由。

18. E. J. Graff, "In & Out in Vermont," *The Nation* 265 (Oct. 20, 1997): 19—20.

19. Jane Mansbridge, "The Role of Discourse in the Feminist Movement", Working Papers of the Center for Urban Affairs and Policy Research, 1993. 语言转变的有关证据,又见 Sally Engle Merry, "Wife Battering and the Ambiguities of Rights", in Austin Sarat and Thomas R. Kearns, eds., *Identities, Politics, and Rights* (Ann Arbor: University of Michigan Press, 1997), pp. 271—306。

20. David Thelen, *Citizenship in the Age of Television* (Chicago: University of Chicago Press, 1996).

21. Steven Mintz and Susan Kellogg, *Domestic Revolutions: A Social History of American Family Life* (New York: Free Press, 1988), pp. 178—79.

22. 见注释5。

23. 帕特南的著述中引用了相关的数据。Lipset and Schneider 的 *The Confidence Gap* 已经有些年头,但仍是一本经典的著作。

24. John T. McGreevy, *Parish Boundaries: The Catholic Encounter with Race in the Twentieth-Century Urban North* (Chicago: University of Chicago Press, 1996), pp. 20—21.

25. Ibid., pp. 218—19.

26. Jay P. Dolan, *The American Catholic Experience* (Garden City, NY: Doubleday, 1985), pp. 435—39.

27. Ibid., p. 453.

28. Andrew M. Greeley, *The Catholic Myth* (New York: Scribner's, 1990).

29. 角度更为宽广的论述,见 Michael Schudson, *The Power of News* (Cambridge: Harvard University Press, 1995), pp. 169—88。

30. 60 年代早期,21％的人口处于贫困线之下。20 世纪 70 年代早期,比例下降至 11％。到 1992 年,升至 14.5％。James Patterson, *America's Struggle Against Poverty, 1900—1994* (Cambridge: Harvard University Press, 1994), pp. 224—25。

31. John M. Blum et al., *The National Experience: A History of the United States*, 8th ed. (San Diego: Harcourt Brace Jovanovich, 1993).

32. David Hackett Fischer 认为,保罗·里维尔(Paul Revere)喊的是"正规军要来了!"保罗·里维尔喊的肯定不是"英国人要来了!",因为他跟他所警告的那些人都把自己认作英国人。见 David Hackett Fischer, *Paul Revere's Ride* (New York: Oxford University Press, 1994), pp. 109—10。

索引*

abolitionism 废奴主义, 102—11; and Lincoln Douglas debates 和林肯—道格拉斯辩论 140—42; newspapers and 报纸和, 120, 123, 125, 127—28

abundance, national culture of 国家文化的繁荣, 242—45

adult education 成人教育, 220—21, 213

Adams, John 约翰·亚当斯, 42—44, 55, 64—65, 94

Adams, John Quincy 约翰·昆西·亚当斯, 107—9, 117, 128

Adams, Samuel 塞缪尔·亚当斯, 25, 43, 64

African-Americans 非洲裔美国人, 232, 290, 192; in civil rights movement 在民权运动中, 250—62, 264; disenfranchisement of 剥夺投票权, 182, 184, 271, 300; distribution of Bibles to 向非洲裔美国人散发《圣经》, 103; Lincoln on 林肯, 139; naturalization rights of 归化权, 183—84; New Deal and 新政和, 231,

357n30; newspapers of 报纸, 121—23; Republican Party and 共和党和, 148; under slavery 在奴隶制下, 247; in temperance movement 禁酒运动中, 104; voting rights of 投票权, 271—72

Age Discrimination in Employment Act 《反就业歧视法案》(1967), 266

agrarianism 农耕主义, 28

Aid to Families with Dependent Children (AFDC) 有子女家庭补助, 262, 263, 275

Akron(Ohio) 阿克伦（俄亥俄）, municipal research bureau of 市政研究所, 216

Alabama, civil rights movement in, 阿拉巴马的民权运动, 255

Albany Gazette, 《奥尔巴尼公报》, 78

Albany Regency, 奥尔巴尼摄政团, 112, 130—31

Alien Act《归化和惩治叛乱法案》(1798), 36, 70

---

* 此处页码为原书页码，即本书边码。只在注释中出现的人名未翻译。

Alioto, Joseph 约瑟夫·阿里奥托, 282

All in the Family (television program)《全家福》(电视节目), 304

America Goes to War (Tansill)《美国参战》(坦西尔), 200

American Anti-Slavery Society 美国反奴隶制社团, 106

American Association for Adult Education 美国成人教育协会, 220

American Bar Association 美国律师协会, 202, 235; Committee on the Bill of Rights 权利法案委员会, 250

American Bible Society, 美国圣经社团, 103

American Broadcasting Company (ABC) 美国广播公司, 285

American Civil Liberties Union (ACLU) 美国公民自由联盟, 250, 256

American Commonwealth (Bryce)《美国联邦》(布赖斯), 145

American Federation of Labor 美国工人联合会, 160, 260

American Home Missionary Society 美国家园传教社团, 103

American Hospital Association 美国医院协会, 270

American Institute of Public Opinion 美国民意研究所, 224

American Jewish Congress, Commission on Law and Social Action 法律和社会行动委员会之美国犹太人大会, 250

American Legion 美国退伍军人总会, 199

American Party 美国人党, *see* Know-Nothings 参见一无所知党

American Political Science Association 美国政治科学协会, 216

American Revolution 美国独立革命, 15, 43—47, 73, 86; events leading to 导致独立革命的事件 18, 25, 32, 41—43

American Temperance Society 美国禁酒社团, 99, 104

American Tract Society 美国福音书会, 103

American Voting Machine Company 美国点票机公司, 174

American Woman Suffrage Association 美国女性选举权促进会, 160

Americans with Disabilities Act《美国残疾人法案》(1990), 266

America's Town Meeting of the Air (radio program) 美国空中乡镇集会（电台节目), 222

Anderson, Sherwood 舍伍德·安德森, 221

Anglican Church 圣公会（英国国教教会), 14, 42

Anti-Masons 反共济党, 100, 114

Anti-Moiety Act《反均分法案》(1874), 151

Anti-Saloon League 反沙龙同盟会, 160, 199

Antifederalists 反联邦党, 65, 67, 76, 82—83, 132

antiwar movement 反战运动, 258—59, 265, 282

Appleby, Joyce 乔伊斯·阿普尔比, 91

Arizona 亚利桑那; informational bulletins on elections in 在选举时的信息公告, 196; population growth in 人口增长, 276; restrictions on franchise in 对于选举权的限制, 183

Arkansas, restrictions on franchise in 阿肯色对于选举权的限制, 183

Arthur, Chester A. 切斯特·阿伦·亚瑟, 145, 149—51, 154, 164

Articles of Confederation《邦联条例》, 46, 48

Astin, Alexander 亚历山大·阿斯汀, 297—98

Aurora《曙光报》, 70, 126

Australian ballot 澳大利亚式投票法, 168—71, 173, 183, 188

authority, locus of 权利核心, 8

"baby boom" "婴儿潮", 243

Bache, Benjamin Franklin 本杰明·富兰克林·贝奇, 68, 70

Bailey, Theodorus 西奥多勒斯·贝利, 118

Bailyn, Bernard 伯纳德·贝林, 22

Baker, Edward D. 爱德华·D. 贝克, 149

Baker, Keith, 320n85

Baker v. Carr 贝克诉卡尔案 (1962), 271

ballots 投票: and election fraud 和选举作弊, 163—65; Sample 选票样本, 3; secret 秘密, 6, 168—71; short 简易, 171—73

Baltimore 巴尔的摩: fire fighting in 消防, 174; municipal research bureau of 市政研究所, 216; newspapers in 报纸, 75, 116, 119, 121; popular associations in 民间社团, 56

Bayard, James 詹姆斯·贝亚德, 73

Beard, Charles 查尔斯·比尔德, 200, 201, 349n40

Beard, Mary 玛丽·比尔德, 201

Beardsley, Samuel 塞缪尔·比尔兹利, 107

Beecher, Lyman 莱曼·比彻, 99

Belcher, Jonathan 乔纳森·贝尔彻, 28

Bellah, Robert 罗伯特·贝拉, 289, 296

Bennett, James Gordon 詹姆斯·戈登·班内特, 120, 123

Benson, Lee, 333n60

Bent, Silas, 塞拉斯·本特, 193—94

Bentley, Arthur F. 亚瑟·F. 本特利, 216

Berkeley, William 威廉·伯克利, 40

Berle, Adolf 阿道夫·伯利, 229

Bernays, Edward 爱德华·伯奈斯, 192, 199—200

Bible《圣经》, 33, 92, 103

Bill of Rights 权利法案, 73, 246—48, 301

Black, Hugo 雨果·布莱克, 199, 247—48

Bly, Nellie 尼利·布莱, 181

Bonifacius: Or Essays to Do Good (Mather),《波尼法爵教宗, 或有关行善的文章》(马瑟) 23, 33

Boorstin, Daniel 丹尼尔·布尔斯廷, 177, 236

Borchard, Edwin 埃德温·博查德, 200

Borglum, Gutzon 格曾·博格勒姆, 203

Boston. 波士顿: colonial 殖民地的, 12, 13, 17, 19, 28, 41; Committee of Correspondence of 通信委员会, 43; community centers in 社区中心, 219; Constitutional Society of 宪法社团, 56; fire righting in 消防, 174; newspapers in 报纸, 75, 76, 119, 181; oratory in 演讲, 127; ward system instituted in 分区选举制度, 98

Boston Centinel《波士顿前哨报》, 74

Boston Committee of Correspondence 波士顿通信委员会, 43

Boston Female Anti-Slavery Society 波士顿女性反奴隶制社团, 109

Boston Gazette《波士顿公报》, 28

Boston News-Letter《波士顿新闻报》, 12, 33, 35

Botein, Stephen, 321*n*90, 322*n*101

"Bowling Alone"(Putnam),"独自打保龄"(帕特南) 296—97

Bradford family, 38, 322*n*103

Brady Bill 布雷迪议案, 291

Brandeis, Louis D. 路易斯·D. 布兰代斯, 209

Britain 英国: civil service reform in 公务员制度改革, 153; during colonial era 在殖民地时代, 12—15, 23, 25—27, 29; lack of written constitution in 没有成文的宪法 97; marital rape exemption in 婚内强奸罪豁免, 268; model of government in 政府模式, 24, 30; nineteenth-century political reform in 19 世纪的政治改革, 168; parliamentary sovereignty in 国会的权威地位, 57—58; political thought in 政治思想, 53, 54; prime minister's "question period" in 首相答辩时段, 238; during Revolution 在革命期间, 44—46; in World War I 在一战期间, 194, 200, 201

British Declaration of Rights《英国权利宣言》, 13

Brock, William 威廉·布洛克, 280

Brookings Institution 布鲁金斯学会, 216

Brooks, Robert C., 罗伯特·C. 布鲁克斯 172, 366*n*5

Brown, Antoinette, 安托瓦妮特·布朗 115

Brown, Robert, 319*n*75

Brown v. Board of Education of Topeka 布朗诉托皮卡教育局案(1954), 249

Brownlow, Louis 路易斯·布朗洛, 151, 180

Bryan, William Jennings 威廉·詹宁斯·布赖恩, 178, 193, 243

Bryce, James 詹姆斯·布赖斯, 145—46, 164, 226, 338*n*5

Buchanan, James 詹姆斯·布坎南, 137

Budget and Accounting Act《预算与会计法案》(1921), 206

Bunyan, John 约翰·班扬, 33

Bureau of Agricultural Economics, U.S. 美国农业经济调查局, 217

Bureau of the Budget 预算局, 210, 219, 229

Bureau of Indian Affairs 印第安人事务局, 205

Burnet, William 威廉·伯内特, 33

Burnham, Walter Dean 沃尔特·迪安·伯恩汉姆, 275

Burr, Aaron 亚伦·伯尔, 61

Burstein, Paul, 359*n*65

Burton, R. R. 伯顿, 33

Bush, George 乔治·布什, 140

Bushman, Richard 理查德·布希曼, 45

Business Executives Move for Vietnam Peace 企业管理者促进越南和平, 284

C-SPAN 有线-卫星公共事务网络, 238, 284

Cable Network News (CNN) 美国有线新闻网, 284

Cabot,George 乔治·卡伯特,60

Calhoun,Craig,315—16n3

Calhoun, John C. 约翰·C. 卡尔霍恩,106

California 加利福尼亚:affirmative action ended in 平权政策终止,310;divorce laws in 离婚法,269;informational bulletins on elections in 在选举时的信息公告,196;1996 election in 1996年的选举,1—3,5,10;patronage in 庇护制度,148—49;population growth in 人口增长,276;registered Democrats in 登记的民主党人,231;restrictions on franchise in 对于选举权的限制,183

California Rural Legal Assistance Foundation 加州农村法律援助基金会,265

California University of 加州大学:at Berkeley 伯克利分校,262,267—68;at Los Angeles (UCLA)洛杉矶分校,297

Calvinists 加尔文主义者,13,93,104

campaigning 竞选:debates as method of 辩论作为一种竞选方法 133—43,233—39;direct communication with public in 与大众直接交流,208;financing of 资金筹措,197—99;nineteenth-century 19 世纪,5,115,117—18,129—30,150,155—58,175;in post-Revolutionary era 后革命时代,79—81;propaganda in 宣传,194—95;reform of,改革 6,158—62,166;television coverage of 电视报道,283—84

Campbell,John 约翰·坎贝尔,12,33,35

Canada 加拿大,59;civil service reform in 公务员制度改革,153;individual rights and social responsibilities in 个人权利和社会责任,289;in King William's War 威廉王之战,12

Cannon,Joe 乔·坎农,197

Cardozo, Benjamin 本杰明·卡多佐,246,356n14

Carlisle(Pennsylvania)卡莱尔(宾夕法尼亚),56

Carnegie Foundation 卡内基基金,220

Carolene Products footnote 卡罗琳产品公司案脚注,246—48,308

Carpenter, Frank 弗兰克·卡朋特,150

Carter, Jimmy 吉米·卡特,285,286,288,296

Catholics 天主教徒,14,29,94,120,141,176,269,302—4

Cato 凯托,82—83

Census Bureau,U. S. 美国人口统计局,175—77,217

Center for Science in the Public Interest 公益科学中心,241

Center for the Study of Responsive Law 应对法律研究中心,256

Chamber, Ephraim 伊雷姆·钱伯斯,35

Chambers,William Nisbet,333—34n63

Charleston(South Carolina) 查尔斯顿(南卡罗来纳):abolitionist activities in 废奴主义者的活动,105—6;colonial 殖民地的,25;newspapers in 报纸,75,116;popular associations in 民间社团,56

Chartists 宪章派,168

Chicago 芝加哥:Catholics in 天主教徒,303;municipal research bureau of 市政研究所,216;newspapers in 报纸,180,181,305;1968 Democratic

National Convention in 1968年的民主党全国大会,264; polling in 民意调查,223

Chicago American《芝加哥美国人报》,193

Chicago Cubs baseball team 芝加哥小熊棒球队,195

Child Abuse Prevention and Treatment Act《儿童虐待防治法案》(1973),268

Children's Defense Fund 儿童保护基金,265

children's rights 儿童权利,265

Childs, Richard S. 理查德·S. 蔡尔兹,172

Chinese immigrants 中国移民,183

Christian Constitutional Society 基督教宪法社团,130

Cincinnati 辛辛那提: fire fighting in 消防,174; newspapers in 报纸,117,119,124,130; polling in 民意调查,223; Republican Party in 共和党,153

circular letters 通函,117—18

civil liberties 公民自由,245—52

Civil Rights Act《民权法案》(1957),259—60

Civil Rights Act《民权法案》(1964),261,266,301

civil rights movement 民权运动,8,249—62,264,290; legacy of, 民权运动的遗产 268,272,273,291

Civil Service Commission 公务员委员会,154

civil service reform 公务员制度改革,6,150,153—55,158,161,185,188; expertise and 专家与公务员制度改革,217,229,230

Civil War 内战,131—32,140,175,252,332*n53*; pensions for Union veterans of 联邦退伍军人养老金,263

Clark, Charles, 321*n91*

Clarke, James Freeman 詹姆斯·弗里曼·克拉克,159

Clarkson, James S. 詹姆斯·S. 克拉克森,152

Clean Air Acts《洁净空气法案》(1963; 1967; 1970),270

Clean Water Acts《净水法案》(1965; 1970; 1972),270,290

Cleveland, Frederick 弗雷德里克·克利夫兰,216

Cleveland, Grover 格罗弗·克利夫兰,149—50,161,178

Cleveland 克利夫兰, municipal research bureau of 市政研究所,216

Clinton, Bill 比尔·克林顿,140,141,285,307,310

Clinton, DeWitt 德威特·克林顿,96

Cloward, Richard 理查德·克洛沃德,262

Cold War 冷战,241,259,277,300,302

Collective bargaining 集体谈判,266

Colorado 科罗拉多: anti-homosexual state constitutional amendment in 反同性恋的宪法提案,306; population growth in 人口增长,276; restrictions on franchise in 对于选举权的限制,183

Colored American, The《有色美国人报》,122

Columbia Broadcasting System (CBS) 哥伦比亚广播公司,140,234,281,283,285,286

Columbia University 哥伦比亚大学,216
Commission on the Selection of Presidential Nominees 总统候选人提名遴选委员会,272
Committee on Public Information 公共信息委员会,192,201,212
common school movement 大众教育运动,92—93
Common Sense (Paine)《常识》(潘恩),43—44
community action 社区行动,257
Community Action Programs 社区行动计划,262
community-building 社区建设,219—23
Congregationalists 公理会教徒,42,99
Congress of Racial Equality (CORE) 种族平等议会,262
Congress, U. S. 美国国会,82,112,124,128,151,205,264,283,333n53;abolitionist petitions to 废奴主义者的请愿书,106—9;civil rights legislation in 民权立法,142,251,259—61,266;and civil service reform 公务员制度改革,154;counting of votes in 点票,174;creation of 创立,51;domestic protection legislation 国内保护立法,168,169;economic policy role of 在经济政策中扮演的角色,277,278;expressions of popular trust in 公众所表达出来的信任,302;First 第一个,68,83;growth of power of president relative to 与总统权力增长的关系,206—10;Hamiltonian-Jeffersonian split in 汉密尔顿派与杰斐逊派的分裂,65;Hearst in 赫斯特,179;and Kennedy-Nixon debates 肯尼迪与尼克松的辩论,234;limits on powers of 对于权力的限制,73,75;lobbying of 游说,279;New Deal and 新政和,230—31,357n30;newspaper coverage of 报纸的报道,117,121,126,180,181;nomination and election of members of 成员的提名和选举,78,79,87;party leadership in 政党的领导权,132;party tendencies in 党派倾向,186;positive authority used by 积极地行使权力,167;procedural reforms in 程序改革,273;Reagan and 里根和,287;Sabbatarian petitions to 安息日请愿,99;separation of presidency from 总统职位与国会相分离,113;spending limits on campaigns for 对于竞选花销的限制,198;Supreme Court and 最高法院,202,246—48;television time for members of 给国会成员的电视时间,285;trust of people in 人民的信任,307;and Whiskey Rebellion 威士忌叛乱,58,60,61

Congressional Government (Wilson)《国会政体》(威尔逊),208
Congressional Record 议会记录,180
Conkling, Roscoe 罗斯考·康克林,151,159
Connecticut 康涅狄格:colonial 殖民地的,17,18,22,38,42;electoral practices in 选举实践,117;restrictions on franchise in 对于选举权的限制,183
Conner, Samuel 塞缪尔·康纳,118
consensus 一致意见,14,18,45
Constitution, U. S. 美国宪法,63,77,84,

91,110,260,300,320*n*85;civil rights litigation and 民权立法,256;framing of 制定,48—55,81;laissez-faire economics and 放任的市场经济和,248;preamble to 开头,48;ratification of 批准,67,76,79,88—89;reverence for 尊重,191,202—3

Amendments 宪法修正案:First 第一条,6,73,75,224,332*n*53;Fifth 第五条,245;Fourteenth 第十四条,246,361*n*79,367*n*17;Fifteenth 第十五条,183,184,361*n*79;Seventeenth 第十七条,135,167,209

Constitutional Convention 制宪会议,23,45,48—53,88

constitutions,state 各州宪法,94—98

Consumer Price Index 消费者物价指数,264

Consumer Product Safety Act《美国消费者产品安全法案》,270

Continental Congress 大陆会议,25,31,42—44,46

Cooke,Morris L. 莫里斯·L.库克,218

Coolidge,Calvin 卡尔文·柯立芝,195,199,203

Cooper,William 威廉·库珀,79

Cornell University 康奈尔大学,262

corrupt practices acts 反贪污腐败法案,188,198

Cosby,William 威廉·科斯比,36

Cowan,Geoff 杰夫·考恩,272

Cox,Archibald 阿奇博尔德·考克斯,271

Cox,James 詹姆斯·考克斯,122,195

Creel,George 乔治·克里尔,192

Croly,Herbert 赫伯特·克罗利,210—11

Crossley,Archibald 阿奇博尔德·克罗斯利,224

Crouse,Timothy 蒂莫西·克劳斯,283

Crystallizing Public Opinion(Bernays)《舆论透析》(伯奈斯) 200

Cunningham,Noel,333*n*60

currency 货币,204—5

Curtis,George William 乔治·威廉·柯蒂斯,153

customhouses 海关,151

Dahl,Robert 罗伯特·达尔,240,241

Dana,Charles A. 查尔斯·A.达纳,122

Dana,Richard Henry,Ⅲ 理查德·亨利·达纳三世,169

Daniels,Josephus 约瑟夫斯·丹尼尔斯,184

Darrow,Clarence 克拉伦斯·达罗,243

Davis,Richard Harding 理查德·哈丁·戴维斯,181

Dawes,Charles G. 查尔斯·G.道斯,210

Dayton Daily News《代顿每日新闻报》,195

Deane,Silas 赛拉斯·迪恩,42

Dearborn,Henry 亨利·迪尔伯恩,95

debates 辩论:Congressional 国会的,newspaper coverage of 报纸的报道,126—17;Kennedy-Nixon 肯尼迪与尼克松,233—39;Lincoln-Douglas 林肯与道格拉斯,133—43

Declaration of Independence 独立宣言,43,45,84,139,203,367*n*17

Dedham(Massachusetts),戴德姆(马萨诸塞),16—18

deference 恭顺,14,19—24,90—91,292,307;to Constitution 对于宪法,88—

89; equality versus, in town meetings 在乡镇集会中，与平等相对, 5, 22; and governmental structure 和政府结构, 23—24, 45

Defoe, Daniel 丹尼尔·迪福, 33

Delaware 特拉华: abolitionists in 废奴主义者, 109; election of local officials in 地方官员的选举, 97; polling in 民意调查, 223; post-Revolutionary 后革命的, 47; restrictions on franchise in 对于选举权的限制, 183

Democracy in America (Tocqueville)《论美国的民主》（托克维尔）, 101, 134, 145

Democratic Party 民主党, 3, 110, 112—14, 133, 140, 146, 148, 186—87, 233, 285; African Americans and 非洲裔美国人和, 252, 357n30; blue collar workers and 蓝领工人和, 306; campaign practices of 竞选活动, 156, 158, 161—63, 166, 195, 198; Catholic Church and 天主教教会和, 304; and civic religion 和公民宗教, 204; and civil rights 和民权, 251; declining significance of 重要性的下降, 275; Gallup on 盖洛普, 225—26; Hearst and 赫斯特和, 193; national organization of 全国性组织, 280—81; New Deal and 新政和, 229—31; newspapers and 报纸和, 120—22, 130, 139, 178—79; in New York State 在纽约州, 96—97, 112; 1968 National Convention of 1968 年全国大会, 264, 282; patronage and 庇护制和, 174; reform societies and 改革社团和, 103; reforms of 改革, 272, 278; and restric-

tions on franchise 对于选举权的限制, 184; Vietnam War and divisions in 越南战争与党内分化, 267

Democratic-Republican societies 民主共和社团, 55—62, 70

Denny, George V., Jr. 小乔治·V. 丹尼, 222—23

Depression 大萧条, 243

Derthick, Martha, 361n79

Des Moines, adult education in 得梅因，成人教育, 220—21

Detroit, municipal research bureau of 底特律，市政研究所, 216

Devil Theory of War (Beard)《战争的罪恶理论》（比尔德）, 200

Dewey, John 约翰·杜威 89, 192, 211, 213—15, 218—19, 242, 312, 351n83, 352n93

Dickinson, John 约翰·迪金森, 14, 40—41, 44, 50

divorce law 离婚法, 269

Dole, Robert 罗伯特·多尔, 1, 3

Douglas, Stephen 史蒂芬·道格拉斯, 121, 133—43, 233, 239

Dow, Neal 尼尔·道, 104

Du Bois, W. E. B. W. E. B. 杜波依斯, 251

due process 正当法律程序, 246; substantive 实质性的, 249

Dukakis, Michael 迈克尔·杜卡斯, 141, 355n5

Durkheim, Emile 埃米尔·涂尔干, 53, 210

Durr, Clifford 克利福德·杜尔, 253

Durr, Virginia 弗吉尼亚·杜尔, 253

Dyer, Eliphalet 伊利法莱特·戴尔, 42

Eaton, Dorman 多尔曼·伊顿, 152
economic growth 经济增长, 277—78
economic inequalities 经济上的不平等, 305, 307
Edison, Thomas 托马斯·爱迪生, 174
education 教育: adult 成人, 220—21, 223; founding fathers' attitudes toward 建国之父的态度, 71—72, 76; nineteenth-century reforms in 19 世纪的改革, 91—93; rights-orientation in 权利导向, 265
Education for All Handicapped Children Act《全体残障儿童教育法案》(1975), 265
Eisenhower, Dwight D. 德怀特·D. 艾森豪威尔, 241, 259, 284
Eisenstadt, Abraham S., 337n2
electioneering 拉票, see campaigning 参见竞选
elections 选举, 1—5, 97—98; in colonial era 在殖民地时代, 4—5, 12—14, 17—18, 20—23, 27—29; Gilded Age 镀金时代, 152, 162—65, 168—74; patronage and 庇护制和, 147—49; polling and 民意调查和, 224—25; post-Revolutionary era 后革命时代, 77—82; primary 预选, 156, 166—67; reformers and 改革家和, 6; and Revolution 和独立革命, 47; sanitized 净化, 188—89; see also campaigning 参见竞选
Electrographic Vote Recorder 电示投票记录仪, 174
Ellen (television program)《艾伦》(电视节目), 305
Ellsworth, Oliver 奥利弗·埃尔斯沃斯, 49

Emerson, Ralph Waldo 拉尔夫·沃尔多·爱默生, 18
Emery, Henry Crosby 亨利·克罗斯比·埃默里, 186—87, 207—8
Employee Retirement Income Security Act《退休职工收入保障法案》, (1974) 266
Emporia News《恩波里亚新闻报》, 125
Endangered Species Acts《濒危物种法案》(1966; 1969; 1973), 271
Enlightenment 启蒙运动, 81
entertainment, commercial 商业娱乐活动, 177
environmental protection 环境保护, 270—71
Environmental Protection Agency (EPA) 环境保护署, 271, 291
Episcopalians 圣公会教徒, 21
Equal Employment Opportunity Commission (EEOC) 平等就业机会委员会, 261
Equal Pay Act《同酬法案》(1963), 266
Eriksson, Erik M. 埃里克·M. 埃里克森, 190
Ervin, Spencer, 348n32
Essay on Projects (Defoe)《计划论》(迪福), 33
Evangelical Christianity 基督教福音派, 93
Exclusion Act (1882)《排华法案》, 183
Executive Office of the President 总统行政办公室, 219
expertise 专长, 192, 211—19, 229

face-to-face community 面对面交流的社群, 214—15, 219—23
factions 派系, 64—66

Fairfax, Thomas Lord 托马斯·费尔法克斯勋, 21
family 家庭: democratization of 民主化, 91; rights-oriented politics and 以权利为导向的政治, 268—79
Family Leave Act《家庭休假法案》(1993), 266
Farmers' Alliance 农民联盟, 160
Federal Bureau of Investigation (FBI) 联邦调查局, 205, 267
Federal Communications Act 联邦通讯法案, 234
Federal Communications Commission (FCC) 联邦通讯委员会, 284, 285
Federal Corrupt Practices Act《联邦反腐败行为法案》(1910), 198
Federal Election Campaign Act《联邦选举竞选法案》(1971), 348n34
Federal Gazette《联邦公报》, 66
Federal Housing Administration 联邦住房管理局, 244
Federal Republicans 联邦民主党人, 129
Federal Trade Commission 联邦贸易委员会, 199, 205
Federalist papers《联邦党人文集》, 55, 65, 69, 76, 84, 85, 142, 239
Federalists 联邦党人, 84, 91, 94, 98, 111—12, 131; election practices of 选举活动, 65—66, 78, 80, 81, 110, 129—30; newspapers and 报纸和, 56, 68, 70, 74, 76, 126, 328n77; popular associations opposed by 反对民间社团, 56—59, 61, 62, 106; postal service and 邮政服务, 67
Feickert, Lillian 莉莲·费克特, 197
Feminine Mystique, The (Friedan)《女性的奥秘》(弗里丹), 261

feminists 女性主义者, 261—62; nineteenth-century 19 世纪, 115
Fenno, John 约翰·费诺, 68—69
Finney, Charles 查尔斯·芬尼, 102
fire companies 消防公司, volunteer 志愿者 101, 174—75
Fischer, David Hackett 戴维·哈克特·费希尔, 129, 316—17n19
Fleischman, Doris 多丽丝·弗莱希曼, 199—200
Florida 弗罗里达: admission to Union of 加入联邦 106; civil rights movement in 民权运动, 255; repeal of poll tax in 废除选举税, 252
Follett, Mary 玛丽·福莱特, 219, 354n149
Food and Drug Administration 食品和药品管理局 (FDA), 267
Ford, Gerald R. 杰拉尔德·R.福特 269, 285
Ford, Henry 亨利·福特, 198, 204
foreign policy 外交政策, 209; Cold War consensus on 冷战时期的共识, 277
Formisano, Ronald, 333n60
Forney, John W. 约翰·W.福尼, 121
Fortune magazine《财富》杂志, 224
France 法国: frequency of voting in 投票频率, 171; in King William's War 威廉王之战, 12; during Revolution 在革命中, 44
Frankfurter, Felix 费利克斯·法兰克福特, 248
Franklin, Benjamin 本杰明·富兰克林, 23, 31—35, 38—41, 44, 70, 322n103
Franklin, James 詹姆斯·富兰克林, 33
Franklin, William, 322n103
Freedom Rides 自由乘车运动, 258

Freehling, Willam W., 337n9
Free Speech Movement 自由言论运动, 267
Frelinghuysen, Theodore 西奥多·弗里林海森, 103—4
French Revolution 法国大革命, 56—57, 59, 62
Freneau, Philip 菲利普·弗伦诺, 68—69, 75
Freud, Sigmund 西格蒙德·弗洛伊德, 190—91
Friedan, Betty 贝蒂·弗里丹, 261—62
Friedrich, Carl J. 卡尔·J.弗里德里希, 221—22
Frye, Donna 唐娜·弗莱伊, 290
Fulbright, J. William J.威廉·富布赖特, 285
Fuller, Margaret 玛格丽特·富勒, 121
fund raising, party 筹措资金, 政党, 151—53

Gallatin, Albert 艾伯特·加勒廷, 74—75
Gallup, George 乔治·盖洛普, 223—28
Galveston(Texas) 加尔维斯敦(得克萨斯), city government in 市政府, 167
Gans, Herbert, 365n5
Garfield, James 詹姆斯·加菲尔德, 145, 149, 153, 154, 339n14
Garrison, William Lloyd 威廉·劳埃德·加里森, 115, 123
Gazette of the United States《合众国公报》, 68, 126
General Association of Congregational Ministers 公理会牧师总联合会, 102
General Federation of Women's Clubs 女性俱乐部大联盟, 160
General Union for the Promotion of the Christian Sabbath 基督教安息日促进总会, 99
gentry 绅士阶层, see deference; social hierarchy 参见恭顺、社会等级制度
George, Henry 亨利·乔治, 157—58, 169
George, Walter 沃尔特·乔治, 230
Georgia 佐治亚: colonial 殖民地的, 29; electoral practices in 选举活动, 117; legislature of 立法, 45; post-Revolutionary 后革命的, 47
German-Americans 德裔美国人, 149
Germany 德国: individual rights and social responsibilities in 个人权利和社会责任, 289; and Revolution 和革命, 44; in World War I 在一战中, 201
Gerry, Elbridge 埃尔布里奇·格里, 49, 51, 67
Gettysburg Address 盖茨堡讲话, 239, 367n17
Gilligan, Carol 卡罗尔·吉利根, 109
Glendon, Mary Ann 玛丽·安·格兰登, 288
Glorious Revolution 光荣革命, 13, 14
Goddard, William 威廉·戈达德, 43, 322n103
Godkin, E. L. E. L.古德金, 158—59, 181, 183, 187, 295, 338n5, 366n5
Goldwater, Barry, 363n118
Gouverneur, Samuel 塞缪尔·古弗尼尔, 105—6
Government Printing Office 政府印刷机构, 121
Grand Army of the Republic 共和国荣

军团,160,161
Grange 格兰其农民协会,160
Grattan,C. Hartley C. 哈特利·格拉顿, 200,349n40
Gray v. Sanders(1963),格雷诉桑德斯案(1963),171
Great Society 伟大社会,Progressive notion of 进步主义理念,189,193,202,215
Great Society anti-poverty programs 伟大社会反贫困计划,262,308
Greeley,Andrew 安德鲁·格里利, 303—4
Greeley,Horace 霍勒斯·格里利, 120—22
Greenback-Labor Party 绿背工人俱乐部,163
Green family 格林家族,38
Grimké,Angelina 安杰利娜·格里姆凯,108

Habermas,Jurgen 尤根·哈贝马斯, 315—16n3
Habits of the Heart(Bellah et al.)《心灵的习惯》(贝拉等),296
Hadley,Arthur T. 阿瑟·T. 哈德利, 193,218
Hall,David 戴维·霍尔,41
Hamilton,Alexander 亚历山大·汉密尔顿,58,59,63—65,68,69,76,130, 226,249,269
Hamilton,Andrew,安德鲁·汉密尔顿,36
Hancock,Winfield S.,温菲尔德·S. 汉考克,166
handicapped rights movement 残疾人权利运动,265

Harding,Warren G. 沃伦·G. 哈定, 122,194—95,210
Harper's magazine《哈泼氏》杂志,295
Harris,Benjamin 本杰明·哈里斯,11—12
Harrisburg Pennsylvanian《哈里斯堡宾夕法尼亚州人报》,223
Harrison,Benjamin 本杰明·哈里森, 145,185
Harrison,William Henry 威廉·亨利·哈里森,114,127
Harvard University 哈佛大学,189, 216,296
Hastie,William 威廉·黑斯蒂,251
Hatch Acts《赫奇法案》(1939; 1940),230
Hawaii 夏威夷,269;same-sex marriage in 同性婚姻,299
Hawthorne,Nathaniel 纳撒尼尔·霍桑, 140,155
Hayes,Rutherford B.,拉瑟福德·B. 海斯,145,151
Hays,Will H.,340n44
Hazardous Materials Transportation Act《危险品运输法案》(1975),271
Hearst,William Randolph 威廉·伦道夫·赫斯特,179,193
Heclo,Hugh 休·赫克洛,258
Herring,E. Pendleton E. 彭德尔顿·赫林,194,199
Hewitt,Don 唐·休伊特,237
Hicks,Granville 格兰威尔·希克斯, 221—12
Higginson,Thomas Wentworth 托马斯·温特沃思·希金森,159
Higher education 高等教育,*see* universities 参见大学

Highlander Folk School 高地人成人学校, 254
Hitler, Adolf 阿道夫·希特勒, 227, 247
Hofstadter, Richard 理查德·霍夫施塔特, 130
Holmes, Stephen, 332n53
Holzer, Harold 哈罗德·霍尔泽, 138—39
Hoover, Herbert 赫伯特·胡佛, 195, 210, 218, 226, 229, 231, 252, 352n93
House, Col. 豪斯上校, 212
House of Representatives, U.S. 美国众议院, 61, 83, 109, 152, 181, 275; anti-slavery petitions to 反对奴隶制请愿, 107, 108; election of representatives to 议员选举, 50, 51, 86; lobbyists and 游说者和, 199; newspaper coverage of 报纸报道, 127
Howe, Frederic C. 弗雷德里克·C.豪, 217, 218
Hughes, Charles Evans 查尔斯·埃文斯·休斯, 172
Humphrey, Hubert 休伯特·汉弗莱, 282

Ickes, Harold 哈罗德·伊克斯, 251
Ickes, Harold, Jr. 小哈罗德·伊克斯, 272
Idaho 爱达荷, population growth in 人口增长, 276
Illinois 伊利诺伊: civil service reform in 公务员制度改革, 154; election of local officials in 地方官员选举, 97; Lincoln-Douglas debates in 林肯与道格拉斯辩论, 133—43; Public Utility Information Committee 公共事业信息委员会, 194; State Council of Defense 州国防委员会, 194
Image, The (Boorstin)《图像》(布尔斯廷), 236
immigrants 移民, restrictions on 限制, 183—84
Independence Day 独立日, institutionalization of 制度化, 129
Indiana 印第安纳: ballot in 选票, 170; campaign practices in 竞选活动, 155—56, 164; civil service reform in 公务员制度改革, 154; election of local officials in 地方官员选举, 97; restrictions on franchise in 对于选举权的限制, 183
individual rights 个人权利, *see* rights-bearing citizen model 参见拥有权利的公民模式
informed citizen model 知情的公民模式, 6, 9, 182—85; founding fathers and 建国之父和, 69—77
Insull, Samuel 塞缪尔·英萨尔, 194
intelligence, citizenship of 信息，公民权, 182—85
interest groups 利益团体, 160—61, 278—81
Interior Department, U.S. 美国内政部, 251
Internal Revenue Service 国内税局, 151, 205, 307
Interstate Commerce Commission (ICC) 跨州贸易委员会, 167, 205
interviews 采访, 179—80
Iroquois Indians 易洛魁族印第安人, 12
Irwin, Will 威尔·欧文, 195—96
Isaac, Rhys, 320n85
Italy 意大利, voluntary associations in

志愿性组织,296
Ivins,William 威廉·埃文斯,152,157

Jackson,Andrew 安德鲁·杰克逊,103,106,107,113,120,121,127,131,132,207,272
Jackson,Robert 罗伯特·杰克逊,248
Jacobins 雅各宾派,81
James Ⅱ,King of England 英王詹姆斯二世,13
Japanese-Americans 日裔美国人,internment of 拘留,247—48
Jay,John 约翰·杰伊,76
Jefferson,Thomas 托马斯·杰斐逊,4,10,54,62,87—89,129,131,189—90,231,249,319n68,326n53;education advocated by 推行的教育,72;and framing of Constitution 宪法的制定,49,52—55;Gallup on 盖洛普,226;ideal of yeoman farmer of 自耕农的理想,28;Mount Rushmore bust 拉什莫尔山半身像,203—4;newspapers and 报纸和,55,66—69,75—76;Paine and 潘恩和,44;popular associations supported by 支持的民间社团,62;presidency of 总统,64—65,74,81,91,111,112
Jefferson Memorial 杰斐逊纪念堂,203,228
Jehovah's Witnesses 耶和华的见证人,248
Jews 犹太人,29,300,303
John XXIII,Pope 教皇若望二十三世,303
Johnson,Andrew 安德鲁·约翰逊,179
Johnson,Lyndon B. 林登·B.约翰逊 142,259,363n118
Johnson,Richard 理查德·约翰逊,104
Jones,John 约翰·琼斯,105
journalism 新闻,see newspapers 参见报纸
Judiciary Act《司法法案》(1795),81
Junto 协会,39
Justice Department,U.S. 美国司法部,Civil Rights Division 民权司,251

Kanka,Megan 梅根·坎卡,291
Kansas 堪萨斯:newspapers in 报纸,125;restrictions on franchise in 对于选举权的限制,183
Kansas-Nebraska Act《堪萨斯-内布拉斯加法案》(1854),133
Kateb,George 乔治·凯特布,273
Keimer,Samuel 塞缪尔·凯姆尔,33,35
Keith,William 威廉·基思,33
Kelley,Florence 弗洛伦斯·凯利,276
Kendall,Amos 阿莫斯·肯德尔,106
Kennedy,John F. 约翰·F.肯尼迪,233—39,241,264
Kennedy,Robert F. 罗伯特·F.肯尼迪,264
Kentucky 肯塔基:circular letters in 通函,118;Democratic-Republican societies in 民主共和社团,56
Kenyon College 凯尼恩学院,214
Keyfitz,Nathan 内森·凯菲茨,227
Keynesian economics 凯恩斯经济学,277—78
Khamisa,Azim 阿吉姆·卡米莎,290
King,Martin Luther,Jr. 小马丁·路德·金,10,142,255,264
King,Rufus 鲁弗斯·金,53
King William's War 威廉王之战,12,13

Kleppner, Paul, 342n84

Knights of Labor 工人骑士会, 160, 163

Know-Nothings 一无所知党, 131, 132, 141

Korematsu v. United States 是松诉美国案(1944), 247—48, 308

Labor Department, U.S. 美国劳工部, Women's Bureau 妇女管理局, 261

labor movement 工人运动, 160, 163, 259—60, 266, 306

Lage, W. P. W. P. 拉格, 200

Landon, Alf 艾尔弗·兰登, 224

Lasker, Albert D. 艾伯特·D. 拉斯克, 194—95

leadership 领导地位, 191, 205—11; expertise and 专长和, 219

League for Political Education 政治教育联盟, 222

League of Nations 国际联盟, 142, 195, 208

League of Women Voters 女性选民联盟, 197, 229

Lee, Henry 亨利·李, 68

Lee, Ivy 艾维·李, 199

Lee, Robert E. 罗伯特·E. 李, 204

Letters from a Farmer in Pennsylvania (Dickinson)《宾夕法尼亚农夫信札》(迪金森) 14, 40—41

Lewis, John L. 约翰·L. 刘易斯, 260

Lewis, Sinclair 辛克莱·刘易斯, 221

Liberator, The《解放者报》, 123

Liberty and the News (Lippmann)《自由与新闻》(李普曼), 212

Liberty Trees 自由树, 320—21n85

libraries 图书馆, 119

Library of Congress 国会图书馆, 203

Lincoln, Abraham 亚伯拉罕·林肯, 10, 144, 207; debates with Douglas 与道格拉斯辩论, 133—43, 233, 238—39; Mount Rushmore bust of 拉什莫尔山半身像, 203—4; newspapers and 报纸和, 121, 128; patronage and 庇护制和, 148—49

Lincoln Memorial 林肯纪念堂, 203

Lippmann, Walter 沃尔特·李普曼, 189, 191—92, 195, 211—15, 217—19, 226, 295, 310, 312, 351n73, 352n93

Literary Digest《文学文摘》223—24

litigation 诉讼, strategies of 策略, 256—57, 260

Livingston, William 威廉·利文斯顿, 42

lobbying 游说, 100, 160, 199

Locke, John 约翰·洛克, 23, 33, 45

Log Cabin, The《原木屋报》, 120

Lonely Crowd, The (Riesman)《孤独的人群》(理斯曼), 300

Los Angeles Times《洛杉矶时报》, 171, 305

Louisiana 路易斯安那: civil rights movement in 民权运动, 255; restrictions on franchise in 对选举权的限制, 184

Lowery, Joseph 约瑟夫·洛厄里, 254

Lubell, Samuel 塞缪尔·卢贝尔, 236

Lusky, Louis, 356n14

Lynch, Thomas 托马斯·林奇, 43

Maclay, William 威廉·麦克莱, 70

Madison, James 詹姆斯·麦迪逊, 4, 10, 45, 61, 65, 76, 84—85, 87—90, 111, 227, 228; and Bill of Rights 和《权利法案》, 73, 75; at Constitutional Convention 制宪会议, 51, 52, 88; factionalism opposed by 反对帮派主义, 64; newspapers and 报纸和, 67—69; and Washington's Farewell Address 和华盛顿卸任演说, 62—63

Magdol, Edward, 332n45

Maine 缅因: Democratic-Republican societies in 民主共和社团, 56; missionaries in 传教士, 102; restrictions on franchise in 对于选举权的限制, 183; temperance movement in 禁酒运动, 104

Man in the Gray Flannel Suit, The (Wilson)《穿灰色法兰绒套装的男人》(威尔逊), 300

Mann, Horace 霍勒斯·曼, 92, 103

Mansbridge, Jane 简·曼斯布瑞吉, 17

Manual of Parliamentary Practice, A (Jefferson)《议会工作手册》(杰斐逊), 53

Marine Mammal Protection Act《海洋哺乳动物保护法案》(1972), 271

marital rape 婚内强奸, 268

Marshall, John 约翰·马歇尔, 59—60, 96

Marshall, T. H., 315n2

Martin, Thomas Bryan 托马斯·布赖恩·马丁, 21

Marx, Karl 卡尔·马克思, 121

Maryland 马里兰: colonial 殖民地的, 14, 29, 38; Democratic-Republican societies in 民主共和社团, 56; electoral practices in 选举活动, 79; restrictions on franchise in 对选举权的限制, 184

Mason, George 乔治·梅森, 49, 50, 52

Masons 共济会, 176

Massachusetts 马萨诸塞: abolitionists in 废奴主义者, 108; ballot in 选票, 169, 170; circular letters in 通函, 118; civil service reform in 公务员制度改革, 154; colonial 殖民地的, 12—20, 25, 26, 33—34, 37, 38, 41—43; constitutional convention in 制宪会议, 94—95; Democratic-Republican societies in 民主共和社团, 56; Federalists in 联邦党, 65, 98; informational bulletins on elections in 在选举时的信息公告, 196; public education in 公共教育, 92; ratification of Constitution by 批准宪法, 76; reading and discussion groups in 阅读和讨论团体, 119; reform organizations in 改革组织, 102—3; representation in House of 议院的代议制, 86—87; restrictions on franchise in 对选举权的限制, 183

Mather, Cotton 科顿·马瑟, 23, 33

Maude(television program)《莫德》(电视节目), 305

McCabe, William 威廉·麦凯布, 157

McCarthy, Charles 查尔斯·麦卡锡, 217

McCarthy, Eugene 尤金·麦卡锡, 272

McGerr, Michael, 340n44

McGuffey's readers 麦加菲读本, 91

McKinley, William 威廉麦·金利, 156, 179, 206

media 媒介, see newspapers; television 参见报纸、电视

Medicaid 医疗补助, 263, 279

Medicare 医疗保障方案, 263

medicine 医疗, rights-orientation in 权利

导向,270

Medill,Joseph 约瑟夫·梅迪尔,128

Megan's laws 梅根法,291

Meldrum,William 威廉·梅尔德伦,21

Melville, Herman 赫尔曼·梅尔维尔,155

Merz,Charles 查尔斯·梅尔茨,212

Mexican War 墨西哥战争,138

Michelson,Charies 查尔斯·米切尔森,195—96

Michigan 密歇根: campaign practices in 竞选活动,164,198; restrictions on franchise in 对于选举权的限制,183

Mickelson,Sig 西格·米克尔森,281

Mifflin,Thomas 托马斯·米夫林,42,59

Milkis, Sidney 西德尼·米尔克斯,229,230

Mill, John Stuart 约翰·斯图亚特·密尔 168—70

Miller, Charles 查尔斯·米勒,178

Millis,Walter 沃尔特·米利斯,200

Mills, C. Wright C. 赖特·米尔斯,301,365n5

Milwaukee 密尔沃基: municipal research bureau of 市政研究所,216; newspapers in 报纸,125,181

Mine Safety Act《矿山安全法案》(1969),266

Minneapolis 明尼阿波利斯, newspapers in 报纸,159,181

Minnesota 明尼苏达, restrictions on franchise in 对于选举权的限制,183

Missionary Society Connecticut 康涅狄格传教士社团,102

Mississippi 密西西比, election of local officials in 地方官员选举,97

Mississippi Freedom Democratic Party 密西西比自由民主党,272

Missouri 密苏里, restrictions on franchise in 对于选举权的限制,183

Missouri Compromise《密苏里妥协案》,141

Mohr,James C.,344n121

moiety system 均分制度,151

monarchy 君主统治,14,24—27,45

Mondale,Walter,355n5

monitorial citizen 监督员公民,310—11

Monroe,James,詹姆斯·门罗,68

Montana 蒙大拿: informational bulletins on elections in 在选举时的信息公告,196; population growth in 人口增长,276

Montesquieu 孟德斯鸠,23,84

Montgomery bus boycott 蒙哥马利抵制公车运动,252—55

moral reform movements 道德改革运动,99—100,102—4

Morgan,J.P. J.P.摩根,175

Morris, Aldon,357n33

Morris,Gouverneur 古弗尼尔·莫里斯,49,50,129,130

Morris,Lewis 刘易斯·莫里斯,36

Motor Vehicle Air Pollution Control Act《机动车辆空气污染控制法案》(1965),270

Mott, Lucretia 柳克丽霞·莫特,108,115

Mount Prospect(New Jersey) Political Society 希望峰(新泽西)政治社团,56

Mount Rushmore 拉什莫尔山,203—4

Mugwumps 骑墙派,146—47,158—60,169,178,338n5,342n84

municipal reforms 市政改革, 167, 175, 188

municipal research bureaus 市政研究所, 216—17

Munro, William B. 威廉·B.芒罗, 171, 184, 348n32

Murphy, Frank 弗兰克·墨菲, 251

Mussolini, Benito 贝尼托·墨索里尼, 227

Mutch, Robert E., 348n34

Nader, Ralph 拉尔夫·纳德, 32, 256

Napoleon 拿破仑, Emperor of France 法国皇帝, 325n24

Nash, Gary, 322n100, 323n107

Nashville Banner《纳什维尔旗帜报》, 180

Nation, The《国家》杂志, 183

National American Woman Suffrage Association 全国女性选举权促进会, 197

National Archives 国家档案馆, 203

National Association for the Advancement of Colored People (NAACP) 全国有色人种协进会, 250, 251—55, 258, 292

National Association of Manufacturers 全国制造商联合会, 160

National Bank Act《国家银行法案》(1863), 204

National Breast Cancer Coalition 国家乳癌联盟, 279

National Broadcasting Company (NBC) 国家广播公司, 222, 282

National Bureau of Economic Research 国家经济研究社, 217

National Center for the Prevention and Control of Rape 国家强奸预防与控制中心, 269

National Civil Service Reform League 国家公务员制度改革联盟, 153—54

National Committee to Abolish the Poll Tax 废除选举税全国委员会, 253

National Community Center Association 全国社区中心协会, 219

National Education Association 全国教育协会, 202

National Gazette《国民公报》, 68

National Institute of Mental Health 国家心理健康研究院, 269

National Intelligencer《国家情报员报》, 117, 126

National Municipal League 全国大都会联盟, 175

National Organization for Women (NOW) 全国妇女组织, 261—62

National Park Service 国家公园管理局, 205

National Press Club 全国新闻界俱乐部, 181

National Republicans 国家共和党人, 113, 114

National Welfare Rights Organization (NWRO) 国家福利权利组织, 262, 270

National Woman Suffrage Association 全国女性选举权促进会, 160

Native Americans 印第安人, 247

Neale, Thomas 托马斯·尼尔, 13

Nebraska 内布拉斯加: informational bulletins on elections in 在选举时的信息公告, 196; marital rape prosecution in 婚内强奸诉讼, 268; restrictions on franchise in 对于选举

权的限制,183

Neier,Aryeh 阿尔耶·奈尔,256

Nerone,John,335n103

Neutrality for the United States (Borchard and Lage)《美国的中立策略》(博查德与拉格),200

Nevada 内华达,population growth in 人口增长,276

Neville,John 约翰·内维尔,58

Newberry, Truman 杜鲁门·纽伯里,198

Newberry case 纽伯里诉美国案(1921),271

New Deal,新政,185,192,209,228—32,253,263,357n50;African Americans and 非洲裔美国人和,251—52;consumer health and safety laws in 消费者健康和安全法,267;and integration of rural America into national culture 和美国的农村融入国家文化中 242;nationalization of public policy in 公共政策的国家化,259;silent 无声的,264—65;Supreme Court and 最高法院,248

New Freedom, The (Wilson)《新自由》(威尔逊),208,220

New Hampshire 新罕布什尔:colonial 殖民地的,13;electoral practices of 选举活动,86,117;missionaries in 传教士,102;nomination process in 提名程序,78;post-Revolutionary 后革命的,47;restrictions on franchise in 对于选举权的限制,183

New Jersey 新泽西;abolitionists in 废奴主义者,109;campaign practices in 竞选活动,156,163,164;colonial 殖民地的,18—19,26,28,38,42;

Democratic-Republican societies in 民主共和社团,56;electoral practices in 选举活动,117,162—63;marital rape prosecution in 婚内强奸诉讼,268;post-Revolutionary 后革命的,47;Wilson's reform programs in 威尔逊的改革计划,208

New Left 新左派,258

New Mexico 新墨西哥,population growth in 人口增长,276

New Republic, The《新共和》杂志,190,195,213

newspapers 报纸,6;as patrons of oratory 演讲的推广者,126—28;campaign coverage by 竞选报道,139;colonial-era 殖民地时代,11—13,32—42;commerctalizatlon of 商业化,177—82;elections and 选举,165;Federalist 联邦党,56,68—69;founders' attitudes toward 建国者对报纸的态度,69—77;Lippmann's critique of 李普曼的批评,212—14;nineteenth-century growth of 在19世纪的发展,116—26;postal system and 邮政系统和,66—68;propaganda in 宣传,193—97,201;and Revolution 和独立革命,41—43;television and 电视和,287

New York City 纽约:antiwar demonstrations in 反战示威,258;ballot in 选票,169,171,172;Bureau of Municipal Research 市政研究所,216;campaign practices in,竞选活动 156,157,162;divorce laws in 离婚法,269;fire fighting in 消防,174;machine politics in 政治集团政治,147,152,153;newspapers in 报纸,

75,76,116,119—21,128,177—81, 193—94,201;patronage in 庇护制, 149,151;polling in 民调 223;radio broadcasting from 电台广播,222; volunteer fire companies in,志愿性消防公司 101;vote counting in 选票点数,165

New York Civil Service Reform Association 纽约公务员制度改革联合会,153—54

New York Enquirer《纽约问询者报》,120

New York Gazette《纽约公报》,19

New York Herald《纽约先驱报》,120, 123,149,176,223

New York Journal《纽约新闻报》, 179,193

New York State 纽约州:abolitionists in 废奴主义者,106;ballot in 选票, 171;campaign practices in 竞选活动,164;circular letters in 通函, 118;colonial 殖民地的,12,13,17—19,26,19,35—38,42,43;宪法 constitution of,96—97,212;electoral practices in 选举活动,77,79,129; equal employment opportunity law in 平等就业法,266;missionaries in 传教士,102;newspapers in 报纸, 124;nomination process in 提名程序,78;party politics in 政党政治, 112,130—31;post-Revolutionary 后革命的,46,47;ratification of Constitution by 批准宪法,76,142; restrictions on franchise in 对于选举权的限制,183

New York Sun《纽约太阳报》,119,194

New York Times《纽约时报》,120,171, 177—79,194,200,212,283,305

New York Tribune《纽约论坛报》,120, 122,128,159

New York World《纽约世界报》,161—62,179

New-York Weekly Journal《纽约周报》,36,37

Nicholas,Wilson 尼古拉斯·威尔逊,68

Nixon,E.D. E.D.尼克松,253

Nixon,Richard M. 理查德·M.尼克松,233—39,355n18

Norfolk 诺福克,popular associations in, 民间社团,56

North American Review《北美评论》,200

North Carolina 北卡罗来纳:colonial 殖民地的,22,29;electoral practices in 选举活动,79;legislature of 立法机构,82;post-Revolutionary 后革命的,47

North Dakota 北达科他:informational bulletins on elections in 在选举时的信息公告,196;initiatives in 提案, 276;restrictions on franchise in 对于选举权的限制,183

Oberlin College 欧柏林学院,115

Occupational Safety and Health Act《职业安全卫生法案》(1970),266,270

Ochs,Adolph 阿道夫·奥克斯,177,178

Odd Fellows 同行互助会,176

Odegard,Peter 彼得·奥迪加德,194

Office of Economic Opportunity 经济机遇办公室,257

Office of Education 教育办公室,221

Ohio 俄亥俄:campaign practices in 竞选活动,164;informational bulletins

on elections in 在选举时的信息公告, 196; missionaries in 传教士, 102; newspapers in 报纸, 122
Oklahoma 奥克拉荷马, informational bulletins on elections in 在选举时的信息公告, 196
Onslow, Arthur, 阿瑟·翁斯洛, 53
oratory 演讲, press as patron of 新闻界作为推广者, 126—28
Oregon 俄勒冈: ballot in 选票, 171—72; informational bulletins on elections in 在选举时的信息公告, 196; marital rape prosecution in 婚内强奸诉讼, 268; population growth in 人口增长, 276; Republican Party in 共和党, 149; restrictions on franchise in 对于选举权的限制, 183
Oreskes, Michael, 354—55n5
Organization Man, The (Whyte)《有组织的人》(怀特), 300
Overacker, Louise 路易丝·奥弗拉克, 197

Paine, Thomas 托马斯·潘恩, 43—44, 233
Paley, William 威廉·佩里, 283
Palko v. Connecticut 帕尔科诉康涅狄格案 (1937), 245—46, 248, 308
Pamphlets 宣传册, 37—38, 41, 56; Revolutionary 革命性, 43—44
Pangle, Thomas 托马斯·潘戈, 72
Parker, Alton 奥尔顿·帕克, 179
Parker, James, 322n103
Parks, Rosa 罗莎·帕克斯, 252—54, 290
patients' rights 患者权利, 270
patronage 庇护制, 147—53; fire fighting and 消防和, 174—75; New Deal 新政, 185, 229—31
Paul VI, Pope 教皇保罗六世, 303
Pendleton Act《彭德尔顿法案》(1883), 154
Pennsylvania 宾夕法尼亚: abolitionists in 废奴主义者, 109; campaign practices in 竞选活动, 163; colonial 殖民地的, 17, 19, 26, 30, 33, 36—38, 42, 43; Democratic-Republican societies in 民主共和社团, 56; election laws in 选举法, 66; election of local officials in 地方官员选举, 97; handicapped rights in 残疾人权利, 265; missionaries in 传教士, 102; nomination process in 提名程序, 78; patronage in 庇护制, 276; post-Revolutionary 后革命的, 46, 47, 59; representation in House of 议院的代议制, 86—87; Republican Party in 共和党, 152; split in Democratic Party in 民主党的分裂, 121; Whiskey Rebellon in 威士忌叛乱, 58—60
Pennsylvania Gazette《宾夕法尼亚公报》, 33, 35, 36, 41, 77, 87
penny press 便士报, 119—20, 123
Pepper, Claude 劳德·佩珀, 252
personnel practices 人事管理, 265—66
Peterson, H. C. H. C. 彼得森, 200, 201
Petitions 请愿, 100; anti-slavery 反奴隶制, 105—9
Phelps, Dodge import company 费尔普斯-道奇进口公司, 151
Philadelphia 费城, 54, 218; Catholics in 天主教徒, 303; colonial 殖民地的, 32—33, 35—41; Continental Congress in 大陆会议, 25; municipal re-

search bureau of 市政研究所,216; newspapers in 报纸,66,68,75,76, 116,119,121,12; popular associations in 民间社团,59,61

Pickering,Thomas, 326n53

Pierce,Franklin 富兰克林・皮尔斯, 137,140

Pilgrims 移民(朝圣者),20

Pinckney,Henry 亨利・平克尼,107

Pitkin,Hanna 汉娜・皮特金,295

Pittsburgh 匹兹堡,support for Whiskey Rebellion in 支持威士忌叛乱,59

Piven,Frances Fox 弗朗西斯・福克斯・皮文,262

Plumer,William 威廉・普卢默,126—27

Plunkitt,George Washington 乔治・华盛顿・普伦基特,147

Plymouth Colony 普利茅斯殖民地,12

Poggi,Gianfranco 贾恩弗朗哥・波齐,277

political parties 政党,5—7,191,274—81; attitude of founding fathers toward 建国之父的态度,5,55,64—66,111—12; decentering of 去中心化,228—32; declining economic significance of 经济上的重要性的降低,275—76; economic growth and 经济增长和,277—78; fund-raising by 资金筹措,151—53; interest groups and 利益团体 278—81; internal reforms of 内部改革,278; and locus of authority 权利核心,8; newspapers and 报纸和,121—22, 178—79; nineteenth century growth of 19 世纪的发展,101,110—16; patronage and 庇护制,147—53; policy oriented 政策导向,165—66;

popular antagonism toward 来自社会的抵制 130—32,141—42,146—47,158—60,185—87; and westward population shift 和人口向西迁移,276—77; see also campaigning; specific parties 又见竞选、特定的政党

Polk,James K. 詹姆斯・K.波尔克,138

Polling 民调,192,223—28,307

Popenoe,David 戴维・波普诺,244

Port Huron Statement 休伦港宣言,257

Portland(Maine) 波特兰(缅因),Republican Society of 共和社团,56

Post Office Act《邮政法案》(1791),67

postal system 邮政系统: anti-slavery literature in 反奴隶制材料,105—6; colonial-era 殖民地时代,13,43; nineteenth century growth of 19 世纪的发展,119,124; patronage and 庇护制和,150—51; post-Revolutionary 后革命的,66—68,75; rural free delivery in 农村免费投递,177

Poverty/Rights Action Center 贫穷/权利行动中心,262

Powderly,Terence 特伦斯・鲍德利, 163,169,341—42n74

Preface to Politics,A(Lippmann)《政治学序论》(李普曼),211

Presbyterians 长老会教徒,42,99,102

presidential leadership 总统的领导权, 205—10

President's Commission on Economy and Efficiency 总统经济和效率委员会,216

President's Commission on National Goals 总统国家目标委员会,236

President's Commission on the Status of

Women 总统妇女地位委员会, 261
Pressman, Sonia 索尼亚·普瑞斯曼, 261
Preston, Francis 弗朗西斯·普雷斯顿, 118
primary elections 预选, 156, 166—67, 188
primogeniture 长子继承权, 91
privacy 隐私, abundance and 繁荣和, 243—44
Process of Government, The (Bentley)《政府进程》(本特利), 216
professions 职业, rights-orientation in 权利导向, 269—70
Progressivism 进步主义, 9, 136, 137, 211, 234, 183; and civil rights 和民权, 251; and consumer health and safety laws, 与消费者健康和安全法, 267; electoral reforms of 选举改革, 146—47, 171—73, 276; and New Deal 和新政, 230, 232; and restrictions of franchise 和对于选举权的限制, 182, 184; informed citizen model of 知情的公民模式, 294, 298—99
Prohibition 禁酒时期, 226, 243
Propaganda 宣传, 192—202; anti-slavery 反奴隶制, 105
Propaganda for War (Peterson)《战争宣传》(彼得森), 200
protest movements 抗议运动, 257—58
Protestants 新教徒, 13, 32, 92, 94, 176, 243, 277, 304
Providence (Rhode Island) 普罗维登斯 (罗德岛), 176
Prussia 普鲁士: civil service reform in 公务员制度改革, 153; frequency of voting in 投票频率, 171

pseudo-events 伪事件, 236
Public and Its Problems, The (Dewey)《公众及其问题》(杜威), 214—15, 227
Public Broadcasting Sysrem (PBS) 公共广播公司, 284
public discourse, quality of 公共讨论的质量, 304—5, 307
public interest law 公共利益法, 256
Public Interest Research Group 公共利益研究团体, 256
Public Opinion (Lippmann)《舆论学》(李普曼), 191, 211—14, 217, 226
public relations 公共关系, 192—94, 199—200
Public Works Administration 公共工程管理局, 251
Publick Occurrences Both Forreign and Domestick (newspaper)《国内外公共事件报》, 11
Pulitzer, Joseph 约瑟夫·普利策, 179
Pulitzer Prize 普利策奖, 196
Pulse of Democracy, The (Gallup)《民主的脉搏》(盖洛普), 225—26
Pure Fcod and Drug Act《纯净食品和药品法案》(1906), 205, 270
Puritans 清教徒, 16, 19, 23, 54, 104
Putnam, Robert 罗伯特·帕特南, 296—98, 301, 302
Pythians 皮提亚会, 176

Quadagno, Jill, 357n30
Queen Anne's War 安妮女王之战, 13
Quincy, Josiah 乔赛亚·昆西, 95, 129

Radio 广播, 222
railroads 铁路, 176

Raleigh News and Observer《罗利新闻和观察者报》,184
Ralph, Julian 朱利安·拉尔夫,165
Ramspeck Act《拉姆斯佩克法案》,230
Randolph, Edmund 埃德蒙·伦道夫,60,88
Randolph, John 约翰·伦道夫,80
Rape 强奸,268—69
Rather, Dan 丹·拉瑟,140
Raymond, Henry J. 亨利·J.雷蒙德,120
Reagan, Ronald 罗纳德·里根,256,271,285—87,291
Reconstruction 南方重建,145,148,246
Reforms 改革,188—90;ballot 选票,168—74;campaign practices 竞选活动,156—62,166;civil service 公共服务,153—55,158,161,185;educational 有教育意义的,91—93;information and 信息和,193;moral 道德,99—100,102—4;municipal 城市的,167,175;of nominating process 提名程序,278;political 政治的,94—98;and restrictions on voting 对于投票的限制,184—85
Rehabilitation Act《康复法案》(1973),266
Religion 宗教,302—4;civic, 公民 202—5;democratic ethos in 民主精神 93;reform and 改革和,99,102—4; see also specific religions 参见特定的宗教
representation 代议:in colonial era 殖民地时代,25—27;in post-Revolutionary era 后革命时代,82—87;and Revolution 和独立革命,46—47
Republican Party 共和党,1,3,113,146,186—87,233,283,285,340n44;African Americans and 非洲裔美国人和,252;ballot reform supported by 倡导选票改革,172;campaign practices of 竞选活动,156,158,159,161,162,164,166,194—95,198;declining significance of 重要性的降低,275;discontent encouraged by 引发不满情绪,292;and civic religion 和公民宗教,204;and civil rights 和民权,251;during Civil War 在内战期间,131—32;Gallup on 盖洛普,226;and Lincoln-Douglas debates 与林肯和道格拉斯的辩论,133,138,141;national organization of 中央机构,280—81;New Deal and 新政和,231;newspapers and 报纸和,121,122,139,177,179,193;patronage and 庇护制和,148—49,151—54,174;reforms of 改革,278;television coverage of 电视报道,282
Republicans 共和党人,Jeffersonian 杰斐逊主义,65,66,80,81,110—12,126,328n77;Sedition Act Opposed by 反对《惩治叛乱法案》,70,74—75
Revere, Paul 保罗·里维尔,310
Reynolds, John 约翰·雷诺兹,163
Reynolds v. Sims 雷诺兹诉西姆斯案 (1964),271
Rhode Island 罗德岛:campaign practices in 竞选活动,162;colonial 殖民地的,17,29,38,42
Rhode Island, Uhiversity of 罗德岛大学,262
Riesman, David 大卫·理斯曼,245,

300,301,365n5

rights-conscious citizen model 权利意识清晰的公民模式,7—10,245—52,308—9;civil rights movement and 民权运动,252—64;critics of expansion of 权利扩张的批评者,287—92;in education 教育,265;environmental protection and 环境保护和,270—71;in home 在家中,268—69;media and 媒体,281—87;parties and interest groups and 政党和利益团体与,274—81;in political process,在政治进程中,271—73;in professions 在职业领域,269—70;in universities 在大学里,267—68;in workplace 在工作场所,265—67

Rise of American Civilization, *The* (Beard)《美国文明的崛起》(比尔德),201

Road to War(Millis)《通向战争之路》(米利斯),200

Roberts,Owen 欧文·罗伯茨,248

Rochester(New York) 罗切斯特(纽约州):community centers in 社区中心,219;municipal research bureau of 市政研究所,216;radio listening group in 电台听众团体,222

Rockefeller,John D.,Jr. 小约翰·戴维森·洛克菲勒,199,204

Rockefeller Foundation 洛克菲勒基金会,217

Roe v. Wade 罗伊诉韦德案(1973),141,292

Rolling Stone《滚石》杂志,283

Roman Catholics 罗马天主教徒,*see* Catholics 参见天主教徒

Romer v. Evans 罗梅尔诉埃文斯案(1995),306

Roosevelt,Eleanor 埃莉诺·罗斯福,251

Roosevelt,Franklin D. 富兰克林·D.罗斯福,195,207,218,224,228—31,235,283;African Americans and 非洲裔美国人和,151;court-packing proposal of 填塞法院计划,203,248;Jefferson memorialized by 纪念杰斐逊,203,204,228

Roosevelt,Theodore 西奥多·罗斯福,144,154,198,204,206—9,220

Roper,Elmo 埃尔摩·罗珀,224

Roper Center for Public Opinion Research 罗普民调中心,297

Rossiter,Clinton 克林顿·罗西特,236

Rousseau,Jean-Jacques 让—雅克·卢梭,295

rural life 农村生活,integration into national culture of 融入国家文化中,242—43

Rush,Benjamin 本杰明·拉什,71

Russell Sage Foundation 拉塞尔·塞奇基金会,216,217

Russian Revolution 俄国革命,212

Sabbatarian movement 安息日运动,99—100,103—4

St. Louis 圣路易斯,polling in 民调,213

St. Paul 圣保罗,newspapers in 报纸,181

San Francisco 旧金山:be-ins in 反战集会,264;campaign practices in 竞选活动,162;municipal research bureau of 市政研究所,216;newspapers in 报纸,181;patronage in 庇护制,148—49

Sauter, Van Gordon 范戈登·索特, 286
Scalia, Antonin, 346n5
Scarlet Letter, *The* (Hawthome)《红字》(霍桑), 155
Schell, lonathan, 355n18
Schlesinger, Arthur M. 阿瑟·M.施莱辛格, 190
school social center movement 学校社区中心运动, 219—20
Schurz, Carl, 卡尔·舒尔茨, 149
scientific management 科学管理, 217—18
Scopes "monkey" trial 斯科普斯"猴子"审判, 243
Scovel, Sylvester 西尔维斯特·司考沃, 181
Second Great Awakening 第二次大觉醒, 99
Sedition Act《惩治叛乱法案》(1798), 36, 55, 70, 74—75, 77
Senate, U.S. 美国参议院, 49, 61, 71, 74, 75, 121, 151, 181, 102, 226; antislavery petitions to 反奴隶制请愿, 107; campaign financing investigation in 竞选资金调查, 162, 198; civil rights legislation in 民权立法, 259—60; elected by state legislatures 由州立法机构选举产生, 70; Jefferson as presiding officer of 杰斐逊任主席, 53; and Lincoln-Douglas debates 与林肯和道格拉斯的辩论, 133, 138; lobbyists and, 游说者 199; newspaper coverage of 报纸报道, 126—27; popular election of 大众选举, 135, 167, 209
Seneca Falls Convention 塞内加瀑布市大会, 115

settlement house movement 定居房运动, 219
Seven Years' War 七年战争, 26
Seward. William H. 威廉·H.苏厄德, 127—28
sexual harassment 性骚扰, 266—67
Seymour, Charles 查尔斯·西摩, 201
Shaw, Anna Howard 安娜·霍华德·肖, 158
Sheppard-Towner Act《谢泼德—托纳法案》(1921), 206
Sherman, Roger 罗杰·谢尔曼, 50
Sherman Act《谢尔曼法案》(1890), 167
short ballot reform 简易选票改革, 171—73
Simonton, James W. 詹姆斯·W.西蒙顿, 149
Sinclair, Upton 厄普顿·辛克莱, 231
60 Minutes (television program)《六十分钟》(电视节目), 237, 305
Skocpol, Theda, 341n67
Skowronek, Stephen, 340n40
Slavery, opposition to 反对奴隶制, *see* abolitionism 参见废奴主义
Small Town (Hicks)《小镇》(希克斯), 221—22
Smith, Al 艾尔·史密斯, 225—26
Smith, Howard K. 霍华德·K.史密斯, 234
Smith, Howard W. 霍华德·W.史密斯, 261, 358n51
Smith, Samuel 塞缪尔·史密斯, 117
Smith v. Allwright 史密斯诉奥尔莱特案 (1944), 271
Social hierarchy 社会等级制度: in colonial era 在殖民地时代, 4, 5, 7; and disparity between rich and poor 和

贫富差距,305;and locus of authority 和权利核心,8;Gilded Age 镀金时代,175—76;in post-Revolutionary era 在后革命时代,78—79;see also deference 参见恭顺

Social Science Research Council 社会科学研究理事会,217

Social Security Act《社会保障法案》(1935),262,263

Solid Waste Disposal Act《固体废物处置法案》(1965),270

South Carolina 南卡罗来纳:abolitionist activities in 废奴主义者的活动,105—6;civil rights movement in 民权运动,255;colonial 殖民地的,22,25,26,29,38,43;Democratic-Republican societies in 民主共和社团,56;electors chosen by legislature in 由立法机构挑选的选举人,97;legislative elections in 立法机构选举,47

South Dakota 南达科他,203—4;restrictions on franchise in 对于选举权的限制,183

Southern Christian Leadership Conference(SCLC)南方基督教领袖会议,254

Soviet Union 苏联,241,260,292

Spectator,The《旁观者》,33

Spengler,Oswald,348$n31$

Stalinism 斯大林主义,292

Stamp Act《印花税法案》(1765),41,46,320$n85$

Stanley,Henry Morton 亨利・莫顿・斯坦利,181

Stanton,Frank 弗兰克・斯坦顿,285

State Department,U. S. 美国国务院,68,203

Steele,John 约翰・斯蒂尔,67

Stephens,Alexander 亚历山大・史蒂芬斯,127

Stevenson,Adlai 阿德莱・史蒂文森,267,284,363$n118$

Stewart,Donald K.,328$n77$

Stith William 威廉・史蒂斯,24—25

Stokes,Carl 卡尔・斯托克斯,282

Stone,Harian Fiske 哈伦・菲斯克・斯通,246,356$n16$

Stone,Lucy 露西・斯通,115

Story,Joseph 约瑟夫・斯托里,94,119

Studebaker,John 约翰・斯多德巴克尔,220—22

Students for a Democratic Society(SDS)民主社会学生会,257

student movement 学生运动,257—58,267—68

suburbs 郊区,244—45

"*Suburban Sadness,The*"(Riesman)"郊区的悲伤"(里斯曼),245

Suez crisis 苏黎世运河危机,284

Supplemental Security Income 补充保障收入(SSI),264

Supreme Court,U. S. 美国最高法院,198,202,209,241,171,332$n53$,346$n5$;expressions of popular trust in 公众所表达出来的信任,302;rights-oriented decisions of 以权利为导向的决定,246—50,255,257,259,260,265,292;Roosevelt's attempt to pack 罗斯福去填塞的尝试,203,248

Surfers Tired of Pollution 厌倦污染的冲浪者,290

Syracuse University 雪城大学,262

Taft, William Howard 威廉·霍华德·塔夫脱, 154, 179, 186, 187, 202, 207—8, 216, 219—20, 259

Tammany Hall 坦慕尼厅, 147

Taney, Roger 罗杰·陶尼, 137, 138

Tansill, C. C. C. C. 坦西尔, 200

Taylor, Aun, 328n92

Taylor, Frederick 弗雷德里克·泰勒, 210, 217

Taylor, John 约翰·泰勒, 69

Taylor, Zachary 扎卡里·泰勒, 127

Television 电视 245, 281—87; debates on 辩论, 233—39

temperance movement 禁酒运动, 99, 102, 104, 160, 176

Tennessee 田纳西, election of local officials in 地方官员选举, 97

Texas 得克萨斯: admission to Union of 加入联邦, 106; civil rights movement in 民权运动, 255; restrictions on franchise in 对于选举权的限制, 183

Tocqueville, Alexis de 亚历西斯·德·托克维尔, 55, 87, 98, 101—2, 116, 121—22, 124—25, 134—35, 145, 241, 295—96, 335n94, 96

Toledo(Ohio) 托莱多(俄亥俄), municipal research bureau of 市政研究所, 216

town meetings 乡镇集会, 4—5, 16—19, 22, 26, 98, 192, 221

Treasury, U. S. 国库, 151

Trenton(New Jersey) 特伦顿(新泽西), 80

Treasury Department, U. S. 美国财政部, 219, 229

Trimble, David 戴维·特林布尔, 118

trust in government 对政府的信任, 307; decline in, 减少, 302

Tweed, William Marcy 威廉·马西·特威德, 177

unions 工会, see labor movement; specific unions 参见工人运动、特定工会

United Labor Party 联合劳工党, 169

United Mine Workers 矿工联合会, 260

United States v. Carolene Products 美国诉卡罗琳产品公司案(1938), 246—48, 308

United States v. Classic 美国诉克拉斯克案(1941), 171

United States Voting Company 合众国投票公司, 174

universities 大学: rights-orientation in 权利导向, 267—68; training of specialists in 训练专家, 215—17

Urban League 城市联盟, 252

Utah 犹他: informational bulletins on electlons in 在选举时的信息公告, 196; population growth in 人口增长, 276

Van Buren, Martin 马丁·范布伦, 96—97, 112—14, 130—31

Van Devanter, Willis, 356n14

Van Schaack, Peter 彼得·范沙克, 81

Vatican II 梵蒂冈第二次会议, 303

Vermont 佛蒙特: institutional infrastructure for reading in 为阅读而建立的设施, 119; missionaries in 传教士, 102; post-Revolutionary 后革命的, 47, 59; same-sex marriage in 同性婚姻, 299

Verne, Jules 儒勒·凡尔纳, 156

Vietnam War 越南战争, 264, 267, 284—86; opposition to 反对, 258, 282

Virginia 弗吉尼亚: circular letters in 通函, 118; civil rights movement in 民权运动, 255; colonial 殖民地的, 4, 5, 9, 12, 15, 20—21, 24—26, 29—31, 37, 40; constitutional convention in 制宪会议, 95—96; Declaration of Rights of 权利宣言, 28; Democratic-Republican Societies in 民主共和社团, 56; education in 教育, 72; post-Revolutionary 后革命的, 59; representation in House of 议院的代议制, 87

voluntary associations 志愿性组织, 196—98, 302, 307; denounced by Washington 被华盛顿谴责 61—64, 70, 101, 130, 279; Gilded Age 镀金年代, 160—61; newspapers and 报纸和, 112—23; post-Revolutionary 后革命的, 54—64; reformist 改革家, 98—104; *see also* specifc groups 参见特定团体

voter turnout, decline in 选民投票率降低, 190, 297, 301—2, 307

voting: restrictions on 投票限制, 182—85; *see also* elections 参见选举

voting machines 点票机, 173—74

Voting Rights Act《投票权法案》(1965), 260, 301, 361n79

Wagner Act《瓦格纳法案》(1935), 266

Wald, Richard 理查德·瓦尔德, 285

Walker, Jack L., 367n17

Wallas, Graham 格雷厄姆·沃拉斯, 189, 192, 211, 346n8

Walzer, Michael 迈克尔·沃尔泽, 244

Ward, Edward 爱德华·沃德, 219

War Department, U.S. 美国战争部, 203

War of 1812 1812年战争, 111, 116, 140

Warner, Michael, 320n85, 322—23n107

War on Poverty 向贫穷开战计划, 256, 263, 270

Warren, Earl 厄尔·沃伦, 249

Washington, D.C. 华盛顿特区: broadcasting link between New York and 与纽约在广播上的联系, 211; civil rights demonstrations in 民权示威, 258; "feminist underground" in "地下女权人士", 261; interest group headquarters in 利益团体总部, 278, 279, 281; newspapers in, 报纸, 121, 126—27, 181, 194; petitions for abolition of slavery in 废除奴隶制的请愿, 106—7

Washington, George 乔治·华盛顿 4, 10, 16, 11, 54—56, 71, 75, 88, 98, 131, 326n53; at Constitutional Convention 在制宪会议上, 49, 52; celebration of birthday of 庆祝生日, 129; Mount Rushmore bust of 拉什莫尔山半身像, 203—4; newspaper attacks on, 报纸的攻击 70; Paine and, 潘恩和, 44; split in cabinet of 内阁的分裂, 65; voluntary associations denounced by 谴责志愿性团体, 61—64, 70, 101, 130, 279; and Whiskey Rebellion 和威士忌叛乱, 58—61; Washington Benevolent Societies 华盛顿慈善社团, 130

Washington Federalist 华盛顿联邦党, 126

Washington Post《华盛顿邮报》, 305

Washington State 华盛顿州: informational bulletins on elections in 在选举时的信息公告, 196; population growth in 人口增长, 276; restrictions on franchise in 对于选举权的限制, 183

Watertown(Massachusetts) 沃特敦（马萨诸塞）, 18

Watson, Elkanah 埃尔卡纳·沃森, 79

Watts riot 瓦茨骚乱, 264

Weber, Max 马克斯·韦伯, 99, 116

Webster, Daniel 丹尼尔·韦伯斯特, 94, 95

Weekly Advocate, The《每周宣传者报》, 122—23

welfare programs 福利计划, 262—64

Welliver, Judson C. 贾德森·C.韦里沃, 194, 195

Wesberry v. Sanders 格雷诉桑德斯案 (1963), 271

Whigs 辉格党, 47, 83, 110, 113, 114, 133; moral reform and 道德改革和, 103, 104; newspapers of 报纸, 120, 130; oratory of 演讲, 127

Whiskey Rebellion 威士忌叛乱, 55, 58—60

White, Winthrop 温斯罗普·怀特, 159

White, Leonard D. 伦纳德·D.怀特, 211

White, Theodore 西奥多·怀特, 234, 237—38

White, William Allen 威廉·艾伦·怀特, 187

Whitman, Walt 沃尔特·惠特曼, 10, 155

Why We Fought(Grattan)《我们为何而战》（格拉顿）, 200

Whyte, William 威廉·怀特, 300

Wiebe, Robert 罗伯特·韦比, 175, 182

Wiley, George 乔治·威利, 261—63

William of Orange 奥兰治的威廉, 13, 14

Williamsburg 威廉斯堡, Colonial 殖民地的, 204, 229

Wilson, Sloan 斯隆·威尔逊, 300

Wilson, Woodrow 伍德罗·威尔逊, 131, 184, 189—90, 201, 207—9, 212, 219—20, 346n8, 352n93; African Americans and 非洲裔美国人和, 251; election reform supported by 支持选举改革, 171; and League of Nations 和国际联盟, 142, 195, 208; newspapers and 报纸和, 179, 193

Wirt, William 威廉·沃特, 128

Wisconsin 威斯康星: ballot in 选票, 171; civil service reform in 公务员制度改革, 154; community centers in 社区中心, 219; Progressivism in 进步主义, 218; restrictions on franchise in 对于选举权的限制, 183

Wisconsin, University of 威斯康星大学, 216, 217

Wolfe, Benjamin Harrison 本杰明·哈里森·沃尔夫, 144

Wolfe, Thomas 托马斯·沃尔夫, 145

women 女性: abolitionist 废奴主义者, 108—9; advancement of rights of 权利的推进, 115, 120—21, 261—62, 268; interest group organizing by 建立利益团体, 160; suffrage for 投票权, 145, 158, 160, 197

Women's Christian Temperance Union 女性基督教禁酒协会, 160

Wood, Gordon 戈登·伍德, 19, 77

workplace, rights-orientation in 工作场所的权利导向, 265—67

Works Projects Administration 公共事业振兴署, 221

World War I 一战, 190, 192—94, 200—201, 212, 349*n40*

World War II 二战, 192, 209, 219, 143, 159, 301

Wyoming 怀俄明: population growth in 人口增长, 276; restrictions on franchise in 对于选举权的限制, 183

Xenophon 色诺芬, 33

Yale Law Journal《耶鲁法律杂志》, 250

Yale University 耶鲁大学, 42, 186, 193, 207, 284

Yellowstone National Park 黄石国家公园, 171

Zenger, John Peter 约翰·彼得·曾格, 35—36, 38